Das schwache starke Geschlecht – ein längst überfälliges Buch: Jahrzehntelang galten Mädchen als das schwächere Geschlecht, die Jungen als stark – jetzt haben sich die Verhältnisse umgekehrt. Pädagogen und Eltern sorgen sich um die Männer von morgen. Forscher haben angefangen, die Jungenkatastrophe auszurufen, denn zunehmend leiden Jungen und junge Männer an verschiedenen Defiziten und sind in vielen Gesellschaftsbereichen schwer verunsichert. Das Buch analysiert die Situation und entwirft Perspektiven, unentbehrlich für Eltern, Erzieher, Lehrer und alle, die sich mit dem Wandel von Geschlechterrollen und Identitäten auseinander setzen.

Frank Beuster ist Lehrer und Schulleiter an einer Grundschule, Vater zweier Söhne und langjähriger Jungenarbeiter. Er hält Vorträge rund um das Thema «Jungen, Männer, Väter in der sich wandelnden Gesellschaft». Um die Situation von Jungen an Schulen zu verbessern, hat er mit anderen Männern den Verein «Paten-t für Jungen e. V.» gegründet. Ziel ist es, dem Männermangel im Leben von Jungen etwas konkret Männliches entgegenzusetzen. Männer und Väter engagieren sich im Freizeitbereich für Jungen am Ort Schule. Denn Jungen brauchen Männer! Männer stärken Jungen beim gemeinsamen Tun, sie helfen Jungen dabei, ein gutes Selbstwertgefühl zu entwickeln, und sind ihnen reale Vorbilder und Ansprechpartner. Dieses erfolgreiche Modell findet immer mehr Nachahmer an verschiedenen Schulformen. Wer Interesse hat, der «Jungenkatastrophe» persönlich durch ein Ehrenamt entgegenzuwirken oder einen Jungen-Patentreff an einer Schule einzurichten, möge sich bitte mit dem Verein «Paten-t für Jungen e. V.» in Verbindung setzen!

www.Patent-fuer-Jungen.de

Wer Kontakt mit Frank Beuster aufnehmen möchte, kann dies auch über die Website www.Die-Jungenkatastrophe.de tun.

Frank Beuster ▬▬▬▬ **Die Jungenkatastrophe**

Das überforderte Geschlecht

Rowohlt Taschenbuch Verlag

Originalausgabe
Lektorat Bernd Gottwald


5. Auflage Mai 2011

Veröffentlicht im Rowohlt Taschenbuch Verlag,
Reinbek bei Hamburg, Februar 2006
Copyright © 2006 by Rowohlt Verlag GmbH,
Reinbek bei Hamburg
Umschlaggestaltung ZERO Werbeagentur, München
(Foto: imagesource)
Satz Sabon PostScript, InDesign,
bei Pinkuin Satz und Datentechnik, Berlin
Druck und Bindung
Druckerei C. H. Beck, Nördlingen
Printed in Germany
ISBN 978 3 499 61997 7

MIX
Papier aus verantwor-
tungsvollen Quellen
FSC® C019821
FSC
www.fsc.org

Das für dieses Buch verwendete FSC®-zertifizierte Papier
*Lux Cream* liefert Stora Enso, Finnland.

Achte auf deine Gedanken,
denn sie werden Worte.

Achte auf deine Worte,
denn sie werden Handlungen.

Achte auf deine Handlungen,
denn sie werden Gewohnheiten.

Achte auf deine Gewohnheiten,
denn sie werden dein Charakter.

Achte auf deinen Charakter,
denn er wird dein Schicksal.

*Aus dem jüdischen Talmud*

Meinen Söhnen Fabian und Benedikt,
zwei wunderbaren Jungen

Ich freue mich auf das Leben mit euch!

# Inhalt

Müssen Jungen stark sein?

Ja! Sie müssen und sie wollen es auch. Doch sind viele Jungen der Meinung, es käme nur auf die äußerliche und sofort sichtbare Stärke an. Viel wesentlicher ist aber die Stärke des Herzens.

## Diagnose «Junge»

Jungen müssen stark genug sein, um ihr Leben bewältigen zu können, im Einklang mit ihren Mitmenschen, für die auch sie ein Herz haben sollten. Doch für diese Form von Stärke haben sie oft keinen Blick, ist sie doch weit aus weniger imposant anzusehen als ein kräftiger Bizeps. Posing ist vorbei, anderes wird von Jungen erwartet. Doch damit haben sie so ihre Schwierigkeiten, und das wiederum führt bei Jungen zu Problemen.

Jungen sind in Not geraten. Vieles wird von ihnen gefordert, für das ihre «Bordmittel» nicht ausreichen. Weil eine einseitige, unzureichende Prägung und eine mangelhafte Anleitung von Jungen dazu führt, dass sie den steigenden Anforderungen nicht mehr gewachsen sind, leiden immer mehr Jungen unter den Folgen und mit und unter ihnen auch andere.

Sinn dieses Buches soll sein, Anstoß zu geben, einen Blick auf Jungen zu erhalten, der sie nicht nur als Täter sieht, sondern auch als Opfer einer Welt, die ihnen nicht ausreichend gut tut. Jungen halten uns einen Spiegel vor – ihre Katastrophe ist eigentlich die Mensch gewordene Unfähigkeit der Erwachsenen und unserer Gesellschaft, die Entfaltung verhindert und Überforderung schafft. In welchen Bereichen dies geschieht, zeige ich an ausgewählten Beispielen auf, wobei Jungen auch selbst zu Wort kommen.

Mit meinem Beitrag möchte ich die gegenwärtige Situation von männlichen Menschen analysieren. Dabei spielen auch die älteren, die Väter und Männer insgesamt, eine wichtige Rolle. Haben *sie* doch eine wesentliche Aufgabe für Jungen: Sie sind deren Rollen-Vorbilder.

Im Wissen um die Unmöglichkeit von Ausgewogenheit bei so einem Thema habe ich des Öfteren verallgemeinernd von Jungen gesprochen. *Die* Jungen gibt es aber nicht. Jeder Junge ist besonders. Und dennoch gibt es viel Verbindendes zwischen ihnen: Eines Tages werden sie Männer sein. Und wie diese zu sein haben, lernen sie schon sehr früh. Vieles von dem, was ich schreibe, trifft also immer nur auf bestimmte Jungen zu, und die meine ich dann auch.

Die Sicht auf die Situation der Mädchen habe ich zumeist weggelassen, obwohl viel von dem Gesagten auch auf sie zutrifft. Wichtig ist: Ich habe ein Buch über und für Jungen geschrieben und nicht gegen Mädchen.

Das Buch ist subjektiv und hat mit meiner Wahrnehmung und meinen Erfahrungen zu tun. Als ehemaliger Junge könnte ich schon viel zum Thema anmerken, auch als Vater zweier Söhne mache ich viele Erfahrungen. In der Schule als Lehrer habe ich ebenfalls sehr viel mit Jungen zu tun. Ganz besonders häufig mit denen, die Schwierigkeiten haben und die Schwierigkeiten machen. Als Beratungslehrer sowohl an einer Grund- als auch an einer Gesamtschule bleibt es nicht aus, ihre spezielle Not besonders in der Schule zu erkennen.

Der Befund könnte dort wie an anderer Stelle lauten: Diagnose «Junge». Ohnmächtig stehe ich manchmal vor den Herausforderungen, die die Arbeit mit Jungen mit sich bringt. Es kommt mir so vor, als würde ich versuchen, einen See mit einem Löffel zu leeren. Elternhaus, Arbeitswelt, Öffentlichkeit und die Macht der Medien scheinen immer wieder das zu torpedieren, was mühevoll von engagierten Eltern und Pädagogen zur «Rettung» vieler Jungen getan wird.

So ist meine Hoffnung darin begründet, dass sich immer mehr Menschen einen unverstellten Blick auf und einen liebevollen Zugang zu Jungen verschaffen und damit ebenso viel verändern können, wie es die «Frauenbewegung» für die Mädchen konnte. Dieses Buch hat das Ziel, Jungen nicht zu verdammen, sondern aufzuzeigen, was Jungen brauchen, um innerlich stark zu werden.

Machen wir sie stark und vergessen ihr Herz dabei nicht!

# 1. Männliche Sozialisation bei Männermangel

Viele Jungen haben es in der Erziehung fast ausschließlich mit Frauen zu tun. Immer mehr Jungen werden nach immer mehr «Familienauflösungen» von ihren Müttern allein erzogen. Da in den allermeisten Fällen im Kindergarten und im Hort die Bezugs- und Erziehungspersonen ebenfalls weiblich sind, fällt zumeist Frauen die Aufgabe zu, die schwierige Sozialisation von Jungen zu gestalten und mit deren ersten Machoallüren umzugehen. Auch die Grundschule ist eine Welt fast ohne Männer. Die Lebenswelt von Jungen ist überwiegend weiblich geprägt.

## Zu viel Mama und zu wenig Papa

Fast jede zweite Ehe in der Bundesrepublik wird geschieden. Viele Väter wollen oder können die alltägliche Betreuung ihrer Kinder nicht leisten, manchmal sollen sie es aber auch nicht, und so wachsen die meisten Scheidungsjungen bei ihren Müttern auf. In Deutschland erziehen zwanzig Prozent aller Mütter ihre Kinder ohne deren Vater![1] Das bedeutet, jede fünfte Frau mit mindestens einem Kind unter 15 Jahren ist allein erziehend. Knapp zwanzig Prozent aller Kinder leben inzwischen in Deutschland in so genannten «Einelternfamilien». Rund 3 Millionen Alleinerziehende, achtzig Prozent davon sind Frauen, haben sich entweder selbst entschieden, diese wichtige Aufgabe zu leisten, oder sind durch die Umstände dazu gezwungen worden. Verheiratete Frauen erziehen sehr oft auch allein, aber meist aus anderen Gründen als geschiedene. Allein stehende Frauen leisten mit viel Liebe, oft mit dem Verzicht auf ein ausgedehntes Privatleben und eine eigene berufliche Karriere, was Kinderlose sich nur schwer vorstellen können: Die verantwortungsvolle Aufgabe der Erziehung von

1 Quelle: Destatis

immer mehr trennungsgeschädigten Jungen und Mädchen liegt in den allermeisten Fällen in rein weiblichen Händen.

Frauen haben großen Einfluss auf die nächste Generation. Sie beackern ein entscheidendes Feld. Sie säen ihre Sicht der Welt und des Mensch- und Mannseins in ihre Kinder. Viele können und wollen dieses Feld gar nicht räumen, wissen sie doch sehr genau, wie bedeutsam das Muttersein ist, was sie an ihren Kindern haben: erfüllende Beziehungen zu ihren Kindern, die im Alter auch noch für sie da sind. Kinder sind ein «Schatz», den es zu bewahren gilt.

Viele Väter «verwaisen», wenn sie von ihrer Frau verlassen werden. Sie verlieren nicht nur die Partnerin, die in immer mehr Fällen die Trennung aktiv einleitet, sondern auch ihre Kinder. Väter, die es nicht besser wussten oder konnten, die zu wenig in die Familie investiert haben, leiden erst dann, unter dem Verlust ihrer Familien, wenn es zu spät ist. Viele Männer kommen gar nicht auf die Idee, dass sie zu einer *aktiven* positiven Vaterschaft fähig wären und wie diese aussehen könnte. Oftmals haben sie in ihren Augen bereits all das gegeben, was sie unter einer guten Vaterschaft verstehen. Sind sie doch das Produkt ihrer eigenen Sozialisation. Ihnen wurde von Männern nicht ausreichend vorgelebt oder – auch von Frauen – nicht intensiv genug vermittelt, was es bedeutet, ein «besserer» Mann und Vater zu sein. Viele Männer vereinsamen und verwahrlosen emotional noch mehr, wenn sie von ihrer Familie getrennt leben.

Jungen, denen aufgrund ihrer Familienverhältnisse wenig väterliche und viel mütterliche Präsenz beschieden ist, müssen sich nicht zwangsläufig zu Problemkindern entwickeln. Die Wahrscheinlichkeit, dass sich eine Kindheit voll mütterlicher Liebe positiv auf ein Jungenleben auswirkt, ist sehr groß. Mütter dürfen sich nicht schuldig fühlen. Und sie sollten nicht nur deshalb bei ihren oft gar nicht vorbildhaften Männern bleiben, um zu gewährleisten, dass ihr Sohn eine männliche Identifikationsfigur hat. *Nur* wegen der Kinder zusammenzubleiben ist keine Lösung für elterliche Spannungen. Das hat sich zu oft als falscher Weg herausgestellt. Die richtige Konsequenz wäre es aber, sich wegen der Kinder um ein besseres Miteinander zu bemühen und sich mit den eigenen, unterschiedlichen Rollenbildern auseinander zu setzen, denn Jungen brauchen echte Papas und das rechte Maß Mama.

Väter sind für Kinder nicht zu ersetzen, ebenso wenig wie Mütter. Väter sind keine Mütter und Jungen keine Mädchen. Jungen sind anders und diese Andersartigkeit will berücksichtigt sein.

Achtzig Prozent der Ratsuchenden, die eine Erziehungsberatungsstelle aufsuchen, sind Mütter mit ihren Söhnen. Mütter reden mit anderen über ihre Probleme, sie holen sich Hilfe, gerade auch bei Erziehungsfragen. Dabei geht es häufig um das häusliche Verhalten des Sohnes, um die schulische Situation der Jungen, ihre «Nullbockhaltung». Insgesamt haben Jungen schon mehr Schwierigkeiten, wenn sie ohne Vater aufwachsen. Drogenkonsum, aggressives Verhalten, auch autoaggressive suizidale Gedanken und Handlungen kommen bei Jungen häufiger vor, wenn sie keinen Vater mehr greifbar in ihrer Nähe haben. Die krisenhafte Entwicklung vieler Jungen weist nicht auf ein Versagen der Mutter hin. Es ist vielmehr ein deutlicher Hinweis darauf, wie wichtig und wie besonders die Beziehung eines Jungen zu seinem Vater sein kann.

Ein anwesender Vater ist aber keine Garantie, vor derlei Problemen bewahrt zu bleiben. Es gibt vielmals gerade auch wegen des Vaters eine ganze Reihe von Schwierigkeiten für Jungen. Als Beispiel sei hier nur der hohe schulische oder berufliche Erwartungsdruck von manchen Vätern gegenüber ihren Söhnen erwähnt. Die oftmals überforderten Jungen wissen oft keinen Rat mehr und handeln kurzschlussartig. In seltenen Fällen auch mit dem «Vatermord». Doch dank des Verhaltens vieler Mütter kommt es gar nicht erst zu solch drastischen Maßnahmen. Manche Mütter verlassen aus Fürsorge ihren Kindern gegenüber den Mann, der seine Vaterpflichten missbraucht und in bestimmten Fällen gar nicht mehr «Vater» genannt werden dürfte.

Wenn Frauen ihren Mann verlassen, weil er in ihren Augen als Partner, als Mann oder als Vater versagt, dann bleibt den Jungen nur noch die Mutter. Sie ist dann die einzige elterliche Bezugsperson. Sie, die *Allein*erziehende, ist für alles verantwortlich, ist immer da: morgens, mittags und abends. So ist die Mutter die erste und einzige Bezugsperson, diejenige, die morgens das Schulbrot schmiert und abends die Einschlafkassette umdreht. Eine Mutter für alle Fälle und vor allem rund um die Uhr, auch in den Situationen, in denen Jungen eigentlich einen Mann, einen Papa bräuchten. Eine schwierige Situation, für Mutter und Sohn.

## Mamasachen sind anders, Papasachen auch

Wie sehr Jungen die Andersartigkeit von Männern genießen, zeigt mir mein achtjähriger Sohn Benedikt immer dann, wenn er zum Beispiel von einem Ausflug mit seinem Freund Marcial und dessen Vater zurückkommt. Marcials Vater hat einen «richtigen» Geländewagen, mit dem die drei hin und wieder durchs Gelände fahren. Das Größte für die beiden Jungen ist es, wenn der Vater dabei – vorsichtig fahrend – die Jungen auf der Motorhaube sitzen lässt. Ängstliche Bedenkenträger werden vor Augen haben, was alles Schreckliches in dieser Situation passieren könnte. Die Begeisterung aber, mit der mir mein Sohn stolz von einem solchen Erlebnis berichtet, würden sie vielleicht gar nicht wahrnehmen können. Wie gut, dass es auch andere verantwortungsbewusste Väter gibt, die mit meinem Sohn etwas Aufregendes unternehmen, etwas «für Jungen», etwas, was ich ihm vielleicht nicht ermöglichen kann.

Mütter können solche Prozesse unterstützen, in denen ihre Söhne sich ausprobieren wollen. Allerdings kommen sie in Bereichen, die ihrer Erfahrungswelt fern liegen, schnell an ihre eigenen Grenzen. Sie müssen ihrem Sohn aber auch nicht beweisen, sie könnten alles. Mütter können eher als Väter über ihre Defizite sprechen, auch über ihre Überforderungen, weil es sich ja nicht um Bereiche handelt, durch die sie sich stark identifizieren. Einem

Vater würde dies vor seinem Sohn oder anderen Vätern nicht so leicht fallen. Viele Väter sind gerne die Helden ihrer Söhne.

## Mamataub in die «Frauenschule»

Jungen haben in ihrem Leben oft nur mit Frauen zu tun. Ganz besonders eindrücklich wird dies in der Grundschulzeit. Dort gibt es wie allgemein bekannt eine deutliche Überrepräsentanz von Lehrerinnen, in Einzelfällen gibt es sogar bei mehreren hundert Kindern *keinen einzigen Lehrer*. In einer Schule in Hamburg wird selbst die Hausmeisterei von einer Frau betrieben. Eine Schule ganz ohne Männer! Ist das nicht die Erfüllung eines radikalfeministischen Traumes der Frauenbewegung? «Eine Welt ohne Männer!» Für viele Lehrerinnen von heute ist es wohl eher ein Albtraum. So wünschen sich die weiblichen Kolleg___ dringend mehr Männer an den Schulen, nicht un___ «soften». Auch die kleinen Knirpse an den ___ den Wunsch nach mehr männlicher Präsen___. Einer meiner (wenigen!) männlichen Leh___ agte diverse Klassen der 3. und 4. Jahrgang___ ulischen Situation. Die Auswertung der ___ isse zeigte, dass lediglich ein Junge es gut fa___ an seiner Schule sind. Seine Begründung: Er ___ tt. Alle anderen Jungen äußerten sich mehr o___ gegen eine Beschulung allein durch Päda___ it dem Grund, Frauen würden Mädchen b___ ten sich nicht richtig durchsetzen. Männer ___ «härter» angesehen, auf die würden sie hör___.

Viele Lehrerinnen bestätigen, dass sich Ju___ von ihnen sagen lassen, sie reagieren auch na___ mehr___ ger Aufforderung oder Ermahnung nicht. Sie sind «n___mataub» geworden. Jungen schalten auf «Durchzug», wenn Frauen ihnen – in ihrer höheren Stimmlage – Anweisungen geben. Sie sind auf der «Mama-Frequenz» immun geworden. Zu viele Korrekturen und Hinweise haben sie über sich ergehen lassen müssen. Zwischen Sohn und Mama gibt es dafür immer wieder Anlässe, ihre Rollen und Eigenarten sind zu verschieden. Sobald Pädagoginnen aber ihre Stimme gezielt senken, reagieren Jungen viel eher.[2]

Jungen spüren, dass sie die Korrektur letztlich brauchen, aber ihr Unabhängigkeitswunsch, ihr «Ego» ist oftmals stärker. Und solange der Druck nicht groß genug und wirklich ein*drück*lich ist, geschieht häufig erst einmal gar nichts. «Abwarten und sehen, was passiert» – lautet die Devise. So fordern deshalb gerade Jungen immer wieder gezielt nach einem durchsetzungsstarken, strengen, aber gerechten Pädagogen.

Auf dem Rückweg der Drittklässler vom Hallenschwimmbad zur Schule scherte ein recht klein gewachsener Junge immer wieder aus der Gruppenordnung seiner Klasse aus. Die Kollegin, selbst auch recht klein, forderte den Jungen mehrmals auf, sich von der stark befahrenen Straße fern zu halten. Doch er reagierte einfach nicht. Als er Anstalten machte, die vierspurige, stark befahrene Straße schon weit vor dem gesicherten Ampel-Überweg zu überqueren, ging ich zu dem Jungen (ich war mit meiner Klasse ebenfalls auf dem Rückweg vom Schwimmbad) und «klemmte» ihn mir unter den Arm. «Wenn du allein nicht sicher gehen kannst, dann muss ich dich wohl tragen!» Mehr Worte hatte ich nicht für ihn. Die Lehrerin ließ mich gewähren und war froh, dass der Junge «gebändigt» war, schließlich war sie für seine Sicherheit verantwortlich. Einige hundert Meter blieb der Junge still in der nicht ganz bequemen Position. Dann meinte er: «Ich kann jetzt wieder alleine gehen.» Ich ließ ihn hinunter, und wir gingen ruhig nebeneinander bis zur Schule. Von diesem Tag an grüßte er mich freundlich. Die Lehrerin fand diese paradoxe Intervention in Ordnung. Sie hatte nicht den Eindruck, ich hätte ihre Autorität untergraben. Ihr Verhältnis

2 In Japan werden Frauen, die auf höheren Ebenen mit Männern zusammenarbeiten sollen, auch nach ihrer hohen Stimmlage ausgesucht. Die Männer gehen davon aus, dass sich diese Frauen aufgrund ihrer «dünnen», weiblichen Stimme in der japanischen Männerwelt nicht ernsthaft zu wirklichen Konkurrentinnen entwickeln können.

zu dem Jungen war ab diesem Zwischenfall ebenfalls verbessert. Vielleicht hat er etwas gelernt. Es geht zwar oft um die Macht-Frage zwischen Schülern und Lehrern, aber vornehmlich sollte es um ihre Entwicklung und um ihre Sicherheit gehen.

### Hörkanal verstopft!

«Wer Ohren hat, der höre!» Das ist bei Jungen aber nicht so einfach. Durch das Ohr erreicht man Jungen schwer, sie reagieren eher auf andere Sinne. Sie hören weniger und fühlen mehr. Besonders wichtig ist ihnen, mit den Rezeptoren ihres ganzen Körpers die Umwelt wahrzunehmen. Aus diesem Grund hat die Kinderpsychologin Jirina Prekop gerade für wilde Jungen die so genannte «Festhalte-Therapie» propagiert, die den Erwachsenen das enge Festhalten des Kindes als Alternative zu anderen (oft viel härteren) Maßnahmen anrät.[3] Bei der großen «Liebe» vieler Jungen am Raufen und Balgen – wobei sie selbst auch sehr fest halten und den engen Kontakt suchen – er*fassen* und spüren Jungen sich und die Situation, auch den Ernst der Lage, viel besser. Doch gerade Müttern ist der nahe Kontakt zu ihrem Sohn schnell zu grob. Meine Frau hat allzu schnell einen blauen Fleck, wenn sie mit unserem ältesten Sohn aus Spaß «rauft».

Der sehr persönliche Text eines meiner Studenten bringt das zum Ausdruck, was vielleicht viele Jungen empfinden, wenn sie einzig mit ihrer Mutter zusammen sind

«... Meine Mutter, meine Mutter ist für mich die Person, die mich von Geburt an großgezogen und vor allem erzogen hat. Ich glaube nicht, dass sie mich in dieser Zeit je verstanden hat, aber vielleicht konnte ich auch bloß nicht ihr Verständnis von gut und schlecht, von Benehmen und Fehlverhalten auf meine Verhaltens- und Erlebnisweisen umsetzen.
Wir haben uns ständig gezofft und gestritten, und ihre Kritik an meiner (Er-)Lebensweise liegt mir heute noch in den Ohren.

3 Jirina Prekop, Hättest du mich festgehalten ..., München 1999

Papa, Papa ist anders gewesen. Wir haben uns nie gestritten, nie habe ich ihn schreien gehört oder gar eine Ohrfeige bzw. einen Arsch voll von ihm bekommen. – Aber Papa war auch nie zu Hause. Anfangs hat er immer sehr lange gearbeitet, sodass ich schon im Bett lag, als er nach Hause kam. Später dann ist er ganz bei seiner Arbeit geblieben, und von Zeit zu Zeit hat meine Mutter einen Ersatzpapa mit nach Hause gebracht, nur, eine wirkliche Nähe oder gar Geborgenheit ist dabei nicht entstanden. Aber warum sollte ich denn schon zu diesem Zeitpunkt klagen? Ich hatte doch noch meine gesamte Zukunft vor mir, und an deren Anfang stand die (Grund-)Schule. – Juhu? – Endlich ein Lehrer in meinem Lebenslauf, ein Vorbild, eine Identifikationsperson!

Mein erster Lehrer hieß allerdings *Frau* R. ... und war weiblich. Bis heute bin ich das Gefühl nicht losgeworden, dass ihr Unterricht an mir vorbeilief. So seltsame Unterrichtskonzepte, geprägt von Sozialkompetenz, Teamorientierung, Kommunikations- und Sprachfähigkeit, hatten in ihrem Sinnverständnis eine ganz andere Bedeutung als in meinem. Auch ihre Wertlegung auf den Unterschied von Mädchen und Jungen – hört sich doch gar nicht so schlecht an! – kommt mir im Nachhinein etwas suspekt vor. Wenn ich das Ganze so rekapituliere, erscheint es mir schon recht merkwürdig, dass weibliche Power nach ihrem Verständnis gleichzusetzen ist mit Temperament, während die männliche Übersetzung wohl eher Verhaltensstörung geheißen hätte.»[4]

Jungen sind oft so ganz anders als Mädchen. Viele Frauen und weibliche Altersgenossinnen der Jungen haben Schwierigkeiten, dies anzuerkennen und damit angemessen umzugehen. An

[4] Ich danke Klaas Kurtzweg für die Genehmigung, diesen Auszug aus seiner Seminararbeit zu veröffentlichen. Erstellt in meinem Seminar «Umgang mit Jungen in der Grundschule», Universität Hamburg, Sommer 2001

toughe, starke Mädchen, die sich dank ihrer intensiven Förderung in den letzten Jahrzehnten immer selbstbewusster entwickeln konnten, haben sich inzwischen viele Erwachsene gewöhnt. Viele *Jungen* aber offensichtlich noch nicht. *Mädchen sind zum Maßstab geworden, an dem Jungen sich zu messen haben.* Doch gemessen an diesem hohen Maß des sich behauptenden, aufstrebenden weiblichen Geschlechts stechen Jungen deutlich hervor, und zwar negativ. So wird ihre geschlechtsbezogene Schwäche in vielen Bereichen oftmals schon zu einem sehr frühen Zeitpunkt recht deutlich. Kindergärten-Muttis und Grundschullehrer-Tanten beklagen die Schwächen des ehemals als stark bezeichneten Geschlechts zunehmend.

## Mütter – Die ohnmächtige Macht

Besonders Frauen, Mütter, bekommen zu spüren, wie schwer es in vielen Fällen geworden ist, mit einem aus dem Lot und in Not geratenen, angeknacksten Helden zusammenzuleben. Um für das Leben mit einem Jungen gerüstet zu sein, reicht es für viele, hauptsächlich allein erziehende Frauen nicht aus, auf die eigene Lebenserfahrung zurückzublicken, es reicht nicht, erwachsen zu sein oder Mutter zu sein. Vielfach ist das Verhältnis zum männlichen Geschlecht bestimmt vom Unverständnis für dessen Andersartigkeit. Allerdings kommen manche Mütter besser mit ihren Söhnen zurecht als andere. Nicht alle Mütter sind gleich, und vor allem sind nicht alle Jungen gleich. Es gibt eben Jungen jeder Sorte. Was letztlich im Leben darüber entscheidet, wie sich ein Junge entwickelt, hängt von vielen Faktoren ab. So zum Beispiel auch von der Art und Weise, wie er gefördert und gefordert wird, wer mit ihm zusammenlebt, wie er erzogen wird und welche Anlagen er mitbringt.

So verschieden, wie Jungen sind, so verschieden sind auch Mütter oder Väter. Manche kommen gut mit Jungen aus, andere eher mit Mädchen. (Sicherlich gibt es auch Mütter und Väter, die die Unterschiedlichkeiten der Geschlechter zu schätzen wissen und mit beiden gut klarkommen.) Schwierig scheint es aber dann zu werden, wenn eine «typische» Mädchenmutti einen wilden Kerl großziehen soll. Sie wird wahrscheinlich viel mehr Irritationen erleben als eine so genannte «Jungenmutti», das Verhältnis zwischen Mutter und Sohn wird eher von Unverständnis geprägt sein.

Die Tatsache der Feminisierung der Lebenswelt von Jungen kann zum Problem für sie werden, denn sie wollen und sollen keine Frauen werden. Doch benötigen sie männliche Vorbilder, besonders in der Schule. Eine zu starke «Verweiblichung» ihres Lebensumfeldes, die Allgegenwart des anderen Geschlechts, das massive Erleben der weiblichen Einflussnahme auf ihren Alltag, das Gefühl, dass vieles von dem, was sie tun, von weiblichen Menschen nicht nachvollzogen werden kann und abgelehnt wird, kann dazu führen, dass sich Jungen ganz bewusst von Frauen entfernen. Eine fatale Entwicklung, denn grundsätzlich empfinden die allermeisten Jungen Dankbarkeit und Wohlwollen gegenüber ihren Müttern. Dies kann sich aber verändern, denn viele Mütter haben aufgrund der Doppelbelastung durch Beruf und Erziehung auch eine andere Rolle bekommen. Sie müssen Mütterlichkeit und Väterlichkeit in sich vereinigen und verlieren so einen Teil ihres Mutterseins.

## Zu viel Mama und kein Papa

Die rund 2,4 Millionen Alleinerziehenden weiblichen Geschlechts in Deutschland versuchen ihren Kindern zu geben, was sie brauchen: Nähe, Liebe, Schutz, Sicherheit und die Erfüllung anderer existenzieller Grundbedürfnisse. Ein Elternpaar kann sich diese umfangreichen Aufgaben so gut es geht teilen. Eine ideale Ergänzung bisweilen. Beide Geschlechter können beide Parts (finanzielle Versorgung und häusliche Betreuung) übernehmen, falls die Möglichkeit dazu besteht. *Alles* gleichzeitig, das ist oft eine Überforderung. Viele Mütter wollen ihre Kinder gar nicht allein großziehen, doch mangelt es an kompetenten Partnern für sie und passenden «Ersatzvätern» für ihre Kinder.

Manche Frauen haben aber auch schon viel Übung mit dem Alleinerziehen, weil ihr Partner sich nie ernsthaft um einen tieferen Zugang zur Familie bemüht hat oder weil sie selbst ihn gar nicht ernsthaft in die engere Familie integrieren wollen. Trotz all der möglichen Konsequenzen, die sich aus der Situation des Alleinerziehens ergeben können, wagen Mütter diesen Schritt heute eher als noch zu Zeiten ihrer Mütter. Zumeist, weil sie eine Berufsausbildung haben und weil es heute gesellschaftlich kein Stigma mehr ist, geschieden zu sein. Doch Mütter und Väter, und vor allem die Kinder, zahlen dafür einen hohen Preis. Gerade die Jungen sind durch die familiären Veränderungen, den Verlust des Vaters, besonders betroffen. An ihnen wird deutlich, wie wichtig ein Vater für die Entwicklung speziell eines Jungen ist, und wenn es auch nur ein «Teilzeitpapa» ist.

Die allein erziehende Mutter eines sieben Jahre alten Sohnes drückte das einmal mit folgenden Worten aus:

«Ich kann den Bedürfnissen meines Sohnes nach männlichen Themen nicht mehr gerecht werden. Ich kann ihm zeigen, wie er mit dem Taschenmesser umgehen muss, um sich nicht zu schneiden, aber ich kann ihm nicht zeigen, was man damit eigentlich machen kann. Ich versuche mit ihm Mamasachen und Papasachen zu machen, doch es gibt einfach Dinge, da merke ich, das ist nicht meins und das wird auch nie meins werden. Da verbiege ich mich auch nicht. Das geht einfach nicht. Dazu gehört auch das Spielen mit Legosteinen. Mein Sohn liebt es, aber ich kann dem überhaupt nichts abgewinnen. Es ist die reinste Strafe für mich.»

Vielen Müttern fällt es schwer, sich auf gemeinsame Unternehmungen, auf «jungentypische» Spiele und Beschäftigungen mit ihren Söhnen einzulassen. Sie entsprechen oft nicht ihren eigenen Interessen. Und wenn sie dennoch mitspielen, spüren die Jungen ihre Lustlosigkeit sehr schnell und verlieren ebenfalls die Freude am Spiel. Gleiches gilt natürlich auch für lustlose Väter. Echtheit und Authentizität werden nicht nur in der Erwachsenenwelt eingefordert. Kinder spüren sehr schnell, wer es *wie* mit ihnen meint. Dafür haben sie feinste Antennen. Eine Mutter, die ständig über ihren eigenen (weiblichen) Schatten springt, ist zwar «tapfer» und ausdauernd, aber sie wird dadurch mit ihrem Sohn nicht die gleiche gemeinschaftliche Intensität erleben wie ein Vater, der mit Begeisterung auch seine eigenen Interessen verfolgen kann. Man kann den positiven Beitrag des Vaters auf die Entwicklung eines Kindes nicht auf Taschenmessereinsätze und Legobaustellen beschränken. Väter sind anders als Mütter, dementsprechend gehen sie auch anders mit ihren Söhnen um. Diese Andersartigkeit ist es denn auch, die dem Sohn fehlt.

Jeden Tag eine Hawaiipizza kann irgendwann einmal dazu führen, dass man Hawaiipizza nicht mehr mag. Kinder, die nur mit einer *Mutter* aufwachsen, müssen sich damit arrangieren, dass sie keine Beziehungsalternative haben. Sie erleben die Mutter als einzige Person, die sie erzieht, betreut und versorgt. Eine Mutter für *alle* Fälle. Dies kann beiden irgendwann einmal auch zu viel sein: zu viel Sohn und zu viel Mama. Junge und Mutter – das ist heutzutage in vielen Fällen schon die ganze Familie. Das ist besser als gar keine Familie, aber oft reicht dem Jungen das nicht aus. Für Mutter und Sohn bringt diese Situation Schwierigkeiten mit sich, die keiner von beiden will. Oft verursacht durch die unterschiedliche Art der beiden: er ein kleiner Mann und sie ein großes Mädchen.

### Gemischte Gefühle

Die Andersartigkeit zwischen Mutter und Sohn führt immer wieder zu großem Unverständnis auf beiden Seiten. Manchmal passiert genau das, was auch schon zwischen Frau und Mann zu Spannungen geführt hat. *«Du bist genau wie dein Vater!»* Jeder Junge weiß, dass dies kein Kompliment ist. Hat er doch in vielen Fällen die vorwurfsvolle Haltung seiner Mutter gegenüber dem

Vater miterlebt. Nun wird *er*, der letzte Mann im Haus, immer wieder Anlass für Konflikte und Auseinandersetzungen.

Diese Auseinandersetzungen können eine Mutter an den Rand ihrer psychischen wie physischen Kräfte bringen. Nicht selten eskalieren solche Situationen und erhalten den Charakter eines Dramas. Mutter und Sohn können dann aus diesen Mustern nicht mehr alleine heraus. Es kann zu gewalttätigen Übergriffen kommen, zuerst noch dominiert von der Mutter, doch mit zunehmendem Alter und wachsender Kraft dann auch vom Sohn. Die Übergriffe, von denen ich Kenntnis bekommen habe, sind nicht repräsentativ, aber sie zeigen mir die große Not in diesen Beziehungen. Beide, Mutter wie Sohn, spüren in solchen Katastrophensituationen letztendlich ihre Ohnmacht. Sie haben das Gefühl, nichts gegen diese verhängnisvolle Entwicklung ihrer ehemals oft guten, manchmal auch symbiotischen Beziehung unternehmen zu können. Mütter suchen Rat und Verständnis. Sie wollen verstehen, warum dies so ist. Sie verstehen die Jungen nicht und fühlen sich selbst auch unverstanden. Wie tickt ein Junge? Kann sich eine Mutter das überhaupt vorstellen? Viele Menschen nehmen sich selbst als Maß aller Dinge. Müttern fällt es oft schwer, sich in ihren Sohn hineinzuversetzen, wenn es ihnen nicht gar unmöglich ist. Auch der Sohn hat Schwierigkeiten, seine Mutter zu verstehen. Er darf sich als angehender Mann gar nicht uneingeschränkt mit seiner Mutter identifizieren. Tut er dies doch, setzt er seine männliche Identität aufs Spiel. In jedem Jungen wächst irgendwann der Wunsch, anders sein zu wollen als die Mutter. Er will ein Mann werden und nicht eine Kopie seiner Mutter. Bei einem «Zuviel» an Mama ist die Abwendung vom weiblichen Vorbild manchmal besonders ausgeprägt und für die Mutter schwer zu ertragen. Je mehr Mama, desto mehr Abkehr? Dies ist sicherlich nicht bei allen Jungen die Regel. Doch stark auf die Mutter bezogene Jungen müssen auf der Suche nach Männlichkeit viel nachholen. Viele Jungen gehen dann in genau die entgegengesetzte Richtung, sie setzen sich bewusst stark von der Mutter ab und tun genau das, was eine Frau nicht tut. Sie versuchen den wichtigen Spannungszustand zum Weiblichen herzustellen, indem sie den Gegenpol einnehmen. Ein Zuviel der einen Seite verlangt danach, die andere Seite stärker auszubilden.

Jungen wie Mädchen gehen in Opposition zu Erwachsenen, wenn sie ihre eigene Persönlichkeit entwickeln. Sie stellen Autoritäten und Lebensformen infrage, um sich abzugrenzen und eine Identität aufzubauen. Steht für diesen wichtigen Prozess der Abnabelung und Selbstfindung einzig allein die Mutter zur Verfügung, kann es bei dem Sohn zu einem Wirrwarr an Gefühlen ihr gegenüber kommen. Die Mutter ist einerseits die zärtliche und vertraute Lebensstifterin, sie ist diejenige, die für den Sohn sorgt und seine immer höheren Ansprüche erfüllt und oft genug auch finanziert. Andererseits ist sie der Reibeklotz, durch den der Junge seine Unabhängigkeit und Identitätsfindung voranbringen möchte. Sie wird gleichzeitig verehrt und bekämpft. Gefühle von Zärtlichkeit, Dankbarkeit, Zuneigung, Trauer, Angst, Unsicherheit und Wut mischen sich miteinander, wenn der Sohn versucht, sich abzunabeln, und belasten das Mutter-Sohn-Verhältnis, besonders, wenn sich alles auf die Mutter konzentriert, weil das «männliche Element» in der Kleinstfamilie fehlt.

## Mutter-Macht

Ich hatte ein längeres Gespräch mit einer Mutter von zwei Söhnen (sechs und acht Jahre), deren Situation ich hier beschreiben möchte:

Die Frau ist geschieden und erzieht ihre zwei Söhne zum größten Teil allein. Sie ist bemüht, alles richtig zu machen und ihren Söhnen möglichst keinen Nachteil durch die Trennung vom Vater zu verschaffen, die *sie* aktiv betrieben hatte.

Obwohl sie sich bereits während der Ehe als stark führend und hauptverantwortlich für die Partnerschaft und die Jungen empfand, fühlt sie sich nun in der klaren Einzelsituation mit den Jungen noch mehr allein. Besonders in Krisenzeiten. Die Jungen sollen nach ihren Wert- und Erziehungsmaßstäben erzogen werden. Ein besonders wichtiges Ziel sieht die Mutter darin, dass ihre Söhne verantwortungsvolle und reflektierende Menschen werden, die die eigenen Bedürfnisse und die der Mitmenschen erkennen und ernst nehmen. Um dies zu erreichen, spricht sie sehr viel mit den Jungen und reflektiert über das Verhalten aller Familienmitglieder. Die Jungen sind deshalb sprachlich sehr sicher und wirken diesbezüglich auf andere eher wie kleine Erwachsene und weniger wie Kinder.

Der jüngere Sohn reagiert in Konfliktsituationen mit heftigen emotionalen An- und Ausfällen, die die Mutter sehr beunruhigen. Dann weiß sie nicht, wie sie mit ihm umgehen soll, wie sie ihm eine Grenze setzen kann. Manchmal ist er erst in der Lage, sein Verhalten zu ändern, wenn sie Gewalt androht oder anwendet. Dann ist er so erschrocken, dass es ihm manchmal gelingt, sich zu beruhigen. Doch die Mutter möchte es nicht jedes Mal dazu kommen lassen. Es tut ihr seelisch weh, so weit gehen zu müssen. Sie sucht nach Alternativen.

Ich versuchte ihr aufzuzeigen, wie sie eventuell auf ihren Sohn wirkt und was ihn zu seinem Verhalten bewegen könnte. Ihr ist es nicht möglich, sich vorzustellen, was ihn antreibt oder wie er sich fühlt, warum er sie so weit bringt und was sie falsch macht. Der Junge erlebt seine Mutter im Alltag meist sehr kontrolliert und gut strukturiert. Sie bemüht sich, ihn immer sehr vernünftig anzusprechen und erwartet von ihm ebenfalls ein an Vernunft orientiertes Verhalten. Ich stellte einige Vermutungen an: Vielleicht möchte der Junge wissen, wie seine Mutter hinter der Fassade der Vernunft ist, wer sie eigentlich ist. Wann verliert sie die Kontrolle über sich? So wie er auch bisweilen die Kontrolle verliert. Wann bricht sie zusammen und macht etwas, das sie eigentlich zutiefst ablehnt? Dann könnte er vielleicht sein Verhalten, das er wahrscheinlich selbst auch ablehnt, aufgeben. Wann zeigt sie sich ihm echt, ganz unkontrolliert? Wann zeigt sie ihm seine und ihre Grenzen?

Fragen, die anregen, danach zu schauen, was sein könnte; die als Angebote dienen.

Doch es könnte auch ganz anders sein:

Vielleicht erwartet der kleine Junge auch die Souveränität seiner Mutter, eine besonnene Stärke, die ihm Sicherheit vermittelt, wenn er selbst nicht weiß, was mit ihm passiert während seiner Gefühlsausbrüche. Er ist vielleicht erschrocken und hilflos, wegen seiner eigenen Kraft und Wut. Er will kontrolliert werden, wenn er selbst die Kontrolle verloren hat.

Es gibt sicherlich noch andere Erklärungsversuche, an denen die Mutter ihr weiteres Vorgehen orientieren könnte. Eine genaue psychologische Analyse der Situation kann hilfreich sein, doch in dem Gespräch mit der Mutter ging es nicht darum, *die* Lösung für all die Alltagsprobleme zu finden. Es ging vielmehr darum, der Mutter wieder einen Zugang zu ihrem Sohn zu ermöglichen, ihr mögliche Beweggründe für sein Verhalten aufzuzeigen, sie wieder handlungsfähig zu machen. Und sei es erst einmal nur gedanklich. Dazu musste ich ihr vermitteln, dass ihr Sohn seine *Gründe* für sein Verhalten hat. Es gibt kein Verhalten ohne Sinn. Sie ist nicht schuld und hat auch nicht versagt, nur weil sie die Situation nicht lösen kann. Es bedeutet auch nicht, dass der Sohn die Mutter ablehnt oder gleich als psychisch gestört gelten kann, er reagiert in bestimmten Situationen eben nur ganz anders als sie.

Sie ist eine Frau, ein ehemaliges liebes Mädchen, das sich einfach nicht vorstellen kann, was in ihrem Jungen vor sich geht. Sie selbst war als Kind ganz anders, angepasst, freundlich und hat ihre Mutter geachtet, hat ihr nicht Kummer oder «Leid» zufügen wollen, wie sie es unbewusst von ihrem Sohn vermutet! Sie verfügt also über keine Erfahrungen, die ihr helfen würden, diese Situationen mit eigenem Erleben gleichzusetzen. Und im konkreten Konfliktfall verschwinden alle angelesenen Erziehungstipps irgendwo im Bermuda-Dreieck des Situations-Stresses. In Notfällen greifen Menschen oft nur noch auf ganz tief sitzende Erfahrungen oder Verhaltensmuster zurück. Doch wenn dort kaum etwas Konstruktives ist, kommt sehr schnell das Gefühl der Ohnmacht auf. Ohnmächtige Menschen aber können nicht mehr angemessen reagieren.

Deshalb müssen besonders allein erziehende Mütter von dem

Gefühl der Ohnmacht befreit werden, sie müssen entlastet werden von dem Anspruch, sie allein könnten ein Kind vollständig prägen, sie allein seien dafür verantwortlich, dass das Leben ihres Sohnes gelingt oder scheitert. Müttern muss auch geholfen werden, einen anderen Blick auf ihre Söhne zu entwickeln, sodass sie in ihnen nicht das gestörte Kind sehen, sondern den überforderten und ebenso auch den fordernden Jungen.

Das Gespräch mit dieser Mutter endete damit, dass ich den Eindruck hatte, sie konnte wieder tief ausatmen, ihre Spannungen ein wenig abbauen. Sie weinte und schien die Situation aus einem anderen Blickwinkel betrachten zu können. Sie sah ihren Sohn nun als einen hilflosen kleinen Menschen, dem sie nicht alles sein muss, für den sie aber im Moment alles ist.

Viele Mütter fühlen sich verantwortlich für die problematischen Verhaltensweisen ihrer Söhne und deren «Störungen». Sie meinen versagt zu haben. Zwar hören sie immer wieder, dass den Jungen der Vater fehlt, und doch fühlen sie sich für das Gelingen, dieser eigentlich nicht für eine Einzelperson gedachten Aufgabe, ganz allein verantwortlich. Sie hören aber ebenfalls – und zwar besonders von anderen –, dass ihr Sohn stört, wegmuss. Die eigenen Kinder sollen geschützt werden vor diesem «missratenen» Kind einer unfähigen Mutter.

### Mini-Machos

Vielen Frauen, Müttern, Erzieherinnen, Lehrerinnen, fällt es besonders schwer, mit den Machoallüren umzugehen, mit denen Jungen gern ihr Gefühl von Unzulänglichkeit kompensieren oder männliches Verhalten imitieren. Frauen sind es, die auf diese Demonstration falsch verstandener Männlichkeit vornehmlich reagieren müssen. Manche Jungen fallen damit ganz besonders stark auf. Jungen, die unter Herrschsucht leiden. Etwa fünfmal häufiger sind diese «kleinen Tyrannen» (J. Prekop) männlichen Geschlechts. Diese Kinder leiden unter einer besonderen Sucht, der Tyrannis, der Sucht nach der Beherrschung von allem und jedem. Kontrollverlust macht sie hilflos. Dann wissen sie nicht mehr, was sie tun sollen, sie können mit der unkontrollierten Situation nicht mehr anders umgehen, als einen Zustand zu erzwingen, der ihnen wieder die Kontrolle ermöglicht. Wenn sie spüren, dass die Grenzen ihrer Macht erreicht sind, wenn sie erfahren, dass Einschränkungen in ihrem Leben existieren, von denen sie vorher nichts geahnt haben, bereitet ihnen das solche Probleme, dass sie unterschiedslos ihre Umwelt tyrannisieren. Meist sind dann keine Männer in Sicht, die den kleinen Herrscher in seine Schranken weisen und ihm helfen, mit den aufgezeigten Grenzen umgehen zu können. Frauen fühlen sich nicht unterstützt – könnte doch die Zusammenarbeit mit einem Mann in solch prekären Situationen ganz sinnvoll sein. Wird dies nicht auch Mädchen zum Vorteil, wenn sich Frauen intensiv um sie kümmern?

Besonders bei diesen herrschsüchtigen Minimachos ist es schwierig, sie zu erreichen, da sie auf Frauen aufgrund ihrer Vorerfahrungen und ihres Geschlechterrollenbildes nicht genügend reagieren (Mamataubheit!). Sie brauchen Anweisung und Korrektur besonders von männlicher Seite. Wer nicht hören will, muss fühlen, muss vielleicht auch mal festgehalten werden, um sich wieder spüren zu können.

## Verständnis

Das spannungsgeladene Verhältnis zwischen Mutter und Sohn, die Störung ihrer Beziehung, kann auf Dauer auch das innigste Verhältnis verschlechtern. Die Auseinandersetzungen über die Eigenheiten des Sohnes werden zu alltäglichen Ritualen: seine Vergesslichkeit (mehr als eine Sache zurzeit kann man ihm nicht sagen, alles andere vergisst er, noch bevor er seine Zimmertür wieder hinter sich zugemacht hat), seine Unordnung, seine Ungeschicktheit, sein Benehmen, seine Freunde, seine Anspruchshaltung, sein Aussehen, sein Tonfall, seine Sprüche, seine Interessen, seine Computerbesessenheit, seine Musik, sein Verhältnis zur Schule, seine Feindseligkeit und Kampfbereitschaft, seine Bequemlichkeit, seine Gerüche, seine Blindheit (vor dem offenen Schrank stehen und das T-Shirt nicht sehen können, obwohl es ihn gleich anspringt) und seine oft obercoole Art. Wenn die Differenzen sich derart eingespielt haben, fällt es beiden sehr schwer, etwas zur Verbesserung ihres Verhältnisses zu tun. Der Sohn entwickelt im schlimmsten Fall ein problematisches Frauenbild, da niemand anderes da ist, kein Vater, der ihn zur Seite nimmt und ihm erklärt, wie Frauen denken, was sie wollen und brauchen. Jungen, die sich schon früh angewöhnen, auf «Durchzug» zu schalten, wenn ihre Mutter sie kritisiert, behalten dieses Verhalten Frauen gegenüber oft auch bei, wenn sie später in ihren Partnerschaften mit denselben Vorwürfen konfrontiert werden.

Dass es zu Konflikten mit anderen Familienmitgliedern kommt, ist normal, auch in meiner Familie. Doch es ist gut, wenn jemand da ist, der etwas zur Entspannung der Situation beitragen kann. So nehme ich meinen Sohn nach einem Mutter-Gewitter zur Seite und spreche mit ihm über das, was er am Verhalten seiner Mutter nicht versteht, und auch, wo seine Anteile liegen könnten. Die starken Emotionen zum Beispiel, die Empfindsamkeit in bestimmten Bereichen, die unterschiedliche Beurteilung von Dingen. Ich versuche ihm zu erklären, was ich selbst auch nicht bis ins Letzte verstehe. Doch ich verstehe, dass sich die beiden, Mutter und Sohn, lieben und dass es wichtig ist, Verständnis füreinander entwickeln zu können. So bemühe ich mich, meinem Sohn ein Dolmetscher zu sein und ihm die Sprache einer Frau, seiner Mutter, so zu übersetzen, dass er sie verstehen kann. Er kann lernen, ihr Anderssein zu respektieren. Ebenso spreche ich mit meiner Frau, um ihr einen kleinen, jungen Mann zu erklären. (Das fällt mir schon bedeutend leichter.) Mütter und Söhne, die nur sich haben, müssen Wege finden, mit ihrer besonderen Situation zurechtzukommen. Das kann gelingen, wenn Verständnis füreinander, für die Schwächen und die Andersartigkeit des anderen, vorhanden ist.

### Die Ohren auf Durchzug gestellt
Jungen haben in den Augen von Frauen oftmals viele Schwächen. Sie sind oft so vergesslich, besonders bei den Dingen, die andere von ihnen wollen. Ihre eigenen Interessen haben sie dagegen im-

mer im Kopf. Mein Sohn Fabian baut die aufwendigsten Holz- und Metall-Konstruktionen, dabei denkt er an alle Details. Das bekommt er gut hin. Doch wenn seine Mutter ihn auffordert, auf dem Weg in sein Zimmer noch eben vorher der Katze Futter zu geben, die Schultasche im Flur wegzustellen und oben im Bad das Fenster zuzumachen, ist er damit total überfordert. Sie, als Frau, kann nicht begreifen, dass er das nicht hinbekommt. Sie macht den ganzen Tag mehrere Dinge gleichzeitig und im Vorbeigehen. Warum tut er das nicht? Sie hat das Gefühl, *«er will mich ärgern, er nimmt mich nicht ernst, er will, dass ich alles mache, er belastet mich»*.

Er hört den Klang der Stimme seiner Mutter wohl, doch die Worte erreichen ihn nicht. Nicht aus Bösartigkeit. (Motivation ist alles!) Mütter, die ihrem Sohn das Gefühl geben, er sei vergesslich, zu faul oder ignorant, sollten bedenken, dass ein Junge sich viel mit anderen vergleicht, sich oft in Konkurrenz zu anderen befindet. Doch gegen eine berufstätige Mutter, die nebenbei einen komplexen Haushalt führt und das Leben der Kleinfamilie managt, fühlt sich der Junge nicht konkurrenzfähig. Seine Mama ist ihm deutlich über, und er spürt, dass er sie in ihren Domänen auch nicht kopieren oder übertrumpfen kann. Vielleicht, wenn er mit ihr sein neuestes Computergame spielen würde, doch dafür hat sie keine Zeit – und meistens auch kein Interesse. So kann er ihr nur immer wieder seine Inkompetenz vorführen und sich – in vielen Fällen vergeblich – bemühen, es besser zu machen.

Dieser ausweglose Kampf, dieser nicht zu gewinnende Wettbewerb mit der Hauptidentifikationsfigur, die leider das «falsche» Geschlecht hat, kann den Jungen in eine resignative Haltung führen. Wegen der häufigen Konflikte und Misserfolge kann er ein belastetes, von Schmach und Versagen geprägtes Verhältnis zu Frauen bekommen. Während der Junge zu seinem Vater eine Rivalität entwickeln könnte, bei der er im Laufe der Zeit den Vater meist nicht nur in der Schuhgröße übertrumpfen kann. Wenn Jungen sich mit dem Vater vergleichen können, freuen sie sich mehr über ihre Fortschritte. Und ihn zu «entthronen» schafft Selbstvertrauen.

Frühe Versagensgefühle wecken nicht unbedingt den Wunsch, einen übermäßigen Ehrgeiz zu entwickeln. Leichter ist es, die Überforderung dadurch erträglich zu machen, dass Jungen und Männer die Bereiche ihrer Unterlegenheit zu «Frauenkram» degradieren und sie somit außerhalb der männlichen Konkurrenz stellen.

Jungen brauchen Bewunderung und Lob, nicht pausenlos, aber doch sehr häufig. Jedem Menschen tut eine positive anerkennende Rückmeldung gut, doch Jungen scheinen sehr viel auf der Suche nach diesem Balsam für ihre Seele zu sein. *Kritik wirkt auf Jungen wie Gift, zu viel davon kann tödlich für ihre Beziehungen sein.*

## Bloß kein Mamasöhnchen!

Der Einfluss von Frauen auf Jungen, ihre Mitgestaltung von Männlichkeit, ist nicht zu unterschätzen. Vielfach erziehen doch meist nur Frauen die nächste Männergeneration. Ihre Erwartungshaltung an Männer und ihre Vorstellung von *der* männlichen Rolle haben neben den medialen Vorbildern großen Einfluss auf Jungen. Nicht nur Väter bemühen sich, jungentypisches Verhalten bei ihren Söhnen zu fördern, auch Mütter wollen aus ihren Söhnen einen lebenstüchtigen Mann machen. Sie wollen auch, dass er sich wehren kann und die Fähigkeit zum Überleben entwickelt. Dies fällt besonders bei *den* Müttern auf, die ihren Sohn ohne Vater aufziehen. Sie übernehmen dann oftmals zwangsläufig die Aufgabe des Vaters mit.

Sie wollen ihrem Sohn eine männliche Identität vermitteln. Er soll auf keinen Fall ein «Jammerlappen» werden. Starke Frauen mögen keine jammernden Männer. Immer noch nicht und wahrscheinlich auch in Zukunft nicht.

Folgende Szene erlebte ich vor einigen Jahren auf einem Kinderspielplatz, als mein Sohn Benedikt ungefähr dreieinhalb Jahre alt war: Benedikt probierte zuerst viele Spielgeräte aus. Er rannte von einem zum anderen, bis er sich dann für die Schaukel entschied. Anschließend wollte er unbedingt auf das attraktive, recht hohe Klettergerüst. Ich sah, wie geschickt er sich dabei anstellte, und ließ ihn gewähren. So kletterte er immer höher, er wollte bis zur Spitze. Inzwischen hatte sich eine Mutter mit ihrem Sohn auf dem Spielplatz eingefunden. Der Junge schien etwas älter zu sein. Als er Benedikt auf dem Gerüst sah, fühlte er sich sofort motiviert, ebenfalls zu klettern. Doch schon nach den ersten Bemühungen, die etwas großen Sprossenabstände zu meistern, hielt er inne und sah verängstigt zu seiner Mutter: *«Na los, reiß dich zusammen, der andere Junge ist sogar kleiner als du, und der schafft das auch!»*

Die Tatsache, dass sich ihr Sohn nicht höher traute, dass ihm offensichtlich der Mut und die Fähigkeit fehlten, schien sie nicht akzeptieren zu wollen. Er sollte zeigen, dass er in der Konkurrenzsituation zu einem anderen Jungen bestehen kann. Dass er dabei seine Fähigkeiten und Grenzen richtig einschätzte, schien sie nicht zu sehen. Eine eigentlich wichtige Kompetenz wurde nicht gefördert.

Fordern ist wichtig. Damit regt man jemanden an, einen Schritt vor den anderen zu setzen und ein Stück weiterzugehen. Fordern kann deshalb in vielen Fällen auch hilfreich sein. Doch der *Ton* dieser Mutter überraschte mich. Darin klang Härte durch und der Wunsch, der Junge solle rücksichtslos gegen sich selbst sein. «Mein Sohn soll ein Mann werden, er soll sich durchbeißen und nicht aufgeben.»

Auch Mütter haben Anteil daran, wenn Jungen lernen, nicht auf ihre innere Stimme zu hören, und sich überfordern. Viele Frauen wollen keine Männer, die nicht Manns genug sind, und so bemühen sie sich, ihre Söhne so zu erziehen, dass sie sie als zukünftige Männer auch achten können. Mütter lieben an ihren Söhnen ab einem bestimmten Alter nicht mehr das Kindliche, sondern das sich entwickelnde Männliche.

### «Hotel MAMA»

Die Liebe und Fürsorge, die Jungen bei ihrer Mutter erfahren, möchten viele von ihnen auch mit fortschreitendem Alter nicht mehr missen.

Nicht alle Jungen trennen sich rechtzeitig von der ersten Frau in ihrem Leben, ihrer ersten «großen Liebe». Noch nie gab es so viele erwachsene Söhne, die noch bei ihren Müttern leben. Es handelt sich dabei um ein auffallend aktuelles Phänomen.

In Deutschland lebt fast die Hälfte aller jungen Männer bis 24 Jahre noch bei ihren Müttern.[5] Bei den jungen Frauen ist es dagegen nur etwa ein Viertel.

Die Gründe dafür sind verschieden. Neben den Bequemlichkeiten, die das «Hotel Mama» mit sich bringt, ist es oft die nicht ausreichende finanzielle Lage der jungen Menschen. Anders als noch vor einer Generation stehen Frauen heute früher als viele Männer auf eigenen Beinen. Die männlichen Nesthocker hingegen müssen damit rechnen, dass ihr Ansehen in der Männerwelt, aber auch bei vielen Frauen, massiv leidet. Mamasöhnchen werden nicht richtig ernst genommen und finden schwerer eine Partnerin. Gerade selbstbewusste Frauen suchen nach ebenbürtigen, selbständigen Männern. Verwöhnte Jungen gelten leicht als unmännlich und unselbständig. Mancher Sohn, der an seiner Mutter hängen bleibt, kann sich zu einem recht verschrobenen Kauz entwickeln. Solche Beziehungen bergen für den Jungen weitaus mehr Nachteile als für die Mütter.

## Väter – Helden ihrer Söhne – Papas aus Pappe

Wie wichtig eine Mutter für Kinder ist, braucht man nicht weiter auszuführen. Mütter haben schon eine Beziehung zu ihren Kindern, wenn diese noch nicht einmal geboren sind. Ihre Haltung gegenüber dem ungeborenen Leben, die Achtsamkeit ihres Lebenswandels und ihre Vorfreude auf das Kind sind schon erste wichtige Zeichen mütterlicher Liebe, die für das Kind von großer Bedeutung sind.

5 Daten des Statistischen Bundesamtes in Wiesbaden

Wie sieht es mit der Bedeutung des Vaters aus? Darüber ist viel nachgedacht und geschrieben worden. Zum Beispiel, wie wichtig es ist, sich als Vater auch schon während der Schwangerschaft mit dem zukünftigen Familienmitglied zu befassen. Werdende Väter sollen mit dem unbekannten Wesen reden, obwohl sie es nicht einmal sehen können. Sie sollen Kontakt aufnehmen mit dem «Kind in der Frau». Oft reden sie aber nicht einmal genug mit der zukünftigen Mutter ihres Kindes. Männer lernen spezielle Massagetechniken, um ihre Frau während der Geburt zu unterstützen und ihr Entspannung zu verschaffen. Sie reiben den Schwangerschaftsbauch mit speziellen Ölen ein und bemühen sich, mit den Stimmungsschwankungen ihrer Partnerinnen klarzukommen; sie renovieren das neu einzurichtende Kinderzimmer mit der Tapete und dem Fußboden, die die zukünftige Mutter aussucht. Der zukünftige Vater leistet seinen Beitrag auf seine Weise, als Betreuer der werdenden Mutter und als Nestbauer. Manche Väter besuchen auch Kurse, in denen ihnen ein künstlicher Schwangerschafts-Bauch umgehängt wird, damit sie einen Eindruck davon bekommen, wie sich eine Schwangerschaft anfühlt. Sie lernen auch, wie ein Baby gefüttert, gewickelt, getragen und gebadet wird, wie man bei den Presswehen richtig atmet und was eine PDA (Peridural-Anästhesie) ist. Männer machen dies heute sehr oft mit viel größerer Selbstverständlichkeit als zu früheren Zeiten, und sie tun es meistens in der ernsthaften Überzeugung, dass dies wichtig ist, auch wenn sie manchmal während der Entspannungsphase in den Schwangerschaftskursen einschlafen. Der Teamgedanke zwischen den redlich bemühten Vätern und den engagierten Müttern wird am Anfang einer modernen Beziehung meistens noch recht hoch gehalten. Doch diese Ehe-Teams halten immer seltener bis in alle Ewigkeit.

## Vaterseelenallein

Väter, die nicht mehr da sind, die gegangen sind oder verlassen wurden, hinterlassen eine große Lücke im Leben ihrer Söhne. Von den ca. 2,4 Millionen Kindern, die bei Alleinerziehenden aufwachsen, sind etwa die Hälfte Jungen. Nur ca. 240 000 von ihnen leben mit einem allein erziehenden Vater zusammen. Alle anderen knapp 1 Million Jungen erleben zu wenig reale Männlichkeit in ihrem Leben. Den Jungen fehlt das Vorbild, wie ein Mann ist und wie sie selbst werden können; es fehlt ein konkretes Identifikationsangebot. Ihnen fehlt der regelmäßige und alltägliche Umgang mit einem Vertreter ihres Geschlechts. Ihnen fehlt jemand, der ihnen das Lernen am Modell ermöglicht und der als zusätzliche Liebes- und Vertrauensperson uneingeschränkt zur Verfügung steht.

## Papas aus Pappe

Eine Untersuchung der Universität Oxford an 1500 Jungen im Alter zwischen 13 und 19 Jahren ergab, dass Jungen sich durch mehr Lebensfreude und ein größeres Selbstbewusstsein auszeichnen, wenn ihre Väter sich aktiv und regelmäßig mit ihnen befassen, mit ihnen sprechen und Interesse an ihrer Entwicklung, an ihrem Leben zeigen. Wenn aber anstatt des Vorbildes bestenfalls noch ein Bild des Vaters an der Wand im Kinderzimmer hängt, ein Foto auf Papier oder Pappe, ist das kein Ersatz für einen realen Vater. Väter sind zum Anfassen da, nicht nur zum Ansehen. Gerade im direkten Kontakt sind Väter für Jungen besonders gut zu begreifen. Mit ihnen zu toben, ihre Kraft zu spüren und ihre Nähe zu erleben, bringt Jungen mehr, als sie vielleicht nach außen zu erkennen geben. Ihre Seele wird angerührt. Ein Foto hat keine Seele, und ein Junge ohne Vater ist vaterseelenallein. Ihm fehlt das Studienobjekt «Mann» und der Mensch, der dahinter steckt. Ein Mann mit Ecken und Kanten, aber mit einem weichen Herzen, der Zeit für ihn hat. Nicht alle Väter können das immer im notwendigen Maß bieten, aber wenn sie sich ernsthaft bemühen und das geben, was ihnen möglich ist, ist dies mehr, als ein sehr großer Teil der Jungen von väterlicher Seite erfährt.

Ein Junge will wissen, wie ein Mann ist, wie man einer wird und wie man sich als Mann verhält. Dazu gehören die einfachen alltäglichen Dinge, wie das Pflegen des Körpers, die Rasur, das

Einkleiden, das Verhalten von Männern unter Männern, die Behandlung von weiblichen Menschen und, ganz wesentlich, der Umgang mit Stresssituationen und Konflikten. Wie drückt ein Mann seine Gefühle aus? Und, vor allem, wie redet er darüber? Das Gesprächsverhalten des Vaters ist ein wichtiges Beispiel für männliche Kommunikation. Es hat einen ganz direkten Einfluss auf die Entwicklung des Sohnes. Unterhält sich der Vater regelmäßig und intensiv mit dem Sohn, so fühlt sich der Junge wahrgenommen und erwünscht. Reden ist ein wichtiges Mittel zur Stärkung der Beziehung zwischen Vater und Sohn. Darin offenbart sich auch die Einstellung zum Sohn. Vermittelt der Vater seine persönliche Lebenseinstellung, seine Haltung zum Leben, dann gibt er dem Sohn mehr als nur ein paar Informationen zu seiner Person. Er gibt ihm ein Modell für sein Leben, das der Sohn entweder übernehmen oder ablehnen kann.

Auch das gemeinsame Spiel hilft den Söhnen, sich an ihren Vätern zu orientieren. Anders als Gleichaltrige, auch anders als die Mütter, erteilen Väter in gemeinsamen «Jungenspielen» wichtige Lektionen für die männliche Identität: Durchhalten, Aushalten, Zusammenhalten. Auf keinen Fall sollte man sie gering schätzen. Oft sind es auch die technischen Dinge, die ein Junge sich bei seinem Vater abgucken kann. So habe ich meinem handwerklich sehr geschickten Vater unzählige Stunden über die Schulter geschaut und dabei viel gelernt. Dieses Wissen und Können ist ein Teil meiner väterlichen Mitgift. Jungen ohne Väter denken oft eher ans Neukaufen anstatt ans Reparieren. Den Umgang mit Werkzeugen lernen Jungen sonst fast nirgendwo mehr richtig. Somit erwerben immer weniger Jungen den praktischen Umgang mit Geräten und Werkzeugen aus der bisher von Männern dominierten Welt der Technik und des Handwerks. *Jungen fehlen zunehmend auch die bisher als männlich angesehenen Kompetenzen.*

Meinem 15-jährigen Sohn Fabian habe ich schon vor Jahren gezeigt, wie man sachgerecht mit Werkzeugen, auch elektrischen, umgeht. Inzwischen baut er sich völlig selbständig die kompliziertesten Skaterrampen und dergleichen. Das gibt ihm Selbstvertrauen und das Image eines kompetenten Jungen, nicht nur im Kreise seiner Freunde. Als er sich in einem Fahrradladen ein neues Tretlager für sein Spezial-Mountain-Bike kaufen wollte, fragte ihn der Verkäufer, wo das Fahrrad denn sei, er wolle ihm das Lager einbauen. «Das mach ich selber!», antwortete mein Sohn. Der Mann war verwundert, erlebt er doch täglich, dass die meisten Jungen mit ihrer Mami oder ihrem Papi das kaputte Rad zum Reparieren vorbeibringen oder lieber gleich ein neues kaufen.

Doch viele Jungen fahren schon gar nicht mehr mit dem Fahrrad, sie werden von ihrer Privatchauffeurin, dem «Mamataxi», zu allen Nachmittagsverabredungen gebracht. Jungen erwerben heutzutage weder ausreichend handwerkliche Kompetenzen, körperliche Ausdauerfähigkeit noch praktische Erfahrungen in den ehemals weiblichen Domänen. Handarbeit, kochen und bügeln können viele von ihnen ebenso wenig, wie mit Schnitzmesser, Hammer oder Säge umzugehen. *Jungen verlieren an allgemeiner Alltagskompetenz.*

Dabei ist es ungeheuer wichtig für Jungen, Kompetenzen zu erwerben. Es hilft ihnen, leichter einen Platz in einer Gruppe zu finden. Wer etwas kann, was anderen nutzt, ist immer gern gesehen. Durch ihre Stärken bekommen Jungen oft auch spezielle Rollen innerhalb einer Gruppe, sie werden zu Spezialisten («unser Torwart», «unser Computerfreak» etc.). Das stärkt ihr Selbstwertgefühl, verhilft auf der Suche nach einer passenden Identität zu wichtigen Erfahrungen.

### Fähigkeiten machen unabhängig und selbstbewusst

Überschaubare Risiken in bestimmten Situationen helfen, geistige und körperliche Fähigkeiten zu entfalten und eigene Grenzen auszuloten. Dadurch lernt ein Kind sich und seinen Körper besser kennen. Es lernt, ihn zu kontrollieren und rechtzeitig auf Stoppsignale zu achten. Es lernt, sich nicht zu überfordern. Durch Erfolg kann Selbstvertrauen wachsen. Auch die Selbständigkeit wächst, wenn neue Aufgaben und Herausforderungen bewältigt werden.

Häufig ist zu erleben, dass Väter ihre Söhne schneller für selbständig halten als Mütter. Dies mag am bewussten oder unbewussten Wunsch liegen, den Sohn zu fordern, damit er sein zukünftiges Leben besser bewältigen kann. Er muss später vieles selbst und ständig lösen, deshalb ist es gut für ihn, wenn er früh damit anfängt. Den eigenen Sohn künstlich klein zu halten, widerstrebt vielen Vätern. Sie trauen ihren Söhnen manchmal eher zu viel zu. «Ach, das schaffst du schon, mach das mal alleine!» Mitunter mag dabei auch die Bequemlichkeit des Vaters eine Rolle spielen. Je intensiver Väter ihre Söhne zur Selbständigkeit erziehen, desto weniger müssen sie sich fürsorglich um sie kümmern. Umso mehr Zeit haben sie für andere Dinge. Sie entlasten sich klugerweise.

Doch eine gewisse Lässigkeit bei einem Vater ist nichts im Vergleich zu einem Vater, der gar nicht vorhanden ist. Wenn ein Junge keinen gleichgeschlechtlichen Menschen in seinem Leben hat, der ihm auf seine ihm spezifische Weise Halt, Orientierung und Liebe geben kann, fehlt ihm etwas Wesentliches für seine Entwicklung.

Viele Jungen ohne Väter bekommen eben oft nur die Hälfte von allem. Häufig wird versucht, den fehlenden Vater irgendwie auszugleichen. (Auch durch materielle Zuwendungen oder ungezügelte Freiheiten.) Die wahren Bedürfnisse bleiben aber unerfüllt. In den Jungen entstehen Sehnsüchte, die unbefriedigt bleiben. Väter sind für Kinder nicht zu ersetzen, ebenso wenig wie Mütter.

Jungen ohne Väter an ihrer Seite sind wie ein Klumpen Lehm, in dem jeder Mann einen Abdruck hinterlassen kann. Doch nicht jeder Mann ist ein guter Töpfer. Es ist schon wichtig, wie und von wem ein Junge zum Mann geformt wird, welche Eindrücke haften bleiben. Ist der Ton erst einmal getrocknet, dann kann beim Formen auch schon mal etwas kaputtgehen. Nur weicher Ton lässt sich gut bearbeiten. *Entscheidend ist, in welcher Phase des Lebens eines Jungen enger Kontakt zum Vater stattfindet.* Je früher ein wichtiger Mann im Leben des kleinen Jungen seine Spuren hinterlässt, desto prägender kann dies für den Jungen sein. Viele Jungen verlieren ihre Väter erst, nachdem sie schon wesentliche Erfahrungen mit ihnen machen konnten. Sie haben dadurch aber erst ein unfertiges Bild vom Mannsein entwickeln können. Die Bedürfnisse, die ein Sohn durch seinen Vater abgedeckt haben möchte, verändern sich. Zuerst Spielkamerad und Welterklärer, später dann Begleiter in die Welt des Mannes, ins Berufsleben. Auch als Frauenerklärer und als Interessenpartner männlicher Themenfelder ist ein Vater gefragt.

## Eine «vaterlose Gesellschaft»

Schon in früheren Generationen mussten sich Jungen damit abfinden, ohne Väter aufzuwachsen. Dies lag häufig daran, dass die Väter sich mit anderen Vätern anderer Söhne bekämpften. Millionen von Vätern kamen nach kriegerischen Auseinandersetzungen nicht mehr nach Hause zurück. Frauen mussten ohne Mann auskommen und Söhne ohne ihre Väter. Warum dies aber in Friedenszeiten auch so sein soll, ist nicht einzusehen. Von unterschiedlicher Seite wird den Jungen vorgeführt, und suggeriert, dass es auch ohne Männer geht. Viele Freunde von ihnen wachsen ebenfalls ohne Papa auf. Die Jungen erleben diesen Zustand immer mehr als Normalität, auch weil manche Mutter es inzwischen als normal betrachtet, Kinder allein aufzuziehen, und Männer für überflüssig ansieht.

Bereits 1963 schrieb Alexander Mitscherlich sein Buch «Auf dem Weg zur vaterlosen Gesellschaft».[6] Darin vertritt er die These, dass die Abwesenheit des Vaters bei Jungen zu Groll führt und Fragen nach dessen Verbleib aufwirft. Erhält der Sohn keine hinreichende Erklärung, was sein Vater eigentlich den ganzen Tag über tut, wenn er sich fern der Familie aufhält, so kann er auf die Idee kommen, sein Vater tue Böses. Dies mag in den USA während der McCarthy-Ära und in der Zeit danach mit eine Ursache dafür gewesen sein, dass sich die politisierte amerikanische Jugendgeneration kritisch mit ihren Vätern auseinander gesetzt

6 Alexander Mitscherlich: Auf dem Weg zur vaterlosen Gesellschaft. Ideen zur Sozialpsychologie, München 1963

hat. Ähnlich wie in Deutschland, als nach dem 2. Weltkrieg die unter Verdacht gestellten Väter und Großväter von ihren Kindern oder Enkelkindern inquisitorisch gefragt wurden: *Hast du bei den Nazis mitgemacht? Hast du nicht doch etwas gewusst?*

Meiner Ansicht nach spielen die Aspekte von Mitscherlichs Argumentation heute keine große Rolle mehr. Gegenwärtig ist der Grund für die vaterlose Gesellschaft nicht mehr hauptsächlich deren berufliche außerhäusliche Beschäftigung, sondern die in den letzten Jahrzehnten so dramatisch gestiegene Scheidungsrate in den westlichen Industrienationen. Während zu meiner Grundschulzeit maximal ein Scheidungskind in einer Klasse war, sind heute in manchen Schulbezirken 50 bis 60 Prozent der Kinder davon betroffen. Heutzutage sind die Väter oft nicht einmal mehr nach Feierabend präsent. Deshalb ist das mutige Buch «Die vaterlose Gesellschaft – Überfällige Anmerkungen zum Geschlechterkampf» von Matthias Matussek aus einem anderen Grund passender denn je. Matussek weist den Frauen einen bedeutenden Anteil an der vaterlosen Situation allzu vieler Kinder zu.[7]

## Hauptsache Arbeit – Der Teilzeitpapa

Wenn Jungen heutzutage noch einen Vater und diese noch Arbeit haben, dann kann es vorkommen, dass sie nicht böse auf den Vater werden, sondern eifersüchtig auf dessen Arbeit. Ein befreundetes Ehepaar hat fünf Kinder, vier Jungen und ein Mädchen. Der Vater ist selbständig und deshalb häufig sogar am Wochenende in seinem Büro. Seine Frau bezeichnet sich deshalb ganz selbstbewusst als allein erziehende Mutter. Den Alltag regelt sie gezwungenermaßen allein, souverän, ohne die konkrete Unterstützung ihres Mannes. Sie hat einen Mann für den Abend und zeitweise auch am Wochenende, einen Mann nur für gewisse Stunden. Und die Kinder haben einen Teilzeitpapa. Für die vier Jungen und das Mädchen ist das oft nicht leicht. Sie vermissen den Vater und

7 Matthias Matussek, Die vaterlose Gesellschaft ..., Reinbek 1998

sind doch gezwungen, sich damit abzufinden. Sie können den Vater zwar anrufen, ihn sprechen, aber mit ihm in Ruhe auf dem Fußboden eine Legoburg zu bauen oder mit ihm zu toben oder zu kuscheln, das ist nur sehr selten möglich. Greifbar ist er für sie immer nur dann, wenn es seine Zeit erlaubt, und das ist allen zu selten.

So oder ähnlich geht es vielen Kindern. Viele Jungen kennen deshalb nur einen erschöpften Vater, der sich abends entspannen möchte. Hilfe bei den Hausaufgaben und der Fahrradreparatur sind da oft nicht mehr drin. Söhne leiden darunter, denn sie sehnen sich nach einem anwesenden Vater. Gewöhnt sich ein Junge daran, ohne Vater auszukommen, kann er sich leicht von ihm entfremden. Er zieht sich resigniert zurück und lebt sein Leben, von dem der Vater nicht viel mitbekommt.

Entweder schließen sich Jungen schon sehr früh einer Gruppe von Gleichaltrigen an, der so genannten Peergroup, die ihnen die emotionale Nähe bietet, oder aber sie ziehen sich in virtuelle Welten zurück, mit ihren ganz eigenen Idolen und Helden als Vaterersatz.

## Turboman als Vater

Eine Parabel über diese irrealen Ersatzväter liefert der Hollywoodfilm «Versprochen ist versprochen». In diesem ironischen Film über die einflussreiche Rolle einer Actionfigur, einem Plastik-Ersatz als Identifikationsfigur für einen kleinen Jungen, macht ein von seinem schlechten Gewissen geplagter Vater seinem Sohn ein wichtiges Versprechen. Weil der Vater seine kleine Familie und ganz besonders seinen einzigen Sohn in letzter Zeit sehr vernachlässigte, hat sich der Junge auf den in den Medien ständig präsenten Action-Helden «Turboman» fixiert. Dieser Comic-Held, der alle Probleme lösen kann und der nun stets an der Seite des Sohnes sein soll, hat den Platz des Vaters eingenommen. Um sich seinem Sohn wieder zu nähern, verspricht der viel beschäftigte, von Arnold Schwarzenegger dargestellte Teilzeitpapa seinem Sohn «hoch und heilig», die heiß begehrte Heldenfigur als Weihnachtsgeschenk zu besorgen. Doch alle Jungen der Stadt haben offenbar denselben Wunsch. Der «Turboman» ist ausverkauft – und so scheint auch dieses Versprechen vom Vater gebrochen zu werden. In dem turbolenten Film erkennen Vater und Sohn am Ende, dass weder beruflicher Erfolg noch ein «Plastikersatzpapa» die herzliche Beziehung zwischen Vater und Sohn ersetzen können. Im Film kommt es zum Happy End, im wirklichen Leben dagegen leider nur sehr selten.

Die oft angeführten Sachzwänge drängen einen berufstätigen Vater, gerade in konjunkturell unsicheren Zeiten, sich eher seiner Firma verbunden zu fühlen als seiner Familie. Viele Väter sind zwar der Ansicht, dass sie all ihre beruflichen Anstrengungen eigentlich nur für ihre Familie auf sich nehmen, die eigenen Kinder und die Partnerin sehen das aber oft ganz anders. Sie vermissen ihren Papa, bis sie sich daran gewöhnt haben, dass er nicht präsent ist. Wenn Väter einmal realisieren, dass ihr Leben eigentlich neben der Familie herläuft, dass sie familiär verarmen, dann machen sich manche von ihnen zwar auf den Weg, dies zu ändern, doch einfach ist dies nicht für sie.

Besonders stark ist die Sehnsucht des Sohnes, wenn er anfängt, die gleichen Interessen zu entwickeln wie sein Vater, wenn er aufhört, «Kind» zu sein. Männerinteressen sind eben keine Kinderinteressen, genau deshalb wenden sich manche Väter ihren Söhnen erst später zu. Oft ist es aber schon zu spät, wenn der Sohn für sie ins «richtige» Alter kommt. Das Interesse des Sohnes ist dann schon nicht mehr so vorhanden, und enttäuscht zieht sich der Vater an den Rand der Familie zurück.

Wenn Väter ihr Leben überwiegend randständig neben der Familie leben, dann bekommen ihre Söhne wenig von ihnen mit. Sie können nicht sehen, wie ihr Vorbild sich wann wie verhält, wie der Vater mit schwierigen Situationen umgeht, wie er Überforderungen durchsteht und wie er als Mann agiert. So muss der Junge auf anderen Wegen zu einer Vorstellung von der Welt der Männer und des Mannseins gelangen. Dem Vater bei seinen Arbeiten über die Schulter zu sehen und von ihm direkt zu lernen, wie es vielfach in der vorindustriellen Zeit der Fall war, als der Sohn häufig das Handwerk des Vaters übernahm, ist heute in unserer entfremdeten Arbeitswelt nur noch selten möglich. Väter und Söhne verbrachten früher viel Zeit bei der gemeinsam verrichteten Arbeit (besonders in ländlichen Gebieten). Dies stärkte ihre Beziehung. Auch heute tut es Vätern und Söhnen sehr gut, wenn sie gemeinsam etwas unternehmen, etwas gestalten und miteinander Ziele erreichen.

## Buhmann Vater

Auf manche Väter kann man getrost verzichten: Väter, die Unfrieden in die Familie bringen und Jungen einen falschen Umgang mit Frauen und Kindern vorleben. Ihr Vorbild wirkt sich eher negativ auf die Entwicklung ihrer Söhne aus. Wenn der Sohn von einem unreifen Mann Handlungsmuster übernimmt, setzt sich manch schädigendes Verhalten vom Vater auf den Sohn weiter fort. Vielleicht wird der Sohn solch einen Vater nicht vermissen, mit Sicherheit aber vermisst er eine positive männliche Leitfigur, die ihm Orientierung bietet und ihm bei der eigenen Mannwerdung verständnisvoll zur Seite steht. Angesichts einer nie da gewesenen Anzahl von arbeitslosen Vätern könnte man eigentlich meinen, viele Väter hätten ausreichend Zeit für ihre Kinder. Doch diese Zeit nutzen längst nicht alle Männer, um eine intensivere Vater-Sohn-Beziehung aufzubauen. Vielfach ist ein deprimierter Vater, der seine Tage auf dem Flur der Arbeitsagentur verbringt und von der öffentlichen «Stütze» lebt, keine wirkliche Stütze im Leben eines Jungen. Zu viel ist schon in der Vater-Sohn-Beziehung verkehrt gelaufen.

Schwer haben es Söhne auch mit einem Vater, der wie ein Papiertiger nur nach außen gefährlich dominant und selbstbewusst wirkt, es aber gar nicht ist. Hinter der drohenden Pappfassade steckt oftmals ein Mann, der sich nur deshalb wie ein wilder Tiger gebärdet, weil er sich sonst nicht behaupten kann. Bei ernsthaftem Gegenwind nimmt er Reißaus, schlägt die Tür hinter sich zu und entflieht der unangenehmen Situation. Er scheut Konflikte und ist unfähig zur konstruktiven Kommunikation. Dieser Typus Vater ist eigentlich ein nicht ernst zu nehmendes Gegenüber, genau wie ein Tiger aus Papier.

Solche Väter haben große Schwierigkeiten, von ihren Söhnen respektiert zu werden. Auch ihre Partnerinnen halten wenig von ihnen. Und dennoch werden diese Männer von vielen Frauen an die «Erziehungsfront» geschickt. Sie werden als Zuchtmeister instrumentalisiert, als Autoritätshampelmänner, die sich aufspielen sollen, obwohl sie eigentlich oft gar nicht wirklich wissen, wofür. Sie sind gar nicht genug eingebunden ins Familienleben und sollen dennoch oftmals mit der Erziehungsrute wedeln, weil es der Mutter zu viel wird. Manche Väter agieren so über diese Sanktionsmaßnahmen auch ihren Frust ab. Solche Väter suchen zwar nach Möglichkeiten, sich in die Familie einzubringen, einen Fuß in die Familie zu bekommen, verhalten sich aber letztlich total kontraproduktiv. Sie versuchen, mit falscher Autorität das zu erreichen, was sie durch mangelnde Beziehungspflege und eine schwache Persönlichkeit verloren haben, doch ist ihnen dies oft nicht klar. Sie haben keinen Coach, hatten keinen Vater, der es sie lehrte. So verschlechtern sie letztendlich ihre Position in der Familie noch mehr.

In dem deutschen Film «Das Wunder von Bern» wird dies sehr eindrücklich an einem spät aus der Kriegsgefangenschaft heimkehrenden Vater gezeigt. Der beinahe gebrochene Mann versucht, nach jahrelanger Abwesenheit, durch autoritäres Auftreten und die Einführung neuer Regeln, eine akzeptierte Position in der Familie zu erhalten. Das geht anfangs grundlegend schief und führt letztlich zur völligen Verzweiflung des überforderten Vaters. Wenn Drohkulissen aufgebaut werden, aber keine wirkliche Persönlichkeitsstärke dahinter steckt, erkennen Söhne dies sehr schnell. Sie lassen sich deshalb von solch einem «schwachen» Vater nichts mehr sagen. Ihnen fehlt die notwendige Achtung vor dem Vater. Vielleicht empfinden sie Mitleid, aber das ist kein Gefühl, das ein Junge gegenüber seinem Vater verspüren möchte. Frank McCourt hat in seinem beachtlichen Buch «Die Asche meiner Mutter» seinen Vater als Mann ohne Rückgrat porträtiert, als gebrochenen, lebensunfähigen Mann, der nur auf Kosten seiner starken Frau leben konnte. Aufgrund seiner psychischen und sozialen Disposition war er dem Alkohol verfallen und nicht in der Lage, seine Familie zu unterstützen. Dieser hilflose, überforderte Mann hat seinem im Leben recht erfolgreichen Sohn nur in Details als Vorbild dienen können. Ansonsten war er allenfalls ein Gegenentwurf für den verantwortungsvollen späteren Lehrer und Autor Frank McCourt. McCourt orientierte sich an seiner Mutter, sie lehrte ihn, was es heißt, mit Krisen umzugehen und trotz aller Widrigkeiten die Lebensfreude nicht zu verlieren.

Manche Väter waren eben schon als Jungen überfordert, und daran hat sich in ihrem späteren Leben wenig geändert. Schwache Väter können in einem Jungen den Wunsch entwickeln, stärker zu werden als ihre Väter, dem Leben besser gewachsen zu sein als ihr trostloses Vorbild.

Jungen brauchen einen starken Vater, ein souveränes Gegenüber und nicht einen Pappkameraden, der sofort umknickt, wenn es Probleme gibt. *Jungen brauchen eine reale Person, einen standhaften Mann mit Haltung und ausreichend Fläche zum Reiben.* Nicht, um von ihm zerrieben zu werden, sondern um die eigene Persönlichkeit besser ausbilden zu können, damit aus einem rohen Diamanten ein geschliffener, wunderbarer Brillant entstehen kann. Gerade der individuelle «Schliff» (die Einzigartigkeit des Menschen) macht den Reiz seiner charakterlichen «Schönheit» aus. Ohne bedachte Prägung und Begrenzung kann es zu gefährlichem Wildwuchs kommen.

Väter, die dem Ansturm des Sohnes wie ein Fels in der Brandung standhalten, sind besonders wichtig für eine stabile Entwicklung von Jungen. An ihnen kann der Sohn seine überschüssigen Kräfte austoben und lernen, dass es Grenzen gibt. Ein «Pappkamerad» würde bei Druck umfallen und signalisieren, dass Gewalt und Aggression zum Ziel führen. Ein standhafter Vater dagegen macht deutlich, dass es unumstößliche Grenzen gibt, an denen der Junge abprallt, wenn er zu weit geht.

Grenzen gesetzt zu bekommen bedeutet auch, geachtet zu werden, wahrgenommen zu werden. Von Vätern oder von Männern gesehen zu werden und gemaßregelt zu werden, signalisiert den Jungen, dass sie «einem» nicht egal sind, dass «Mann» sie beachtet. Häufig versuchen Menschen mit allen Mitteln, gerade von demjenigen Aufmerksamkeit zu erhalten, von dem sie am schwersten zu bekommen ist. Ist kein Vater vorhanden und auch niemand, der dessen Rolle übernommen hat, bleibt die Sehnsucht nach der Begegnung mit dem Vater lange bestehen.

Im Neuen Testament wird im *Gleichnis vom verlorenen Sohn* ein Vater beschrieben, der neben der machtvollen, ordnenden, reglementierenden und starken Seite auch eine großzügige, vergebende, zärtliche und weiche Seite hat. Einen derart vollständigen Vater suchen Jungen. Einen, der beides in sich verbindet, der nicht nur um jeden Preis herrschen will, sondern der auch stark genug ist, dem verlockenden Missbrauch der eigenen Macht zu widerstehen. Streng, aber gerecht! «Nicht Herrscher, aber kräftig.»[8]

### Die verhinderten Väter

Die Emanzipation der Frauen hat den Männern Optionen in der Gestaltung ihres Vaterseins eröffnet, die ihnen vorher durch die starre Rollenverteilung nicht ohne weiteres möglich waren. Es gibt Männer, die fliehen vor jeder Verantwortung. Auch vor der Verantwortung, sich um ihre Kinder zu kümmern. Es gibt aber auch immer mehr Männer, die die Nähe zu ihren Kindern suchen, die die erzieherische Verantwortung nicht scheuen und die einen dauerhaften Kontakt zu ihren Kindern aufbauen und sich um eine tragfähige Vater-Kind-Beziehung bemühen.

Es gibt Väter, die ihre Kinder kampflos zurücklassen – und welche, die um ihre Kinder kämpfen. Es gibt Männer, die versuchen, ihr Vaterrecht auf Teilhabe am Kindesleben durchzusetzen,

---

8 Walter Hollstein: Nicht Herrscher, aber kräftig, Reinbek bei Hamburg 1991

oft sogar vor Gericht zu erstreiten. Scheidungswaisen, denen die Mutter den Umgang mit dem Vater verwehrt oder erschwert, gibt es viel zu viele. Es gibt Selbsthilfegruppen für verwaiste Väter, wie den Väterverein «Papaja», die Männer bei der oft aussichtslosen Umsetzung des ihnen zugesprochenen Umgangsrechtes zur Seite stehen und moralischen Beistand leisten. Denn Gesetze (auch die neuesten) können Eltern nicht aus der Verantwortung entlassen, selbst zu einer Klärung ihres Verhältnisses zu kommen und ihren Scheidungskrieg nicht auf dem Rücken der Kinder auszutragen. Eine polizeiliche Zusammenführung von Kindern und Vätern wird es nicht geben, und so sind viele Väter auf das Wohlwollen ihrer ehemaligen Partnerinnen angewiesen.

Um den Vater stärker an sein Kind zu binden, um ihn zum Bleiben zu animieren, scheint die Natur den Neugeborenen sehr häufig zu Beginn ihres Lebens eine größere Ähnlichkeit mit dem Vater zu geben. So sollen eventuell Zweifel des Mannes an seiner Vaterschaft zerstreut werden, um ihn zum Bleiben zu animieren. Heute nützen einem Mann oft die größte Zuneigung zu seinen Kindern und die ehrlichsten Absichten nichts, solange es der Mutter nicht gefällt und sie dies zu verhindern weiß. Ein wichtiger Anteil des Vater-Sohn-Verhältnisses liegt in der Hand der Mütter, so auch die Klärung der Vaterschaftsfrage. Die Mutterschaft ist ja naturgegeben eindeutig geklärt. Bei den Juden gilt deshalb auch nur derjenige als Jude, dessen Mutter Jüdin ist. Die Vaterschaft ist ein viel zu großer Unsicherheitsfaktor. Heutige Väter, die sich darüber Klarheit verschaffen wollen, können dies nicht ohne das Einverständnis der Mutter tun. So leben sicherlich manche Väter mit Kindern zusammen, die nicht ihre eigenen sind – und andere, die ihrer Vaterschaft ganz gewiss sind, werden daran gehindert, sie auch übernehmen zu können.

In manchen Fällen werden gerade die Väter, die sich besonders liebevoll um ihre Kinder (ob leiblich oder auch nicht) kümmern könnten, die die dafür erforderlichen Kompetenzen haben, von den Müttern verlassen. Manche Paarbeziehung ist gerade wegen der weichen und als unmännlich geltenden Art solcher Männer gescheitert. Männer mit stark «mütterlichen» Zügen, liebevolle und fürsorgliche Männer, haben ihre «weiblichen» Anteile manchmal um den Preis entwickelt, dass sie ihre «männlichen» zurückgestellt oder noch gar nicht ausreichend entdeckt haben. Doch je stärker Frauen werden, je selbstbewusster und unabhängiger, desto stärker müssten die Männer sich mit entwickeln. So wünschen es sich viele Frauen. Frauen, die Unabhängigkeit und Selbständigkeit für sich wollen, fordern dies auch von ihren Partnern. Männer, die dies nicht erfüllen und in den Augen ihrer Partnerinnen unsicher und abhängig sind, werden dann nicht mehr als männlich genug angesehen. Die meisten Frauen wollen einen Mann, der ihnen gewachsen ist, der ihnen auf Augenhöhe begegnet. Konfliktvermeider und Harmoniesüchtige haben da wenig Chancen. Gute Zeit für Machos? Wohl nicht, denn Frauen von heute wollen Männer, die *sowohl* über männliche *als auch* weibliche Seiten verfügen. Die Liebe zu einem Mann, der diesen Erwartungen nicht entspricht, reicht oft nicht für ein Leben aus. So entscheiden sich viele Frauen für das Kind, doch gegen den Vater.

Billigend in Kauf nehmen sie damit, dass sie dem Sohn die Identifikationsfigur nehmen. Vielleicht wollen sie aber auch gar nicht, dass er sich mit diesem defizitären Männertypus identifiziert? In Einzelfällen mag auch das Gefühl von Macht verlocken, wenn der Mann von der Gunst der Frau abhängig ist und sie ihm auf diese Weise etwas heimzahlen können. So kann es kommen, dass Mütter zum Schaden ihrer Kinder, besonders ihrer Söhne, die Einflussnahme des Vaters auf deren Entwicklung verhindern.

Der weise israelitische König Salomo löste bekanntlich den Streit zweier Frauen um die leibliche Mutterschaft auf paradoxe Weise. Er befahl, das Kleinkind mit dem Schwert zu zerteilen. Jede der Frauen sollte eine Hälfte erhalten. Die leibliche Mutter gab nach und überließ ihr Kind aus Liebe der Rivalin. So erkannte Salomo die wirklichen Gefühle der Frauen und sprach daraufhin der wahren Mutter das Kind zu.

Bis zur letzten Änderung des Sorgerechtsgesetzes wurde in den allermeisten Fällen der Mutter das Sorgerecht zugesprochen, egal wie intensiv die väterlichen Gefühle waren. Die Interessen des Vaters blieben zu oft unberücksichtigt, und somit auch die Bedürfnisse der Kinder in Bezug auf ihr Verhältnis zum Vater. Von den circa 1,2 Millionen Trennungsvätern, zu denen jedes Jahr ungefähr 100 000 hinzukommen, konnten bis zur Änderung des Sorgerechts und der Verbesserung der väterlichen Position im Jahr 1997 nur etwa 60 Prozent der Väter ihre Kinder bis auf weiteres gar nicht oder nur sehr sporadisch sehen![9]

Wo kein positiver Umgang mit dem oftmals wichtigsten Mann im Leben eines Jungen gefördert wird, da ist oftmals auch nach absehbarer Zeit kein positiver Umgang mehr mit dem Jungen möglich. Kinder, die ohne den zweiten fürsorgenden Elternteil aufwachsen müssen, können zu Sorgenkindern werden. Und dies nicht nur für allein erziehende Mütter.

### Väter, die besseren «Mütter»?

Wenn Väter die Möglichkeit erhalten, sich um ihre Kinder zu kümmern, dann geschieht dies oftmals recht erfolgreich auf eigentümlich väterliche Art. Schon in den dreißiger Jahren des letzten Jahrhunderts beschrieb der von den Nationalsozialisten verhaftete und in den Tod getriebene Journalist und Zeichner o.e. plauen[10] in den populären Bildergeschichten «Vater und Sohn» auf liebe- und vor allem humorvolle Art den engen Zusammenhalt und das harmonische Zusammenleben zwischen Vater und Sohn – ganz ohne Mutter. Über diese Bildergeschichten habe ich schon als Schüler geschmunzelt und nachgedacht. Heute setze ich sie gerne selbst in meinem Unterricht ein. Sie vermitteln einen wesentlichen Aspekt väterlicher Qualitäten, indem sie die Fürsorgefähigkeit des Mannes und deren praktische Umsetzung im Alltag auf vielfältige, unterhaltsame Weise vorführen. Sie zeigen einen Vater, mit dem der Sohn gut leben und vor allem viel

9 Matthias Matussek, in: Der Spiegel, Heft 47/1997
10 Das Pseudonym des Journalisten und Karikaturisten Erich Ohser aus Plauen

*er*leben kann. Gerade zur Zeit Plauens (während des National-
sozialismus mit seinem starren Geschlechterrollenbild!) sahen es
viele «typische» Männer nicht als ihre Aufgabe an, ihren Kindern
ein präsenter, aktiver Vater zu sein. Es gab eine strikte Aufga-
bentrennung zwischen Vater und Mutter im 3. Reich. Lange genug wurde den Männern auch danach noch eingetrichtert, ausschließlich Frauen seien zur Pflege und Betreuung von Kindern
besonders geeignet. Frauen seien sogar dafür prädestiniert, weil
sie selbst so ein kindliches Gemüt besäßen und dem Kind näher
wären als der reife, erwachsene Mann. Auch heute noch gibt es
Väter, die meinen, Frauen seien allein aufgrund ihres Geschlechts
besser geeignet, Kinder aufzuziehen. Damit geben sie die gemeinsame Erziehungs- und Betreuungsverantwortung ab und entlasten sich auf Kosten der Frau. Sie gewinnen dadurch vielleicht
ein paar ungestörte Stunden ohne die Wünsche, Fragen und das
Geschrei der Kinder. Weitaus mehr verlieren sie aber dadurch.

In dem erfolgreichen Kinotrickfilm «Findet Nemo» wird die ge-
fahrvolle Suche des Clownfischpapas Marlin nach seinem entführ-
ten Sohn Nemo geschildert. Der überaus behütende, fürsorgliche
und liebevolle Fisch-Vater nimmt so manche Gefahr auf sich, um
seinen Sohn wiederzufinden. Dafür wird er aber auch mit dem
Glück des Vaterseins entlohnt und erhält die Liebe seines Sohnes.

Männern, die sich selten oder nie bevaternd verhalten, bringen
sich selbst um wesentliche Erfahrungen. Ihnen entgeht eine wun-
dervolle und wertvolle Zeit mit ihren Kindern. Die Beziehung zu
Sohn oder Tochter kann sich nur so tief entwickeln, wie der Vater
dazu bereit und in der Lage ist. Dafür müsste er Zeit opfern – und
vor allem sich selbst einbringen.

Untersuchungen, die Väter auf ihre «Mutterschaftsfähigkeit»
geprüft haben, zeigen, dass manche Männer sehr gut in der
Lage sind, Kinder zu betreuen, sie zu pflegen und zu erziehen.
Bei zwei italienischen Studien[11] an einer Gruppe von 300 allein

11 Psychologen der «Interessengemeinschaft Scheidungskinder» (SOS Affi-
   do)

erziehenden Männern erfüllten drei von vier Vätern ihre Aufgabe hervorragend.

Nicht selten gelten Männer sogar als die pädagogisch geschickteren Betreuer von Kindern, vornehmlich von Jungen. Diese «mütterlichen» Väter haben eine ganz eigene, besondere Art, mit ihren Söhnen umzugehen, anders als viele Frauen dies tun. Väter haben ein wertvolles Wissen über die Bedürfnisse von männlichen Menschen. Ein Vater kann, wenn er sich den Zugang zu seiner jugendlichen Vergangenheit nicht verschüttet hat, mit dem Sohn mitfühlen, ihn verstehen und – sicherlich nicht ohne Reibereien – gut mit ihm zusammenleben. Männer nehmen vieles gelassener hin und setzen vielleicht auch andere Prioritäten in der Gestaltung des gemeinsamen Alltagslebens. Dabei mögen nicht unbedingt Sauberkeit und eine abwechslungsreiche gesunde Ernährung im Mittelpunkt stehen. Doch werden die Kinder, und speziell die Söhne, andere Aspekte des Miteinanders schätzen, und so kann aus diesen intensiven Vater-Kind-Beziehungen ein lebenslanges inniges Verhältnis entstehen.

Die andere, kümmernde Art und Weise des Vaters, sich in der Familie zu engagieren, wirkt sich auch positiv auf die Beziehung zu den Großeltern väterlicherseits aus. In Familien, in denen die Mutter allein für die Beziehungsarbeit verantwortlich ist, stehen *ihre* Eltern den Enkelkindern meist näher als die des Vaters, der nicht nur weniger präsent ist, sondern sich auch emotional und sozial weniger engagiert. Wenn Männer insgesamt mehr in familiäre Beziehung investieren, in die ältere wie in die jüngere Generation, erleben das alle als Bereicherung. Dafür müssen sie aber nicht besser sein als Frauen, sie müssen sich nur von einengenden männlichen Rollenbildern frei machen und sich ein größeres Persönlichkeitsrepertoire aneignen – männliche *und* weibliche Persönlichkeitsanteile fördern. *Männer müssen nicht die besseren Mütter werden, sie müssen sich nur bemühen, gute Väter zu sein.* Und sie müssen für sich herausfinden, was denn unter «gut» zu verstehen ist und was ihren Kindern gut tut.

Ich möchte weder die väterliche noch die mütterliche Leistung verklären. Was manchen Vätern gut gelingt, ist nicht höher zu achten als das, was unzählige Mütter leisten. Aber wenn das «Bevatern» gelingt, darf das nicht ignoriert oder geleugnet werden. Nicht *Väter sind die besseren Mütter*, sondern: Besser sind Väter *und* Mütter.

### Jammerlappen – nein, danke!

Für Väter ist das Geschlecht ihrer Kinder oft wichtiger als für Mütter. Sie nutzen deshalb bei ihrem Sohn die sich bietenden Möglichkeiten, ihn auf seine Zukunft als Mann vorzubereiten. So hatte mein Vater in den sechziger Jahren große Probleme damit, dass mir meine Mutter einen roten Pullover gestrickt hatte. Es war ihm nicht recht, dass ich als Mädchen gelten könnte oder dass durch das Tragen von «Mädchenfarben» etwas davon auf mich abfärbt. Väter wollen an ihren Söhnen Kraft, Durchsetzungsfähigkeit, Ausdauer und Geschicklichkeit erleben, dafür loben sie ihre Söhne auch. Sie haben Angst vor Verweichlichung und Homosexualität bei ihren Söhnen.

In dem bewegenden Kinofilm «Billy Elliot – I will dance» aus dem Jahr 2000 versucht ein nordenglischer Minenarbeiter seinen Sohn allein zu erziehen. Der Junge geht auf Wunsch des Vaters zum Boxtraining. Er soll lernen, sich im Leben durchzuboxen. Doch Billy entdeckt ganz plötzlich seine Liebe zum Ballett und hintergeht den Vater. Für den konservativen Mann ist dies anfangs nicht zu verkraften. Erst nach starken Gefühlskämpfen erhält der Sohn die Anerkennung und Unterstützung durch den Vater.

Jungen brauchen väterliche Anerkennung, die macht sie besonders stark. Söhne nehmen das Lob des Vaters dankbar an, denn sie wissen, Väter kennen sich aus mit dem, was sie loben. Väter loben «Männerverhalten» an ihren Söhnen, um aus ihnen einen «Mann» zu machen, um der Prägung durch die Mutter etwas entgegenzusetzen. Väter handeln einem inneren Impuls folgend, denn die Stärkung der männlichen Anteile in ihren Söhnen gehört zu ihren Aufgaben. Der Vater will damit die Überlebenschancen des Sohnes erhöhen. Will ihn widerstandsfähiger machen, ihn für seine zukünftigen «männlichen» Aufgaben trainieren. Dass sich das Aufgabengebiet für Männer verändert hat und mehr und mehr auch andere, ganz untypisch männliche Fähigkeiten gefordert sind, ist vielen Vätern noch nicht bewusst.

Was Jungen brauchen:

- Jungen brauchen Männer an ihrer Seite
- Jungen brauchen *positive* männliche Vorbilder
- Jungen brauchen starke aktive Väter
- Jungen brauchen Väter mit Haltung, an denen sie sich reiben können
- Jungen brauchen eine verständnisvolle männliche Aufsicht über ihr Leben
- Jungen brauchen Mütter mit Verständnis für ihre Andersartigkeit

## Störfeld Schule – für Jungen nicht geeignet!?

Wenn ich lese und höre, was über «Jungen und Schule» gesagt und geschrieben wird, besonders nachdem die Ergebnisse der 1. PISA-Studie aus dem Jahr 2000 veröffentlicht und zu erklären versucht wurden, frage ich mich, ob sich Jungen im gegenwärtigen System «Schule» wirklich gut entwickeln können. Frei nach Churchill könnte man sagen: «Unsere Schulform ist nicht die beste, aber es ist die beste, die wir zurzeit haben.» Sicherlich geben sich die meisten große Mühe und arbeiten an Verbesserungen, aber kommen diese Bemühungen allen Schülern und Schülerinnen wirklich gleichermaßen zugute, sodass ihre Leistungen steigen? Denn darum scheint es ja vielen Menschen, die über Bildung sprechen, vornehmlich zu gehen: Leistungssteigerung, Effizienz, Verbesserung im internationalen Punkteranking.

All das sind bedeutsame Ziele geworden, die weitreichende Auswirkungen auf die späteren Erwachsenen und die Gesellschaft haben können. Aber sind das auch die Ziele der heutigen jungen Menschen, um die es dabei geht?

Wie brisant sich die schulische Situation für Jungen heute darstellt, möchte ich anhand besonders häufig auftretender Schwierigkeiten in der Schule schildern, die bei vielen Pädagogen dazu geführt haben, Jungen als die Sorgenkinder der Schule anzusehen.

## Zu unreif für die Schule

Schaue ich mir das Verhalten von Jungen am Beginn ihrer schulischen Laufbahn an, wird deutlich, dass viele Jungen während ihrer frühen Schuljahre noch ein sehr großes Spielbedürfnis haben. Ihre Bereitschaft und ihr Vermögen, sich auf schulische Inhalte zu konzentrieren, sind dagegen eher gering. Lehrerinnen berichten immer wieder, dass viele Jungen schon von Beginn ihrer Schulzeit an überfordert sind. Als Beratungslehrer betreute ich Jungen, denen selbst in der Vorschule die bewusst noch spielerisch gehaltenen Anforderungen selbst in kleinen Gruppen zu viel waren. Einfache Kinderspiele und Übungen mit nur einem Beschäftigungsgegenstand bereiteten ihnen größte Schwierigkeiten. Sie sprangen oft unvermittelt von einem Spiel- oder Lerngegenstand zum nächsten, verweilten nur äußerst kurz bei einer Sache und fanden meist keinen tieferen Zugang dazu. Das Versinken im Tun blieb ihnen fremd. Alles blieb oberflächlich und unfertig. Keine guten Voraussetzungen für die höheren Anforderungen, die noch auf sie zukommen sollten. Ein ähnliches Verhalten beobachtete ich auch an Kindern anderer Jahrgänge, die mir von den Pädagoginnen zugeführt wurden. Mit einer Ausnahme waren es ausschließlich Jungen, deren Schul- und Gruppenfähigkeit nicht ausreichten, um von einer wirklichen Schulreife sprechen zu können. Dafür gab und gibt es vielerlei Gründe. Einige möchte ich hier blitzlichtartig aufzählen:

- zu wenige auf die Schule vorbereitende Betreuungsplätze
- zu wenig Förderung für Familien, in denen angemessenes Verhalten und Benehmen nicht genügend eingeübt werden
- fehlende Basiskompetenzen, wie grob- und feinmotorische Fertigkeiten, die besonders für die Schule wichtig sind
- insgesamt ein Mangel an Sinnesschulung, da u. a. das Entdecken und Erleben der heimischen Natur immer seltener geschieht oder möglich ist
- fehlende Frustrationstoleranz, die notwendig ist, wenn eigene Projekte misslingen oder sich als schwierig erweisen
- mangelnde Sozialkompetenz

Man kann den Eindruck erhalten, dass die Einschulung für etliche Jungen zu früh vorgenommen wird. Vor allem für Jungen, die keine Gruppenerfahrungen machen konnten. Ihre Sozialkompetenz ist deshalb oftmals auf sehr niedrigem Niveau. Davon sind auch Einzelkinder mit stark berufstätigen Eltern deutlich betroffen, sofern sie nicht anderweitige Übungsfelder haben.

Viele Jungen erleben die Schule von Anfang an als einen Ort, an dem sie Überforderung erfahren, an dem sie bestimmte Anforderungen gar nicht oder nur unzureichend erfüllen können. Daneben erfahren sie früh, dass Mädchen ihnen in vielerlei Hinsicht überlegen sind. Vielleicht ist diese Erkenntnis und der stark ausgeprägte Spielwunsch Anlass dafür, dass für so viele Jungen die Pausen das Schönste in der Schule sind. Jungen lieben es, in der Gruppe über das Schulgelände zu streifen, Fußball zu spielen und die Klettergeräte zu belagern. Dieses ganz altersgemäße Verhalten macht aus Jungen aber noch lange keine Sorgenkinder – ist es doch ganz «gesund», wenn Kinder spielen. Spiel ist ihre Form, sich die Welt zu erschließen, sich auf die Erwachsenenwelt vorzubereiten. Doch wie gut sind Jungen auf die Welt der Schule vorbereitet? Inwieweit gelingt ihnen die positive Eingliederung in die neue Rolle als Schüler?

*Die als selbstverständlich vorauszusetzenden Fähigkeiten und Fertigkeiten fehlen bei immer mehr Jungen.* Diese Ursache ist den Pädagogen bekannt. Sie erklärt, warum Jungen mit vielen Situationen in der Schule nicht zurechtkommen. Da die mangelnde Vorbildung sich nicht schnell ausgleichen lassen wird, versuchen sich Schulen auf verschiedenste Weise auf die verschlechterte Situation von Kindern einzustellen und damit umzugehen. Einen vollständigen Ausgleich kann die Schule für die seelische und körperliche «Mangelernährung» nicht leisten. Meiner Ansicht nach ist sie dazu auch nicht ausschließlich allein verantwortlich, denn Kinder haben schließlich Eltern. Doch es müssen Erste-Hilfe-Maßnahmen zur Verfügung stehen, und zwar trotz der gegenwärtig sich verschlechternden schulischen Ressourcenlage. Dazu gehört zum Beispiel, dass Jungen, wenn sie stören, nicht einfach nur des Unterrichts verwiesen werden, sondern ihnen parallel zum Unterricht individuelle Hilfe angeboten wird. Der Bedarf ist immens, wie sich auch in meiner täglichen Arbeit an einer Großstadt-Gesamtschule zeigt. Die Möglichkeiten zu helfen, sind allerdings begrenzt. Nichts ist aus den wohlklingenden Versprechungen nach «Erfurt» geworden, die die Innenminister von Bund und Land in der Öffentlichkeit verlauten ließen. Anstatt jeder Schule einen eigenen Schulpsychologen zukommen zu lassen, werden immer mehr Stellen eingespart und Psychologen von den Schulen abgezogen. Stundenkontingente für dringend benötigte Betreuung von hilfebedürftigen Schülern werden immer noch reduziert.

## Viele Jungen brauchen Hilfe

Eine konkrete Ersthilfe müsste darin bestehen, die Jungen aufzufangen, die mit der Lernsituation im Unterricht nicht mehr klarkommen. In einigen wenigen Schulen, so auch in meiner, gibt es spezielle Bewegungsräume. Darin wird den Kindern die Möglichkeit geboten, sich abzureagieren, um ihre Aggressionen nicht an Mensch und Mobiliar zu entladen. Boxsäcke und Batakas (schaumstoffüberzogene «Schlagstöcke») stehen bereit, um unkontrollierte Gefühlsausbrüche gezielt zu kanalisieren.

Für meine Beratungsarbeit an einer Grundschule in einem so genannten sozialen Brennpunktgebiet richtete ich mir einen ganz besonderen Präventionsraum ein. Eine quer durch den Raum gespannte riesige Hängematte hatte die größte Anziehungskraft auf meine Dauer«klienten», die Jungen. Die oft aufgedrehten und hyperaktiven wilden Kerle brauchten dringend etwas, um wieder zur Ruhe zu kommen. Auf vielfachen Wunsch schaukelte ich sie, eingekuschelt in Decken und Kissen, in der Hängematte. Auffallend war, wie beruhigend das Schaukeln auf die Jungen wirkte, was an das Hin- und Herwiegen eines Kleinkindes erinnerte.

### «Ich mach, was ich will, und ich will es jetzt!»

Kinder leben im Hier und Jetzt. Die reife Einsicht, dass man für sich und das eigene Leben lernt, nicht aber für die Schule, ist – wenn überhaupt – erst zu einem späteren Zeitpunkt zu erwerben. Warum Lernen so bedeutsam ist, dass die Schulung des Denkens ein Privileg und ein hohes Gut ist, können Kinder und auch Jugendliche meist nicht erfassen. Erwachsene haben es da oft leichter: Sie betrachten die eigene Schulzeit in der Rückschau. Für einen guten Start ins Leben bedarf es in unserer Wissens- und Leistungsgesellschaft ganz bestimmter Voraussetzungen, und die werden zumeist in der Schule erworben.

Sehr entscheidend für den persönlichen Erfolg ist die Leistung, der schulisch erbrachte schriftliche wie mündliche Nachweis über den Wissens- und Lernstand. Der ist bei vielen Jungen im Vergleich zu den Mädchen niedriger. Zu den wichtigsten Voraussetzungen für gute Leistungsergebnisse gehört auch das Verhalten und die schulische Mitarbeit. Stille, zurückhaltende Schüler oder Schülerinnen mögen weniger Lernstoff aufnehmen, doch durch ihr angepasstes Verhalten fallen sie wenigstens nicht unangenehm auf. Das Problem vieler Jungen besteht darin, dass sie sich bisweilen viel und häufig mitteilen und viel Unterrichts-Aufmerksamkeit auf sich ziehen. Letztlich stören sie eher durch ihre ständigen Kommentare, durch unkontrolliertes Mitteilungsbedürfnis. Sie selbst gehen eventuell sogar davon aus, sie beteiligten sich hilfreich am Unterrichtsgeschehen. Wie wenig positiv sich ihre Beteiligung aber in vielen Fällen auswirkt, erkennen sie nicht. Manche dieser Schüler sichern sich so die Möglichkeit, das Unterrichtsgeschehen zu steuern, die Atmosphäre zu bestimmen und im Mittelpunkt zu stehen. Bisweilen kommen durchaus inhaltlich konstruktive Vorschläge von ihnen, denn sie sind ja keinesfalls «dumm». Doch wird ihre «Mitarbeit» in vielen Fällen eher als störend empfunden. Viel zu reden, sich viel Gehör zu verschaffen, heißt nicht, viel Gutes zum Unterricht beizutragen. Primär geht es vielen Jungen gar nicht unbedingt um die inhaltliche Auseinandersetzung mit dem jeweiligen Lehrstoff, sondern vielmehr darum, gehört, gesehen und beachtet zu werden. Jungen suchen mit ihrem störenden Verhalten nach Aufmerksamkeit.

Ihre besondere Form von Egozentrismus gepaart mit spontaner Bedürfnisbefriedigung hindert sie, ihre Persönlichkeit durch den Erwerb von Wissen und Erkenntnis auszubilden. Ein Scheitern in der Schule kommt jedoch einem schlechten Start in die Gesellschaft gleich. Für mich ist offensichtlich, dass Jungen nicht mehr zu den Gewinnern in unserem Schul-System zählen, oft nicht einmal mehr zum Mittelfeld. *Jungen sind zu den Verlierern im Bildungssystem geworden.*

Über die Persönlichkeit dieser Jungen, ihren Charakter sagt dies noch lange nichts aus. Über das System «Schule» und den Zustand der Familien und der Gesellschaft schon mehr.

Besonders häufig fehlt es den Jungen in allen Phasen ihrer schulischen Sozialisation an der notwendigen Bereitschaft *für*, die Einsicht *in* oder auch nur die Duldung *von* Lernprozessen. Es gelingt ihnen nicht ausreichend, sich von anderen Themen zu befreien und zwischen altersbedingter Bedürfnisbefriedigung und dem schulischen Einsatz zu wechseln. Vielfach bestimmt von dem Impuls *«Dazu habe ich jetzt gar keine Lust!»*, verpassen viele Jungen so die Gelegenheiten, in denen sie die Grundlagen legen könnten, um später ein unabhängigeres Leben führen zu können, geistig und auch materiell. Die Prioritäten werden falsch gesetzt, und auf mahnende Stimmen wird nicht genügend geachtet. Wie denn auch, wenn Kindern und Jugendlichen von der Werbeindustrie Botschaften wie «Ich mach, was ich will, und ich will es jetzt» vermittelt werden. Einer der führenden Schulzubehörproduzenten Deutschlands bewirbt mit solchen Aussagen in Jugendzeitschriften und Flyern seine Produkte. Wenn Kinder und Jugendliche «cool» sein wollen, dann ist das eine Sache, eine andere ist, dass sich Erwachsene auch auf diese Sichtweise einlassen und die Kinder dadurch noch bestätigen, indem sie diese legitimisieren. Viele Eltern leben ihren Kindern genau diese Haltung vor. So ist es eigentlich nicht verwunderlich, wenn Jungen ihren eigenen momentanen Bedürfnissen hemmungslos nachkommen wollen. Es ist eine Anspruchshaltung entstanden, die davon ausgeht, ein garantiertes Recht auf Spaß zu haben, immer und überall. Doch je schwieriger sich die gesellschaftliche Situation entwickelt, umso geringer wird der Spaßfaktor. Was ist, wenn es statt «Sekt oder Selters» nur noch Leitungswasser gibt?

Wie man auffallen kann und um jeden Preis Spaß produziert, wissen viele Jungen zur Genüge. Oft können sie Momente der Stille kaum aushalten. Wenn ihnen keine Aufmerksamkeit geschenkt wird, haben sie ein Problem.

Manche Jungen lassen sich immer wieder etwas Neues einfallen und legen dabei einen unerschöpflichen Einfallsreichtum an den Tag. Welche Auswirkungen dieses sprunghafte, chaotisierende Verhalten auf ihre soziale Stellung in der Klasse hat, scheint ihnen in der Situation nicht klar zu sein. Zuerst muss das primäre Bedürfnis nach Beachtung erfolgreich gedeckt sein, dann ist vielleicht auch etwas anderes möglich. *Diese oftmals als Provokation verstandenen einfallsreichen «Ausfälle» sind in den meisten Fällen Hilferufe: Kümmere dich um mich!*

Es wäre müßig, die Vielfalt solcher Eskapaden beschreiben zu wollen. Den Jungen sind viele Dinge wichtiger als der Unterricht, und sie fordern diese unverblümt auch ein. Was gab es Neues am Wochenende? Wer kommt nach der nächsten Unterbrechung der Spielzeit durch den lästigen Unterricht zuerst auf den heiß umkämpften Fußballplatz? Wie kann ich mein Image als Klassenclown pflegen (nie habe ich von einer «Klassenclownin» gehört)? Wie gelingt es mir, ungestört mit meinem MP3-Player Musik zu hören? Wann ist die nächste 5-Minuten-Pause, in der ich endlich wieder eine Zigarette rauchen kann?

Wem es nicht gelingt, sich innerlich auf das Lernen einzustellen, der verliert den Anschluss. Wenn es erst einmal so weit gekommen ist, dann wird es hinterher umso schwieriger. Selbst das Wiederholen einer Klassenstufe bringt oftmals nicht den gewünschten Erfolg. Entwickeln Jungen auf Dauer keine anderen schulischen Verhaltensweisen als Auffallen und Aussteigen, dann werden aus den Sorgen schnell schwerwiegende Probleme für alle Betroffenen. Am schlimmsten trifft es aber die Jungen selbst.

Den Unterrichtsstoff zu versäumen, nichts lernen zu wollen ist eigentlich eine persönliche Entscheidung. Doch viele Jungen entscheiden sich nicht wirklich, sie tun nur das, was andere auch machen und was sie im Moment gerade bevorzugen würden. Ihnen fehlt das Bewusstsein für eine konkrete Entscheidung. Durch den Umstand des Störens wird das Lernen und Arbeiten anderer Kinder maßgeblich beeinträchtigt. Kinder und Jugendliche können nicht erkennen, dass sie nicht nur gegenüber sich selbst Verantwortung haben, sondern auch gegenüber ihren Mitschülern und der gesamten Unterrichtssituation. Einem Schüler kann und sollte man kein Wissen «eintrichtern», man kann ihm Lernen nur ermöglichen. Er muss selbst lernen wollen, er muss zulassen, dass es möglich wird. Dazu kann man aber niemanden zwingen, man kann nur dazu einladen und Interesse wecken und einen Rahmen schaffen, der dies ermöglicht.

## Jungen sind schwierig

Als Lehrbeauftragter an der Universität Hamburg führte ich in Zusammenarbeit mit den meist weiblichen Lehramtsstudentinnen meiner Seminare des Fachbereichs Erziehungswissenschaft eine Untersuchung zum Thema «Jungen in der Schule» durch. Rund 100 Klassen im gesamten Hamburger Stadtgebiet wurden während drei aufeinander folgender Semester befragt und beobachtet. Dabei zeigte sich, dass fast ausschließlich Kinder und Jugendliche männlichen Geschlechts zu den so genannten «schwierigen Schülern» zu zählen sind.

Einig waren sich die Studierenden wie auch die Lehrerinnen und Lehrer der hospitierten Schulen darüber, dass das Verhalten einzelner Jungen oder Jungen-Gruppen die Arbeitsatmosphäre und das soziale Klima in den Klassen und an den Schulen sehr stark belastet. *Jungen werden von Lehrkräften und Mitschülern mehrheitlich als Störer, als schwierige Schüler angesehen.* Auch wenn inzwischen immer mehr Mädchen ein bisher eher von Jungen gezeigtes Verhalten annehmen und somit vereinzelt ebenfalls zu den «schwierigeren Schülern» zu zählen sind.

Die Erkenntnis, dass es sich dabei nicht nur um ein paar vereinzelte wilde und schwierige Jungen handelt, wie es sie immer schon gegeben hat, stimmte die angehenden weiblichen Lehrkräfte besonders nachdenklich. Ihre geringe Kenntnis der männlichen Sozialisationserfahrungen und ihre völlig anders verlaufene eigene Schulkarriere als erfolgreiche «Mädchen» beunruhigte die jungen Frauen. Es entstand die berechtigte Sorge, ob sie sich mit ihrer oftmals gänzlich anderen Art überhaupt in die Sorgenkinder des anderen Geschlechts hineinversetzen können. Eine Studentin zog aus dieser Erkenntnis sogar die Konsequenz und wechselte ihr Studienfach. Manche bereits im Schuldienst aktive Lehrerin würde dies vielleicht inzwischen ebenfalls gerne tun. Viele Lehrerinnen (und auch viele Lehrer) klagen über den veränderten Umgangston im Klassenzimmer. Selbst «gestandene» Pädagoginnen können die Beleidigungen, die ihnen dort von Seiten sich immer sicherer fühlender Jungen zugemutet werden, oft nicht mehr hinnehmen. Schon vor zehn Jahren musste ich eingreifen, als eine meiner Kolleginnen von einem Grundschüler als «Gummischlabberfotze» bezeichnet wurde. Sie wusste sich im ersten Moment nicht zu wehren. Inzwischen berichten immer mehr Frauen von immer entwürdigenderen Verbal-Attacken und kaum wiederzugebenden Obszönitäten. Tabus sind gebrochen, und der Strom der Entwürdigungen schlägt den Lehrkräften massiv entgegen.

Oft überbieten sich Jungen an Distanzlosigkeit und mangelndem Respekt gegenüber ihren zumeist weiblichen Lehrern gegenseitig.

Bei einem der schlimmsten Vorfälle, die ich bisher in meinem direkten Umfeld erlebt habe, wurde aus einer massiven Verbalattacke gegenüber einer Kollegin eine ernst zu nehmende körperliche Bedrohung. Ein Junge drohte der ihm Grenzen setzenden Lehrerin im Unterricht damit, sie umzubringen. Als er aufsprang und auf sie zuging, griffen beherzte Mitschüler ein und rangen den gänzlich außer Kontrolle geratenen Jungen nieder.

Schlimmste seelische Belastungen, Dauerstress und tiefe Ängste können die Folgen solcher Erlebnisse sein. Viele körperlich schwächere und psychisch auf solche Situationen nicht vorbereitete Lehrerinnen können diesem und ähnlichem Verhalten oftmals nichts entgegensetzen. Obwohl es sich bei den tätlichen Übergriffen auf Lehrkräfte um Ausnahmen handelt, nehmen die Attacken (speziell) verbaler Art deutlich zu.

Zu solchen Schwierigkeiten zwischen den Geschlechtern in der Schule kommt es ganz besonders dann, wenn die Erziehung der Jungen im Elternhaus nicht gelingt. Solange schützende Verhaltens-Tabus galten, solange Jungen zu Hause und in den Medien praktizierten Respekt erlebten und lernten, *so* lange ging es auch in den Schulen zwischen Jungen und Lehrerinnen besser.

Die allermeisten Frauen sind seit Clara Zetkin-Eißner, die 1875 eine der ersten Lehrerinnen Deutschlands wurde, an den allermeisten Schulen recht gut mit Mädchen *und* Jungen zurechtgekommen. Doch seit den gravierenden gesellschaftlichen Veränderungen, der Rollenverunsicherung, der steigenden Zukunftsängste und der Werteverschiebung, seit dem Ausbruch der «Erziehungskatastrophe»[12] hat sich viel in dem Verhältnis zwischen Jungen und Schule verschlechtert, und damit auch zwischen Jungen und den weiblichen Erziehungspersonen.

Vieles mag mit der sich ausbreitenden Schulverdrossenheit bei

12 Susanne Gaschke: Die Erziehungskatastrophe, München, 2001

Jungen zusammenhängen. Jungen nehmen es mit wachsender Gleichgültigkeit hin, welchen Eindruck sie bei den Lehrkräften hinterlassen, welche Auswirkungen ihr Verhalten hat und was aus ihnen in schulischer Hinsicht einmal werden soll. Viele haben eine Egal-Haltung entwickelt. In Hamburg hat dies dazu geführt, dass sich die Zahl der Schulschwänzer in dem Schuljahr 2002/03 gegenüber dem Vorjahr verdoppelt hat! Mit einer großen Dunkelziffer muss gerechnet werden. Zum allergrößten Teil sind es Jungen, die gerade in den wichtigen Abschlussjahrgängen 9 und 10 der Schule fernbleiben, anfänglich nur für ein paar Stunden, dann aber auch für mehrere Tage oder sogar Wochen. In den unteren Jahrgängen nimmt der Schulabsentismus ebenfalls stetig zu. Die Ursachen sind nicht bei allen Jungen gleich. In vielen Fällen liegt es an den schulischen Misserfolgen, am Versagen der traditionellen Schule, die «ohne Rücksicht auf kulturellen Wandel, jugendliche Bedürfnisse, soziale Bedingungen und seelische Umstände auf Stoffvermittlung, Leistungskontrolle und Zensierung beschränkt» bleibt.[13]

## Jungen und schulische Tugenden

«Schulische Tugenden» werden nach meinen Beobachtungen in der Grund- und Sekundar-I-Stufe tatsächlich häufiger von Mädchen beherrscht. Es mag inzwischen schon als völlig normal gelten, dass dies so ist. Doch es hinzunehmen und zu entschuldigen hilft den Jungen nicht weiter. Hefte und Mappen von Mädchen sehen sehr viel gepflegter und ansprechender gestaltet aus. Das erfreut eine Lehrkraft. Gut lesbare Schrift, ordentlich gegliedert, Überschriften unterstrichen. Bei Jungen ist oftmals nicht mal eine Mappe vorhanden, oder wenn doch, dann in einem Mitleid erregenden Zustand.

Auf das äußere Erscheinungsbild wird in der Schule selbstver-

13 Karlheinz Thimm: Schulverdrossenheit, Schulschwänzen, Stören, Schulverweigerung. Informationsblatt der Behörde für Bildung und Sport, Hamburg 2000, S. 4

ständlich und notwendigerweise geachtet. Denken und Lernen hat viel mit Struktur zu tun. Jungen scheinen in vielen Fällen ein echtes Strukturproblem zu haben. Sie können sich in ihren Unterlagen nicht mehr zurechtfinden, sind orientierungslos und verlieren leicht den Überblick über den Lerngegenstand. Wenn nicht einmal die grundlegenden Arbeitsmaterialien vorhanden sind, kann auch nicht richtig gearbeitet werden. Mein kleiner Sohn verliert in der Schule ständig etwas, vor allem Radiergummis und Stifte, im Winter auch gerne Handschuhe, Schal und Mütze. Doch ohne einen passenden Stift und Radiergummi, ohne die Möglichkeit, Korrekturen vorzunehmen, bleibt das Niedergeschriebene so, wie es nun gerade einmal ist. Der Wunsch nach Verschönerung nimmt im Verhältnis zum Verbesserungsaufwand ab. Schnell wird es dann egal, wie es aussieht. Die äußere Form wird beliebig. Doch Beliebigkeit ist eine große Gefahr für Jungen. Auch wenn Jungen begabt sind, nützt ihnen dies allein für den Erfolg in der Schule nicht viel, wenn sie nicht noch über ein Mindestmaß an schulischen Tugenden verfügen.

### Jungen fehlt Struktur

Vielen Jungen fehlt es im Schulbetrieb an sichtbarer Struktur. Ohne klare wiederkehrende Abläufe und konsequent eingehaltene Rituale finden sie keine Orientierung. Sie haben keinen Plan, keinen Überblick über die Vielfalt der Prozesse. Das Erfassen einer vielschichtigen komplexen Situation, wie sie in der Schule häufig vorkommt, überfordert sie. Die Folgen sind Chaos am Arbeitsplatz, im Ranzen, in der Mappe und letztlich auch im Kopf. Bei ihrem oft planlosen schulischen Handeln und ihrem schlechten Zeitmanagement schaffen sie die ihnen gestellten Aufgaben sehr häufig nicht. Weil ihnen die innere, die intrinsische Motivation für schulische Themen fehlt, wissen sie auch nicht, warum sie sich eigentlich anstrengen sollen. Wozu lernen? Das haben sich schon unzählige Schülergenerationen vor ihnen gefragt. Bei früheren Generationen reichte es oftmals, dass es von ihnen gefordert wurde und alle es taten. Es mag bessere Gründe und bessere

Formen des Lernens geben, doch wenn gar nichts mehr überzeugt, dann müssen neue Konzepte her, dann muss Schule und Bildung neu gedacht werden. Vor allem für die immer schlechter abschneidenden, unmotivierten Jungen. Klare Strukturvorgaben und eine Hinführung zu einer besseren Eigenplanung, einhergehend mit einer berechenbaren, konsequenten Erziehung würden vielen Jungen helfen, mit der äußeren wie inneren Haltlosigkeit besser umgehen zu können.

Viele Schüler gehen ohne eine klare Zielvorstellung durch die Schulzeit. Besonders in der Pubertät, die für die meisten Jungen später beginnt und auch später endet als bei den Mädchen. Somit fallen die Jahre, in denen Jungen oft sowieso neben sich stehen und nicht wissen, ob sie entweder «Fisch oder Fleisch (Männlein oder Weiblein)» sind, in ganz entscheidende Jahre ihrer Schulzeit, in ganz unpassende. Pubertät und Schule – geht das gut?

Immer wieder kommt es vor, dass mich Jungen, zumeist begleitet von ihren Müttern, als Beratungslehrer aufsuchen und um Unterstützung bitten. Sie sollen und manchmal wollen sie auch ihre Situation in der Schule verbessern. Dabei geht es dann oft um das Herausarbeiten klarer schulischer Ziele. Erreichbare und konkret abgesprochene Teilziele sollen in kleinen Schritten zum erwünschten Schulabschluss führen. Strategisches Vorgehen ist dafür sehr hilfreich. Eigentlich sind Jungen bei Strategiespielen, besonders am Computer, recht erfolgreich und erreichen *ihre* «Ziele» mit großer Sicherheit und Ausdauer. Sich aber im realen Leben in der Schule zurechtzufinden, im Geflecht von Fächern, unterschiedlichen Lehrerpersönlichkeiten, Arbeitsanforderungen und Leistungsnachweisen, das fällt vielen schwer. Was ist wann wichtig? Kann ein freiwilliges Referat die verloren gegangene Mappe zum Teil ausgleichen? Wie bereite ich mich auf die Prüfung am Montag vor, wenn am Wochenende ein ausgedehntes Freizeitprogramm auf dem Plan steht? Offenbar können Mädchen sich in solchen Situationen eher selbst disziplinieren und lassen sich nicht so leicht ablenken. So sind es denn auch mehrheitlich Mädchen, die bei schriftlichen Aufgaben während des Unterrichts zügiger an die Bearbeitung gehen. Viele Jungen brauchen deutlich mehr Zeit, um sich zu organisieren. Für sie stellt es bereits ein Problem dar, ihre Unterrichtsmaterialien hervorzuholen und sich einen Überblick darüber zu verschaffen, was zu tun ist.

Wenn Jungen nicht von Anfang an lernen, ihre Lernprozesse besser zu steuern, wenn sie sich nicht die Fähigkeit aneignen, selbst Wissen zu erwerben und selbständig arbeiten zu können, dann haben sie kaum eine ernsthafte Chance gegen die harte und gut vorbereitete Konkurrenz der Mädchen. Gerade das selbstorganisierte Lernen, das in offeneren Unterrichtsformen notwendig wird, fällt Jungen schwer. Sie können diese – in den skandinavischen Ländern – bewährte Unterrichtsart nur dann für sich nutzen, wenn sie von Anfang an, durch ganz klare Strukturen und Rituale und durch viel Übung, damit vertraut gemacht werden. Hierzulande haben reformfreudige und durch die PISA-Ergebnisse wachgerüttelte Schulen dann größere Erfolge in offeneren Unterrichtsformen, wenn Jungen dies bereits in der Grundschule erlernen.

Im Rahmen meiner zweiten Staatsexamensarbeit führte ich in einer sechsten Klasse über einen längeren Zeitraum projektorientierten, fächerübergreifenden Unterricht durch. Dabei zeigte sich ganz deutlich, dass besonders diejenigen Jungen, die gewohnt waren, nur auf Anweisungen, in klar zerlegten Einzelschritten zu lernen, mit den offeneren Situationen große Schwierigkeiten hatten. Sie waren es nicht gewohnt, sich selbst gezielt Arbeiten auszuwählen, Handlungsschritte festzulegen und sie dann in der zur Verfügung stehenden Zeit auch ausdauernd und zielstrebig umzusetzen. Es überforderte sie erheblich. Es ist für viele manchmal bequemer, nur das zu tun, was von einem erwartet wird. So muss nicht nachgedacht, entschieden und Verantwortung übernommen werden.

Sich in der Schule selbsttätig zu engagieren fällt vielen Jungen sehr schwer. Um zu lernen und sich Wissen anzueignen, brauchen Jungen notwendigerweise ein genügendes Maß an Disziplin. In einem meiner Religionskurse im Jahrgang 9 sollten die Schülerinnen und Schüler in Kleingruppen ein recht umfangreiches Thema bearbeiten und anschließend vorstellen. Mit einem klar vorgegebenen Zeit- und To-do-Plan ausgestattet, machte sich die erste, nur aus Mädchen bestehende Gruppe zielstrebig an die Arbeit. Die übrigen drei Jungengruppen hatten bereits bei der Bildung der Gruppe größere Koordinierungsprobleme. Sie wussten nicht viel mit sich anzufangen, mit dem Thema noch viel weniger. In den ihnen zur Verfügung gestellten Gruppenräumen spielten sie herum oder warteten darauf, dass ich ihnen sagen würde, was sie zu tun hätten. In eine produktive Phase zur Bearbeitung des Themas fanden sie nicht. Ganz anders die Mädchen: Sie besprachen sich, verteilten Arbeitsaufträge und nutzten den zur Verfügung stehenden Zeitrahmen sehr sinnvoll. Mit dem Ergebnis, dass sie den staunenden Jungen eine gelungene und inhaltsvolle Präsentation vorführten, unter Zuhilfenahme verschiedenster Medien und selbst hergestellter attraktiver Plakate. Die Ergebnisse der Jungen waren inhaltlich durchweg sehr dünn und fast völlig unkoordiniert und unsicher vorgetragen. Die Jungen fühlten sich beim Präsentieren sichtlich nicht wohl in ihrer Haut und spürten selbst, dass sie mit dieser Arbeitsform und Einstellung auch nur mäßigen Erfolg erwarten können. Dabei handelte es sich nicht um eine fünfte Klasse, bei der das Alter der Jungen als Entschuldigung dienen könnte, sondern um Jungen im Alter von 15 und 16 Jahren. (Wobei auch hier das Alter wieder von Bedeutung ist.) Es ist eigentlich erschreckend, was nach neun Schuljahren bei diesen Jungen erreicht worden war. Gut vorbereitet für den hart umkämpften Arbeitsmarkt schienen diese Jungen *noch* nicht zu sein. Ich fragte ein Mädchen aus dem Kurs, warum die Mädchen nicht in gemischten Gruppen mit den Jungen arbeiten wollten. Sie antwortete: «Jungen strengen sich immer so wenig an, und dann erwarten sie noch, dass wir Mädchen alles machen.»

Haben Jungen nicht gelernt, für sich selbst tätig zu werden? Woher kommt diese passive, leidenschaftslose Haltung?

Was erfahren sie außerhalb der Schule, was wird ihnen zu Hause vermittelt?

*Jungen spüren, dass sie nicht mithalten können*, zu ungelenk ist die Feinmotorik, zu wenig Ausdauer haben sie im Lesen und Schreiben, zu schnell sind sie unkonzentriert. Insgesamt zeigen sie zu wenig Einsatz an häuslicher Schul-Arbeit. Die Übernahme von Pflichten und Verantwortung, selbsttätiges und zielstrebiges Lernen, Fleiß und Anstrengungsbereitschaft fehlen ihnen weitaus häufiger als den Mädchen. Auch fehlen bei vielen Jungen in unschöner Regelmäßigkeit die Hausaufgaben. Meist befindet sich die Mutter zu Hause im Kampf mit ihrem Sohn um die strittigen Hausaufgaben. Viele Mütter ziehen sich resigniert zurück und überlassen es der Schule, dafür zu sorgen, dass der Sohn zuverlässiger wird. Die Lehrkräfte sollen möglichst noch kontrollieren, ob die Aufgaben auch ins Hausaufgabenheft eingetragen werden. Das ist oft nicht zu leisten, da das spezielle Heft häufig unauffindbar ist.

*Besonders Jungen können nicht zwischen den «Welten» unterscheiden.* Die Trennung von schulischem und außerschulischem Leben fällt ihnen besonders schwer. Sekt oder Selters, Weiß- oder Schwarzbrot, Pause oder Unterricht?

Die Baseball-Cap wird zu Hause auf- und in der Schule nicht mehr abgesetzt. Eingemummt in Daunenjacke und coole Kopfbedeckung (meist noch mit einem Musikknopf im Ohr!), können Jungen in der Klasse sich doch eigentlich nur wie in einer Bahnhofs-Wartehalle fühlen, wo sie herumsitzen, bis sie endlich wieder nach Hause fahren können.

## Wenn der Unterricht an Jungen «vorbeirauscht»

Bekifft zur Schule und bekifft im Unterricht – das hat sich zu einem weitverbreiteten Phänomen ausgeweitet, besonders bei den Jungen. Es kommt immer häufiger vor, dass Jungen in der Schule mit dem Kopf auf dem Tisch vor sich hin dämmern oder aber «hibbelig» darauf warten, sich in den Pausen wieder auf ihren «Wohlfühllevel» zu rauchen. Diese Jungen sehen Schule gar nicht mehr als Ort, an dem gelernt, gearbeitet und gemeinsam gelebt wird, sondern nur als Möglichkeit der Fortsetzung ihrer ungeregelten Freizeit. Sie haben wenig Antrieb, sich auf Unterrichtsthemen einzulassen, weil sie diese sowieso nicht interessieren.

Der Wechsel zwischen den verschiedenen Ansprüchen und Forderungen von Schule, Freizeit und häuslicher Lebenssituation gelingt vielen Jungen nur unzureichend. Ihnen fehlt ein Ort, an dem sie lernen, mit Verantwortung und Pflichten umzugehen. Lernen sie es nicht schon zu Hause, dann fällt es ihnen anderswo erst recht schwer. Die Klassen-Ämter, wie zum Beispiel Fege-, Tafel- oder Blumendienst, werden von Jungen in vielen Fällen gar nicht oder aber nur recht nachlässig ausgeführt. Sehr zum Ärger der Mädchen. Wenn sie sich nämlich das Amt koedukativ teilen, haben *sie* darunter zu leiden. So beschwerten sich einige 16-jährige Mädchen meines Abschlussjahrganges bitter bei mir, weil beinahe alle Jungen nach einer Feier in der Schule, an der etwa vierzig Jugendliche beiderlei Geschlechts teilgenommen hatten, sich am nächsten Morgen davongemacht hatten, ohne beim Aufräumen zu helfen. Sind Jungen, wenn es um diese Dinge geht, wirklich verantwortungslos und «faul»? Oder haben sie nur eine andere Wahrnehmung von Ordnung? Eine mögliche Antwort wäre auch, dass sie bisher immer jemanden fanden, der den Dreck hinter ihnen weggemacht hat. Einen Kursus in Lebenspraxis, im Überleben im Alltagsleben, haben sie noch nicht absolviert, zu Haushaltspflichten fühlen sie sich auch nicht berufen. Sehr zu ihrem eigenen Schaden. Bei all den allein lebenden Singles in unserer Gesellschaft erscheint es durchaus angebracht, Jungen ganz besonders gut auf ein selbständiges Leben vorzubereiten, mit allen damit verbundenen Fertigkeiten wie Einkaufen – besonders von gesunden Nahrungsmitteln –, Kochen, Wäschemachen und Lebensästhetik im weitesten Sinn. Ein Survival-Trainingslager für den täglichen Kampf im Alltag. Das Gefühl der Unabhängigkeit würde steigen, und der Stolz über solch erbrachte Leistungen könnte dem Selbstwertgefühl von Jungen gut tun. Vor allem aber wären Jungen für die weiblichen Menschen weitaus attraktiver, als wenn sie weiterhin ihre Unfähigkeit pflegen und sich bedienen lassen.

## Jungen stören

Keine Frage, viele Jungen stören. Sie stören Mädchen, aber auch andere Jungen, und am meisten stören sie sich selber!

Immer noch wird, besonders von engagierten Mädchenförderinnen, behauptet, Jungen würden sich durch ihren fordernden Wunsch nach Aufmerksamkeit und ihr «Raum einnehmendes» Wesen schulisch besser durchsetzen und einen Vorteil dadurch haben. Aus diesem Grund wäre es für Mädchen von Vorteil, eine Aufhebung der gemeinsamen Beschulung (Koedukation) herbeizuführen. Ist damit gemeint, Mädchen vor Jungen zu schützen? Sicherlich nicht grundsätzlich und nicht vor der Mehrheit der Jungen. Allerdings ist Nachdenken darüber geboten, welche Bedürfnisse Jungen wie auch Mädchen in bestimmten Phasen ihrer Entwicklung und bei der Vermittlung bestimmter schulischer Inhalte haben. Eine reflektierende Koedukation, eine, die die Interessen und die Andersartigkeit der Geschlechter berücksichtigt, kann Jungen und Mädchen dabei Vorteile bringen.

*«Es ist Aufgabe der Schule, die Schülerinnen und Schüler zu befähigen und ihre Bereitschaft zu stärken – ihre Beziehungen zu anderen Menschen nach den Grundsätzen der Achtung und Toleranz, der Gerechtigkeit und Solidarität sowie der Gleichberechtigung der Geschlechter zu gestalten und Verantwortung für sich und andere zu übernehmen.»*
Auszug aus dem § 2 des Hamburgischen Schulgesetzes 2003

Jungen und Mädchen gehen offenbar unterschiedlich mit den, von ihnen erwarteten, Anforderungen um. Die Bereitschaft, sich zu bilden und im mitmenschlichen Kontakt soziale Fähigkeiten zu entwickeln, scheint bei Mädchen deutlicher ausgeprägt zu sein. Ob dafür das althergebrachte Bild des weiblichen Geschlechts oder aber andere Gründe eine Rolle spielen, mag dahingestellt sein. Lehrerinnen und Lehrer äußern häufig, Mädchen seien ihnen grundsätzlich die angenehmeren Schüler. Viele der Probleme, mit denen sich Lehrkräfte in der Arbeit mit Jungen herumschlagen, kommen bei Mädchen seltener vor. Deren Probleme gestalten sich anders und wirken sich auch nicht so gravierend auf den gemeinsamen Bildungsprozess aus.

In mancher Hinsicht erscheint eine zeitweise Aufhebung der gemeinsamen Beschulung für beide Geschlechter sogar recht sinnvoll zu sein. Nämlich dann, wenn Jungen auf ganz «jungen-typische» Weise lernen könnten und von ihrem Imponiergehabe befreit werden.

Mädchen haben ein weitaus reiferes Verhältnis zur Schule entwickelt. Ihre derzeitigen Erfolge deuten zumindest auf eine bessere Nutzung ihrer Lern-Chancen hin. Mädchen scheinen den schulischen Anforderungen im Allgemeinen leichter nachzukommen. Sie können mit dem System der «belehrenden Schule» offenbar ebenso gut umgehen wie mit der «lernenden Schule» und erzielen besonders bei den offenen Unterrichtsformen gute Lernerfolge. Es sieht so aus, als sei Schule für die Mädchen weniger eine Last – wenn auch nicht gerade eine Lust. Doch Mädchen scheinen den Ernst der Situation zu erfassen und klug genug zu sein, die gebotenen Möglichkeiten für sich zu nutzen. (Viele emanzipierte Frauen haben den Ehrgeiz entwickelt, die Zahlen der männlichen Schul- und Hochschulabgänger zu übertreffen. Sie spornen Mädchen dazu an und fördern gezielt.) Ob es Mädchen von ihrem Naturell her leichter haben, sich besser anzupassen, oder ob es ihnen durch ihre Erziehung vermittelt worden ist, muss offen bleiben. Ihre Sozialisation verläuft heute auch nicht mehr so mädchentypisch wie noch vor vierzig Jahren. Durch die Erfolge in der Schule können Mädchen inzwischen ein größeres Selbstvertrauen ausbilden als Jungen. Das ist für die Mädchen erfreulich. Allerdings muss immer noch davon ausgegangen werden, dass viele Mädchen in bestimmten Bereichen ein geringeres Selbstvertrauen besitzen als die oft von sich eingenommenen und prahlenden Jungen. Für Mädchen wurde in der Vergangenheit viel getan. Dies hat sich ganz offensichtlich positiv auf die Entwicklung der Mädchen ausgewirkt. Mädchen kommen gut mit einer Schule zurecht, die ihren Lehrstil nach weiblichen Kriterien entwickelt hat. Da Schule, besonders die Grundschule, sehr stark von Frauen geprägt wird, hat dies auch Einfluss auf die Art, wohin sich Schule entwickelt.

*Angesichts der eklatanten Missstände in der Entwicklung von vielen Jungen kann keine Rede davon sein, dass Schule Jungen bevorzugt.* Schule ist so, wie sie heute in sehr vielen Fällen vorkommt, keine Jungen bevorzugende Schule. Angesichts der katastrophalen Situation von immer mehr Jungen, speziell in der Schule, wird deutlich, dass die Schule von heute, die oftmals noch eine von gestern ist, Jungen für morgen nicht ausreichend zu bilden und zu erziehen vermag.

*«Lass es mich hören und ich vergesse, lass es mich sehen und ich erinnere, lass es mich tun und ich behalte.»*
(Konfuzius)

Wenn die Schule den speziellen Interessen von Jungen nicht genügend nachkommt, wenn sich das Lernen fast ausschließlich auf den Umgang mit gesprochener oder geschriebener Sprache beschränkt, dann geraten gerade die Jungen ins Hintertreffen, die mit dieser Art des Lernens überfordert sind und dies auch durch ihr Verhalten nach außen deutlich machen. *Jungen würden auf ihnen angemessene Weise, im engen Kontakt mit männlichen Erziehungspersonen oft zu viel besseren Lernerfolgen und zu einer reiferen Persönlichkeit kommen.*

Nicht nur die besseren schulischen Leistungen weisen auf eine effektivere Nutzung der Bildungs- und Entwicklungsmöglichkeiten von Mädchen in der Schule hin, sondern auch ihr soziales Engagement und ihr Einsatz für eine Verbesserung der Schul-Kultur. Sei es die Planung von Klassenfesten, Jahrgangspartys oder Schuldiscos, Mädchen sind an meiner Schule bei allen geselligen Ereignissen die maßgeblichen Aktivistinnen. Sie bilden mehrheitlich die demokratisch gewählte Schülervertretung. Dort engagieren sie sich auch aktiv für karitative und soziale Projekte (zum Beispiel die Durchführung einer Spenden-Woche für die Flutwellenopfer in Asien). Mädchen vertreten die Interessen ihrer Mitschüler und Mitschülerinnen auf den Klassensprecher-Treffen, im Gegensatz zu vielen Jungen, sehr ernsthaft. Die Sprecherin meiner Klasse bat mich darum, ihrem Amtskollegen doch mitzuteilen, dass er sich mehr für die Belange der Klasse einsetzen möge. Sie vertrat die Meinung, Jungen würden solche «Sachen» sowieso immer den Mädchen überlassen. Jungen setzen sich zu wenig für die Entwicklung einer guten Schulgemeinschaft ein.

Es soll nicht der Eindruck entstehen, Mädchen seien die besseren Menschen und Jungen kämen in der Schule nur als Verlierer und Störer vor. Dies ist bei weitem nicht so. Doch fallen in den Klassen eben nicht die ruhigen und sich sozial engagierenden Jungen auf. Nicht sie bestimmen nachhaltig, wie sich das Gemeinschaftsleben entwickelt, sondern es sind eher die Jungen, die sich nicht an Regeln halten und somit das Sozialklima zum Teil extrem belasten.

Jungen machen mit ihrem Verhalten deutlich, dass eine gezielte und auf ihre Andersartigkeit hin ausgerichtete Erziehung und Bildung Not tut. Die Schule, so wie sie sich in unserer modernen Gesellschaft entwickelt hat, gibt vielen Jungen wenig Chancen – sie ist für Jungen nicht geeignet.

## Mädchen werden immer sicherer, Jungen immer unsicherer

Den Mädchen hilft neben ihrer Art und Weise, wie sie Lernprozesse lenken und ernst nehmen, auch ein biologischer Faktor. Zumindest vermuten einige Hirnforscher, dass die bei männlichen und weiblichen Menschen unterschiedlich verknüpften Gehirnhälften etwas mit den unterschiedlichen Lernerfolgen von Jungen und Mädchen zu tun haben. Bei den Mädchen wird die Zusammenarbeit zwischen den Gehirnhälften durch eine stärker ausgeprägte «Brücke», das Corpus Callosum, erleichtert. Weibliche Menschen können deshalb beide Hirnhälften gleichzeitig zum Lösen von Problemen verwenden. Ein deutlicher Vorteil, zumindest in der Schule, in der es eben nicht nur allein um den rationalen und logischen Bereich geht, der in der linken Hirnhälfte sitzt, sondern auch um das Emotionale, Kreative und Kommunikative, das in der rechten Hirnhälfte angesiedelt ist.

Diese biologische Disposition kommt Mädchen besonders in den Fächern zugute, in denen es um Sprachkompetenz geht – und das ist in der «vertexteten» Schule sehr häufig der Fall. So erlernen sie denn auch nach den Untersuchungen von PISA das Lesen leichter, und vor allem trainieren sie es dann auch weit häufiger. Während sich Jungen eher mit dem Erlernen von neuen Skateboardtricks oder Basketballmoves (so heißt das heute) beschäftigen oder sich die Zeit bei Computer- oder Internetspielen vertreiben, lesen Mädchen Bücher, besonders gern erzählende Literatur. In ihrer «Pferdephase» verschlingen manche Mädchen anscheinend beinahe alles, was mit ihrem Lieblingstier zu tun hat. Da gibt es ein schier endloses Angebot. Das Angebot für Jungenlektüre fällt dagegen eher mager aus, und das Lesen von Computer- oder Gamezeitschriften gleicht dieses Defizit bei weitem nicht aus.

Jungen bietet *ihre* biologische Disposition also für den Schulbetrieb nicht die besten Voraussetzungen. Zählt die Sportnote doch längst nicht so viel wie vollständige Hausaufgaben und gepflegte Schulbücher oder das Einfühlen in eine andere Person, und sei dies nur literarisch in der Schule durch Charakterisierungen und Personenbeschreibungen zu leisten.

Sich über die eigenen Probleme und Gefühle oder die anderer zu unterhalten ist nicht gerade eine der Stärken, die Jungen auszeichnet. Ebenso wie sie sich oft nur schwerlich in die Situationen von literarischen Protagonisten hineinversetzen können, um an Texten zu arbeiten und Interpretationen zu verfassen. (Was will uns der Autor damit sagen? Wie fühlt sich die Person in dieser Situation?) Auch das Bemühen um einen differenzierten Wortschatz ist nicht unbedingt ihre Sache. Diese Fähigkeit liegt den Erkenntnissen der Hirnforschung zufolge in der rechten Hirnhälfte, die Jungen für die Lösung von schulischen Aufgaben weitaus weniger mit einbeziehen, als Mädchen dies automatisch tun.

Eine musische Förderung von Jungen, z. B. das Erlernen eines

Instruments, würde diesen Bereich ihres Gehirns stärker aktivieren, damit könnten Jungen versuchen, ihre Defizite zu verringern. Doch musische Erziehung wird immer seltener angeboten und gefördert, nicht nur im Elternhaus. Auch an vielen Schulen führt dieser Bereich der Persönlichkeitsentfaltung eher ein Schattendasein. Es muss ja nicht gleich die Violine oder das Klavier sein. Früher spielten viele Jungen Mundharmonika, Gitarre oder trommelten auf allem herum, was ihnen in die Finger kam. Die einzigen Tasten, die viele Jungen heutzutage virtuos beherrschen, sind die auf ihrem PC-Keyboard. Doch wirkt sich dieses «Instrument» gänzlich anders auf ihr Gehirn aus.

## Jungen und der Kampf mit Worten

Besondere Probleme bereiten Jungen diejenigen Schulfächer mit großem sprachlichen Anteil, vor allem die Fremdsprachen. Es wird dem männlichen Geschlecht immer wieder vorgehalten, dass es im Kommunikationsbereich große Defizite aufweist. Mädchen sollen dagegen angeblich im mathematischen Bereich und im Fach Physik größere Schwächen haben. Das mag vielfach auch so sein. Doch erst vor kurzem kam ein Kollege in unser Lehrerzimmer und sagte ganz gefasst: «Jetzt sind die Mädchen auch noch in Physik besser.» Er hatte eine Arbeit schreiben lassen, für die sich die Jungen und Mädchen zu Hause mit ihren Unterrichtsunterlagen, ihren Versuchsbeobachtungen und dergleichen vorbereiten konnten. Die Mädchen hatten nun fast durchweg bessere Testergebnisse erzielt. Aufgrund ihrer gut geführten Unterrichtsmappen und ihrer konzentrierten Mitarbeit waren sie in der Lage sich gezielt vorzubereiten und die Anforderungen gut zu erfüllen. Mädchen gleichen «angebliche» Schwächen leichter durch Fleiß und Ernsthaftigkeit aus.

Erfolg in der Schule hat aber nicht nur etwas mit den unterschiedlich zusammenarbeitenden Gehirnhälften zu tun. Ganz wesentlich hängt er davon ab, ob sich Jungen oder Mädchen auf den Unterrichtsstoff einlassen, ihn verstehen und sich intensiv mit ihm befassen.

Es heißt oft, Jungen würden nicht reden, sich zu wenig mitteilen. Doch soweit es die Schule betrifft, kann man das so pauschal nicht sagen. Jungen reden durchaus, oft stören sie sogar durch zu viel Reden den Unterricht. Es ist ja auch nicht so, dass Jungen nichts zu sagen hätten. Jungen tauschen sich untereinander aus, sie sprechen über Themen, die sie interessieren. Der Anteil an gesprochenen Worten pro Tag soll zwar bei männlichen Menschen gegenüber weiblichen um einiges geringer sein, doch sagt die Menge ja nicht automatisch etwas über die Qualität aus. Bei der täglichen schulischen Arbeit ist in allen Fächern aber festzustellen, dass nicht nur die Quantität, sondern auch die Qualität des Sprachschatzes bei Jungen häufig deutlich geringer ist als bei Mädchen. Viele Jungen drücken sich oft einfach aus. Ihre Sätze sind häufig von simpler grammatischer Struktur, Hauptsätze bilden den Hauptanteil ihrer Sprache, und schon nach ein paar Worten ist Schluss, dann folgt ein Punkt.

In einer 6. Klasse habe ich überaus leistungsstarke Mädchen, die den mündlichen Unterricht maßgeblich beherrschen. Mit manchmal großem Enthusiasmus gehen sie auf die unterschiedlichen Inhalte ein. Sie denken mit und äußern ihre Gedanken in einer differenzierten, angemessenen Ausdrucksweise. Sicherlich trägt die Detailliebe vieler weiblicher Menschen dazu bei, dass die Mädchen sich mündlich wie auch schriftlich inhaltsreicher mitteilen können.

Hin und wieder wird das einseitige Übergewicht der Mädchen-Beteiligung am Unterrichtsgespräch so deutlich, dass ich die Jungen in der Klasse ganz gezielt anspreche und auffordere, sich zu äußern. Sie schweigen angesichts der sprachlichen Dominanz der Mädchen und erklären, diese hätten ja bereits alles gesagt. Sie ziehen sich zurück und fangen im schlimmsten Fall an, aus Langeweile zu stören. Sie spüren die Kraft und die Kompetenz der Mädchen sehr deutlich. So mag es vielleicht in früheren Zeiten den Mädchen gegangen sein, als die Jungen noch dominierten. Heute kann davon längst nicht mehr die Rede sein, heute wird meist nur noch das Unterrichtsklima vom Stimmungstief der Jungen dominiert.

*Jungen können reden, aber auf einem niedrigen sprachlichen Niveau.* Seit ein paar Jahren entstehen minimalisierende Szenesprachen, die auch gern schon von kleineren Jungen imitiert werden. Eine davon ist das «Turkdeutsch». In Kinofilmen wie «Erkan und Stefan» wird der sprachliche Multikultimix witzig an die meist männlichen Fans vermittelt. Es macht den Jungen viel Spaß, sich so kreativ mit Sprache zu befassen, und einen integrierenden Aspekt hat die Sache auch noch. *«Ey, voll krass, Aller, voll dönermäßig gut.»*

Doch zum Problem wird es, wenn die Jungen nicht mehr wählen können zwischen Spaßsprache und offizieller Verkehrssprache. Als Deutschlehrer müsste ich eigentlich an sehr vielen Textstellen meiner Schüler ein «A» für Ausdruck machen. Ich habe bei den betreffenden Jungen nicht das Vertrauen, dass sich dieser Sprachrückschritt mit der Zeit und durch die Beschäftigung mit Büchern geben wird. Als Lehrer möchte ich diesen Zustand natürlich auf keinen Fall so belassen. Gerade Jungen müssen entscheidend an Kompetenz gewinnen, um für das Leben in einer Welt der Kommunikation und Information über den entscheidenden Zugangsweg verfügen zu können – und das ist nun mal die Sprache.

Bei allen Untersuchungen, ganz besonders bei der 1. PISA-Studie, sind es die Jungen gewesen, die durch ihre schwache Lesekompetenz aufgefallen sind. In *allen* PISA-Teilnehmerstaaten erreichten die Mädchen im Lesen die deutlich besseren Leistungen. Von den über 5000 Jungen und Mädchen im Alter von ca. 15 Jahren, die in Deutschland an der Untersuchung in 219 Schulen teilgenommen haben, konnten nur rund 38 Prozent die Grundschulanforderungen erfüllen!! Sie erreichten damit nur die unterste Kompetenzstufe bei dieser Lese-Leistungsüberprüfung. Das bedeutet, dass über ein Drittel aller getesteten Jugendlichen kurz vor Beendigung ihrer gesetzlichen Schulpflicht nur über eine Lesekompetenz verfügen, die dem eines zehnjährigen Grundschülers entspricht!!

Ebenso erschreckend ist die extrem geringe Lesemotivation in Deutschland im Gegensatz zu den Vergleichsländern. In keinem anderen Land ist die Zahl der Jugendlichen, die nicht aus Vergnügen lesen, so hoch wie bei uns – nämlich 42 Prozent. Ein katastrophales Ergebnis.

Der Leistungsvorsprung der Mädchen im Lesen liegt in Deutschland auf einer Skala von drei Lesekompetenzstufen, durchschnittlich eine halbe Kompetenzstufe über denen der Jungen. Wer aber nicht «richtig» lesen kann, der kann Texte auch nicht sachgerecht nutzen. Aus verschiedensten Gründen und zu unterschiedlichsten Zwecken Informationen einzuholen ist zu einer der zentralen Schlüsselqualifikationen in der Schule geworden. In der Schule soll die zukünftige Generation die Fähigkeit erwerben, sich unabhängig über Sachverhalte zu informieren und sich eine eigene Meinung zu bilden. Nicht nur für den besseren Erfolg in der schulischen Ausbildung, sondern auch für das Erreichen persönlicher Ziele ist die Lesekompetenz unabdingbar. Ohne die Fähigkeit, sich selbständig Informationen anzueignen, sich ein größeres Wissen zu verschaffen, ist die Teilhabe am gesellschaftlichen Leben deutlich erschwert. Gesellschaftliche Prozesse lassen sich sonst nicht mehr hinreichend inhaltlich verfolgen. Wenn bestimmte Themen nicht auch kritisch betrachtet werden können, ist die Gefahr einer einseitigen Beeinflussung groß und die Vereinfachung der Meinungsbildung leicht. Wenn Jungen (und auch Mädchen) nicht genügend gelernt haben, durch die Hinzugewinnung von Informationen zu einem differenzierenden Denken zu gelangen, bilden sich leicht Vorurteile und schnelle (oft falsche) Schlüsse. Den gesellschaftlichen Frieden fördert dies sicherlich nicht.

*Jungen verpassen durch ihren Sprachrückstand den Zugang zur Informations- und Wissensgesellschaft.* Lese- und auch Sprachkompetenz verbessern sich durch Übung. Dafür eignet sich nicht unbedingt jeder Text, aber wenn Jungen überhaupt lesen, ist das schon ein Schritt in die richtige Richtung. Ein erklärtes Ziel schulischer Anstrengung ist es deshalb auch, Jungen in der grundlegenden Kulturtechnik des Lesens wieder zu einer ausreichenden, altersgemäßen Kompetenz zu verhelfen.

## Was Jungen lernen

Nach jedem Weihnachtsfest wird die Zahl der Multimedia-taug-
lichen Computer in deutschen Kinderzimmern immer größer.
Während in meiner Jugend der sehnlichste Wunsch eines Jungen der Monokassettenrecorder war, wird die Generation meiner
Söhne fast flächendeckend mit medientauglichen Zauberkisten
versorgt. *«Papas alter Rechner kann ja erst einmal ins Kinderzimmer.»* Ohne weiter darüber nachzudenken, werden diese ursprünglichen Rechenmaschinen zum modernen Spielzeug, aufge-
rüstet mit Internet, TV-Karte, superschneller Grafikkarte für die
neuesten Shooter-Games, DVD-Brenner zum Kopieren aller digitalen Datenträger und unzähligen Games, die eigentlich erst dann
interessant sind, wenn sie auf dem Index der verbotenen Spiele
stehen. Damit füllen viele Jungen ihr Leben nach der Schule weitgehend aus. Es ist aber auch sehr schwer, für die sich weniger
selbst kontrollierenden Jungen, dieser großen Versuchung und
dem enormen Reiz zu widerstehen. Viele Jungen schlagen einfach
nur die Zeit tot oder sind überfordert, sich selbst einen Stopp zu
setzen. Manchmal, wenn sie der Sucht nach mehr Spielerfolgen
nicht widerstehen können, spielen sie ganze Nächte durch. Einen
solchen Einsatz würden sie für die Erstellung eines Referates für
die Schule wohl kaum aufbringen.

In manchen meiner Klassen hat bereits jeder Junge das ganze
Ensemble der modernen, digitalen Zeit-Dieb-Maschinen in seinem Zimmer.[14] Die Zahl der Geräte steigt, während das Alter
der Konsumenten weiter sinkt. Eine katastrophale Gefahr, deren
verheerende Auswirkungen sich bereits jetzt in der Schule zeigen.
Übermäßiger Medienkonsum senkt die Leistungen, macht dumm
und träge.

14  Das Kriminologische Forschungsinstitut Niedersachsen hat 23 000 Kin-
    der und Jugendliche nach ihrem Medienkonsum befragt. Deutlich mehr
    Jungen als Mädchen haben einen Fernseher im Zimmer. Ca 40 % der
    Jungen besitzen zudem noch eine Spielekonsole, gegenüber 16 % der
    Mädchen.

*Jungen sind die häufigsten Opfer der Auswirkungen des medialen Massenkonsums.* Das Konsumieren von digitalen oder analogen Medienprodukten steht in einem engen Zusammenhang mit den Aufmerksamkeits- und Motivationsstörungen von Jungen in der Schule. Vor allem Jungen fallen durch das so genannte «Zappelphilipp-Syndrom» auf. Viele Jungen können sich nicht mehr ausreichend auf eine Sache konzentrieren, sie verlieren ihre Aufmerksamkeit und mit ihr die Möglichkeit, einen Wissens-Inhalt vollständig zu erfassen und auch im Gehirn fest zu verankern.

Neurobiologen wie der Magdeburger Professor Scheich und der Ulmer Professor Spitzer erklären dies mit der Tatsache, dass die schnell zu erreichenden Erfolge beim «Spielen» mit der Game-Konsole oder dem PC einen besonderen Stoff im Gehirn freisetzen, den Glücksgefühle auslösenden Botenstoff Dopamin. Dieser Stoff gehört zu den Endorphinen. Dies sind die chemischen Substanzen im Körper eines Menschen, die einerseits als Neurotransmitter die Verarbeitung von sensorischen Reizen ermöglichen und andererseits als Hormone für die Steuerung von Antrieb und Verhalten zuständig sind.[15] Erfolg beflügelt und macht bekanntlich auch süchtig!

Jungen wollen die erlebten Glücksmomente beim Spielen mit dem PC ständig wiederholen. Angespornt durch immer wieder zu überbietende Punktestände bei ihren Spielen und den Wunsch, einen höheren Level, eine schwierigere Spielebene zu erreichen, versuchen sich die engagierten Jungen mit diesem körpereigenen, kostenfreien Glücksbringer zu versorgen. Körpereigene Glücksdrogen frei Haus vom Spieledealer im Kinderzimmer.

Ein erstes Therapiezentrum, das Wichernhaus für Mediensüchtige in Boltenhagen an der Ostsee, nimmt seit kurzer Zeit Patienten

---

15 Die Aussagen von Prof. Scheich sind der Zusammenfassung der Sendung «Frontal 21» im ZDF vom 30. 11. 2004 entnommen. Herrn Prof. Spitzers Aussagen waren am 19. 8. 2004 in der Rundfunksendung «Redezeit» im NDR zu hören.

auf, bei denen es durch das viele Spielen am Computer oder an anderen elektronischen Spielgeräten zu einer Persönlichkeitsveränderung gekommen ist. Das Verhalten und die Lebensgewohnheiten dieser «kranken» Jugendlichen haben sich so verändert, dass Fachleute von einer ernst zu nehmenden Mediensucht sprechen. Betroffen von dieser Sucht nach PC und Co. sind fast ausschließlich Jungen. Sie können, wie bei vielen Süchten, ein Leben lang dafür empfänglich bleiben.

Als ambitionierter Langstreckenläufer kenne ich die euphorisierende Wirkung der so genannten Glückshormone recht gut. Diese aufhellenden, belebenden körpereigenen chemischen Substanzen sind aber nicht das Problem der Jungen – denn sonst hätte ja jeder Jogger bald ein Lernproblem. Gefährlich ist der beständige Wunsch nach schnellem Dopamin-Nachschub deshalb, weil es durch die sofortige Überlagerung des schulischen Lernstoffs durch die konkurrierenden Bild-Reize am Nachmittag zu einer Verdrängung der wichtigen in der Schule gesammelten Informationen kommt. Da sich «schwere Kost», auch das in der Schule schwer Gelernte, langsam setzen muss, brauchen Kinder und Jugendliche nach der Schule erst einmal einen längeren Zeitraum, in dem keine neuen Datenmengen alles wieder überschreiben, was gerade in der Schule erst mühsam «abgespeichert» wurde. Informationen brauchen bis zu 24 Stunden, bis sie sich im Langzeitgedächtnis festgesetzt haben und auch wieder abrufbar werden. Bei den «computersüchtigen» Jungen führt dies leicht dazu, dass sich schulrelevantes Wissen ebenso schnell verflüchtigt, wie es erworben wurde. Es ist schon ziemlich faszinierend, welche Datenmengen und Informationen diese jugendlichen Spezialisten in kürzester Reaktionszeit verarbeiten können. Es sind wahre Meisterleistungen, die sie auf ihrem außerschulischen Beschäftigungsgebiet vollbringen. Doch mit welchem Gebrauchswert für ihren Lebensalltag? Mit diesem Können kommen sie im Spiel bestimmt auf den nächsthöheren Level, in der Schule aber häufig nicht in die nächste Klassenstufe. Nur die wenigsten machen im IT-Bereich eine Karriere.

*In außerschulischen Bereichen erzielen Jungen größte Erfolge.*
Viele Jungen trainieren sich auf spielerische Weise große Kompetenz an. Im Gegensatz zu den meisten schulischen Situationen, in denen es oft nur um *einen* gezielten Aspekt, um *eine* zerlegte Arbeits- oder Denkhandlung geht, setzt die Beschäftigung am PC komplexere Denk- und Handlungsweisen voraus. Dies macht für viele Jungen auch den Reiz des Computers aus. Aber mit den virtuellen Erfolgen lässt sich das Versagen in der realen Schule nicht ausgleichen. Jeden Tag wird die Diskrepanz zwischen dem zu Erlernenden und dem tatsächlich Gelernten aufgrund der beschriebenen neurobiologischen Vorgänge größer und die Chance auf schulische Erfolge mit jeder nennenswerten Dopaminausschüttung kleiner.

Einer meiner Fachschüler ist ein großer Kenner der Magic-Karten-Szene, jener weltweit verbreiteten Fangemeinde von beinahe ausschließlich Jungen, die mit phantasievoll gestalteten Strategiespielkarten stundenlang Rollenspielszenarien durchleben. Dieser Junge hat ein enormes Wissen über diese Welt aus Phantasie und Magie. Mit der Wirklichkeit kann er aber leider viel zu wenig anfangen. Die Anhänger dieser für Mädchen wenig attraktiven Welt versinken dabei so tief in ihr Tun wie sonst meist nur Jungen bei ihrer Beschäftigung mit Fernseher oder PC. In meiner Schule sitzen diese Jungen, meist aus den Jahrgängen 5 bis 8, während der Pausen irgendwo in einer stillen Ecke und bekämpfen sich mit Hilfe ihrer Phantasiewesen bis aufs Äußerste. Unter Jungen haben diese «Magic-Cards» eine hohe Attraktivität und oftmals auch einen ebenso hohen Preis. Die Regeln sind so komplex, dass sie von Erwachsenen meist gar nicht durchschaut werden. Die Spielverläufe und die zu berücksichtigenden Informationen für jedes einzelne fiktive Wesen stellen für diese Jungen schon nach kurzer Übungszeit kaum noch eine Herausforderung dar. Ich dagegen habe schon nach den ersten Erklärungen das Interesse und den Überblick verloren und fühlte mich total überfordert. Die meisten der «Karten-Freaks» besitzen nicht nur sorgsam archiviert unzählige Spezialkarten, sie beherrschen auch das Spiel damit virtuos. Ganz im Gegensatz zum Spiel des Lebens in der Schule. Dort zeigt sich der bereits erwähnte Schüler leider immer nur von seiner schwachen Seite. Er ist nur sehr schwer zu aktiver Mitarbeit zu bewegen. Seine Leistungen lassen sich in manchen Fächern überhaupt nicht mehr bewerten, weil er meist nur noch seinen Körper in die Schule trägt, sein Geist aber ganz woanders ist.

Keine seiner ganz sicher vorhandenen Kompetenzen setzt er auch nur in Ansätzen im Unterricht ein. Für die sehr gut geführten Sammel-Mappen seiner Kartensammlung müsste er eigentlich die Note «Eins» erhalten, für die Mappen in seinen Schulfächern können wir ihm als Lehrer meist gar keine Note geben, weil er gar keine Mappe führt. Es scheint einfach nicht seine «Welt» zu sein. Der Schule gelingt es nicht, solche Jungen für das Lernen zu gewinnen und sie erfolgreich zu fördern. Die für sie notwendigen Erfolge mit den damit verbundenen Hochgefühlen verschaffen sich diese Spiele-Spezialisten nur noch im außerschulischen Bereich, in dem es für sie weniger anstrengend ist. Was für ein Drama für diese Jungen, von denen man annehmen kann, dass sie auch in der Schule zu viel mehr in der Lage wären.

### Schulversager

Beinahe 12 Prozent aller Jungen in Deutschland verlassen die Schule ohne Abschluss, also erfolglos. Und dies, nachdem sie in vielen Fällen zehn Jahre ihres Lebens dort verbracht haben.[16] Man möchte fragen, was sie eigentlich in dieser Zeit gemacht haben? Wieso gelang es ihnen nicht, diese Zeit besser zu nutzen? Bei dieser höchst erschreckenden Zahl handelt es sich nicht nur um eine verhauene Klassenarbeit, um ein zu wiederholendes Schuljahr oder einen schlechteren Abschlussdurchschnitt, es geht für diese Jungen um die alles entscheidende Eingliederung in die Berufswelt, in den von ihnen so sehnsüchtig erwarteten Eintritt in die Welt der unabhängigen Erwachsenen. *Das schulische Ver-*

16 Analyse des Deutschen Industrie- und Handelskammertags (DIHK)

*sagen von Jungen hat weitreichende Auswirkungen auf ihr zu-*
*künftiges Leben.*

Auch wenn Jungen der sie stark behindernden Pubertät ent-
wachsen, verbessern sich längst nicht bei allen noch einmal die
Leistungen. Für viele ist es dann oft schon zu spät für eine schulische Aufholjagd. Viele durchlaufen ein Förderprogramm nach
dem anderen, wie in einer Warteschleife, und landen dann doch
nach all den Qualifizierungsmaßnahmen auf dem Sozial- oder
Arbeits-*losen*-amt.

Immer mehr Jungen versagen nicht nur bei der Merkfähigkeit,
sie haben auch in anderen Bereichen des schulischen Alltags Misserfolge: Die Hausaufgaben von Jungen sind längst nicht immer
vollständig. Oftmals sind sie gar nicht gemacht. Bequemlichkeit
und Verdrängung führen bei manchen reinen Jungskursen dazu,
dass kein Einziger mehr Hausaufgaben anfertigt. Beim mündlichen Abfragen sowie neuerdings den zu Recht wertgeschätzten
Präsentationen vor einer Gruppe kommen sie ins Stottern und
wirken überhaupt nicht mehr souverän.

Der entstehende Frust über die Diskrepanz zwischen Wunsch
und Wirklichkeit steigert die Verdrossenheit, die durch bereits
gemachte Misserfolgs-Erfahrungen entstanden ist. Manche Jungen *fühlen* sich dann nicht nur als «Versager», sondern bezeichnen sich selbst als solche. Wer als Pädagoge ihre Not vor Augen
hat, versteht besser, warum sich so viele Jungen auf andere Art
«wichtig machen». Sie versuchen damit vor sich und anderen ihr
schulisches Versagen zu überspielen.

Das Image ist für Jungen ganz wesentlich. Es muss aber das
richtige sein. Bloß kein Streber! Streben ist etwas für Mädchen –
oder Jungen, die nicht cool sind. Sich anstrengen wird meist negativ bewertet. Der Einsatz für die Schule steht deutlich hinter
dem Einsatz für das nächste Fußballduell gegen die Parallelklasse
oder das Engagement während der vernetzten Computerschlacht
auf der Lan-Party am durchgemachten Wochenende. Ist das Bild
des desinteressierten, versagenden Schülers nach außen aber erst
einmal gefestigt, lässt es sich meist nur noch schwer verändern.

Oft bekommen Jungen dann die negativen Auswirkungen ihres Images zu spüren. Sie werden die entstandenen Vorurteile nicht mehr los.

Lehrkräfte wie Mitschüler trauen den Jungen, die sich desinteressiert und leistungsschwach darstellen, nicht mehr viel zu, sie haben ihre Rolle «weg». Doch wenn niemand ihm mehr etwas zutraut, dann verliert der zukünftige Mann die Zuversicht in seine Fähigkeiten. Als Ausweg bleibt die Rebellion gegen die Welt der Erwachsenen.

Viele Jungen bleiben lieber dabei, nach außen stark und unnahbar zu wirken, als Energie in eine Veränderung zu investieren, die ungewiss erscheint. Die Gruppenbestätigung spielt dabei eine überaus große Rolle. Um zu einer Gruppe zu gehören, meinen Jugendliche, das entsprechende Outfit tragen zu müssen. Mit tiefer gelegten Hosen und dem sich daraus ergebenden «watscheligen» Gang wirken diese Jungen dann nur noch begrenzt dynamisch. Dafür aber manchmal Furcht einflößend.

Obwohl sie Jahre zuvor sehr agil waren, oft auch während des Unterrichts, lässt ihnen diese «Uniform» und der dazu «getragene» unterkühlte Habitus nun nicht mehr viel aktiven Verhaltens-Spielraum. Selbst Wahlpflichtschüler im Fach Sport kamen so gekleidet in meinen Unterricht und wollten damit einen Leichtathletik-Dreikampf absolvieren. Fitness ist uncool, «Chillen» (Abhängen, Rumdösen) ist angesagt. Die Pflege eines coolen Images als Hinderungsgrund, sich in der Schule zu engagieren?

In einem Artikel las ich als Überschrift «Männer sind dumm und faul!».[17] Ich habe ihn in meiner zehnten Klasse im Politikunterricht eingesetzt. Die Mädchen fanden die These recht belustigend. Kommen sie doch ganz gut weg bei dieser Bewertung der Geschlechter. Die Jungen mussten sich von mir erläutern lassen, dass auf Sonderschulen mehrheitlich Angehörige ihres

17 Überschrift zu dem Gespräch mit dem Trendforscher Matthias Horx, in der Zeitschrift «PZ» der Bundeszentrale für politische Bildung, Ausgabe Nr. 104, Dezember 2000, S. 30

Geschlechts zu finden sind und sie auch in manch anderem Bereich nicht durch überragende Leistungen auf sich aufmerksam machen. Was bestätigt wird durch die Tatsache, dass doppelt so viele «Sitzenbleiber» in den Schulen Jungen sind. Das, was sie in der Freizeit gut können und mögen, wird in der Schule nicht abgefragt und gilt oft auch als nicht besonders erstrebenswert.

Ein Selbstwertgefühl will kontinuierlich aufgebaut werden, gerade bei den Jungen, die sich im Vergleich zu anderen als schwächer erleben. Jungen brauchen viel Lob und Anerkennung. Es ist sehr mühsam, jemanden davon zu überzeugen, er könne vieles erreichen, ohne dass er selbst davon überzeugt ist. Das Aufzeigen von Stärken, das Anerkennen von Fähigkeiten, die nicht unbedingt schulrelevant sein müssen, gehört zur Festigung der Persönlichkeit dazu, damit Jungen nicht in dem Versagenskreislauf belassen werden. Doch diese Fähigkeiten und Stärken bei den Jungen zu entdecken und sie in Schule einzubinden ist nicht leicht. Diese Kompetenzen gehören meist auch nicht zu den notwendigen Sekundärtugenden, und so nutzen den Jungen ihre Kenntnisse und Qualitäten in der Schule meist nicht viel.

*Der Verlust an Sprach- und Sozialkompetenz bei Jungen stellt für die schulische Gemeinschaft eine Gefährdung dar.* Ein Schulsystem, das ausgrenzt, aussiebt und degradiert, ist besonders für diejenigen eine Katastrophe, die noch kein stabiles Selbstwertgefühl entwickelt haben und durch verunsichernde Erfahrungen noch instabiler werden. Selbstzweifel schwächt die Persönlichkeit. Jungen, die sich leistungsmäßig begrenzt vorkommen, die den Erwartungen nicht entsprechen, suchen nach Auswegen aus dieser für sie verletzenden Situation. Sie suchen die Stärkung ihres Selbstbewusstseins in anderen Bereichen. Wer sich seines «Mundes» nicht so gut bedienen kann, wer nicht mit Worten kämpfen kann, der fühlt sich in einer Gemeinschaft, die großen Wert auf Worte legt, unterlegen und greift zu anderen Ausdrucksmitteln, zu Gewalt. Wer keine Worte mehr hat, ballt die Faust. *Gewalt ist die hilflose Antwort auf eine Störung des Zusammenlebens.*

## Erziehung zur Mündigkeit

Der Verlust der Sprachkompetenz macht «un-mündig», er gefährdet die Fähigkeit zu demokratischem Handeln. Der Austausch über eigene Gedanken und die Suche nach Lösungen im Konfliktfall verläuft nicht mehr konstruktiv, sondern destruktiv, gewalttätig. *Jungen sprechen zu lehren, heißt auch Jungen demokratiefähig zu machen.*

Die Mitgestaltung in einer humanitären demokratischen Gesellschaft wird bereits in der Schule eingeübt. Die Schule ist Spiegelbild der Gesellschaft, dort wird den Kindern und Jugendlichen im gemeinsamen Miteinander das abverlangt und beigebracht, was sie als spätere mündige Demokraten für ein friedvolles, ziviles Miteinander benötigen. Die Vermittlung von demokratischen Werten, eine gewaltfreie Konfliktkultur, bei der es um den Austausch guter und nicht schlagender Argumente geht, ums Ringen um die beste Lösung für das Wohlergehen der Gemeinschaft, ist ein unbedingtes Ziel unserer Gesellschaftsform. Maßgeblich für den Erfolg dieses Ziels ist das gelebte Vorbild aller Personen, die im Leben von Jugendlichen Bedeutung haben.

Die Schule ist gefordert, sich der Situation einer wachsenden Zahl von überforderten Jungen bewusst zu werden und darauf angemessen zu reagieren. Die Schule muss ihre Hausaufgaben machen, sie kann nicht mehr mit herkömmlichen, unwirksamen Methoden versuchen, immer größere Probleme lösen zu wollen.

Wenn Jungen nicht mehr dahin kommen, wo sie hinsollen, dann müssen sie da abgeholt werden, wo sie sind. Damit sie weiter vorankommen als bisher, muss nicht nur die Schule, aber sie im Besonderen, dringend auf die Probleme von Jungen eingehen. Denn dass Schule es besser machen kann, das zeigen die Ergebnisse von PISA am Beispiel der skandinavischen Länder sehr eindrücklich. Dort erreichen bis zu 85 Prozent (Finnland) der Jungen eines Jahrgangs den Zugang zum Hochschulstudium, bei gleichem Verhältnis der Geschlechter, in Deutschland ist es gerade einmal ein Drittel eines Jahrgangs (in Bayern nur 33,1 %)!

Die Jungenkatastrophe im Bildungsbereich scheint ein besonderes deutsches Phänomen zu sein. Das deutsche Bildungssystem hat Jahre ungenutzt vergehen lassen, und so wundert es nicht, dass die Ergebnisse bei Tests desaströs ausfallen. Sehr zum Leidwesen der betroffenen Schüler und Schülerinnen. Sehr zum Schaden der Jungen.

Da es heutzutage bisweilen normal zu sein scheint, dass aus dem *Recht auf Bildung*, ein *Zwang zum Lernen*, eine Art psychische Vergewaltigung geworden ist, verwundert es nicht, dass die entscheidende Eigeninitiative im Bildungserwerb der nachwachsenden Generation nicht stattfindet. Aus einem Privileg scheint eine Bürde geworden zu sein.

Die natürliche Neugier des Kindes, der Wunsch nach Weltverständnis und eigenem Wachstum ist der frühen Resignation, dem Boykott des Lernens und einer übersteigerten Anspruchshaltung an die Allgemeinheit gewichen. Während die Mädchen in dem derzeitigen Bildungssystem zunehmend Erfolge erleben, wird an den Jungen deutlich, dass es nicht ausreichend gelingt, sie im Laufe ihrer schulischen Sozialisation vom Sinn des Lernens zu überzeugen. Sie erleben nicht, dass Lernen eine Lust sein kann, und wenn es dennoch zur Last wird, dann doch zu einer, die durchaus noch erträglich ist. Leisten wollen und leisten können gehört für viele Jungen nicht mehr zu ihrem Schulleben dazu. Eine Gesellschaft, die nur darauf bedacht ist, eine Schule zu betreiben, die vor allem zur Leistung erzieht und schwache aussondert, berücksichtigt nicht, dass die Verlierer sie teuer zu stehen kommen. Bis zu 25 000 € pro Monat kostet in Einzelfällen die Intensivbetreuung von zumeist männlichen Jugendlichen in einer geschlossenen Jugendeinrichtung in Hamburg. Welche Folgen sich für einen großen Teil der Jungen aus den gravierenden Defiziten der Gesellschaft und ihrer institutionellen Erscheinungsformen wie Schule, Medien und Arbeitswelt ergeben, lässt sich gegenwärtig in deutlicher Weise am Leben vieler Jungen ablesen.

Jungen fordern uns, sie fordern uns heraus. Sie fordern die Schule heraus, und sie brauchen eine Schule, die für sie geeignet ist. Arbeit mit Jungen in der Schule kann eine interessante, befriedigende und vor allem auch eine Freude bereitende Herausforderung sein! Doch dafür muss es notwendige Veränderungen geben und Menschen, die dafür geeignet sind.

Immer häufiger können Schule, Elternhaus und Öffentlichkeit Jungen nicht das geben, was sie brauchen, um eine positive Entwicklung machen zu können. Anhand des Interviews mit dem 14-jährigen Florian möchte ich ein Beispiel dafür geben, was ein Junge über sich und seine verfahrene Situation denkt und wie auf seine Schwierigkeiten reagiert wurde.

## Interview mit Florian

Frank: Seid ihr mehr Jungen oder mehr Mädchen in eurem Internat?

Florian: Viel mehr Jungen!

Frank: Hast du eine Idee, warum mehr Jungen im Internat sind?

Florian: Weil sie schwieriger sind als Mädchen. Ich weiß nicht, wie ich das sagen soll. Die machen mehr Mist. Die Jungs, die zu mir ins Internat kommen, sind schwierig.

Frank: Was machen die denn so?

Florian: Rauchen, trinken, malen das Internat an, brechen Fenster auf und steigen aus.

Frank: Ist das nicht auch schwierig für die Jungen, wenn neue kommen und Mist machen, dann nicht mitzumachen? Lernen die Jungen nicht sogar die schlimmen Sachen voneinander?

Florian: Nein, die Jungs, die schon länger da sind, beherrschen sich und machen dann auch nicht mit.

Frank: Was kann man im Internat lernen, wofür ist es gut?

Florian: Man bekommt Taschengeld und muss damit klarkommen. Keine Kleidung, aber Dinge für die Freizeit und was man so will. Man lernt mit Geld auszukommen. Auch wenn man mal wieder zu Hause ist und niemand da ist.

Frank: Was noch?

Florian: Man wird selbständiger. Man kann das Kochen ein bisschen lernen. Wir haben Kochen und andere AGs mit unseren Erziehern.

Frank: Wie war das damals während deiner Grundschulzeit, als du noch bei deiner Mutter gelebt hast?

Florian: In meiner Grundschulzeit war ich unkonzentriert und habe auch Angst vor meiner Mutter gehabt. Das war Druck. Den hat man so nicht im Internat. Es gab viel Stress mit Lehrern. Ich konnte mich mit den Entscheidungen der Erwachsenen nicht abfinden, weil ich keine Lust hatte auf die Schule. Dann hab ich auch nicht mitgemacht und mich geweigert.

Frank: Wie kam das, dass du keine Lust zur Schule hattest?

Florian: Das frühe Aufstehen, das Abgehetze. Ich konnte morgens nicht aufstehen, weil ich viel Schlaf brauch und zu spät ins Bett gegangen bin. Ich mochte immer gern fernsehen und habe bis spät gekuckt.

Frank: Hattest du schon einen eigenen Fernseher?

Florian: Ja, ich hatte schon einen Fernseher, von Opa gekriegt.

Frank: Wie alt warst du, als du ihn bekommen hast?

Florian: Ich war so 7 Jahre alt. Wenn es kein gutes Programm mehr gab oder es mich nicht mehr interessiert hat, hab ich auch ausgemacht und dann Gameboy gespielt.

Frank: Hat deine Mutter dir das nicht verboten?

Florian: Wenn meine Mutter es mir verbieten wollte, habe ich rumgequengelt und sie so überredet. Weil sie so abgespannt war und keine Lust mehr darauf hatte, mit mir zu diskutieren.

Frank: Wie lief denn so das morgendliche Aufstehen ab?

Florian: Wecken um 7.30 Uhr. 20 Minuten bin ich dann aber immer noch im Bett geblieben. Um 5 Minuten vor 8.00 Uhr bin ich dann immer los zur Schule. Ziemlich knapp immer.

Frank: Hattest du denn da schon etwas gegessen?

Florian: Nein, morgens kann ich nie was essen.

Frank: Hattest du denn Brote mit zur Schule?

Florian: Nein, Brote hatte ich nie mit. Ich konnte mir zu trinken kaufen.

Frank: Warst du denn noch müde in der Schule?

Florian: Ja, in der Klasse habe ich immer auf dem Tisch weitergeschlafen.

Frank: Wie haben denn deine Lehrer darauf reagiert?

Florian: Die Lehrer haben mich eigentlich immer nur gestört. Ich wollte meine Ruhe haben. Ich hab dann gesagt: «Ich hab keinen Bock auf Schule, lass mich schlafen!»

Frank: Hast du denn dabei überhaupt etwas lernen können?

Florian: Lesen und schreiben habe ich eigentlich im Schlaf gelernt. Hausaufgaben habe ich fast gar nicht gemacht.

Frank: Gab es sonst irgendwelche Probleme in der Schule?

Florian: Ja, in der Pause haben sie mich immer «Schlafmütze» gerufen. Da bin ich dann aufgewacht und hab mich gewehrt. Ich hab dann so geschubst und sie angeschrien. Dann hab ich aber wieder weitergeschlafen. Wenn ich dann aber mal wach war, dann hab ich Fußball gespielt.

Frank: Wie ging das dann nach der Grundschule weiter?

Florian: Auch in der 5. Klasse wollte ich noch nicht lernen. Da war ein Sozialpädagoge (Einschub des Autors: Florian war in einer Integrationsklasse), der hat mich immer angemacht. Hat mich genervt. «Wenn das deine Mutter wüsste!», hat er gesagt. Dann bin ich immer voll abgegangen und hab ihn angeschrien.

Frank: Was hat dich da so angemacht?

Florian: Ich will nicht, dass er mit meiner Mutter redet. Das geht ihn gar nichts an. Ich wollte nicht, dass meine Mutter etwas davon erfährt. Sie sollte denken, dass ich gut mitmache. Damit ich dann auch keinen Ärger bekomme mit ihr. Ich will keinen Ärger mit meiner Mama, weil sie die wichtigste Person für mich ist und ich keinen Ärger mit ihr will.

Frank: Wie kam es dann zur Entscheidung, ins Internat zu gehen?

Florian: Meine Mama hat mir vorgeschlagen, dass ich ins Internat gehen könnte. Wir haben es uns angesehen und ich hab gesagt: «Ich kann es ja mal versuchen.»

Frank: Wie war der Anfang im Internat?

Florian: Die erste Zeit war schwer. Ich muss immer um 6.00 Uhr aufstehen und um 21.00 Uhr ins Bett. Ich teile mir das Zimmer mit einem anderen Jungen. Das frühe Aufstehen war hart. Wir haben auch keinen Fernseher im Zimmer. Ich hab aber heimlich meinen Laptop mitgenommen und abends dann Counterstrike gespielt. Da wird es auch manchmal 24.00 Uhr. Morgens mach ich mir dann kaltes Wasser ins Gesicht, dann geht das. Trotzdem fiel es mir am Anfang noch schwer, in der Schule aufzupassen. Dann bin ich zur Schule gejoggt, oder ich fahre manchmal mit dem Fahrrad, um wach zu werden. Dann haben wir auch manchmal Sport in der 1. Stunde. Das hat mich wach gemacht. So langsam wurde es besser mit der Konzentration im Unterricht. Ich wurde besser in der Schule. Ich hatte ein besseres Gefühl für die Schule. Ich dachte, das freut meine Mama. Vorher hatte ich zwar gewusst, dass ich nicht blöd bin, aber ich habe es meinen Lehrern schwer machen wollen, und dann hab ich immer gesagt, ich bin zu blöd dazu.

Frank: Auf welche Schule gehst du jetzt?

Florian: Auf eine Hauptschule. Ganz normal mit den Kindern aus der Gegend. Die Realschule hatte keinen Platz für mich. Aber ich kann auch einen Realschulabschluss da an meiner Schule machen.

Frank: Was ist anders, seit du im Internat bist?

Florian: Mit mir ist nichts anders, nur in der Schule bin ich besser geworden. Ich hab weniger Stress mit den Leuten, den Lehrern. Ich kann deren Entscheidungen besser akzeptieren.

Frank: Was ist im Internat anders?

Florian: Im Internat ist es leichter, die Zeiten einzuhalten, weil alles geregelt ist. Das gilt für alle. Alle müssen die gleichen Regeln einhalten, dann fällt es mir auch leichter, die Regeln einzuhalten. Da wird nicht diskutiert. Das ist so, und dann ist das so. Bloß die Älteren dürfen manchmal was mehr.

Frank: Ist sonst irgendetwas anders?

Florian: Ich hab nicht mehr so einen Druck. Früher hat meine

Mutter mir immer gesagt: «Du musst in der Schule was schaffen, damit du später eine Arbeit bekommst.» Heute fragen mich die Erzieher, wie es in der Schule war. Aber das ist kein Druck.

Frank: Wie lange bleibst du im Internat?

Florian: Ich möchte im Internat bleiben, bis ich meinen Abschluss habe. Ich könnte auch früher gehen. Möchte ich aber nicht, weil ich merke, dass es besser für mich ist. Wenn ich nicht im Internat wäre, könnte es passieren, dass ich wieder keine Lust auf die Schule habe und dann nochmal alles von vorne anfangen würde.

Frank: Wem würdest du empfehlen, in ein Internat zu gehen?

Florian: Ich würde es denjenigen empfehlen, die ein wenig Abstand haben müssen mit zu Hause, die Stress mit ihren Eltern haben. Ich bin zwar ein bisschen traurig, dass ich einen Teil meiner Kindheit im Internat verbringe, aber ich weiß, dass es besser für mich ist.

---

**Was Jungen brauchen:**

- Jungen brauchen eine jungenfreundliche Schule
- Jungen brauchen viel Zuspruch
- Jungen brauchen Männer in der Schule
- Jungen brauchen klare Strukturen
- Jungen brauchen Konsequenz
- Jungen brauchen Rituale
- Jungen brauchen Führung
- Jungen brauchen viel Bewegung in der Schule
- Jungen brauchen Zeit unter sich
- Jungen brauchen Verständnis für ihr Anderssein
- Jungen brauchen attraktive Themen und Methoden
- Jungen brauchen einfach nur mehr Zeit
- Jungen brauchen das Gefühl, kompetent zu sein

# II. Wann ist ein Mann ein Mann?

Was in Jungen vorgeht, wenn sie sich verhalten, wie sie sich verhalten, ist oft nicht leicht zu ergründen. Ihre besondere Art wird oft als anstrengend empfunden. Sie sind wild, ihre Entwicklung verläuft eher schleppend. Sie brauchen Bewegung. Was früher von einem «richtigen» Jungen erwartet wurde, trifft heute auf wenig Verständnis. Jungen können heute immer weniger ihren natürlichen Impulsen folgen. Das führt dazu, dass sie sich nicht akzeptiert und angenommen fühlen. Aber selbst der wohlwollendste Versuch, Einblick in das Innenleben eines Jungen zu bekommen, wird oft sofort abgeschmettert. Gefühle sind «voll peinlich!».

Jungen lernen nicht genügend, auf ihr Innerstes zu hören, sie entwickeln oft kein ausreichendes Gespür dafür, wie es ihnen geht, wann der rechte Zeitpunkt ist, innezuhalten und eine Entscheidung zu treffen, wann es gilt aufzuhören. So sind sie ständig von Überforderung bedroht und müssen die Konsequenzen dafür oft schmerzhaft erfahren, an Körper und Seele. Jungen leiden unter ihrer Situation.

> *«Jungen haben immer schon gelitten, egal, was die ganze Feminismuskritik dazu gesagt hat. Jungen und Männer, die meisten von ihnen, leiden und litten schon ewig, gerade die sensiblen von ihnen.»*
> Hartmut von Hentig

Gefühle, insbesondere Ängste, zu bewältigen, mit ihnen umzugehen, sie zu besiegen ist ein sehr persönlicher Prozess, etwas, was *im* Menschen geschieht. Um diesen Prozess möglichst positiv für sich zu entscheiden, sind Jungen zu vielem bereit. Sie investieren enorme Energie, um sich abzuhärten, um cool – und auch gefühlskalt – zu werden. Das ist ihnen nicht unbedingt bewusst. Männliche Menschen, die versuchen, sich gegen Ängste und den Eindruck von Schwäche zu wehren, und sich stark maskulin gebären, die sich ein Macho-Draufgängerimage zulegen, merken nicht, dass sie sich letztlich damit in bestimmten Kreisen eher lächerlich machen.

Wer Angst hat, der wappnet sich gegen persönlich erlebte Bedrohung, der rüstet innerlich und äußerlich auf. Wer aber nicht einmal mehr Angst zu haben braucht, etwas zu verlieren, weil er bereits alles verloren hat, der verhält sich auch so wie jemand, der nichts mehr zu verlieren hat. In diesem extremen Spannungsfeld gibt es wenig Ausgewogenheit bei Jungen, für sie gilt nur: ganz oder gar nicht. Das männliche Geschlecht ist das Geschlecht der Extreme. Männer und Jungen geraten aber dadurch auch schnell in eine Katastrophe, die für sie extrem schlecht ausfallen kann.

Jeder hat starke Seiten. Doch was früher als typische Stärke von Jungen galt, spielt heute eine immer geringere Rolle. Mädchen haben Jungen in vielen Bereichen längst eingeholt. Vieles hat sich verschoben. Alte Maßstäbe gelten nicht mehr. Man könnte vermuten, dass Jungen darum kämpften, nicht als stille Verlierer zu gelten, und sich bemühten, in der Abgrenzung zu allem Weiblichen, ihre geschlechtliche Identität zu entwickeln, die ihnen immer mehr genommen wird. Die Erziehung zur Unmännlichkeit, der Hang zur Unterdrückung der «männlichen Seite» im Jungen kommt einer Entmannung gleich, gegen die sich ein Großteil der Jungen mit stark männlichem Auftreten zur Wehr setzt.

Männliche Identität ist an Mut, die Bereitschaft zur Übernahme von Verantwortung und die seelisch-körperliche Reife gebunden. In traditionellen Gesellschaften gibt es spezielle Initiationen, die dem Jungen Orientierung beim Finden seiner Geschlechterrolle geben. Hier weiß er sich als Mann, wenn er die rituellen Prüfungen erfolgreich besteht. Er erhält Klarheit darüber, ob er nun ein Mann oder noch ein Junge ist. In unserer Gesellschaft ist Identität stark gekoppelt mit den Anforderungen an die Produktionsfähigkeit eines Mannes. Die Weisheit spielt kaum eine Rolle, kollektives Wissen um eine positiv verlaufende Mannwerdung ist verloren gegangen. Liebevoll vermittelte und positiv geformte Männlichkeit erfahren Jungen viel zu selten.

Wo lernt die nächste Generation Männer, wie «man» ein «Mann» wird? Bei ihren oftmals selbst unsicheren Vätern? Wenn denn überhaupt ein Vater vorhanden ist.

Die Identifikationsmöglichkeiten für Jungen sind verwirrend geworden. *Die Ausbildung einer vielschichtigen Persönlichkeit mit Tiefgang ist zu einer sehr schweren Aufgabe geworden, zu einer Aufgabe, die viele Jungen überfordert.* Konfrontiert mit Verhältnissen, deren Komplexität die Fähigkeiten der Jungen übersteigen, erleben sich Jungen immer mehr als unzureichend. Wären die gesellschaftlichen Gegebenheiten günstiger für Jungen, würden sie ganz anders dastehen. Sie könnten ganz anders sein, sich auch anders geben und sich als Mann wohler und akzeptierter fühlen. Sie würden Lebenserfolge erzielen.

Die wichtig werdende Resilienzforschung[18] (in etwa mit Lebensbewältigungs-Fähigkeit zu erklären) geht davon aus, dass besonders diejenigen Menschen besser mit den Anforderungen der Gesellschaft umgehen können, die über folgende Fähigkeiten verfügen:

• Impulskontrolle
Die Beherrschung, nicht jedem Impuls nachgeben zu müssen.
• Verkraften von Belohnungsaufschub
Geduld und die Fähigkeit, abwarten zu können
• Bewahren von Aufmerksamkeit in unstrukturierten Situationen
Konzentrationsfähigkeit unter Stressbedingungen
• Hemmung aggressiver Tendenzen
Kontrolle über das eigene Gewaltverhalten. Ein funktionierender Verhaltenszensor

18 Olaf Reis: Resilienz in der Risikogesellschaft, in: «Schüler 2004», Friedrich Verlag, S. 114

- Neugierverhalten

Das Bewahren einer natürlichen kindlichen Neugier am Leben und allem, was damit zusammenhängt

- Soziale Kompetenz

Die Fähigkeiten, die man benötigt, mit anderen Menschen gut auszukommen

- Hohe Intelligenz

Die Fähigkeit, neue Informationen aufzunehmen und Bezüge zwischen ihnen herzustellen

- Einforderung von Hilfe

Seine Leistungsgrenzen zu kennen und dazu zu stehen. Bei Bedarf die Fähigkeit, sich Unterstützung zu holen, um Probleme dann gemeinsam zu lösen

- Unabhängigkeit

Sich als unabhängig zu fühlen und es im Rahmen von gewissen Grenzen auch zu sein. Selbständigkeit unter Beweis zu stellen, auch im Denken

Betrachtet man die Biographien von Jungen und Mädchen im Licht dieser Erkenntnisse, kann man zu der Annahme kommen, dass besonders die Kinder und Jugendlichen bessere Voraussetzungen zur Lebensbewältigung – also eine größere Resilienz – entwickeln können, die sich von den traditionellen starren, stereotypen Rollenmodellen von Mann und Frau trennen können.

Jungen, die ihre «weibliche Seite» in sich nicht ausbilden, die sich auf die einseitige Entwicklung ihrer männlichen Anteile beschränken, können eventuell größere Schwierigkeiten in ihrem Leben bekommen und nicht so resilient sein.

*Eine komplexe Gesellschaft fordert von Jungen eine größere Flexibilität, die Fähigkeit, sich den ständig wandelnden Gegebenheiten dynamisch anzupassen.* Jungen ohne Beachtung zu lassen, sie sich selbst zu überlassen, wie es die letzten Jahrzehnte vornehmlich der Fall war, sie aus den Augen zu verlieren, zuzulassen, dass sie an Selbstvertrauen einbüßen, kann sich negativ auf ihre Entwicklung auswirken und zu einer schweren Krise führen.

## Coole Jungs

Über das Gefühlsleben eines Jungen wissen wir oft nur sehr wenig, denn was er fühlt, teilt er nicht gerade wortreich mit. Fühlt er wie ich? Welche Gefühle hat er, wenn er denn jetzt gerade welche hat, wenn er sie überhaupt wahrnimmt?

Jungen haben sehr viele Gefühle, aber auch ein gutes Gefühl dafür, wie viel Gefühl für sie genug ist.

Selbstverständlich verfügen Jungen über all die verschiedenen Gefühle wie Trauer, Wut, Angst, Enttäuschung, Freude, Stolz und alle anderen, die die Gefühlspalette bereithält. Doch nicht mit allen Gefühlen können Jungen gleich gut umgehen, mit bestimmten Gefühlen tun sie sich besonders schwer. Vieles, was in ihnen vorgeht, behalten sie für sich. Ihr Mitteilungsbedürfnis beschränkt sich auf bestimmte «Gefühle», Gefühle, die sie zeigen können, ohne Sorge vor zu viel Offenheit zu haben. Die Freude und der Stolz über ein geschossenes Tor bei einem wichtigen Fußballspiel zum Beispiel. Da stehen sie den erwachsenen männlichen Sportlern manchmal in ihrer Darstellung in nichts nach. Kraftvoll wird die geballte Faust mit einem Ellenbogenruck nach oben geworfen. Oft ist es nur ein kurzer Moment, dafür aber ein sehr intensiver. Es werden also besonders die Gefühle mitgeteilt und damit auch geteilt, die einen Jungen in einer Situation zeigen, die ihn stärker wirken lassen. Dies meist ohne große Worte, eben nur mit Gesten und Mimik oder einem flapsigen Spruch. Ansonsten halten Jungen sich mit dem Verbalisieren von Gefühlen eher zurück.

Das ist auch gut zu verstehen, haben sie doch oft aufgrund einer geringeren Ausdrucksfähigkeit und eines beschränkteren aktiven Wortschatzes Schwierigkeiten, die richtigen Worte zu finden. Rührend wirkt dies in Fernsehfilmen immer dann, wenn ein junger Mann seiner Freundin recht unbeholfen, klischeehaft seine Liebe gesteht.

## Gibt es ein «Schweige-Gen»?

Mütter und Frauen bemängeln oft diese Sprachlosigkeit und Mundfaulheit, für die es verschiedene Erklärungen gibt.

Eine geht auf die Frühzeit des Menschen zurück, in der die Männer vorwiegend mit Tätigkeiten beschäftigt waren, für die sie keine umfangreiche Sprachkompetenz brauchten. Nur für bestimmte Inhalte waren sprachliche Ausdrücke unverzichtbar. Dazu gehörte vor allem alles, was mit der Jagd und den damit verbundenen Aktivitäten wie Planung, Herstellung von Waffen und Absprachen über die beste Strategie zu tun hatte. Nachvollziehbar ist auch, dass die männlichen Gruppenmitglieder während solcher Jagdausflüge wenig miteinander sprachen, um die scheuen Tiere nicht zu vertreiben. Die Rücksichtnahme auf Befindlichkeiten und das Gefühlsleben des Einzelnen waren von geringer Bedeutung, ging es doch darum, das lebenswichtige Fleisch für die Gemeinschaft zu beschaffen.[19]

Frauen, die sich im Umfeld des Lagers aufhielten und eher die Möglichkeit hatten, viel und intensiver miteinander zu kommunizieren, trainierten ihr Sprachvermögen sehr viel stärker. Außerdem entwickelten sie die Fähigkeit, an der Mimik des Gegenübers seine jeweilige Stimmung und Gefühlslage abzulesen. Dies half ihnen in besonderer Weise beim Großziehen der Kinder, deren Bedürfnisse die Frauen aus diesem Grund schnell erkennen konnten. Dies ist auch heute noch leicht festzustellen. Wenn ein Säugling weint, ist es oft die Mutter, die am Ton, an der Mimik oder Gestik des Kindes die Situation schnell erfasst, meist zum Erstaunen des Vaters.

Ebenfalls heute noch festzustellen ist, dass Jungen und Männer deutlich weniger Wörter am Tag sprechen als Frauen (bei Männern sind es ca. 2000 Wörter, bei Frauen ca. 7000). Ein deutlicher Trainingsvorsprung, nach wie vor. Doch die *mangelnde Sprachpraxis* allein ist nicht die einzige Ursache für die Schwie-

---

19 Barbara und Allen Pears: Warum Frauen schlecht einparken und Männer nicht zuhören können, München 2000

rigkeiten von Jungen und Männern, ihr Inneres nach außen zu kehren. Der Londoner Kinderpsychologe Sebastian Kraemer geht sogar davon aus, dass es ein «*Sozialgen*» gibt, welches über die soziale Intelligenz eines Menschen entscheidet.[20] Dieses auf einem X-Chromosom befindliche Gen soll besonders bei *den* Menschen zur Geltung kommen, die es vom Vater erhalten haben, und das ist nur bei Mädchen der Fall. Soziale Kompetenz bedeutet, sich in andere hineinzuversetzen, sich emphatisch auf sie einzulassen und Mitgefühl für andere zu entwickeln. Auch die Beziehung zu sich selbst lässt sich darunter fassen: die Fähigkeit, sich selbst und den eigenen Gefühlszustand wahrzunehmen, darauf entsprechend einzugehen und angemessen zu handeln. Jungen gelingt dies nicht so leicht. Sie wirken im Umgang mit sich und anderen kühler, distanzierter und gröber. Verstärkt wird dies noch dadurch, dass Mütter in der Erziehung von Jungen häufig nicht so viel Wert auf den Umgang mit Gefühlen legen wie bei Mädchen. Jungen fehlt die Übung, und sie erkennen die Bedeutung dieser Kompetenz nicht.

Jungen fällt es nicht nur schwer, über Gefühle zu sprechen, sie nutzen auch viel seltener die Möglichkeit, ihre Gedanken und Gefühle aufzuschreiben.

Jungen schreiben selten Tagebuch, ganz im Gegensatz zu Mädchen, die diese Möglichkeit gerne nutzen, um auf diese Weise Erlebtes zu verarbeiten. Mädchen teilen ihre Gedanken und Empfindungen anderen gerne mit, und dies nicht immer nur auf Papier. Gerade Mädchen nutzen das Schreiben von «SMS» sehr häufig, um im Kontakt miteinander zu sein und sich über ihr seelisches Befinden auszutauschen. Auch das Telefon wird von ihnen wesentlich häufiger genutzt als von Jungen. Insgesamt ist das Mitteilungsbedürfnis von Jungen deutlich geringer, nicht nur was Gefühle betrifft.

Tagebuchschreiben gilt bei Jungen als altmodisch, und dennoch wurde ein schwedisches Jugendbuch in den letzten Jahren

20 Geo, 3/2003, S. 73

ein großer Erfolg. Mit viel Humor gibt es Einblick in das Innenleben eines Jungen. In «Berts gesammelte Katastrophen» erfahren die jungen Leser die intimsten Geheimnisse des anfänglich 11jährigen Bert.

Bert kann seine Gedanken allerdings nur unter einem Pseudonym, seinem rückwärts geschriebenen Namen (Treb), zu Papier bringen, sonst wäre seine Scham zu groß. Doch nicht jedes Gefühl beschämt Jungen.

Ein *Gefühl nehmen Jungen oft und sehr gut wahr: das Gefühl von Ärger, Wut und Zorn.* Dieser Gefühle schämen sie sich meist nicht, denn es sind in ihren Augen Gefühle von Stärke. Eigentlich sind es aber meist nur Folge-Gefühle, sekundäre Gefühle. Ihnen geht meist ein anderes Gefühl voraus, Eifersucht, Angst, Schuld oder Trauer zum Beispiel. Doch das ursprüngliche Gefühl wahrzunehmen, und es zu benennen, fällt Jungen schwer. Dem Gefühl von Zorn nachzugeben ist leichter, als der Frage nachzugehen «Was will ich eigentlich, welches Bedürfnis habe ich?». Diese Art von Gefühlen leben Jungen zwar aus, doch werden sie meist von der Umwelt als negative Gefühle eingestuft. Jungen sollen lernen, sich zu beherrschen. Sie werden angehalten, sich friedlich zu benehmen, und erfahren die Ablehnung ihrer Umwelt, wenn sie diese unerwünschte emotionale Seite von sich ausleben. Damit wird ihnen oft auch dieses Gefühl versagt, und es kommt zu einer weiteren Gefühlsunterdrückung.

Seelische Spannungen brechen dann manchmal unvermittelt und ohne ersichtlichen Zusammenhang aus Jungen heraus. Dabei reagieren sie oft heftig, über das Ziel hinaus. Sie kennen das Ziel eigentlich gar nicht, sind selbst Opfer ihrer Hilflosigkeit und bekommen dadurch schnell neue Probleme.

Als Huckleberry Finn und Tom Sawyer mit ihren Freunden in einem Höhlenlabyrinth ihre Räuberbande gründen, verschläft der kleinste von ihnen die spannendsten Momente.

*«Der kleine Tommy Barnes war mittlerweile eingeschlafen und erschrak nun heftig, als sie ihn aufweckten. Er fing an*

*zu weinen und schrie, er wolle zu seiner Mama. Alle machten sich über ihn lustig. Das machte ihn wütend, und er schrie, er werde sofort gehen und alle Geheimnisse verraten. Aber Tom schenkte ihm fünf Cent, um ihn zu beruhigen, und sagte, dass wir jetzt alle heimgehen und uns nächste Woche wieder treffen wollten.»*[21]

Tom beruhigt den kleinen, sich wütend gebärdenden (eigentlich aber doch nur verängstigten und verletzten!) Jungen mit Geld und seiner ruhigen Art. Jungen tut eine unaufgeregte und beruhigende Umgangsweise in solchen Momenten gut, werden sie doch dadurch nicht noch weiter in ihrem Gefühlskarussell angeschubst.

Gefühle, die Jungen in den Augen anderer schwach erscheinen lassen, versuchen sie zu verbergen. Dagegen wird aggressives Verhalten in Jungengruppen bis zu einem gewissen Grad als Stärke angesehen (nach dem Motto «Gut gebrüllt, Löwe!»). Jungen gehen davon aus, dass sie ein Recht haben, sich aggressiv verhalten zu dürfen. «*Der andere hat es verdient. Ich bin im Recht, der hat selber Schuld. Es ist nicht meine Verantwortung, soll der sich doch anders verhalten. Ich musste so reagieren, ich war gezwungen, so zu handeln!*»

Sich vom Verhalten eines anderen unabhängig zu machen, auf vermeintliche Provokation nicht zu reagieren fällt vielen Jungen äußerst schwer. Dazu bedarf es einer starken Persönlichkeit.

In bestimmten Kampfkunstsportarten wird versucht, bei Jungen diese Stärke auszubilden, sich nicht provozieren zu lassen, die Aggressionsspirale gar nicht erst entstehen zu lassen und sich selbst wieder zu beruhigen. Doch nicht alle jungen Sportler erkennen eine solche Konfliktvermeidung als wichtiges Trainingsziel an. Sie erlernen viel lieber, wie sie schnell den ersten Schlag landen können.

Schon ein Blick birgt für bestimmte Jungen so viel Provokation in sich, dass er Anlass für einen gewaltsamen Angriff werden

21  Mark Twain: Huckleberry Finn, Wiesbaden, ohne Jahr, S. 12

kann. «Was guckst du?» ist zwar der Titel einer Kult-Comedy-show, aber es ist eben oft auch die Frage, mit dem ein Konflikt ausbricht. So gab ein kampfkunsterprobter junger Asiate, nachdem er in Hamburg Amok gelaufen war und mehrmals gewalttätig aufgefallen war, als Begründung an, das Opfer habe ihn so provozierend angesehen.

Nach dem Prinzip der «Gedankenlokomotive» ziehen bestimmte Gedanken auch bestimmte Gefühle nach sich. Die Gedanken von Jungen haben einen wesentlichen Einfluss auf ihre Gefühlswelt. Wer gedanklich stark damit befasst ist, ob einen die anderen «cool» finden, der lässt auch nur bestimmte Gefühle zu, die mit diesem gedanklichen Wunsch im Zusammenhang stehen. Damit schränkt er sich selber jedoch stark ein.

Der Wunsch, anderen zu gefallen, gibt den Mitmenschen Macht über das eigene Wohlbefinden. Jungen müssen aufpassen, dass sie nicht verlernen, ihre Bedürfnisse nur von anderen befriedigt zu bekommen. Sie müssen sich unabhängig machen von «bösen» Blicken und falschem Applaus.

Wer ständig erwartet, dass andere einem Befriedigung verschaffen, der muss lange warten. Wenn Jungen nicht lernen zu sagen, was sie brauchen, was sie benötigen, dann können sie auch nicht erwarten, dass sie es erhalten. *Durch ein Zuviel an unerfüllten Bedürfnissen entsteht Frustration, und aus einem Übermaß an Frustration entsteht Aggression.* Würden Jungen reden, sich über ihre Wünsche und Sehnsüchte austauschen, dann könnten sie Verbündete gewinnen, Menschen, die ihnen behilflich sein könnten, ihren Mangel zu verringern.

*Für Jungen ist es oftmals ein Problem, sich aktiv Hilfe zu holen.* Jungen stehen unter dem Einfluss eines inneren Diktates, des Imperativs: «Nur keine Schwächen zeigen!» Wer als Mann nach dem Weg fragt und sich dabei auch noch an einen Mann wendet, der zeigt damit seine Hilfsbedürftigkeit, macht sich somit selbst schwach in den Augen des anderen. Viele Jungen zeigen wenig Interesse an den Befindlichkeiten anderer Jungen. Ein übermäßiges Interesse am anderen könnte ebenso als Schwäche missverstanden werden. Bei Problemen wenden sich viele Jungen nur äußerst selten vertraulich an andere, sie meiden sogar ganz gezielt Situationen, in denen sie sich öffnen müssten.

Oft haben sie eine negative Einstellung gegenüber Personen oder Gruppen, die sie mit Gefühlen und Sichöffnen in Verbindung bringen.

Eine kleine Szene aus der Schule:
In der Schule lernen Jungen und Mädchen in einer Theatergruppe (Darstellendes Spiel), welche Gefühle sie in der jeweiligen Rolle ausdrücken sollen, in die sie sich zu versetzen haben. Dazu führen sie Gespräche und machen kleine Übungen. Für einen beobachtenden Jungen ist dies Anlass, diese Gruppe mit einer Zusammenkunft der Anonymen Alkoholiker zu vergleichen.

Gefühle zu zeigen, über Gefühle zu reden, sie ernst zu nehmen wird mit Krankheit und Schwachheit in Verbindung gebracht. *Wenn nur geredet wird und nichts anderes dabei geschieht, dann fällt es Jungen besonders schwer, sich zu öffnen und sich mitzuteilen.* Einige der besten Gespräche mit Jungen habe ich beim gemeinsamen Ausdauer-Laufen geführt. Nach meinem persönlichen Motto «Laufend etwas bewegen» haben sich in Neigungskursen und in Sportstunden immer dann gute Gesprächssituationen mit Jungen ergeben, wenn es keine Auge-in-Auge-Situationen waren. Das gemeinsame Joggen nebeneinander bietet sich dafür sehr gut an.

Als Beratungslehrer an der Schule musste ich einiges dafür tun, dass Jungen keine Bedenken hatten, zu mir zu kommen. Ihre Sorge, von anderen Jungen gehänselt zu werden und eventuell als «Psycho» zu gelten, war oft sehr groß. Was zu offen, zu nah erscheint, wo ein Zuviel an Gefühl vermutet wird, das ist ihnen suspekt. Und wenn es dann in bestimmten Situationen (zum Beispiel bei gemeinsam angeschauten Filmen) doch mal sehr emotional wird, dann schwenken sie auf ein anderes Verhalten um;

sie lachen, sie machen sich lustig und lenken mit allen Mitteln davon ab, dass sie doch betroffen sind.

In dem deutschen Kinofilm «Das Wunder von Bern» geht es neben der Geschichte um die Fußballweltmeisterschaft von 1954 in Bern auch um das Verhältnis zwischen einem Vater und seiner Familie, speziell um das Verhältnis zwischen Vater und jüngstem Sohn. Es gab sehr bewegende Momente im Film, die nicht nur den damaligen Kanzler Schröder zu Tränen rührten, wie er in einem Interview verriet. In einer Schulsondervorstellung wurden gerade bei diesen sentimentalen Szenen die Jungen unserer Schule deutlich lauter. Mit «stimmungstötenden» Sprüchen versuchten sie die Atmosphäre zu stören und sich so dem Sog der Gefühle zu entziehen.

Aus lauter «Peinlichkeit» *(«das ist voll peinlich»)* redet unser Sohn Benedikt in Momenten der starken Betroffenheit meist mit einer Art «Micky-Maus-Stimme». Er kann dann nicht mehr er selber bleiben. Wenn Gefühle ins Spiel kommen, entsteht ein Gefühl der Unsicherheit. *Gefühle verunsichern Jungen!*

Besonders wenn jemand weint, also seinen Gefühlen freien Lauf lässt, sind Jungen verunsichert. Sie fragen sich, was *sie* damit zu tun haben, ob sie schuld daran sind. Sie würden vielleicht helfen, wissen aber nicht, wie. Tröstend an die Person heranzutreten und aufmunternde Worte zu sprechen fällt Jungen schwer. Erst wenn man sie auffordert, sich um die Person zu kümmern, können sie manchmal ihre Scheu überwinden. Dann agieren sie nicht von sich aus, sondern erfüllen nur eine Aufforderung. Das ist ein überzeugendes Alibi. Verletzt sich jedoch einer von ihnen beim gemeinsamen Fußballspiel, dann zeigen sie Interesse an seiner Verfassung und streichen ihm auch mal aufmunternd und tröstend über den Körper. Dabei handelt es sich dann ja auch um eine klar zu erkennende Beziehung zwischen Ursache und Leid. Anders verhält es sich aber bei scheinbar grundlosem Weinen. Obwohl Jungen oftmals in frühen Jahren selbst noch viel weinen, sei es aus Schmerz, Wut, Enttäuschung oder Furcht, lernen sie mit zunehmendem Alter, dass sie sich zusammenreißen müssen und Weinen nur etwas für kleine Kinder und Mädchen ist. Da hat sich in den vergangenen Jahrzehnten nicht viel verändert. Nach dem Motto «Lehre deinen Sohn zu weinen» haben wir als aufgeklärte Eltern immer versucht, bei unseren Söhnen das Weinen nicht zu unterbinden. Trotzdem fliegen bei unseren Jungen oft genug Sprüche wie *Heul doch, du kleines Baby!»* durchs Haus. Für das Verhältnis in der Öffentlichkeit und in den Medien herrschen klare Verhaltensregeln für Männer, auch wenn sie vielleicht nicht immer leicht zu erkennen sind.

Der Nationalspieler Andi Möller erntete bei einem Fußballspiel von seinen Mitspielern wegen seines wehleidigen, selbstgerechten Verhaltens, das «männliche» Haltung vermissen ließ, so viel Häme, dass sich der seit diesem Zeitpunkt als «Heulsuse» verschriene Star danach kaum noch öffentlich zeigen mochte. Anders dagegen die «Helden» der Europameisterschaft 2004, die unterlegenen Portugiesen. Ohne Scham konnten sie sich vor Millionen von Zuschauern ihren überschäumenden Gefühlen hingeben und bitterlich weinen, ohne verlacht zu werden. Im richtigen Moment, zum passenden Anlass die Haltung zu verlieren, von Gefühlen überwältigt zu werden, ist Männern dann gestattet, wenn es angemessen erscheint. Einen schweren Kampf zu verlieren, in dem ein Mann alles gegeben hat, an dem er mit allen Sinnen und Gefühlen beteiligt war, ist ein solches Ereignis, bei dem Männer ihre Fassung verlieren dürfen. Ebenso die Geburt des Kindes, der Tod der Eltern oder ein sonstiges tief bewegendes Ereignis. Weinen ist für Männer erlaubt und auch von Frauen erwünscht, doch muss der Rahmen, der Anlass und die Häufigkeit stimmen.

Ganz anders verhält es sich mit Frauen, die in der Öffentlichkeit weinen. Sei es Verona Feldbusch, die in Talkshows mit ihren Gefühlsregungen kokettiert, oder Britney Spears, die in einem Interview, in dem sie auf ihre angeblichen Alkoholprobleme angesprochen wurde, zusammenbrach und einen Weinkrampf bekam. Niemand lacht sie deswegen aus oder denkt gar an einen Karriereknick.

*Für Jungen ist es nicht leicht herauszufinden, wann und in welchem Umfang sie Gefühle zeigen können und dürfen.* Ihnen fehlen die männlichen Vorbilder, die ihnen einen souveränen Umgang mit ihrer Innenwelt vermitteln. Sie sollen weder runterschlucken und verdrängen, noch besonders weinerlich und unbeherrscht sein. Zwischen diesen Polen ein ausgewogenes Maß zu finden ist die große Herausforderung, vor der Jungen stehen, meist ohne Anleitung. Viele Jungen entscheiden sich dafür, sich einem der beiden Extreme zuzuwenden, sie legen sich auf einen Pol fest und halten sich dann oft starr daran. Situativ angemessenes flexibles Handeln in Gefühlsdingen ist für viele Jungen schwer zu erlernen.

Zwar ist der Satz «Ein Indianer kennt keinen Schmerz!» heute nicht mehr so oft zu hören wie noch zu meiner Kindheit (Indianer durften in früheren Zeiten in bedrohlichen Situationen in ihrem Versteck nicht weinen, damit ihre Feinde sie nicht ausmachen konnten), doch hat sich die Mär vom niemals weinenden, schmerzunempfindlichen Indianer bis in heutige Tage gehalten. Ähnliche Sätze schlagen alle in dieselbe Gefühls-Kerbe: *«Nun mach doch nicht so ein Theater, du benimmst dich ja wie ein Kleinkind!»* oder *«Du bist doch schon groß, reiß dich doch jetzt zusammen!»* Die Botschaft lautet: Unterdrücke deine Gefühle, sie sind jetzt ganz unpassend!

In eine ähnliche Richtung zielt der Spruch *«Was uns nicht umbringt, macht uns stark!»*. Dabei verhält es sich in Gefühlsdingen im Grunde genau andersherum: *Was uns hart machen soll, bringt uns um!*

Ein Abtöten der Gefühlswelt, der Empfindungsfähigkeit bedeutet das vorzeitige Absterben der Seele. Und da Jungen, was Gefühle angeht, eher zu wenig Kompetenz besitzen, ist jede Form der emotionalen Schwächung eigentlich ein Verbrechen an ihrer Seele. Es wird von der Erwachsenenseite aus viel versucht zu manipulieren: Gefühle werden beschränkt oder beschnitten, «erlaubt» und «verboten» – selten erlernen Jungen die ganze Fülle des möglichen Repertoires an Gefühlen. Einen umfangreichen Gefühlsschatz können Jungen so nicht erwerben. Deshalb sind sie oft auch so stumm, wenn sie sich zu ihren Empfindungen äußern sollen. Ihnen fehlen die Vokabeln und vor allem die Erfolge. Nur wer sich im Griff hat, wer sich kontrolliert und Haltung bewahrt, kann auf Anerkennung hoffen.

Jungen ist es ebenso wie allen anderen Menschen wichtig, gemocht zu werden, akzeptiert zu sein, Anerkennung zu erfahren – und bloß nicht wegen vermeintlicher Schwächen ausgelacht zu werden. Ist dies dennoch der Fall, rutschen sie in der Hierarchieordnung nach unten. Also lernen sie ihre Lektion des «Dichtmachens». Keine Schwächen zeigen, sich im Gegenteil «aufplustern» und «dicke tun».

Ein kurzes Gespräch mit meinem Sohn Benedikt (7 Jahre):

«Haben Jungs manchmal Angst?»
*«Ja, natürlich.»*

«Sagen sie das dann auch?»
*«Nein!»*

«Warum nicht?»
*«Das ist voll peinlich!»*

«Warum sagt man den anderen nicht, dass man Angst hat?»
*«Dann lachen sie über dich.»*

«Und was ist dann, wenn sie über dich lachen?»
*«Dann bist du ‹BUH›!»*

«Was ist ‹BUH›?»
Bene macht den «Cäsarendaumen» nach unten.
*«Dann mag dich keiner mehr!»*

*Jungen können krank werden, wenn sie nicht so sein dürfen, wie sie eigentlich sind.* Wer sich beständig beschneidet, zusammenreißt, wer nicht «stimmig» mit sich sein kann, der erlebt sich irgendwann als Fremden. Fremd im eigenen Körper, fremd mit dem eigenen Ich. Das bleibt nicht ohne Auswirkungen auf das innere Gleichgewicht. Nicht nur bei Jungen suchen sich aufgestaute Gefühle ihren Weg nach außen – oft durch eine Krankheit. Die seelischen Krankheiten bei männlichen Menschen haben in den letzten Jahren rapide zugenommen. Schon Jungen sind davon häufiger betroffen, als man denkt, und weitaus häufiger als Mädchen.

Anfang der siebziger Jahre litten noch viele Frauen an dem inneren Konflikt zwischen überlieferter Frauenrolle mit typisch weiblichen Eigenschaften wie Hilfsbedürftigkeit, Anpassungsfähigkeit und Aufopferungsbereitschaft auf der einen Seite und dem Ausbruchsbestreben aus diesem sie einengenden Bild auf der anderen. Gefördert durch ein schlechtes Gewissen, gerieten sie in einen Zwiespalt, der nicht selten in eine psychische Krankheit führte. Phyllis Chesler beschrieb damals, wie Frauen von amerikanischen Psychologen und Psychiatern unter dem Vorwand, sie zu heilen, in den Wahnsinn getrieben wurden. Die Krankheit der Frauen diente letztlich als Protest und Flucht vor der Anpassung. Sie war auch ein Zeichen von Resignation, so ihre damalige These, die auch von der deutschen Frauenrechtlerin Alice Schwarzer vertreten wurde.[22]

Inzwischen ist es dagegen um die seelische Gesundheit von Jungen und Männern schlecht bestellt. Bei den jugendpsychiatrischen Diensten sind mehrheitlich Jungen in Behandlung, und in den Kinderarztpraxen klagen immer mehr Jungen über Kopfschmerzen und Unwohlsein.

Mehr als dreimal so viele Jungen wie Mädchen begehen Selbstmord, noch bevor sie zwanzig Jahre alt sind. Bei den Erwachsenen sind drei Viertel der jährlich circa 13 000 Selbstmörder männlichen Geschlechts. *Jungen sind in Gefühlsnot.* Sie leiden Not und greifen deshalb auch zu Notwehrmaßnahmen. Diese sind Anzei-

---

22 Phyllis Chesler: Frauen – das verrückte Geschlecht?, Reinbek bei Hamburg 1977

chen von seelischem Ungleichgewicht und psychischer Überforderung. Der Rollenkonflikt zwischen traditionellem Männerbild und derzeitig gefordertem veränderten Männerbild zeigt seine katastrophalen Auswirkungen auf die männlichen Menschen.

Jungen-Seelen sind genauso verletzlich wie die von Mädchen, doch scheinen sie mit dem Druck von aufgestauten Gefühlen nicht so gut umgehen zu können. *Jungen leiden an einem Gefühlsstau,* denn während Mädchen den Tränenkanal besser zu nutzen wissen, wird bei Jungen das entscheidende Ventil zugedreht.

## Mädchen weinen – Jungen nicht mehr

Zu welchen Folgen das Unterdrücken von Gefühlen führen kann, hat der verstorbene Schweizer Autor Fritz Angst mit seinem autobiographischen Buch «Mars» deutlich gemacht. Unter dem Pseudonym «Fritz Zorn» schrieb er ein Kult-Buch der siebziger Jahre. Zorn, der mit 32 Jahren an Kehlkopfkrebs starb, führte seine Krankheit auf die unterdrückten und heruntergeschluckten Gefühle in seiner Kindheit zurück. Weil er Gefühle wie Wut und Zorn nicht zeigen durfte und sich immer nur manierlich benehmen musste, so seine Vermutung, suchte sich seine misshandelte Seele ihren Weg nach außen durch die tödliche Krankheit. Durch das Schreiben gelang es ihm, sich von diesem Druck ein wenig zu befreien.

*«Ich war nun also ein ziemlich guter, wenn auch ziemlich uninteressierter Schüler, ich hatte die besten Manieren von der Welt und gab in der Schule nie Anlass zu Verstimmung oder Tadel; nur im Turnen war ich von einer fast unvorstellbaren Schwäche. Meine Kameraden hassten mich nicht und quälten mich nicht, aber ich hatte keine Freunde. Ich ging in mehrere Tanzkurse, um auch den Umgang mit Frauen zu lernen, aber ich konnte das Tanzen durchaus nicht erlernen, und den Umgang mit Frauen noch viel weniger. Ich war gescheit, aber ich konnte nichts. Ich war nach außen von einer fast widerwärtigen Normalität, aber ich war alles andere als ein gesunder nor-*

*maler junger Mann. Ich war in der Öffentlichkeit abgestempelt als einer, der es mit dem «Höheren» zu tun hat, aber innerlich ahnte ich, dass ich weit zurückgeblieben war und mich eigentlich zu den ganz kleinen Schülern aus der ersten Klasse zählen musste. Ich hatte überhaupt keine Probleme und ahnte, dass das auch besser so war, weil ich mich noch nicht damit hätte auseinander setzen können, wenn ich welche gehabt hätte. Kurz: Ich erfüllte alle Voraussetzungen, um ein sehr unglücklicher Mensch zu werden.»*[23]

Zorn beschreibt sich als extrem angepassten Jungen, der eigentlich nur funktionierte, aber nicht wirklich lebte. Die Verbindung zu seinem Inneren war abgeschnitten. Ein Gefühlszombie? Er sehnte sich danach, sich zu befreien, sich zu spüren und mitzuteilen.

Sicherlich ist es in vielen Situationen angemessen, nicht alle Gefühle ungefiltert nach außen dringen zu lassen. Es erscheint sinnvoll, sich selektiv mitzuteilen und sich nicht gänzlich unangemessen von Gefühlen treiben zu lassen. Die Balance zwischen Kontrolle und Kontrollverlust von Gefühlen, das richtige Maß ist schwer zu finden. Doch mangelnde Übung auf dem Gebiet der Emotionen lässt das Defizit nicht schrumpfen. Jungen lernen nicht, Gefühle differenziert wahrzunehmen, weder bei sich noch bei anderen. Was steigen für Gefühle in mir auf? Wie gehe ich damit um? Darf ich sie zeigen oder nicht? Das sind hohe Anforderungen für Jungen. Oft stellt dies eine Überforderung für Jungen dar.

Persönliche Probleme behalten Jungen meist für sich. Soll ich meine Sorgen und Empfindungen jemandem mitteilen? In wenigen Fällen sind Jungen so unbekümmert und selbstbewusst, dass sie dies tun. Sie behalten ihre Sorgen für sich, und wenn man fragt, ob sie etwas bewegt, haben sie oft nur eine kurze Antwort parat. *Jungen machen Probleme zuerst mit sich selbst ab.* Kommen sie damit nicht voran, leiden sie auf ihre rein persönliche Art.

23  Fritz Zorn: Mars, München 1977, S. 86

Dann suchen sie nach einem Weg, der sie wieder aus dem Leid herausbringt. Das *Überlagern, Verdrängen* und *Ignorieren* von Problemen und Gefühlen ist ein probates Mittel dafür, zumindest vorläufig. Lösen sich die Dinge dennoch schnell von selbst, ist es gut. Ist das nicht der Fall, bringt die Zeit vielleicht eine Lösung. Grundsätzlich befassen sich männliche Menschen gern mit der Suche nach jedweder Form von Lösungen. Nicht immer geht es dabei allerdings um die Lösung seelischer Probleme. Oft werden andere Tätigkeiten in Angriff genommen, deren Lösung und Bewältigung als Ersatzverhalten, als Ablenkung vom Eigentlichen zu sehen ist.

Leicht geht dies zum Beispiel bei den vielfältigen «Spielen» am Computer. Dort können Völker gerettet, Missionen erfolgreich durchgeführt und Lösungen für die Probleme anderer gefunden werden. Ein Schüler aus der zehnten Klasse bemerkte dazu: «Ballerspiele helfen mir, mich zu entspannen, mich macht es nicht aggressiv! Es mag Leute geben, bei denen das der Fall ist, aber ich fühle mich danach besser.»

Eine Form der seelischen Reinigung?!

Eigene Probleme verdrängen und diejenigen lösen, die nichts mit einem selber zu tun haben. Länder erobern oder verteidigen, Rennen gewinnen, Städte oder eigene Welten erschaffen. Alles ist besser, als sich mit den eigenen Problemen herumzuschlagen. Es ist möglich, dass sich durch den dadurch erlebten Erfolg auch die eigene Spannung löst. Vielleicht kann dann sogar eine Lösung für das persönliche Problem gefunden werden. Erfolge beflügeln, lösen sogar Glücksgefühle aus und können zu einer veränderten Stimmung führen.

Um sich abzulenken, schauen Jungen auch sehr gerne fern. Über ein Viertel aller Jugendlichen schaltet regelmäßig nach der Schule das Fernsehgerät an. Der allergrößte Teil davon sind Jungen. Auch laute Musik dient vielen Jungen dazu, sich abzulenken. Mit Musik können eigene Ohnmachtsgefühle überwunden werden. Ob Heavy Metal, Dark Metal, bestimmte Hip-Hop-Musik oder der klassische Rock, mit Musik verdrängen besonders

Jungen Gefühle der Minderwertigkeit. Die aggressiv-dynamische Grundstimmung dieser Musikrichtungen stärkt Jungen. Jungen brauchen diese Ventile. Sie können Dampf ablassen.

Tragen Jungen Aggressionen in sich, dann suchen sie nach Möglichkeiten, damit umzugehen. Gefühle von Wut und Zorn werden aber häufig noch weiter angeheizt durch «wütende» Musik. Die eigene aggressive Stimmung wird nicht zwangsläufig abgebaut. Immer wieder lässt sich beobachten, dass aggressive Musik die Wut noch verstärkt. Immer wieder berichten Jungen davon, dass sie sich durch die begangenen Gewalthandlungen befreit fühlen. Als wenn dann erst dadurch eine echte Entspannung möglich wäre. *Jungen und Männer nutzen Gewalt oft ganz gezielt, um von ihrer wahren Befindlichkeit abzulenken.*

Die eigentlichen Ursachen für ihr Verhalten, ihre mögliche Trauer und Zerrissenheit, bleiben weitgehend verborgen. Die erfolgreiche Verdrängung oder Umleitung von Gefühlen wirkt motivierend auf sie und lässt einen anderen Umgang, einen ehrlichen, kaum noch zu. Jungen gehen in die Verdrängungsfalle, in der sie sich zu ihrem eigenen Unglück immer mehr verfangen.

## «Coolsein» ist «cool»

«Cool» scheint zu einem bedeutenden Begriff geworden zu sein. «Cool» beschreibt etwas Positives. «Cool zu sein» ist erstrebenswert. Wer cool ist, der beherrscht die Selbstkontrolle und wirkt unabhängig. Cool ist, wer sein eigenes «Ding» macht und seine Selbstinszenierung glaubhaft vermitteln kann. (Cool zu sein bedarf es wenig und wer cool ist, ist ein König!)

Cool, aus dem Englischen kommend, bedeutet auch «kalt». Wenn im Deutschen jemand als kalt, kaltherzig, frigide, unterkühlt oder eiskalt bezeichnet wird, wird damit etwas Negatives zum Ausdruck gebracht. Trotzdem ist «Coolsein» heute unheimlich «cool».

Der Begriff «cool» ist inzwischen beliebig einsetzbar – nicht nur in der Jugendsprache. Er ist zum Inbegriff einer ganzen Lebenshaltung geworden. Fast alles und jeder kann «cool sein».

Manchmal ist damit aber oft nichts anderes gemeint als einfach nur «sehr gut». Sicherlich hat dieses Wort derzeit nicht ohne Grund eine derartige Popularität erreicht. Sprache spiegelt immer auch die Realität wider. In einer Welt, die zunehmend spürbar kühler wird, hat sich dieses Wort zu Recht diesen Stellenwert erobert. Ulf Poschard gibt in seinem Buch «Cool»[24] eine Erklärung für den großen Erfolg dieser neuen Lebenshaltung. «Cool sein» ist für ihn zu einer Art gezielter Reaktion auf das vorherrschende gesellschaftliche Klima geworden. Anstatt der gegenwärtigen sozialen Kälte mit dem Lebensgefühl der «Love-and-Peace-Ära» der sechziger und siebziger Jahre entgegenzutreten, wollen sich diejenigen, die sich zur angesagten Coolness bekennen, gegen die Kälte der gesellschaftlichen Eiszeit wappnen. Sie demonstrieren die eigene Unabhängigkeit und Unangreifbarkeit mit den gleichen Mitteln, die auch das Gesellschaftsklima kennzeichnen, nach dem Motto «Schlag den Feind mit seinen eigenen Waffen!». Jungen als Anhänger eines coolen «Lifestyle» haben ihre speziellen Vorbilder, ihre eigene Sprache, Kleidung und Symbole. Dazu gehören auch «cooles» Verhalten und «coole» Musik. Eines der großen Idole der «Coolness» war der Afroamerikaner Amoru Shakure alias «2Pac». Ein Hip-Hop-Star, der 1996 im Alter von 26 Jahren Opfer eines bis heute schwelenden Bandenkrieges in den USA (zwischen den West- und Eastcoast-Gangs) wurde. Er galt als der talentierteste Rapper der Hip-Hop-Szene und hatte schon zu Lebzeiten Kultstatus. Nach seinem gewaltsamen Tod wurde er noch populärer. Seine Art zu leben und zu sterben – als «Gangstarapper» – hat für viele Jungen weltweit Vorbildcharakter. Auch der weiße Rapper «Eminem» pflegt sein Outlaw-Image. Diese Idole stellen Werte infrage und brechen Tabus, sie hinterfragen Bestehendes und fördern so oftmals auch eine Diskussion über gesellschaftliche Normen und Prinzipien. Die Botschaft, die sie den Jugendlichen vermitteln, lautet: «Wenn ich als sozialer Underdog es geschafft habe, eine solche Karriere zu machen,

24 Ulf Poschard: Cool, Hamburg 2000

dann kannst du es auch!» Bei vielen Jungen wecken sie damit die Hoffnung auf einen Ausstieg aus dem sozialen Ghetto und auf einen ruhm- und geldreichen Aufstieg.

Jungen, die diese Vorbilder imitieren, gibt es viele. Wie ihre Idole gehören sie oft nicht zu den geborenen Gewinnern der Gesellschaft. Durch ihr Verhalten und ihr Aussehen ecken sie schnell an. Ihre Subkultur verträgt sich nicht mit der Kultur der Erfolgreichen. Mit ihrem äußeren Erscheinungsbild disqualifizieren sie sich für bestimmte Lebensbereiche und Arbeitsgebiete. Ihre Anpassungsbereitschaft ist wie die anderer Szenegruppen (Punks, Gruftis etc.) eher gering. Diesen Jungen ist schon aus der Ferne anzusehen, dass sie Rebellen sein wollen. Weil sie daraus auch keinen Hehl machen, sind ihre Chancen, in der Gesellschaft Fuß zu fassen, eher gering. Für manche kommt fast zwangsläufig nur eine kriminelle Karriere infrage. Viele dieser Jungen haben Qualitäten, mit denen sie eigentlich durchaus eine Chance hätten, sich in der Gesellschaft durchzusetzen. Doch es gelingt ihnen nicht, sich in ein «bürgerliches» Leben zu integrieren. Sie können sich eventuell nur schwer vorstellen, einmal gewonnene materielle Freiheiten aufzugeben und sich für etwa 300 Euro im Monat als Lehrling im Blaumann an die Werkbank zu stellen. Wer das super«coole» Leben eines wilden Rebellen lebt, läuft Gefahr, den Weg in die bürgerliche Gemeinschaft nicht zu finden. Dabei geht es nicht zwingend um die Aufgabe von Individualität und totaler Anpassung, sondern um ein verantworungsbewusstes Einfügen in ein größeres Ganzes.

Es gibt viele Jungen, die sich nicht in diesem extremen Grenzbereich des Außenseitertums bewegen, die gar nicht wissen, warum die «coolen» Baggy-Schlabberhosen eigentlich bis in die Kniekehlen hängen müssen. Diese Jungen schließen sich oft nur aus Gruppenzwang und dem Wunsch, im Trend zu liegen, der zur Schau gestellten «Coolness» an. Im Inneren sind sie längst nicht so cool und selbstsicher.

Junge kriminelle Männer dürfen aus Sicherheitsgründen in den Gefängnissen der USA keine Gürtel tragen. Nach ihrer Entlassung ist die herunterrutschende Hose Zeichen ihres «Styles» geworden, ihrer gewalttätigen kriminellen Vergangenheit, auf die sie stolz sind. Zur Schaffung einer «Identität» führen sie Erkennungszeichen und Rituale ein, die als Gangster-Zugehörigkeitsmerkmal dienen. So wie es Mode-Punks und echte Punks gibt, tragen «Möchtegern-Gangster» Kleidung, die die biederen Erwachsenen provozieren soll. Da es immer schwieriger wird, sich von der Elterngeneration abzusetzen, müssen die Unterscheidungsmerkmale immer ausgefallener und «krasser» werden. Besonders Jungen setzen deshalb auch auf eine besonders coole Außendarstellung. Wenn die äußere Unterscheidung zur ewig jungen Elterngeneration immer schwieriger wird, dann müssen Jungen die Unterschiede auch immer «deutlicher» werden lassen.

Bei vielen Jungen verbirgt sich hinter dem coolen Gebaren auch der Wunsch, sich unangreifbar zu machen. Sie retten sich lieber auf die Insel der «Unpersönlichkeit», als mit ihrer wahren Person Schiffbruch zu erleiden.

«Coolness» bedeutet für sie das Verdecken der eigentlichen Befindlichkeit. Schwächen zu verbergen, um nicht bezwungen zu werden, ist im körperlich ausgefochtenen Kampf ein wichtiger Vorteil, für diese Jungen macht das auch in anderen Situationen Sinn.

«Coolness» zur Schau zu stellen ist wie eine Maskerade. Man steckt sich in eine eiserne, kalte Rüstung, um die Umwelt nicht wissen zu lassen, wie es in einem aussieht. Sonnenbrillen sind beliebte coole Accessoires, sie verhindern auch noch den verräterischen Blick in die Augen. «Ich schau dir in die Augen – du mir aber nicht!» Coolness bedeutet, die Karten verdeckt zu halten und zu bluffen, mit den Gefühlen Versteck zu spielen. Wie beim Pokern oder beim Schachspiel gewinnt derjenige, der sich am wenigsten anmerken lässt, was er auf der Hand hat, wie sein nächster Zug aussehen wird. *Die Lektion ist klar: die Gefühle beherrschen zu lernen, um Anerkennung und Bewunderung zu erlangen.* Einer der populärsten Hollywoodschauspieler, der lange für sein Coolsein bewundert wurde, ist Tom Cruise. Aber auch der in die Jahre gekommene coole James Bond, der Agent für besonders «heiße» Spezialaufträge, zeigt schon seit Jahrzehnten ein maskenhaftes Gesicht, das nur zu einem einzigen Ausdruck fähig zu sein scheint, dem des teilnahmslosen Betrachters auch bei den schrecklichsten Geschehnissen. Emotional engagiert zeigt er sich nur bei der mütterlichen Miss Moneypenny, der Spezial-Sekretärin und Dauer-Vertrauten. All die anderen Frauen schaffen es nicht, ihn aufzutauen und langfristig für sich zu erwärmen. Solche Männer dienen Jungen als Vorbilder. Ihnen streben sie nach.

## Gefangen in der eigenen Imagefalle

Viele Jungen legen sich ein bestimmtes Image zu, sei es die Rolle des Draufgängers, des Witzboldes, des Sportcracks, des Computerspezialisten usw. Zuerst oft noch unreflektiert, doch dann, wenn sie sich durch Erfolge darin bestätigt fühlen, pflegen sie dieses Image aktiv. Ganz besonders attraktiv ist für Jungen das Image des einsamen unabhängigen Streiters, des «lonesome rider» und coolen Antihelden, der sich auch dadurch Achtung und Respekt sichert, dass er mit seinem Verhalten sogar auf Erwachsene Einfluss hat. Besonders in der Schule wird diese Rolle gepflegt. «Coole» Jungen grüßen keine Lehrer, sie reden auch nicht mit «uncoolen» Jungen. Sie provozieren und widersetzen sich den geltenden Regeln, sie demonstrieren herausfordernd ihre Unabhängigkeit und zeigen in Gesprächen keine Gefühlsregungen. Einsicht und Betroffenheit zu zeigen wäre ein Zeichen von Schwäche. Manche Jungen spielen diese Rolle so gut, dass sie sie nicht mehr ablegen können.

Ein Junge an meiner Schule hat sich in Beratungsgesprächen zunächst beharrlich geweigert, mich anzusehen. Blickkontakt stellt Nähe und Vertrautheit her. Der Blick verrät viel über die Empfindungen eines Menschen. Obwohl er später seine schwer verteidigte Fassade zeitweise aufgab, war es ihm dann letztlich doch wichtiger, für seine ihn dafür bewundernden Freunde weiterhin die Rolle des «Unberührbaren», des Coolen beizubehalten.

Um dieses Image zu pflegen, brachte er sehr viel – destruktive – Energie auf. Auch ein pädagogisch begründeter Schulwechsel brachte keine Verhaltensänderung und keinen Imagewechsel. Die meisten Jungen sind stolz auf ihr Image und nehmen es gerne mit sich. Manchmal eilt ihnen ihr Ruf sogar voraus. Sie werden zu lokalen Berühmtheiten und erlangen so eine gewisse Bedeutung. Ihnen gelingt es, sich von der Masse abzusetzen. Zwar nur negativ, aber das ist ihnen oft egal. Denn letztlich geht es ihnen zumeist nur um die Aufmerksamkeit der anderen. *Es mag schwer sein, sich ein Image zuzulegen, es aber wieder loszuwerden ist oft viel schwerer.*

Sich von «lieb gewonnenen» Gewohnheiten zu trennen fällt schwer: von rücksichtslosem Verhalten, unkontrollierten Aggressionsausbrüchen, dem berauschenden Machtgefühl oder der Mittelpunktstellung. Manche Jungen bleiben deshalb lieber in ihrer Sackgasse der Scheinpersönlichkeit, anstatt Neues zu wagen, von dem sie nicht wissen, was es ihnen bringen wird.

Eine Imageberatung, wie sie für manche VIPs wichtig zu sein scheint, lehnen diese Jungen ab. Wenn sie sich darauf einlassen würden, die gewohnte Rolle abzulegen, bräuchten sie einen langen Atem, die Fähigkeit, «nein» zu sagen, und viel Selbstdisziplin. Sie können auch nicht davon ausgehen, dass sich ihre Umwelt leicht auf ihren Imagewechsel einstellt und vorurteilsfrei ein neues Bild von ihnen entwickelt.

Einmal Provokateur, immer Provokateur? In dem wunderbaren französischen Film «Die Kinder des Monsieur Matthieu» kommt ein jugendlicher Kleinkrimineller zur Besserung in ein Jungeninternat. Es ist seine letzte Chance, sich doch noch in die Gesellschaft zu integrieren, bevor er gänzlich aufgegeben wird und im Gefängnis landet. Aber es gelingt ihm auch dort nicht, von seinem bisherigen unangenehmen Gebaren und Verhalten zu lassen. Als ans Licht kommt, dass ein schwerwiegender Diebstahl begangen wurde, fällt der Verdacht sofort auf ihn. Obwohl er die Diebstähle vehement abstreitet, wird er aufs Schlimmste körperlich gezüchtigt und in den Jugendarrest geschickt. Später stellt sich heraus, dass er unschuldig war. Sein provokantes und unsoziales Verhalten hatten ihn verdächtig gemacht. Sein Image, das er bisher gezielt gepflegt hatte, schadete ihm nun mehr, als es ihm nützte. Einmal unter Verdacht, immer verdächtig!

Wer ein Image pflegt, muss dieses auch bedienen. Wenn Jungen einem bestimmten Bild folgen, sich einem bestimmten Image entsprechend kleiden, denken und verhalten, dann festigen sie so hauptsächlich diesen einen Teil ihrer Persönlichkeit. Die anderen Teilpersönlichkeiten ihres komplexen «Ichs» bleiben vernachlässigt und können sich so auch nicht genügend weiterentwickeln.

Dieser «gut gepflegte» Anteil des Charakters ist meist durch eine gewisse Einfachheit und Oberflächlichkeit geprägt, und so ist es auch nicht schwer, ihm zu entsprechen. Jungen, die sich nur an ein «oberflächliches» Image binden, entwickeln deshalb nur sehr selten eine mehrdimensionale tiefere Persönlichkeit.

Je mehr sich das Image verfestigt, und je mehr sich der Junge davon abhängig macht, desto schwerer fällt es ihm, sich anders verhalten zu können, aus der Rolle zu fallen, mit anderem als dem erwarteten Verhalten zu überraschen. Andere Empfindungen, Denk- und Verhaltensweisen werden der Pflege des coolen Image geopfert. Konformes Verhalten gibt Sicherheit. Einem Klischee zu entsprechen, das in den Medien der Jugendszene starke Verbreitung findet, hilft Jungen, sich zugehörig und sicher zu fühlen. Dadurch, dass sie ihr Leben in weitgehend sozial abgeschlossenen Gruppen verbringen, werden sie kaum angeregt, bisher unbekannte oder vernachlässigte Charakterseiten auszubilden oder weiterzuentwickeln.

Solange Jungen eine bestimmte Rolle nur vorübergehend annehmen, solange sie die Wirkungen eines Image auf sich und die Umwelt nur testen und anschließend ihre Konsequenzen daraus ziehen, kann das Herumprobieren mit verschiedenen Möglichkeiten der Identität teilweise sogar positive Auswirkungen auf die Persönlichkeitsentwicklung haben. Selbsterkenntnis ist für die Reifung, das persönliche Wachstum im Leben von Jungen sehr wichtig.

Wer die Fülle des Lebens nicht entdecken will, wer sich nicht weiterentwickelt, wer sich nicht in seiner Vielfalt ausprobiert, wird für andere Menschen leicht uninteressant. Manche durchschauen diese Zusammenhänge nicht und wandern von einer sozialen Gruppe zur nächsten, immer wieder neu auf der Suche nach Annahme und Teilhabe. Eine sehr anstrengende und frustrierende Wanderschaft. *In die Imagefalle geraten all diejenigen Jungen besonders leicht, die mit ihrer Identitätsbildung, mit ihrem Selbstwert Probleme haben.*

Die meisten Jugendlichen machen in ihrer Persönlichkeitsentwicklung eine «Sturm-und-Drang-Zeit» durch. Sie probieren sich lustvoll drängend aus. Dabei liegen sie mit ihrem Verhalten auch mal daneben. Diese Erfahrungen helfen ihnen, erwachsen zu werden, ihre Persönlichkeit zu finden. Dann wissen sie, wogegen sie sich entscheiden können. Eine Katastrophe wird es für diejenigen Jungen, die aus der Falle des Scheinlebens nicht mehr herausfinden, die keinen Ausweg finden.

*«Unsere Söhne seien wie Pflanzen,*
*die aufschießen in ihrer Jugendkraft, …»*
Psalm 144,12

## Mehr Schein als Sein

Als Imageträger bedarf man immer auch einer Gruppe, die dieses Image zu würdigen weiß, die vom Schein zu beeindrucken ist. Wenn man supercool ist, und niemand bekommt es mit, wäre doch alle Mühe vergeblich.

Der Wunsch, in einer Gruppe Geltung zu erlangen, stellt auf Dauer eine große psychische Anstrengung für Jungen dar. So geraten Jungen häufig unter psychischen Druck, sie leben mit Stress, mit Dauerstress. Während Mädchen nicht immer stark zu sein brauchen (bei ihnen ist es dann das Hübschsein), leiden Jungen mit der Zeit erheblich an der Zurschaustellung von Stärke und Dauer-Coolness. Sie sind angestrengt und haben oft das Gefühl, mit dem Rücken zur Wand zu stehen. *Die Sorge um den Verlust der Anerkennung in der Gruppe ist in vielen Fällen größer als der innere Druck durch die psychische Überforderung.*

Welche Konsequenzen sich für diese Jungen aus dem Wunsch

nach Gruppenzugehörigkeit ergeben, zeigt sich, wenn Jungen in Konflikt mit dem Gesetz geraten. Das kann sehr schnell größere Ausmaße annehmen. Jemanden bedrohlich aufzufordern, gegen seinen Willen eine Zigarette herauszugeben, ist kein «Dummer-Jungen-Streich». Dabei handelt es sich um räuberische Erpressung, eine Straftat, die mit Jugendarrest bis zu vier Jahren bestraft werden kann. Dies scheint vielen Jungen nicht klar zu sein. Sie ziehen sich zurück auf die Position «Das ist doch alles nur Spaß gewesen!». Wer erst einmal der Polizei aufgefallen ist, der steigt im Ansehen der Peergroup, der Gruppe der Gleichaltrigen und Gleichgesinnten. In manchen Gruppen steigen Respekt und Achtung, wenn die Jungen immer neue Tabus brechen und sich konsequent ihrem Image entsprechend verhalten.

### Ein böser Junge muss tun, was ein böser Junge tun muss!

Musik hören von einer Band, die sich «böhse onkelz» nennt, Kleidung tragen von der Marke «bad and mad» und auf MTV die Kultserie für böse Jungen «Beavis and Butthead» gucken. Es mag Jungen geben, die sich davon auf längere Sicht nicht beeinflussen lassen, weil es eben nur eine Phase in ihrem Leben ist, in der sie sich ausprobieren und schockieren wollen. Ihnen gelingt es, sich von dem zu trennen, was sie einmal zu sein vorgaben. Sie finden andere Freunde, eine berufliche Perspektive und überwinden diese Eskapaden. Zur Katastrophe wird derzeit jedoch die Tatsache, dass immer mehr Jungen in diesem Stadium verbleiben.

Dies bleibt nicht ohne Auswirkungen auf ihre Zukunft. Sie haben zu viele Dinge gemacht, gesehen, gesagt und erlebt, die sich aus einer einseitigen Orientierung ergeben haben. Sie sind zu sehr angefüllt mit geistigem Unrat und falschen Vorstellungen vom Leben, sodass ihnen ein Wechsel, eine Rückkehr in ein erfüllteres, in ein «gelingendes» Leben nicht mehr so leicht gelingt.

### Harte Schale, weicher Kerl

In einem Zeitschriftenbeitrag über das Großstadtleben von Jugendlichen in Berlin las ich über ein Mädchen, das ihren Freund, einen Handtaschendieb, vor den Vorwürfen anderer in Schutz nahm. Sie war der Ansicht, dass er ein ganz lieber Kerl sei, der nur einfach nicht genug Geld für sein kostspieliges Leben hat. Ob die Leute denn nicht wüssten, wie teuer so ein Leben als Jugendlicher sei. Die Verschuldung bei Jugendlichen nimmt rapide zu. Liebe, nette Kerle begehen Taten, die überhaupt nicht nett sind. *Eigentlich weiche Jungen zeigen sich ganz hart, wenn es um die Interessen und Gefühle anderer geht.*

Den wenigsten Jungen, die Gewalt anwenden, gelingt es, Mitgefühl für ihre Opfer aufzubringen. Sie bleiben in ihrer unreifen Ichbezogenheit verhaftet und können keine andere Perspektive einnehmen. Ihr Verhalten, auch das abweichende, macht für sie Sinn. Und diesem Sinn entsprechend verhalten sie sich. Ihre Welt ist stimmig.

Kein Verhalten ohne Sinn. Um eine Verhaltensänderung herbeizuführen, bedarf es zwingend der Erkenntnis, welches Ziel hinter dem Handelnden steht. Sehr häufig ist der Grund für das Verhalten von Jungen der Wunsch nach einer Bestätigung ihres Selbstbildes, des Bildes, das sie von sich selber haben.

Es gibt genügend Jungen, die nicht an einer negativ coolen Außendarstellung interessiert sind, um von anderen bewundert zu werden. Sie sind vielmehr darauf aus, ihr eigenes negatives Selbstbild, das sie von sich haben, zurückgespiegelt zu bekommen. Sie versuchen ihre Umwelt so zu beeinflussen, dass diese sich ihnen gegenüber so verhält, wie es ihrem negativen Selbstbild entspricht. Ihre Einstellung und ihr Verhalten richtet sich nach ihrem Lebensmotto: «Wer nichts wert ist, der darf auch nicht geliebt werden!» Schon früh haben diese Jungen gelernt, dass sie nicht in Ordnung sind. Sie wurden vielleicht mit Zuschreibungen bedacht, die sie klein machten, und entwickelten das Bild des «Unfähigen», des «Problematischen» oder «Schwierigen» von sich. Entsprechend verhalten sie sich dann auch. *Ein Junge, der gelernt hat, dass er nichts wert ist, der verhält sich auch dementsprechend.*

In der Schule erlebe ich, dass diese Jungen erst dann zufrieden zu sein scheinen, wenn sie es schaffen, selbst den wohlwollendsten

Erwachsenen so weit zu bringen, dass er ihnen die Rückmeldung gibt, die sie einfordern: «Du nervst, du bist anstrengend, ich schaffe es nicht mit dir. Du schaffst mich!» Diese Jungen haben ein ganz besonderes Problem, sie haben ein festgefahrenes negatives Selbstbild, und ihnen fehlt das notwendige Selbstvertrauen.

## Probleme mit dem Selbstwert

Selbstwert und Selbstannahme gehen Hand in Hand. Die eigene Wertschätzung muss auch mit den schwächeren und dunkleren Seiten der eigenen Persönlichkeit gelingen. Sich vom Grunde seiner Person aus anzunehmen, mit Fehlern und Schwächen, ist wichtig für ein stabiles Selbstwertgefühl. Wer sich selbst nicht annimmt, sich selbst nicht lieben lernt, dem fällt es auch schwer, andere zu achten und zu lieben. Selbstachtung und Annahme gelingt bei Jungen leichter, wenn sie genügend positive Rückmeldungen bekommen.

Jungen sind besonders stark auf Anerkennung und Wertschätzung angewiesen. Der Hamburger Erziehungswissenschaftler Peter Struck, bringt es auf die Formel: *«Jungen brauchen fünfmal mehr Lob als Mädchen.»* Bei Jungen führt mangelndes Lob, fehlende Anerkennung und Wertschätzung ihrer Person sehr oft dazu, dass sie beständig positive Bestätigung einfordern. «Das hab ich doch gut gemacht, oder?»

Jungen beziehen die Kraft für ihren Selbstwert und ihre Leistungsfähigkeit sehr häufig aus der Zustimmung und Bestärkung ihrer Umwelt. Die Logik lautet: Wenn du an mich glaubst, dann schaffe ich das. Schaffe ich es nicht, dann hast du nicht wirklich an mich geglaubt.

Das Gieren nach Bestätigung, das Fischen nach Komplimenten, macht abhängig von der sozialen Umwelt. Manche Jungen suchen Bestätigung um «jeden» Preis.

Sie wollen gelten, von anderen geschätzt, anerkannt, bewundert und gut gefunden werden, weil sie mit sich selbst und ihren Leistungen nicht zufrieden sind. Sie messen sich an anderen, auch mit Besseren, und stellen fest, dass sie unterliegen.

Sie sehnen sich nach Bestätigung und setzen vieles daran, diese zu erhalten – von wem auch immer. Durch undifferenzierte und verallgemeinernde Lobesäußerungen, wie «Du bist echt spitze!» oder «Du bist der Beste!», wird aber die Gesamt-Persönlichkeit des Jungen Gegenstand der Kritik. Dann geht es nicht mehr nur um einzelne Taten. Jemand ist nicht allein dadurch gut, dass er etwas kann, sondern was er getan hat, war lobenswert. Mit der Vermischung von Person und Tat werden die Jungen auf der Suche nach Bestätigung für ihre Person abhängig von ihren Leistungen. Und damit gehen die Jungen in eine Falle. Sie suchen nach immer mehr Bestätigung. Sie veranstalten alles Mögliche, um Anerkennung zu erhalten. Bleibt die Bestätigung aber aus, wird einfach die Realität verzerrt.

Dann verändert sich bei vielen Jungen die Selbstwahrnehmung. Sie beurteilen ihre eigenen Leistungen deutlich positiver, als es andere tun. Viele Jungen leiden unter großer Selbstüberschätzung. Sie leben in einer geschönten Realität.

Ein Realitätsbruch ist die Folge. Selbst- und Fremdwahrnehmung klaffen dann deutlich auseinander.

Der Autor Peter Hoeg plädiert in seinem Buch «Der Plan von der Abschaffung des Dunkels» dafür, Kinder nicht zu loben. Er warnt in seinem Roman – in dem es um ein unmenschliches Schulsystem geht – davor, Kinder und Heranwachsende falsch zu erziehen, sie in die Abhängigkeit von Lob zu führen, wie «Junkies» von Drogen. Nichts wird mehr nur um seiner selbst willen getan, alles nur noch, um Lob zu erhalten. Seiner Ansicht nach werden Kinder letztendlich dadurch verdorben.

«Sie meinten, es sei eine große Hilfe für Kinder, bewertet zu werden. Das meint man wohl noch immer, es ist in der Gesellschaft recht verbreitet. Dass es gut ist, bewertet zu werden …
Wir waren auf dem Spielplatz, sie war auf ein paar Eisenbahnschwellen gestiegen. Sie war vielleicht einen Meter über der Erde. Von da aus rief sie mir zu. ‹Guck mal.›
Ich antwortete nicht, ich kam nicht dazu. Es antwortete eine

fremde Frau, die ebenfalls mit ihrem Kind da war. ‹Wie tüchtig du bist›, sagte sie …

Das Kind hatte um Aufmerksamkeit gebeten. Sie hatte nur darum gebeten, gesehen zu werden. Doch sie bekam eine Bewertung. ‹Wie tüchtig du bist.›

Es ist keine böse Absicht, wenn man Leute bewertet. Man tut es nur, weil man selbst so oft getestet worden ist. Schließlich kann man gar nicht mehr anders denken.»[25]

---

Was Jungen brauchen:

- Jungen brauchen Menschen mit mehr Gefühl für sie
- Jungen brauchen die Erlaubnis zu mehr Gefühl
- Jungen brauchen Gesprächsgelegenheiten
- Jungen brauchen Gesprächskompetenz
- Jungen brauchen Konfliktkompetenz
- Jungen brauchen gefühlvolle Menschen als Vorbilder
- Jungen brauchen richtiges Feedback

---

## Grenzgänger

Jungen, so wird behauptet, seien Raum einnehmend. Sie würden sich einen Raum erobern, ihn untersuchen und kennen lernen wollen. Auch ihre Bewegungen sind oft raumfüllend. Jungen agieren nach außen, von sich weg, auf andere zu. Sie sind neugierig auf Orte, die sie noch nicht kennen, wollen wissen, was hinter dem Bekannten liegt. So ist der «Entdecker» in vielen Jungen

25 Peter Hoeg: Der Plan von der Abschaffung des Dunkels, Reinbek bei Hamburg 1998, S. 128 f.

schon angelegt. Jungen erforschen ihre Welt, untersuchen herumliegende Gegenstände, fassen alles an, schauen überall hinein.

Nicht alle Jungen entsprechen diesem Bild in gleichem Maße. Doch in fast jeder Jungengruppe findet sich einer, der eine «gute» Idee hat und die anderen überzeugen kann, mitzumachen. Dieser Junge wird schnell zum Anführer einer Gruppe, führt er die Jungen doch zu neuen Erfahrungen und ins Unbekannte. Das geht natürlich nur noch da, wo Entdecken überhaupt möglich ist. In der verstädterten Umwelt, in der der Großteil der heutigen Jungen lebt, ist dies nur bedingt möglich. Aber auch da finden sich noch Orte und Räume, die es zu entdecken gibt. Dann werden zwar nicht mehr Kiesgruben, Flüsse, Wälder, Höhlen oder Seen entdeckt und ausgekundschaftet, sondern städtische Bauwerke, stillgelegte Fabrikgelände, leer stehende Häuser, besondere verborgene Plätze in Hinterhöfen oder Gartenkolonien. Für viele Jungen gehört aber selbst dies nicht einmal mehr zu ihrer realen Erfahrungswelt. Immer mehr Jungen beschränken sich beim Entdecken nur noch auf die virtuellen Welten. Der Aufbruch ins Unbekannte, zu fernen Ländern und Kontinenten in neue Galaxien, wird nur noch am Computer gewagt, mit virtuellen Gefährten oder Online-Partnern. Aber dort, zum Beispiel in dem Spiel «Anno 1503», wird dann ebenso erkundet und auch erobert, wie es Männer, verblendet durch Macht und Habgier, oft genug in der Wirklichkeit getan haben und auch heute noch tun.

Und trotzdem gibt es sie auch, die jungen Eroberer aus der Nachbarschaft, sie besetzen schon mal einen Spielplatz, der eigentlich für Jüngere gedacht ist. Öffentliche Räume, Parks und Plätze werden von ihnen vereinnahmt und zum Treffpunkt mit Besitzanspruch gemacht. Das führt unweigerlich zum Konflikt mit anderen Nutzern. In dem Kinofilm «Die wilden Kerle»[26], der auf einer ganzen Reihe von Büchern über die «Wilden Fußballkerle» basiert, geht es um solch einen Konflikt. Der Fußballplatz

---

26 Die wilden Kerle, Buena Vista International Production, Buch und Regie: Joachim Masannek, BRD 2001

der sympathischen Jungenbande wird von den konkurrierenden «Unbesiegbaren Siegern», angeführt vom Dicken Michi, aus den «Graffitiburgen» in Beschlag genommen. In dem Film geht es auch darum, wie eine Gruppe zusammenhalten muss, um mit einer schwierigen Situation zurechtzukommen. Fremde Gebiete erobern, die eigenen Spielräume vergrößern, für bessere Bedingungen für sich zu sorgen und sich bei Bedrohung zu wehren, darum geht es letztlich schon seit Urzeiten.

### Grenzen überschreiten

Seitdem die Frühmenschen ihr Wild vor sich herhetzten und auf der Suche nach Beute weit in unbekanntes Gebiet vordrangen, ist es immer wieder zu Grenzverletzungen gekommen. Später machten sich unsere Vorfahren auf, in die Jagd- und Lebensräume anderer Gruppen einzudringen. Solange genügend Nahrung und Geschlechtspartner vorhanden waren, so lange konnte eine Gruppe auch innerhalb ihres angestammten Reviers relativ zufrieden leben. Motor für alle Übergriffe und Grenzverletzungen war zumeist der Wunsch, das Leben der eigenen Gruppe zu sichern, ihre Existenz zu gewährleisten oder zu verbessern. Der Art- und Gruppenerhaltungstrieb treibt den Menschen auch heute noch an. Der Selbsterhaltungstrieb ist der stärkste Trieb überhaupt. Die Verbesserung der Lebensbedingungen erlaubt es, die Erhaltung der eigenen Gruppe zu sichern.

Wer in diesen Gruppen nichts zur Erhaltung beitragen kann, der gefährdet die Gruppe und damit das Aussterben des gruppeneigenen Genpools. Rückschritt bedeutet Untergang. Nach Darwins Erkenntnissen und den sich daraus ergebenden Theorien überlebten in der Natur nur die Stärksten, oder besser die, die mit den gegebenen Umständen am besten zurechtkamen. Fortschritt hat etwas mit weiter fortschreiten zu tun, weiter hinein in ein unbekanntes – ersehntes, besseres – Land und Leben. Viel hat sich davon bis heute erhalten. So wie die «wilden Kerle» um die Nutzungsrechte des Bolzplatzes kämpfen, so kämpfen erwachsene Männer, und inzwischen auch immer mehr Frauen, beim

Fußballsport darum, weit in das Gebiet des Gegners vorzustoßen. Als Beweis für ihre siegreiche Überwindung der Abwehr werden die geschossenen Tore gezählt und gefeiert. Beim American Football wird die Parallele zu den Grenzüberschreitungen und Gebietseroberungen noch deutlicher. Mit allen Kräften wird um jedes «Yard» gekämpft. Die bulligsten und stärksten Männer werden auf das Feld geführt, um nur ja keinen Raum zu lassen, um «Land» gutmachen zu können. Männerkörper werden zu Waffen, Herrschen und Besiegen wird zum Ziel. Als Ventil für dieses männliche Wollen ist es gut, den Sport zu haben.

In anderer Form wurde ein solches archaisches Dominanzverhalten im Jahr 2004 bei den live übertragenen Rededuellen der beiden amerikanischen Präsidentschaftskandidaten George W. Bush und John Kerry ausgetragen. Dort aber mit den Waffen der psychologischen «Kriegsführung». So gelang es George W. Bush gleich zu Beginn des Aufeinandertreffens, damit zu punkten, dass er auf seinen Herausforderer John Kerry zustürmte und diesen auf dessen «Bühnenterritorium» mit deutlichen Signalen des Herrschaftsanspruchs begrüßte. Diese als dynamische und starke Geste wahrgenommene Grenzüberschreitung hat das Bild dieses Mannes in der öffentlichen Wahrnehmung sicherlich beeinflusst. Die Wähler haben sich für den aggressiveren Kandidaten entschieden, für einen Mann, der die Grenzen anderer Menschen anscheinend nicht so achtet, wie er es für sich selbst in Anspruch nimmt. Da er sich als Anführer einer bedrohten Gruppe sieht, kann er sein Verhalten und seine politischen Entscheidungen immer wieder damit rechtfertigen.

Ebenso entschuldigen Jungen ihr Verhalten, wenn es zwischen ihnen zu einem Konflikt gekommen ist. Da kann schon ein falscher Blick als Eindringen in den persönlichen Bereich verstanden werden. Normalerweise wahren wir eine imaginäre Schutz- bzw. Intimitätszone von gut einer Armlänge um uns herum. Näher kommen wir Menschen ohne engere persönliche Beziehung meist nicht. Wird diese Distanz nicht eingehalten, erleben wir dies als Überschreitung, wir weichen zurück und suchen so wieder Abstand zu gewinnen. Das absichtliche und nicht erwünschte Eindringen in diesen persönlichen Raum wird als Grenzüberschreitung, als Provokation erlebt. Selbst wenn es eben manchmal nur Blicke sind.

Manche Jungen fühlen sich sehr schnell provoziert. Sie weisen andere oft schon wegen Kleinigkeiten in ihre Schranken, in ihre Grenzen. Dann können auch unabsichtliche Grenzüberschreitungen schnell zu einer handgreiflichen Auseinandersetzung führen. Zufällige Berührungen werden als bewusste körperliche Attacke gedeutet. Zu einer Eskalation kann es auch schnell führen, wenn jemand mit der Freundin eines jungen Mannes spricht. Alles geschieht nur, um das eigene Gebiet zu sichern, den eigenen Herrschaftsbereich deutlich zu machen. Wer sich ständig bedroht fühlt, wer ständig darum fürchten muss, dass seine Grenzen überschritten werden, der kann absichtliche und unabsichtliche Überschreitungen oft nicht mehr auseinander halten. *Wer selber erleben muss, dass seine Grenzen nicht gewahrt werden, der kann sehr sensibel auf Grenzüberschreitungen reagieren.* Jungen, die selbst nicht erleben, dass ihr persönlicher Schutzraum beachtet wird, vielleicht weil sie geschlagen werden, können nur schwer die Grenzen anderer Menschen respektieren. Sie haben Probleme, Grenzen zu achten, haben Schwierigkeiten, eigene Grenzen zu erkennen, und vor allem, die ihnen vorgegebenen Grenzen einzuhalten.

## Jungen wollen Grenzen durchbrechen

Gerade Jungen suchen immer wieder nach Grenzen, die überwunden werden können. Um sich selbst und die Welt kennen zu lernen, muss ein Junge Erfahrungen machen. In den Situationen, die er sich sucht oder in die er hineingestellt wird, erlebt er immer wieder seine eigene Begrenztheit aufgrund mangelnder Kenntnisse oder Fähigkeiten oder wegen seiner Ängste. Er lernt das Gefühl der Ohnmacht kennen, das Erleben von Unzulänglichkeit. Sich dies einzugestehen fällt Jungen nicht leicht. Das Bild des unerschrockenen Draufgängers, der keine Furcht kennt, hat sich bei ihnen bereits verinnerlicht. So verschließen manche Jungen einfach ihre Augen vor der Möglichkeit, scheitern zu können.

*«Aufrechtes Scheitern ist allemal wertvoller*
*als ein schräger Sieg.»*
Sophokles

Jungen entwickeln eine falsche Wahrnehmung. Oft gehen sie mit unerschrockenem Selbstbewusstsein an neue Herausforderungen heran, obwohl sie bereits schlechte Erfahrungen damit gemacht haben. Das Unerschrockene ist vielen Jungen von Geburt an mitgegeben. Sie können Gefahren und die Konsequenzen ihres Tuns nicht realistisch einschätzen. So kommt es immer wieder zu Situationen, in denen Jungen aus Neugier sehr weit gehen, um die Grenze des Möglichen zu testen.

Vor einigen Jahren entdeckte meine Frau unseren damals vierjährigen Sohn Fabian in der größten Tanne auf unserem Grundstück. Er war den Baum alleine hochgeklettert und rief ihr nun zu. Mit den Augen suchte sie ihn, doch sie konnte ihn nicht entdecken. Dort, wo er sich befand, weit oben im Baum, hätte sie ihn nicht vermutet. Spontan lief sie vor Schreck ins Haus. Dort zwang sie sich dazu, ruhig zu bleiben, ihn nicht mit ihrer Angst zu erschrecken. Er kam sicher wieder herunter. Als mir meine Frau am Abend davon berichtete, war ich froh über den glücklichen Ausgang dieser Kletterpartie. Über die körperlichen Fertigkeiten meines Sohnes und das kluge und richtige Verhalten meiner Frau freute ich mich auch. Ich erinnerte mich daran, wie ich früher selbst (schon etwas älter als mein Sohn) auf Tannen geklettert war und mich in der Baumspitze hin- und hergeschaukelt hatte. Ein sehr lustvolles Erleben war das, weit über dem Boden, zwischen Himmel und Erde. *Dinge auszuprobieren, die waghalsig und halsbrecherisch sind, stellen einen großen Reiz für viele Jungen dar.* Schon häufiger mussten wir mit unseren Söhnen ins Notfallkrankenhaus: Platzwunden, ein gebrochener Arm oder der Verdacht auf eine Gehirnerschütterung, die Liste ist lang.

## Spiele ohne Grenzen

Nicht immer gehen Jungenspiele glimpflich aus. Jungen erleiden weitaus häufiger Unfälle als Mädchen. Sehr viel mehr Jungen kommen auch beim Spiel ohne Grenzen zu Tode. Jungen gehen bei ihrer Suche nach der Grenze eben oftmals einen Schritt zu weit. Kreuze am Straßenrand stehen vor allem zum Gedächtnis an tödlich verunglückte junge Männer, die auch keine Grenze gefunden haben, keine Geschwindigkeitsgrenze. In Herbert Grönemeyers Lied «Männer» lautet diese Erkenntnis: «Männer müssen durch jede Wand, müssen immer weiter.»

Dabei überschreiten Jungen oft die Grenzen ihrer Fähigkeiten. Ob aus Übermut, Gruppendynamik oder falscher Selbsteinschätzung: Jungen werden zu Opfern ihrer Ausbruchsversuche aus den Grenzen ihres Seins.

Doch um den erwünschten Gewinn und den erhofften Genuss erleben zu können, sind sie bereit, Risiken einzugehen. Ähnlich wie ein Krimineller, der damit rechnet, nicht erwischt zu werden, geht auch ein Junge, der sich riskanten Grenzerfahrungen aussetzt, nicht davon aus, dass er zu den Opfern gehören könnte. Vermutlich nach der Auffassung: «Alle sind sterblich, nur ich nicht!» Vielen Jungen fehlt ein gesundes Maß an «Eigen-Hemmung». Sie gehen mit einer geradezu narzisstischen Haltung davon aus, alles erreichen zu können. Sie sind so von sich eingenommen und in sich selbst und in ihr «Wunsch-Können» verliebt, dass sie sich beinahe allmächtig fühlen. Dieses Gefühl von übersteigerter Größe, von Omnipotenz, kann ihnen aber leicht zum Verhängnis werden. Jungen, die sich in medialen Welten den größten Herausforderungen stellen, müssen keine gravierenden *körperlichen* Schäden fürchten. Aber es gibt immer riskantere Freizeitaktivitäten, deren programmatischer Slogan lautet: «No risk – no fun!» Diese Gleichsetzung bindet den Spaß im Leben ausschließlich an eine erhöhte Risikobereitschaft. Ohne das eine gibt es auch das andere nicht.

«Wer bremst, verliert!» Auch ein Spruch, der sich in das Unterbewusstsein von männlichen Menschen tief einprägt. Wer sich selbst bremst, sich zügelt und sich an Beschränkungen hält, wird keinen Spaß erleben und unter Langeweile leiden. Bei Jungen gehen solche Botschaften tief ins Innere und prägen von dort ihre Vorstellung vom Leben, vom Mannsein. Diejenigen, die auf die innere Stimme der Angst hören, sind in den Augen der «Risikojungen» Langweiler und «Heuler», eben zu feige, ihre Angst zu besiegen.

Jungen wollen ihre Angstgrenze kennen lernen, wollen sie möglichst überwinden und verschieben. Ein bekanntes Markenlabel, das von vielen Jungen und jungen Männern geschätzt wird, bietet in seinem Namen gleich die passende Botschaft «No fear!» (keine Angst). So wird mit der Angst vor der Angst immer wieder auch Geld verdient.

Durch die Auseinandersetzung mit ihrer Angst lernen sich Jungen selbst besser kennen. Sie wissen, was sie sich zumuten können und wo ihre Grenzen liegen. Durch Training gelingt es ihnen, diese Grenzen immer weiter auszudehnen. Das positive Gefühl, das sie dabei erleben, der «Kick», weckt den Wunsch, diesen Reiz immer wieder neu zu erleben. Doch Reize nutzen sich ab und müssen durch eine Erhöhung der Reizschwelle ständig erneuert werden. Wer mehrmals mit einer Achterbahn gefahren ist, der sucht bald darauf eine neue Herausforderung.

## Adrenalinkick gleich Leben pur

Seit den Urzeiten, seitdem sich der Mensch vor wilden Tieren und anderen Gefahren schützen musste, gehört das Angriffs- und Fluchtverhalten zum menschlichen Verhaltensrepertoire. Die Ausschüttung des körpereigenen Stresshormons Adrenalin sorgt für eine schnellere Versorgung des Organismus mit ausreichend sauerstoffreichem Blut, sodass große körperliche Anstrengungen erleichtert werden. Aus einem verschlafenen «Frühzeitmännchen» wurde so in kürzester Zeit ein wilder Krieger.

Wild sein, sich wie ein Wilder zu benehmen bedeutet nicht nur, sich stark zu fühlen, sondern in dem Moment auch stark zu *sein* – leistungsfähiger und mutiger als sonst. In diesem Zustand erlebt «Mann» sich sehr intensiv, und vor allem macht- und kraftvoll. Jungen, die dieses Gefühl kennen gelernt haben, wollen diesen «Kick» immer wiederholen, bedeutet er doch eine intensive Lebenserfahrung, sozusagen Leben pur. Ein berauschendes Lebensgefühl, intensiver, so meinen viele, könnten sie Leben kaum erleben.

In dem Kinderbuch «Wo die wilden Kerle wohnen», das der Amerikaner Maurice Sendak bereits 1963 geschrieben und gezeichnet hat, wird von dem Jungen Max erzählt, der an einem ganz wilden Tag zu Hause ganz wilde Sachen anstellt und von seiner Mutter dafür gerügt wird. Er flüchtet sich in eine Traumwelt, in der er an einen Ort kommt, wo die furchtbar schrecklich wilden Kerle wohnen. Da Max mit seiner furchtlosen Art großen Eindruck auf sie macht, ernennen sie ihn zu ihrem König.

*«Er starrte in all ihre gelben Augen, ohne ein einziges Mal zu zwinkern. Da bekamen sie Angst und nannten ihn den wildesten Kerl von allen und machten ihn zum König aller wilden Kerle.»*

Max hat irgendwann genug vom Wildsein und verlässt die wilden Kerle wieder, um dorthin zurückzukehren, «wo ihn jemand am allerliebsten hatte» – nach Hause, zu seiner Mutter. Max erträumte sich mit seiner Furchtlosigkeit zum Anführer der wildesten Kerle, um dann doch zu erkennen, dass Wildheit nicht alles ist. Nur ab und zu ein bisschen wild, das muss schon sein.

Ähnlich ergeht es vielen Jungen. Sie geben sich durch und durch wild und unbeherrscht und versuchen, der Wildeste von allen zu sein. Doch umkehren und nach Hause zurückkehren gelingt vielen nicht. Sie sind gefangen in ihrer wilden Rolle. Die bereits erwähnten «wilden Fußballkerle» haben für sich einen passenden ritualisierten Spruch geprägt: «Alles ist gut, solange du wild bist!» *Das Kokettieren mit dem Image von Ungestüm und Wagemut ist lustvoll für Jungen und hilft ihnen, in ihre männliche Rolle zu finden.* Doch wehe, wenn sie sich in der Wildnis verirren. Manche kehren verwildert und bissig wieder zurück. Anders als der einsichtige Max. Manche kommen auch gar nicht mehr zurück.

So erging es dem vierundzwanzigjährigen Christopher Johnson McCandless aus den USA. Nachdem er erfolgreich alle seine schulischen Abschlüsse hinter sich gebracht hatte, verabschiedete sich der damals 17-jährige, sehr beliebte Junge aus seinem gutbürgerlichen Leben, verschenkte sein Erspartes und nahm einen neuen Namen an. Er ging auf Wanderschaft, auf den großen Treck. Zuerst durch Gebiete mit einzigartiger Natur, auch auf der Suche nach Gleichgesinnten. Doch zunehmend trieb es ihn in die totale Einsamkeit, in die Ursprünglichkeit der von ihm idealisierten Natur. Immer länger blieb er allein in der Wildnis, wurde süchtig nach dieser Art von Leben. Auf seinem letzten Treck wollte er alle Grenzen sprengen. Er ging nach Alaska, in das Territorium der so genannten «last frontier», das Gebiet der letzten Grenzen. Nur mit einem Gewehr, ein paar unverzichtbaren Gegenständen und fünf Kilo Reis ausgerüstet, wollte er sich noch extremeren Erfahrungen aussetzen. Doch schon wenige Monate später fanden ihn Elchjäger verhungert in der Wildnis.[27]

Diese Geschichte vom Leben und Sterben eines jungen Mannes, der den Ausstieg aus dem ihn begrenzenden Leben auch um den Preis des Todes konsequent vollzog, bewegte im Jahre 1992 ganz Nordamerika. Viele konnten sich mit Chris identifizieren und bewunderten ihn. Andere hielten ihn einfach nur für dumm und leichtsinnig. «Last frontier», die letzte Grenze überschreiten, ins Extreme gehen, bis ans Limit, das ist es, was viele Jungen und junge Männer veranlasst, sich auf den Weg zu machen und sich zu fordern – und manchmal eben auch zu überfordern.

Während die einen ihre Herausforderungen in der Wildnis der Natur suchen, wenden sich gerade Jungen aus der Stadt den boo-

---

27 Die wahre Lebensgeschichte eines jugendlichen Grenzgängers wurde von Jon Krakauer fesselnd beschrieben in dem Buch: «In die Wildnis – Allein nach Alaska», München, Zürich 2002.

menden Extremsportarten zu oder schaffen sich ihre eigene Wildnis im Großstadtdschungel.

Wer dabei so weit geht wie der junge Christopher, wer mit dem eigenen Tod rechnet, der ist meist nicht mehr empfänglich für vernünftige Argumente. Doch die Grenze des irdischen Lebens ist nun mal der Tod. Jungen, die sich extremsten Gefahren aussetzen, dabei unvernünftig auf Helm oder andere Schutzvorkehrungen verzichten, haben eigentlich einen großen Hunger nach Leben. Gerade das Spiel mit dem Tod lässt das Leben umso wertvoller erscheinen. Es geht ihnen um das «Abenteuer Leben», um Leben pur, wie es sonst im Alltag nicht vorkommt. Es gibt wohl kaum eine sportliche Tätigkeit, die nicht in irgendeiner Form zu steigern wäre. Die meisten Bewegungsgrundformen wie Laufen, Werfen, Springen und Klettern werden zu Extrem-Sportarten: Extrem-Skiing, -Surfing, -Biking, -Diving, -Climbing, -Boarding usw.

Es lässt sich gut verdienen an der Suche von gelangweilten jungen Männern nach mehr Intensität und Abwechslung im Leben. Der Zeitgeist «Lebe wild und gefährlich!» unterstützt diese Entwicklung noch.

Mein Sohn Fabian und seine Freunde verbringen endlose Stunden auf ihren ständig zu Bruch gehenden Skateboards oder auf den Sätteln ihrer voll gefederten Freestyle-Mountainbikes. Immer wagemutiger werden ihre Tricks und Stunts. Insider-DVDs, die die spektakulärsten Action-Sequenzen der besten Fahrer aus der Free-ride-Szene in schnellen Schnitten und mit ebenso schnellen Beats (Rhythmus-Schlägen) zeigen, sind begehrte Sammlerstücke. Die Jungen lassen sich von ihren Idolen inspirieren und versuchen, sie zu imitieren. Wenn die Jungen nach einem Extremsprung mit dem Fahrrad, den Skiern, dem Snow- oder Skateboard wieder heil auf dem Boden gelandet sind, leicht lädiert, aber erfolgreich, müssen sie sich fühlen wie ein siegreicher Ritter auf einem Turnier. Besonders beliebt bei diesen DVDs sind die Mitschnitte misslungener Sprung-Versuche, bei denen sich nicht selten jemand schwer verletzt. Das löst besondere Achtung für ihre Idole aus. Sich in Gefahr zu begeben und darin nicht umzukommen, das macht einen Helden aus, auch im Krieg. Für viele junge Männer bedeutet der Dienst in der Armee so etwas wie ein richtiges «Abenteuer». Draufgängerisch verhalten sie sich so lange, bis sie im Ernstfall erleben müssen, dass die meisten von ihnen erst nach dem Tod zum Helden erklärt werden.

In dem Antikriegsfilm «Die Brücke» soll eine Gruppe von Hitlerjungen in den letzten Tagen des Zweiten Weltkrieges eine kleine, unbedeutende Brücke bewachen. Ich sah diesen Film zum ersten Mal mit 16 Jahren und war tief bewegt über das, was mit den Jungen, die unbedingt kämpfen und ihren «Mann stehen» wollten, geschah. Alles kam so ganz anders, als sie es sich vorgestellt hatten. Die Realität sieht eben ganz anders aus als die erträumte romantisierte Form des Heldenlebens – das viel zu früh im Tod endet.

Vielen Jungen und Männern scheinen die Risiken und die Folgen ihrer lebensgefährlichen Unternehmungen nicht bewusst zu sein. Möglicherweise soll dies ja auch so sein. Nach wie vor gelten Männer als unmännlich, wenn sie bei Gefahr nicht bereit sind, sich selbst zu opfern. Es scheint, als sei dies seit Anbeginn der Menschheit den männlichen Menschen von Generation zu Generation vermittelt worden.

Nach einer Theorie des Soziologie-Begründers Émile Durkheim sind besonders die zur Selbstlosigkeit erzogenen Menschen zu aufopferungsbereitem Handeln bereit – dies schließt auch den eigenen Tod mit ein. Das ist in allen Ländern die Aufgabe von Soldaten, die dahin gehend gedrillt werden. Ihre gesellschaftliche Aufgabe ist klar festgelegt und das entsprechende kämpferische Verhalten sehr erwünscht. «Wer in Kriegszeiten seine Waffe niederlegt, ist nicht länger ein Mann», heißt es in dem Film «Corellis Mandoline», der im Zweiten Weltkrieg auf einer besetzten griechischen Insel spielt. Dieser Satz ist offensichtlich nicht aus der Männerwelt wegzudenken. Mit dem Ablegen der Waffe wird der Verlust der Männlichkeit verbunden. Wer der Angst nachgibt, wird verachtet.

Vielleicht ist das der Grund, weshalb so viele Jungen sich immer wieder bemühen, ihre Ängste zu beherrschen. Leider kommt es viel zu oft vor, dass sie auch in Friedenszeiten Grenzen überschreiten, ja sogar die eigene Existenz gefährden. So hat in der Nähe meines Wohnorts ein 16-jähriger Schüler durch Alkohol enthemmt im Beisein seiner Clique versucht, auf einem schmalen Geländer über ein reißendes Schleusenwehr zu balancieren. Er war bei dieser Mutprobe bereits einmal heruntergefallen und wusste, dass es äußerst schwer zu schaffen war. Trotzdem versuchte er es ein weiteres Mal. Dabei verlor er wieder das Gleichgewicht und stürzte in die tödliche Wasserwalze. Solche Unfälle sind dramatisch, aber zum Glück nicht so häufig. Wie oft es aber gerade noch einmal gut ging und ein Junge mit einem «blauen Auge» davongekommen ist, das erwähnt keine Statistik. *Jungen fordern das «Schicksal» heraus, sie fordern damit aber auch viel von denen, die sie lieben.* Einen Jungen großzuziehen ist für Eltern schon von jeher mit viel Sorge und Kummer verbunden und läuft längst nicht immer so wie erhofft. Es ist inzwischen beinahe so, dass die Geburt eines Jungen mehr Sorgenfalten auf das Gesicht wirft, als Freudentränen fließen. Jungen fordern sich selbst heraus, und immer wieder kommt es vor, dass sie sich dabei überfordern.

## Wie hätten Sie Ihren Jungen gern?
## Roh, medium oder gut durch?

Mit Ängsten umzugehen ist ein sehr persönlicher Prozess. Um diesen für sich zu entscheiden, sind Jungen zu vielem bereit. Sie unterdrücken Befürchtungen, schalten ihren inneren «Zensor» aus, schlagen die Vernunft in den Wind und geben sich der Vorstellung hin, wie es wäre, erfolgreich aus dieser Situation hervorzugehen. Jungen haben in dieser Hinsicht eine außergewöhnliche Vorstellungskraft, die Fähigkeit, sich etwas schönzureden, etwas positiv darzustellen und Unangenehmes zu verdrängen. Indem sie sich bewusst oder unbewusst Situationen aussetzen, die sie gegenüber dem Grauen unempfindlicher machen sollen, versuchen sie sich abzuhärten. Oft genug werden sie darin noch von ihrem sozialen Umfeld gefördert. «Alle machen das, alle kennen den Film schon!» Ein besonders beliebtes Mittel, um sich abzustumpfen, sind Horrorfilme und dergleichen. Alles, was Menschen imstande sind, sich fiktiv vorzustellen, wird für die Dauer des Films zur fast realen Welt. Vielleicht bleibt es aber auch ein Leben lang im Unterbewussten des Jungen.

Beim Betrachten und Miterleben eines Films laufen dieselben inneren Prozesse ab wie in Real-Situationen: Durch die wahrgenommenen Reize werden vermehrt Stresshormone ausgeschüttet, ähnlich wie in einer echten Gefahrensituation. Der Körper und die Seele der Horror-Konsumenten befinden sich in einer Art Trainingslager. Es wird die Reiz-Schwelle trainiert, die sich nach häufigeren Trainingseinheiten (ein oder mehrere Filme pro Tag) deutlich verändert. Die jungen, meist männlichen Viel-Schauer lassen sich berieseln, sie setzen sich nicht kritisch mit dem Gesehenen auseinander, hinterfragen sich und das Gesehene nicht. Was sich Jungen damit antun, ist ihnen nicht bewusst. Sie erkennen nicht, was sie sich nehmen und wie sie sich selbst in ihrer Gefühlswahrnehmung verstümmeln.

Wenn der Gruselresistenzfaktor steigt, brüsten sich die Jungen gern damit, dass ihnen dieser oder jener Schocker überhaupt nichts ausmacht. Während ich mich früher bei Erik Odes «Kommissar» hinter dem Wohnzimmersessel verkrochen habe, essen viele Jungen heutzutage ihre Pizza mit Tomatensoße vor dem Bildschirm, auf dem das Blut nur so spritzt. Dann wird der Schrecken unbewusst auch noch mit etwas Positivem (dem Lieblingsessen) in Verbindung gebracht. Eine unheilvolle Verbindung.

Jungen investieren viel Energie, um sich selbst abzuhärten, um cool, aber auch gefühlskalt zu sein. Das ist ihnen aber nicht unbedingt bewusst. Lebensunerfahrene junge Menschen können die Konsequenzen und Nebenwirkungen nicht abschätzen. Einen Beipackzettel oder den guten Rat eines Fachmannes bekommen sie nur selten. Zu selten werden sie auch von Erwachsenen am krank machenden Konsum des Seelengifts gehindert. Dann kann es schnell passieren, dass die Dosis zu hoch angesetzt wird und erhebliche Folgen für die Vielseher hat. Diese innere Verrohung, dieser Verlust an Empfindsamkeit, zeigt sich dann auch im Umgang mit sich und vor allem mit anderen Menschen. Der Verlust an Empfindsamkeit ist eine Katastrophe für Jungen – und nicht nur für sie. Nur ein fühlender, mitfühlender und nach-denkender Mensch kann den Respekt vor allem Lebenden, die «Ehrfurcht vor jeglichem Leben» (Albert Schweitzer) als ethisches Prinzip entdecken und leben.

«Rohe», raue Jungen sorgen nicht ausreichend für sich. Nur noch materielle Bedürfnisse gelten. In immaterieller, seelischer Hinsicht entsteht dagegen ein Defizit. Emotionale Bedürfnisse werden nicht wahrgenommen und erfüllt, und so wird die innere Leere mit dem gefüllt, was sie oft gerade verursacht hat: Reize aus der «Flimmerkiste». Bei ständiger Wiederholung und Erhöhung der Reize kommt es zu «Herzflattern», zu Stresssymptomen. Die Reize müssen stärker sein als die Leere, die als unangenehm und bedrohlich erlebt wird. Wenn die fiktive Schockerwelt einschließlich der unter dem Ladentisch gehandelten «hard-core-Videos» komplett konsumiert wurde, gibt es nur noch eine Steigerungsmöglichkeit: die Realität.

So genannte «Bum-Fight-Filme» zeigen, wie sich in den Ghettos der USA Obdachlose oder meist männliche Jugendliche für Geld verletzen oder fast zu Tode prügeln. Es werden offenbar nahezu täglich neue filmische Machwerke hergestellt und gegen Gebühr im Internet, bei altersfreiem Zugang, angeboten. Damit wird inzwischen so viel Geld verdient, dass dies längst nicht mehr nur die Sache von ein paar moralisch-sittlich entgleisten Männern ist. Es entwickelt sich ein neues lukratives Genre: «Reality-TV».

Manche Jungen wollen immer mehr Gewalt sehen und Ekel erleben, weil sie sonst gar nichts spüren. Misshandlungen und Demütigungen werden live per Handy mitgeschnitten und veröffentlicht, auch in Deutschland. An einer Berufsschule in Hildesheim hatten mehrere Berufsvorbereitungsschüler über einen längeren Zeitraum einen Mitschüler misshandelt und immer wieder gedemütigt. Dass sie dies in Bild und Ton festgehalten haben und damit im Internet Geld verdienen wollten, zeigt, wie roh manche jungen Männer bereits geworden sind. Die körperlichen Qualen ihrer Opfer genügen ihnen nicht mehr, der Malträtierte muss auch noch die Pein der öffentlichen Erniedrigung, der totalen Missachtung seiner Person miterleben. Respekt vor Leben, geschweige denn vor allem Leben, sieht anders aus.

Ein Vorfall aus meiner Zeit als Lehrer an einer so genannten «Brennpunktschule» macht deutlich, dass ein solches erniedrigendes Verhalten auch schon von Grundschülern angewendet wird. Ein Schüler meiner Klasse schlug gemeinsam mit einem Freund einen dritten Jungen vor dessen Haustür zusammen. Anschließend urinierten sie auf den zusammengekauerten Jungen, der sich nicht wehrte. US-Soldaten (und wahrscheinlich überall sonst auch auf der Welt), die in Iraker Gefängnissen vor laufender Kamera gefoltert haben, zeigen Jungen, wie es gemacht wird. Die Jungen imitieren diese rohe Welt, die sie von Erwachsenen dargeboten bekommen.

Im Internet gibt es spezielle Seiten, auf denen Hinrichtungen von zum Tode verurteilten Strafgefangenen gezeigt werden oder Seiten, auf denen Bildmaterial aus Kriminal- und Unfällen aus dem Polizeiarchiv gezeigt werden (und dies sind Bilder von Tatorten und Opfern, die die Öffentlichkeit nicht zu Gesicht bekommen soll). Derart verrohendes Material wird beinahe ausschließlich von Jungen konsumiert, wie mir die Nutzer solcher leicht zu findenden und nicht geschützten Seiten berichteten. Sie laden diese Bilder aus dem Netz herunter, um sich und andere damit zu beeindrucken. Es ist wohl nicht zu bestreiten, dass auf diese Weise auf Dauer vor allem junge und unkritische Menschen beeinflusst werden.

In meiner Jugend galten Comics noch als jugendgefährdend. Es hieß, die Kultur, die sittliche Moral und die Bildung stünden auf dem Spiel, und die Jugendlichen, zumeist Jungen, müssten vor derart trivialen Inhalten geschützt werden. Heute sieht darin niemand mehr eine Gefahr. Über die *tatsächlichen* Gefährdungen wissen viel zu wenige Erwachsene Bescheid, oder sie nehmen sie nicht ernst genug. Es herrscht eine Art Gleichgültigkeit gegenüber dem, was die nachwachsende Generation bedroht. Zwar werden bisweilen Klagen über eine Brutalisierung der Jugend, zumeist der Jungen, den Verlust von gutem Benehmen und die weitverbreitete Verwöhn-Haltung laut. Doch gemeinsame Anstrengungen zum Schutz der Kinder und Jugendlichen scheinen auf wesentlichen Gebieten nicht in Sicht zu sein. Selbst Bundeskanzler Gerhard Schröder schaffte es nicht, für die Ächtung bestimmter, Gewalt verherrlichender Computerspiele zu sorgen. Er zeigte sich auf einer Pressekonferenz sichtlich enttäuscht über die «Freigabe» des bei Jungen sehr beliebten PC-Spieles «Counterstrike».

*Dass Jungen wild sein wollen, ist eine Seite, dass sie dabei aber verrohen und zur Gefahr für sich und andere werden, ist nicht hinzunehmen.*

Sich erleben, sich kennen lernen, sich testen, sich fordern: Alles ist wichtig für die Entwicklung von Jungen. Doch wenn Jungen die Orientierung verlieren und keinen Stopp, keine Grenzen mehr finden, sie nicht mehr heimkehren in den Raum hinter den Grenzen, der ihnen Schutz gewährt, dann können sie leicht Opfer einer schweren Katastrophe werden, einer Katastrophe, die erhebliche Auswirkungen auf sie und andere hat.

## Ikarus, der Sonne zu nah

Viele junge Männer würden gern die Grenzen der Schwerkraft durchbrechen. Es geht ein enormer Reiz davon aus, sich frei und unabhängig zu fühlen, an nichts mehr gebunden zu sein als vielleicht noch an ein paar dünne Seile. So stürzen sich Wagemutige von Wolkenkratzern in enge Cityschluchten, um im letzten Moment die Reißleine ihres Spezialfallschirms zu ziehen, oder sie springen von steilen, endlos emporragenden Klippen. Weltbekannt sind die tollkühnen Klippenspringer von Acapulco, die von einem 27 Meter hohen Felsen springen und nur dann darauf hoffen können, unverletzt zu bleiben, wenn sie eine ankommende Welle erwischen, weil sonst das Wasser nicht tief genug ist. Fast jeder kann Ähnliches beim immer populärer werdenden Bungee-jumping nachempfinden. Auch tollkühne Himmelsakrobaten, die aus ein paar tausend Metern Höhe aus dem Flugzeug springen und den freien Fall für Skydiving und andere beeindruckende Kunststücke nutzen, sind oft dem Rausch der Höhe verfallen. Ikarus, der leichtsinnige junge Mann aus der griechischen Mythologie, kam trotz der Mahnungen seines Vaters Daedalus der gefährlichen Sonne zu nah und stürzte deshalb ins Meer. Die Verlockung war zu groß, der Genuss zu süß. Die Gefahr, den Moment zu verpassen, wo die «Notbremse» gezogen werden muss, ist bei den Aktivitäten am Rande des Limits für die modernen Nachfahren des Ikarus sehr groß. Bei dem Gefühl von totaler Unabhängigkeit, verbunden mit einem starken Adrenalinkick, erfordert es ein großes Maß an Selbstbeherrschung und Disziplin, um nicht dem Rausch der Freiheit zu erliegen und abzustürzen. In der Tiefe der Meere oder auf den höchsten Gipfeln erleben Menschen ähnliche Rauschzustände. Immer wenn Extreme erreicht werden, empfindet «Mann» sich wie ein Bezwinger des Unmöglichen. Das Menschenunmögliche wird erreicht, und der junge Mensch erfährt etwas, was ihn aus den Grenzen des Menschseins heraushebt und ihn zu einem jungen Gott macht.

Mit Grenzen umzugehen und in den Normenbereich zurückzukehren fällt vielen Jungen so schwer, dass sie daran scheitern. Sie sind verdorben für das «Mittelmaß», für die Normalität, für das Gewöhnliche und Begrenzte. Sie haben Macht erfahren, Macht über sich selbst und die Macht, tun zu können, was sie wollen. Auch Macht über andere Menschen. Dieses Gefühl lässt sie vergessen, dass ihre Möglichkeiten begrenzt und dass sie sterblich sind. Das Gefühl von Allmacht, von Omnipotenz, ist sehr verlockend.

### Arbeiten, bis der Tod kommt

Besonders Männer neigen dazu, aus Mangel an Selbstwahrnehmung und falschem Ehrgeiz über ihre körperlichen und psychischen Grenzen zu gehen. Ab einer bestimmten Einkommensgrenze und einer damit oftmals einhergehenden größeren Verantwortung arbeiten aufstrebende Männer mehr, als sie eigentlich verkraften. Workaholics gibt es bei männlichen Menschen weitaus häufiger als bei weiblichen. Stressbedingte frühe Todesfälle sind nicht selten bei ihnen. Oft schon mit vierzig oder sogar noch früher erleiden viele von ihnen einen Herzinfarkt. Schlafstörungen, Potenzprobleme, Herzrhythmusstörungen und die allmähliche «Vergiftung» des Körpers durch Dys-Stress-Hormone belasten diese Männer so stark, dass ihr Körper einfach nicht mehr mitmacht.

So haben sich große Unternehmen nach dem frühen Tod einiger Topmanager dazu entschlossen, regelmäßige Check-ups unter ihren «Alphamännern» durchzuführen. Ein «TÜV für Männer» aus Sicherheits-, aber auch aus Kostengründen. In diensteifrige Mitarbeiter ist viel Geld investiert worden. Sie sind zu «wertvoll», als dass man sie verlieren kann. Doch echte Workaholics und erfolgsorientierte Leistungsträger mögen die Grenzen ihrer Leistungsfähigkeit nicht anerkennen. Besonders Männer sind der Ansicht, dass ihnen ihr Körper eigentlich keine Grenzen aufzuzeigen hat. Er soll funktionieren und sie nicht behindern. Wie lange er funktioniert, hängt von der Belastungsfähigkeit jedes Einzelnen ab oder aber von den Hilfsmitteln, die verwendet werden, um ihn am Laufen zu halten. Nirgendwo ist der Konsum von wirkungsvollen Stimulanzien so verbreitet wie bei den Menschen, die meinen, Großes leisten zu müssen. Doch anders als bei Asterix (Obelix zählt nicht, der ist als Kind in den Zaubertrankkessel gefallen!) führt die Einnahme der «Zaubermittel» Alkohol, Kokain, Ecstasy oder Amphetamine u. Ä. letztendlich nur zu einer weiteren Belastung des Körpers. Der Raubbau geht sogar noch schneller voran, weil die Grenzen der Belastbarkeit weniger wahrgenommen werden und nicht mehr entsprechend auf die Ermüdungserscheinungen reagiert wird.

Mit Vollgas in die Steilkurve des Lebens. Manche fliegen dabei hinaus. Die allermeisten von ihnen sind Männer. Auch Jungen setzen schon auf Power- oder Energydrinks. Suggerieren sie doch eine größere Leistungsfähigkeit. Meistens halten sie auch, was sie versprechen: Leistungen, die unter natürlichen Bedingungen nicht zu schaffen wären. Schlafbedürfnis und Ermüdung stellen sich, wenn überhaupt, erst später ein. Besonders beliebt sind unter diesen meist koffeinhaltigen Trendgetränken die Marken, denen es gelungen ist, ein entsprechend männliches Image aufzubauen. Marken wie «Redbull» (mit dem Werbeslogan «… verleiht Flügel») oder «flying horse» versprechen schon mit ihrem Namen die pure Energie und Freiheit. In den USA gibt es ein weitaus größeres Angebot und auch eine entsprechend größere Nachfrage. Einer der bekannteren Drinks ist «Pimpjuice» (zu Deutsch: Zuhältersaft). Dieser wird von «supercoolen» Rappern vermarktet, und so erhält eine ganze Szene ihren eigenen «Fitnesssaft». Wer sich früh an solche Stoffe gewöhnt, verliert den gesunden Kontakt zu seinen eigentlichen Leistungsgrenzen. Es handelt sich dabei um nichts anderes als Doping für Heranwachsende.

Mittels einer Täuschung wird dem Körper eine gesteigerte Leistungsfähigkeit vorgespiegelt. Weil Koffein, das in den meisten Getränken reichlich vorhanden ist, keine neuen Energien schafft, sondern nur die Wahrnehmung der Erschöpfung verhindert, betrügt man sich selbst. Nimmt man dazu noch reichlich Zucker zu sich, wird dem Körper für kurze Zeit eine Energiequelle gegeben, die aber ebenfalls nach kurzer Zeit wieder abrupt versiegt und wiederum zu einem Energiedefizit führt, aus dem viele dann wieder mittels neuer Zufuhr von weiteren «Aufputschmitteln» herauszukommen versuchen. Kokain und andere Mittel wirken ähnlich. Sie sollen die Grenzen des Leistbaren erweitern helfen. Immer wieder kommen gerade Männer mit dem Konsum von leistungssteigernden Präparaten nicht klar und leben nur noch «am Anschlag». *Wenn sinnvolle körperliche Grenzen nicht als Schutz vor Überforderung empfunden werden, sondern als Einschränkung, dann schadet man sich auf katastrophale Weise:* Man wird abhängig, verliert die Selbstbestimmung und wird zum Sklaven der kleinen Helfer. Father's little helpers!

## Mädchen leben anders

Weibliche Menschen scheinen dagegen oftmals eine Art Schutzhemmung gegen das Überschreiten von (Extrem-)Grenzen zu haben. Sie respektieren Grenzen, ganz besonders bei körperlicher Belastung und Gefährdung, viel eher als Männer. Manche Anthropologen sind der Ansicht, dass sich eine Frau unbewusst davor schützt, sich in Gefahr zu begeben, weil sie die bedeutendere Rolle beim Erhalt der menschlichen Art spielt. Nicht nur der Schutz des ungeborenen Lebens, sondern auch ihrer eigenen Person – die dieses Leben erst ermöglichen kann – liegt in ihrer Verantwortung. Ein Mann kann viele Kinder zeugen, aber eine Frau kann nur alle neun Monate ein Kind gebären. Entsprechend ist das Verhalten von Frauen und auch Mädchen sich selbst gegenüber in der Mehrheit rücksichtsvoller. Obwohl Mädchen inzwischen auch sehr viel ausprobieren und mehr Risiken eingehen als früher, halten sie sich bei extrem waghalsigen Aktionen eher zurück und versuchen auch manchmal, Einfluss auf Jungen zu nehmen, nicht zu weit zu gehen.

So bestätigte mir mein Sohn Fabian, dass die meisten Mädchen in seinem Umfeld keine Gefahr eingehen würden und sehr auf Sicherheit bedacht sind. Er meinte damit nicht nur, dass sie sich mit ihrer Kleidung mehr in Acht nehmen, die ihnen oft wichtiger ist als den Jungen, sondern auch mit ihrem Körper.

Mädchen bekommen durch ihre Menstruation ein sehr spezielles, intensives Verhältnis zu ihrem Körper. Während der Entwicklungsphase, in der bei den Mädchen die Monatsblutung mit ihren meist einschränkenden Nebenerscheinungen einsetzt, erleben die Jungen hingegen mit dem Eintreten ihrer Ejakulationsfähigkeit ein Gefühl von besonderer Lebenskraft, sie erleben ihre Potenz. Auch die Tatsache, dass Mädchen mit einer ganz anderen Art von «Lebenssaft», ihrem Blut, konfrontiert werden, kann ein Grund dafür sein, dass sie sich ihrer Verletzlichkeit und letztlich auch ihrer Endlichkeit stärker bewusst werden als Jungen. Weibliche Menschen sind nicht weniger in der Lage, Abenteuer und Gefahren zu erleben und auch durchzustehen, sie verzichten nur häufiger darauf, es zu weit zu treiben. Bei weiblichen Menschen setzt sich viel häufiger die Stimme der Vernunft durch.

Viele junge Männer leben eher nach der Devise «Live hard, die young!» als nach dem alttestamentarischen Psalmspruch «Herr, lehre uns bedenken, dass wir sterben müssen, auf dass wir klug werden!»[28] Statistisch gesehen überleben die «Klugen» viel eher als die Risikofreudigen.

## Hauptsache Stress

Grenzgängern geht manchmal die Verantwortung gegenüber sich und anderen ab. Sie denken nicht an die Folgen und meinen oftmals, wenn überhaupt, würden sie doch nur sich selbst gefährden – und *das* hätten sie sowieso im Griff.

Einmal wurde ich auf der Autobahn bei einem eigenen Überholmanöver gleichzeitig noch von einem Motorradfahrer überholt. Der Abstand zwischen meinem Fahrzeug und der Leitplanke auf der Überholspur war sehr gering. Trotzdem raste der Motorradfahrer in großer Geschwindigkeit in dieser engen «Gasse» an mir und allen anderen vor mir fahrenden Fahrzeugen vorbei. Kurze Zeit später kam ich an eine Stelle auf der Autobahn, wo dieser Motorradfahrer soeben einen Unfall gehabt hatte. Er lag bewegungslos auf der Fahrbahn. Die Autobahn wurde gerade von Helfern gesperrt.

Das lebensverachtende Verhalten dieses Mannes betraf ihn in erster Linie selbst, doch er gefährdete damit nicht nur sich, sondern auch alle anderen in seiner Umgebung. Nicht nur die unbeteiligten Verkehrsteilnehmer sind durch ein derart selbstmörderisches Verhalten betroffen, auch Partnerin, Kinder, Eltern und Freunde. Die einen direkt, durch die Gefahr, in einen Unfall verwickelt zu werden, die anderen durch den Verlust des geliebten Menschen. Der leichtsinnige «Adrenalinjunkie», der den Stressfaktor, den Rausch für sich genießen will, überschreitet nicht nur die Grenzen seiner eigenen Welt, indem er die Beherrschung sei-

28  Psalm 90, Vers 12

ner Maschine und auch die seines Körpers verliert, sondern er greift auch in das Leben anderer ein.

Wenn Jungen und junge Männer mit ihrem extremen Verhalten zu einer Gefahr für andere werden, kann die Lust des einen für den anderen zur Last werden. Überfordern sie sich selbst, werden sie leicht zur Bedrohung für andere. Die wesentliche Fähigkeit zu Verantwortung und Rücksichtnahme ist bei vielen Jungen aus verschiedenen Gründen nicht vorhanden.

---

**Was Jungen brauchen:**

- Jungen brauchen Grenzen
- Jungen brauchen Grenzerfahrungen
- Jungen brauchen Herausforderungen
- Jungen brauchen Orte für Männer
- Jungen brauchen kultivierte Aggressionserfahrungen
- Jungen brauchen Verständnis für ihr Mannsein
- Jungen brauchen verbindliche Verhaltensnormen

---

## Jungen von Sinnen

Unsere verstädterte Industriegesellschaft verweist Jungen nicht nur zunehmend von den für ihr Leben so notwendigen Plätzen im sozialen Gefüge, sie nimmt ihnen auch immer mehr wesentlichen Erfahrungs-Raum. Welche Konsequenzen dies auf längere Sicht für die jungen Menschen bedeutet, bleibt vielfach unberücksichtigt. Gerade für Jungen, die sich sehr stark körperorientiert verhalten und deren Lernvermögen im engen Zusammenhang mit ihren Körpererfahrungen steht, bedeutet dies eine große Einschränkung ihrer Entwicklungsmöglichkeiten. Die Ausbildung all ihrer Sinne ist gefährdet. Jungen, denen diesbezüglich die Kompetenz fehlt, verlieren oftmals auch den Sinn für das Leben. Sie können ohne die sinnlichen Qualifikationen bestimmte Aufgaben nicht angemessen erfüllen. Sie sind vielfach überfordert.

*Es gibt immer mehr Kinder und Jugendliche, die unter dem Schwinden ihrer Sinne leiden.* Viele Jungen beherrschen nicht einmal mehr die motorischen Grundfertigkeiten und kommen deshalb auch schnell körperlich an ihre Grenzen. Das schadet ihrem Selbstvertrauen und schwächt das Selbstwertgefühl. Ihre Identität verkümmert in dem Bereich, der ihnen zu einem starken Selbst verhelfen könnte. Dass viele Jungen Schwierigkeiten mit der Feinmotorik haben, gilt als allgemeine Erkenntnis. Wenn sie nun aber auch noch grobmotorisch zu keinen nennenswerten Ergebnissen kommen, schwächt sie dies umso mehr. Verlieren sie doch so einen der letzten Kompetenzbereiche, auf den sie sich sonst immer berufen konnten.

Mit unseren Sinnen nehmen wir die Welt um uns herum wahr. Wir können nur das wahrnehmen, zu dem uns unsere Sinnesorgane verhelfen. Fledermäuse haben andere Möglichkeiten der Wahrnehmung und nehmen deshalb auch anderes wahr. Die Wirklichkeit besteht nicht nur aus dem, was wir mit unseren sechs Sinnen erfassen können. Nehmen wir weniger wahr, fehlt uns ein Stück Wirklichkeit. In unserer westlichen Welt verkümmert die Wahrnehmungsfähigkeit vieler Menschen immer mehr.

Besonders augenscheinlich wird dies bei dem Krankheitsbild AD(H)S (Aufmerksamkeits-Defizit-Syndrom). Betroffen sind davon vor allem Jungen, sie haben größte Schwierigkeiten, ihre Wahrnehmung richtig zu dosieren und ihre Sinneseindrücke entsprechend zu verarbeiten. Aus diesem Grund sind sie mit komplexen Situationen und der Fülle von Reizen häufig überfordert. Wäre nicht ein Mangel an ganz bestimmten Neurotransmitterstoffen (Botenstoffe im Gehirn) nachzuweisen, könnte man vermuten, die veränderte und verarmte Umwelt der Jungen sei maßgeblich dafür verantwortlich. Die Pharmaindustrie verdient gut an den weltweit steigenden Zahlen von zumeist Jungen, die ganz bestimmte Psychopharmaka – meist ihr Leben lang – einnehmen sollen.

## ADS und ADHS

In der letzten Zeit kommen immer mehr Jungen aus den Praxen von Kinder- und Fachärzten mit der Diagnose «Aufmerksamkeitsdefizitsyndrom», kurz ADS genannt. Oftmals tritt dieses moderne Syndrom noch in Verbindung mit einer Hyperaktivität (ADHS) auf. Kinder mit dieser Diagnose leiden unter einer Reizverarbeitungsschwäche. Sie können die auf sie einströmenden vielfältigen Reize aus ihrer Umwelt nicht wirksam genug filtern. Ihnen fällt die selektive Wahrnehmung und Verarbeitung der Außenreize schwer. Eine Flut von Sinneswahrnehmungen muss verarbeitet werden. Dies führt zu einer Überforderung der Kinder und zu dementsprechenden Verhaltensweisen. Viele Jungen zeigen dabei oftmals ein unangemessenes Verhalten. Sind alle diese Jungen wirklich krank? Leiden sie unter einer neuen, mysteriösen Fehlversorgungs-Krankheit, oder haben sich unsere Ansprüche verändert? Oder unser Blick auf Jungen?

Immer mehr Kinder legen ein Verhalten an den Tag, mit dem Erwachsene, Lehrer wie Eltern, nicht mehr zurechtkommen. In vielen Klassen sind es schon bis zu fünf Kinder (Tendenz steigend), meist Jungen, die aufgrund der Diagnose ADS das Medikament «Ritalin» oder Ähnliches regelmäßig einnehmen müssen.

In den meisten Fällen auf unbegrenzte Zeit. In einem konkreten Fall habe ich mich mit dem für einen meiner Schüler zuständigen Arzt darüber kontrovers auseinander gesetzt. Der Junge bekam außer seiner täglichen Dosis Ritalin keine weitere Therapie verordnet. In vielen Fällen setzen die Jungen oder die Eltern die Medikamentierung irgendwann von selbst ab. Gerade abgelenkte und unzuverlässige Jungen schaffen es nicht, diszipliniert einen unattraktiven Fremdstoff regelmäßig einzunehmen.

Um mit den Problemen, die manche Jungen verursachen, besser umgehen zu können, werden Jungen häufig als «pathologisch» abgestempelt, sie bekommen ein Krankheitsbild verpasst, das diejenigen aus ihrer Verantwortung entlässt, die unter Umständen zu einem Teil zur Problematik des Jungen beigetragen haben.

### Bewegung statt Bio-Chemie!

Jede sinnliche Erfahrung, jeder Reiz, der die Sinne trifft, stellt einen Impuls dar, der zu wichtigen Prozessen im Gehirn führt, zum Wachstum. Die Sinnesorgane ermöglichen, die Lage des eigenen Körpers im Raum festzustellen, das Gleichgewicht einzuhalten, die Tiefensensorik zu nutzen (Hautkontakte, Druckempfinden usw.) Erfahrungen wie Springen, Fliegen, Rollen, Klettern, Laufen sind Grunderfahrungen, die durch Wiederholungen Verknüpfungen im Gehirn ausbilden. Die Ausbildung von Synapsen und deren Vernetzung untereinander wird maßgeblich durch die Sinnesreizung gefördert. *Dauer-Stubenhockern fehlen in der wichtigen Zeit ihrer Hirnreifung notwendige Reize.*

Der Zusammenhang zwischen Motorik und Psyche ist wesentlich. Immer mehr Jungen weisen im sensorisch-integrativen und im allgemein motorischen Bereich deutliche Schwierigkeiten auf. Hiervon zeugen die Jungen, die bei Physio- und Ergotherapeuten sowie Psychomotorikern in Behandlung sind. Die überforderten und auffälligen Jungen sind ein Indikator für katastrophale Veränderungen in ihrer Lebenswelt. Die Spätfolgen sind noch gar nicht abzusehen. Jungen haben einen großen Nachholbedarf an Sinn-Erfahrungen, doch für viele Jungen hat die reale Welt an Reiz verloren. Lieber hocken sie vor dem PC oder ziehen in einer Gruppe von Gleichge*sinn*ten umher und machen sich durch Alkohol oder andere Suchtstoffe besinnungslos. Sie schalten einfach die Sinne ab. Viele Jungen sind deshalb so von Sinnen, weil sie spüren, dass ihrem Leben ein tieferer Sinn fehlt. Sie fühlen sich nicht wertgeschätzt und kommen sich überflüssig vor, ihr Tun erscheint deshalb oftmals auch als sinnlos.

## Zu dick für die Schaukel und rückwärts laufen geht auch nicht mehr

Nach neueren Untersuchungen ist in Deutschland jedes fünfte Kind zu dick. Die Gründe dafür sind seit langem bekannt, doch deshalb wird die Zahl nicht geringer. Falsche Ernährung und Bewegungsmangel sind schleichende Gefahren, und Gefahren dieser Art sind bekanntlich besonders tückisch. Meist nimmt man sie erst wahr, wenn es zu spät ist und es zu ersten Beeinträchtigungen kommt. Als Sportlehrer fällt mir diese Entwicklung mit Schrecken auf.

Während früher wohl jedes Grundschulkind mehrere Rollen vorwärts und meistens sogar noch eine Rückwärtsrolle beherrschte, können heute manche Jugendliche weder das eine noch das andere. Besonders viele Jungen sind körperlich ungeschickter geworden. Manchen gelingt nicht einmal mehr sicheres Rückwärtslaufen oder Balancieren auf einem Schwebebalken.

Viele männliche Schüler haben ihr früheres Lieblingsfach Sport mit der Zeit gar nicht mehr so lieb. Sie vergessen häufig ihr Sportzeug oder haben Daueratteste. Das Banksitzen und Zuschauen ersetzt aber keine abwechslungsreichen Bewegungsreize. Eine gute und sichere Körperbeherrschung kann meines Erachtens aber zu einer besseren Beherrschung des gesamten Verhaltens beitragen. Psyche und Motorik stehen in einem engen Verhältnis miteinander! *Gerade verhaltensauffällige Jungen sollten viel mehr lernen, ihren Körper, ihre Bewegungen besser zu kontrollieren.*

Viele Jungen sind schon mit einfacheren körperlichen Übungen überfordert.

Sie kompensieren ihren Frust dann dadurch, dass sie versuchen, Anstrengungen im körperlichen Bereich zu vermeiden und stattdessen zu essen, oft das Falsche.

Mens sana in corpore sano – ein gesunder Geist in einem gesunden Körper. Der Aggressions- und Frustabbau durch Bewegung, der bei Jungen oft notwendig wäre, wird aber durch die Vermeidung körperlicher Anstrengung unwahrscheinlicher. Aggressionen entladen sich dann nur noch erruptiv und unkontrolliert.

*Bewegung als Energieabfuhr, auch als Abbau hormonellen Drucks, kommt bei vielen Jungen zu kurz.*

### Jungen fehlt der 7. Sinn!

Bei vielen Jungen sind nicht nur die sechs körperlichen Sinne ungenügend ausgeprägt: Riechen, Schmecken, Fühlen, Sehen, Hören, Gleichgewichtssinn, es mangelt ihnen zusätzlich auch am 7. Sinn. Dem Sinn, der etwas Metaphysisches in sich birgt. Ich möchte ihn als *spirituellen Sinn* verstanden wissen.

Besonders den Jungen, die sich sehr gern materiellen Dingen zuwenden und am *Haben* mehr Freude haben als am *Sein*, geht der Sinn für Spiritualität oft gänzlich ab. Ihre Verbundenheit mit dem Irdischen, die oftmals einseitig technisch-dinglich ausgerichtet ist, führt dazu, dass Jungen Mängel und Defizite in anderen Bereichen oft gar nicht erkennen und sie dementsprechend auch nicht ausgleichen. Ihre Kenntnisse und Erfahrungen im spirituellen Sinn sind inzwischen so gering, dass man von einem religiös-spirituellen Analphabetismus sprechen muss. Das war nicht immer so. Seit Anbeginn der Menschheit besaß das Numinose, das Göttliche, größte Bedeutung für die Menschen aller Kulturen.

Seitdem aber die Vernunft beinahe die alles entscheidende Größe geworden ist, und oft nur das als existent gilt, was gemessen werden kann, wird dem «7. Sinn», der Pflege der spirituellen Seite des Menschen, immer weniger Beachtung geschenkt. Spiritualität hat sich in Nischen zurückgezogen. Der Okkultismus breitet sich gerade unter den suchenden Jugendlichen immer stärker aus. Das Dämonische, Diabolische hat Hochkonjunktur, als Ersatzgebiet.

Die Sehnsucht nach übernatürlichem Beistand ist groß. Satanszeichen und Satansgruß (abgestreckter Zeige- und kleiner Finger) sind zu Modetrends geworden. Völlig bedenkenlos imitieren die Jungen ihre populären Stars, die sich sämtlicher Mittel bedienen, der Jugend etwas anzubieten, wonach diese dürstet.

Als Religionslehrer stelle ich fest, dass besonders Jungen auf die dunkle Seite der Spiritualität reagieren. Schwarze Kleidung, dunkle Musik und obszöne Praktiken haben Kultstatus erworben. Die Jungen spüren, dass ihnen in ihrem Leben etwas fehlt, ihre Welt ist entspiritualisiert worden. So nehmen sie die Angebote, die ihnen von ihren Vorbildern aus der Film-, Musik- und Computerindustrie vorgelebt werden, gerne an und imitieren sie. Dark Metal, Gothic, Grufties oder Satanismus, jedes Genre hat seine speziellen Ausprägungen, das die Sehnsucht der Jugend auf ihre Weise zu stillen versucht. Abhängigkeiten und starke Verhaltensbeeinflussungen sind die Folge.

Viele traditionelle Formen der Religiosität sind den meisten Europäern gar nicht mehr so nah. Das Wissen über religiöse und spirituelle Dinge hat so stark abgenommen, dass es nicht verwundert, wie unkritisch die jungen Menschen mit dem, in dieses Vakuum hineinströmenden, Ersatz umgehen.

Reale Vorbilder sinnstiftender Hinwendung zum Übernatürlichen gibt es für die gegenwärtige Jugend kaum. Die kirchenfromme Großmutter allein wird Jungen in den wenigsten Fällen inspirieren. Männer, die sie mit einer lebensfrohen Spiritualität beeindrucken könnten, gibt es kaum. So können Jungen diesem 7. Sinn auch keinen Sinn abgewinnen. Ihr Leben lang suchen deshalb viele Jungen, häufig ganz unbewusst, nach Antworten auf die existenziellen Fragen des Lebens: Woher komme ich? Wie kann ich ein sinnvolles Leben führen? Was kommt nach dem Tod?

Die Suche nach den Antworten auf die Fragen des Lebens endet für viele Jungen in der Sucht. Wenn sie versuchen, mit ihrer Sehnsucht nach Sinn und Ritus weiterzukommen, landen viele in einer Sackgasse, sie erleben ganz spezielle Rituale, Rauschrituale.

Täglich wird jungen Menschen «gepredigt», dass die gesuchten Antworten allein im materiellen Bereich zu finden sind. Damit wird ihnen aber eine einseitige, unvollständige Sinngebung vermittelt. Ein Teil ihrer Persönlichkeitsentwicklung, ihrer Sinnesausprägung bleibt unberücksichtigt. Der Teil, der für ein seelisches Wohlergehen in dieser oft unseligen Zeit ihrer Entwicklung für sie eine Unterstützung darstellen könnte. Denn trotz nie dagewesenem materiellem Reichtum und einem Leben in Wohlstand und Fülle für die meisten gibt es auf der anderen Seite eine große seelische Armut, eine innere Leere. Die Zunahme an seelischen Erkrankungen bei Kindern und Jugendlichen ist besorgniserregend. Die jugendpsychiatrischen Einrichtungen sind voll mit seelisch kranken jungen Menschen. Überdurchschnittlich viele Jungen sind darunter. Sie wissen oftmals keinen anderen Ausweg, um der Leere in ihrem Leben zu entkommen, als dem eigenen Leben ein Ende zu bereiten.

Der Verlust an sinnstiftenden Riten und Antworten fehlt heute in einem Maße wie nie zuvor. Der Religionsunterricht ist vom Mittelpunktsfach an den Rand der Schule gedrängt worden. Da helfen auch traditionelle Initiationsriten wie Konfirmation, Kommunion oder Weihe wenig, dieses Defizit auszugleichen.

Die Konfirmation gilt als die feierliche, offizielle Bestätigung, dass Jugendliche nun einen festen Platz in der Gemeinschaft der Erwachsenen erhalten. Viele Jungen sehen in ihr aber primär die Möglichkeit, sich einen Grundstock für ihre materielle Zukunft zu schaffen. Der Motorroller ist vielleicht schon bestellt, mit Geldgeschenken wird fest gerechnet. Mit der Kraft der Spiritualität dagegen nicht. Eine bittere Erkenntnis, dass diese wohlgemeinte und sinnvolle Tradition sich gerade dadurch in ihr Gegenteil verkehrt, dass sie Immaterielles mit Materiellem gekoppelt hat.

Erkaufte Spiritualität und äußerlich bleibende Initiation haben keinen Bestand und helfen den jungen Menschen bei ihrer Identitätsfindung und ihrer Suche nach einem Platz in der immer komplexer werdenden Welt nicht weiter.

## Auf der Suche nach Identität

Wenn souveräne Männer, Väter oder Paten im Leben von Jungen fehlen, fällt es ihnen nicht nur schwer, eine «tragfähige» männliche Rolle zu übernehmen, sie haben auch große Schwierigkeiten, eine stabile Identität zu entwickeln.

Die Entwicklung einer Identität, einer Gesamtpersönlichkeit, geht über das äußere Bild des Mannes weit hinaus. Jungen werden meist nur die äußeren Attribute des Mannseins und rollenstereotypes männliches Handeln dargeboten. Die Gefühlswelt eines Mannes, sein tieferes Wesen, bleibt vielen Jungen verborgen.

Wenn Jungen in ihrem Leben ohne das Vorbild realer Männer auskommen müssen, können sie die Persönlichkeit eines Mannes mit seinen vielen Facetten nicht kennen lernen. Sie erleben nicht mit, wie ein Mann mit seinen Gefühlen umgeht, wie er darum ringt, in seinem Leben einen guten Weg zu gehen, wie er mit Niederlagen umgeht oder sich und andere liebevoll behandelt. All dies gehört aber zu einer komplexen Identität dazu.

Unter Identität wird allgemein die Wesensgleichheit, die Echtheit einer Person verstanden. Dabei geht es darum, wie sich ein Mensch als einheitliches Wesen *innerlich* empfindet und *nach außen* darstellt. Wie zum Beispiel seine Werte mit seinem Verhalten übereinstimmen.

Erst wer die eigene Persönlichkeit kennt, sich selbst annehmen kann, auch mit Ecken und Kanten, kann eine stabile Ich-Identität ausbilden. Sie ist die Basis, auf der man Sicherheit für sein Verhalten entwickeln kann. Jungen mit einer starken Persönlichkeit, einem stabilen Selbst, sind nicht so leicht gefährdet, fremdbestimmt zu werden, medial ferngesteuert zu agieren.

Wer nur im Außen agiert, wird kaum angeregt, sich mit seiner tieferen Persönlichkeit zu befassen. Oberflächlichkeit fördert Oberflächlichkeit. Eine Identität auszubilden ist nicht einfach und bedeutet, sich auf einen lebenslangen Prozess einzulassen. Es ist von großer Bedeutung, eine Vorstellung von seinem eigenen «Ich» zu bekommen. Zu wissen, wer man ist, sagen zu können, was einen im Moment ausmacht, das gibt die Sicherheit, die gerade Jungen so oft fehlt. Wem dieses Gefühl für die Mitte im eigenen Leben fehlt, geht leicht in die Irre, folgt Irrlichtern und tut Dinge, die (irrtümlich) für identitätsstiftend gehalten werden.

## Das Leben ist kein Spiel!

Viele heranwachsende Jungen wollen etwas Besonderes sein, nicht selten jemand ganz anderes. Aus diesem Grund nehmen sie in ihren Spielewelten am Computer gern virtuelle Identitäten an. Dort suchen sie sich aus der großen Auswahl an Spielcharakteren die Identität, die ihnen zusagt, einfach per Mausklick aus. Bei der Verwendung solcher Spielpersönlichkeiten, solch eines virtuellen «Ichs», zeigen die echten «Gamer» oft großen Einsatz und Geschick. Für besondere spielerische Erfolge werden ihren Scheinidentitäten zusätzliche persönliche Fähigkeiten und Kräfte verliehen, sie erhalten Bonuspunkte für gelungene Charakterbildungen und deren Figurensteuerung.

Solche unwirklichen, aber dennoch sehr real wirkenden Persönlichkeiten, die geradezu ein Eigenleben entwickeln, benötigen viel Aufmerksamkeit und Zeit. Da bleibt dann nicht mehr viel übrig, um in das eigene, ganz reale, noch kleine Ich zu investieren. *Keine Zeit für eine eigene Identität.* Die Erfolge in der virtuellen Welt spornen mehr an als die mühsam erworbenen Fortschritte im eigenen Leben. In der Realität zu reifen und zu wachsen kostet Energie und Willen und lässt sich oftmals nur durch schmerzhafte Erfahrungen entwickeln. Und man kann auch nicht mit Hilfe eines Punktestandes (wie bei den Computerspielen) angeben, welchen Level man gerade erreicht hat. Das wirkliche Leben ist komplexer. Und deshalb für immer mehr Jungen auch bedrohlicher. Sie können die Risiken nicht einschätzen, besitzen nicht die notwendigen Fähigkeiten, um ihr Leben zu gestalten.

*Jungen, die nicht wissen, wer sie sind, die sich selbst nicht kennen, kennen auch ihre wahren Bedürfnisse nicht.* Sie handeln häufig nur nach dem, was andere ihnen sagen, ihnen vormachen oder von ihnen verlangen. Starke Persönlichkeiten entstehen so nicht. Doch ein Junge muss stark werden, stark genug, um «Nein» sagen zu können.[29]

Manche Jungen schaffen sich mit einer künstlerischen Identität eine Form von künstlichem Ich. Es sind fast ausschließlich Jungen, die so genannte Tags und Pictures an «jede Wand im ganzen Land» sprayen. Auch die «Sprayer» leben in einer besonderen, eigenen Welt, die meist erst nachts zum Leben erwacht. Sie geben sich Phantasienamen oder nennen sich als Gruppe nach ihrem Hauptzulieferbetrieb, «BASF». Ihre Identität entsteht durch ihre persönlichen Tags, ihre Schriftzeichen und Pictures. Daran werden sie nicht nur von Insidern erkannt. Anhand ihres Styles, den sie als bunten Persönlichkeitsnachweis an öffentlichen Wänden hinterlassen, zeigen sie der Welt, dass sie da sind, dass sie *wer* sind. An ihnen, oder besser gesagt an ihren Werken, kommt keiner vorbei. Allerdings laufen sie damit auch Gefahr, von polizeilichen Spezialeinheiten identifiziert zu werden.

*Die Jungen wollen wahrgenommen werden, beachtet werden.* Dabei ist es ihnen egal, ob andere ihre Lebenszeichen mögen oder nicht. Identität erfordert auch Abgrenzung, eine sichtbare Unterscheidung zur Welt der Erwachsenen.

Identität wird nicht nur durch äußere Erkennungszeichen vermittelt, sondern auch durch die Gesinnung. Besonders radikale, stark ideologisch auftretende politische Gruppierungen bieten Jungen eine bereits vorgeprägte uniformistische Identität an.

Auffallend viele Jungen suchen nach einer Identität, die sie von dem Gefühl der Ohnmacht, der Bedeutungslosigkeit befreien kann. Sie suchen nach einer Identität, die Stärke vermittelt.

Besonders rechtsradikale Gruppierungen bieten mit ihrer autoritären Struktur eine solche Massenidentität, der Zulauf zu ihnen ist ungebrochen. Für die Entwicklung des einzelnen Jungen, aber auch für die Allgemeinheit insgesamt, stellen diese Gruppen eine

---

29 Das Lions-Quest-Programm, gefördert von dem renommierten Pädagogik-Prof. K. Hurrelmann, bemüht sich darum, Kinder und Jugendliche in den Schulen zu stärken.

große Gefahr dar, besonders für die Schwächeren in unserer Gesellschaft. Jungen, die in ihrem Denken so beeinflusst werden, dass sie keine anderen Meinungen mehr gelten lassen können, die an Tatsachen nicht interessiert sind und Gewalt als Mittel zur Identitätsstiftung ansehen, bleiben in ihrer Persönlichkeitsentwicklung weit zurück. Sie haben sich in eine Sackgasse begeben, in der «Gewalt der Schaffung und Erhaltung männlicher Identität dient».[30]

In den gewaltbereiten politischen Jungen- und Männer-Szenen entwickelt sich eine Vorstellung von männlicher Identität, die eher ein Zeichen von persönlicher Schwäche ist.

Auf der Suche nach identitätsstiftenden Faktoren spielen die Begriffe Heimat, Kultur, Nationalität und Religion eine wichtige Rolle. Dass damit Missbrauch betrieben werden kann, ist fast täglich festzustellen. Doch offenbar suchen Jungen etwas, womit sie sich identifizieren können. «Ich bin stolz, ein Deutscher zu sein!» Eine klare Identität, die aber nicht wirklich etwas über das Individuum aussagt, sondern zum echten Chauvinismus führt.

Weltweit wächst der Zulauf von Jungen aller Ethnien zu extremen religiösen oder nationalen Gruppen. Ihre Suche ist ein Hinweis darauf, dass zur Bildung einer Identität etwas Großes gehört, mit dem sie sich identifizieren können. Die Anziehung besonders extremer Gruppierungen ist ein Hinweis darauf, dass es in unserer und in anderen Gesellschaften an attraktiven und gemäßigten identitätsfördernden Angeboten mangelt. Politisch-religiöse Kompetenz könnte vor falschem Fundamentalismus schützen.

### Identität – viel zu spät!

Jeder Mensch sehnt sich nach einer eigenen Identität, einer Antwort auf die Frage «Wer bin ich?» im Unterschied zu anderen. Möglichst früh versuchen wir, uns aus der Abhängigkeit zu lö-

---

30 Joachim Lempert, in der Broschüre: «Männer gegen Männergewalt», Hamburg 1996, S. 14

sen, indem wir eine eigene Identität ausbilden. Spätestens im Jugendalter wird versucht, sich aus dem Verantwortungsbereich der Eltern zu befreien. *Identität wird unter anderem durch die Unabhängigkeit vom Elternhaus gebildet.*

Früher markierte der Einstieg ins Ausbildungs- oder Berufsleben die Loslösung vom Elternhaus und bedeutete für den jungen Menschen den ersten Schritt ins selbst verantwortete Leben. Als mein Vater 1950 im Alter von 14 Jahren sein Elternhaus nach acht Jahren Schule verließ, um in einer Meierei seine Lehre zu beginnen, endete für ihn die Kindheit und die damit verbundene Abhängigkeit von seinen Eltern. Ab diesem Zeitpunkt lebte er bei seinem Lehrherrn. Zur Familie kehrte er nicht mehr zurück. Die familiäre Prägung endete für ihn zu früh.

Die 14-jährigen Jungen heute streben genau wie damals nach Unabhängigkeit. Allerdings möglichst ohne den Verlust eines komplett ausgestatteten und medial aufgerüsteten Jungenzimmers und anderer Vergünstigungen, die sie bei ihren Eltern erhalten.

*Selbständigkeit trägt zur Bildung eines erwünschten Selbstkonzeptes bei, sie ist identitätsstiftend und -fördernd.* Immer früher möchten Jungen ihren eigenen Interessen nachgehen und selbst über sich entscheiden. Die Abwehr gegen die Einmischungen der Eltern ist oft sehr heftig und wird lautstark vorgetragen, auch schon von noch recht kleinen Jungen. Viele Jungen wollen Selbständigkeit in ganz bestimmten Bereichen, und zwar jetzt und sofort – und nicht erst nach langen zeitlichen Umwegen. Der Erziehungswissenschaftler Wolfgang Brezinka stellte schon 1986 fest, dass noch keine Generation so viel und so lange lernen musste, um den erwarteten Normen der Erwachsenenwelt zu genügen.

«*Der lange Aufenthalt in so genannten Bildungsanstalten kann auch nutzlos oder schädlich sein. Schädlich ist er dann, wenn er zu schulbedingten seelischen Störungen führt oder wenn er den Erwerb wesentlicher Merkmale der Lebenstüchtigkeit wie Selbstvertrauen, Bereitschaft zur Selbsterhaltung durch eigene Arbeit, Wirklichkeitssinn, Lebensfreude usw. beeinträchtigt.»*[31]

Auf der einen Seite sehnen sich Jungen nach Loslösung und Autonomie und nach Teilhabe an bestimmten Privilegien der Erwachsenen, nach einer unabhängigen Identität, auf der anderen Seite werden sie in Schulen festgehalten, und es wird ihnen durch eine falsche Vorstellung von erfolgreicher Bildung die Ausbildung ihrer Selbständigkeit erschwert. Wir fordern von ihnen, geduldig in leider immer noch langweiligen und lernlustfernen, die Abhängigkeit verlängernden Bildungseinrichtungen auszuharren. Das wahre Leben kommt erst später, Identität damit *zu* spät!

Unabhängigkeit wird zwar vermeintlich gefördert, kann aber nicht rechtzeitig gewährt werden. Jungen wünschen sich dringend, erwachsen zu sein, von Männern als gleichwertig anerkannt zu werden, endlich dazuzugehören. Die Wirklichkeit aber sieht oft so aus, dass Jungen zwar die Rechte, alle Möglichkeiten eines Mannes einfordern, die Pflichten jedoch noch nicht erfüllen können. Bedingt durch die lang andauernde Schul- und Ausbildungszeit sind Jungen lange Zeit gebunden und abhängig und noch weit entfernt von einer eigenen Identität als Mann.

Es ist gut nachzuvollziehen, dass Jungen, die die Erwachsenenwelt und ihre Reize schon früh kennen gelernt haben, als gleichrangige Persönlichkeit angesehen werden wollen. Ihnen fehlt die Geduld, darauf zu warten, endlich die Rechte und Privilegien von Erwachsenen nutzen zu können. Doch für das meiste, was sie fordern und begehren, reicht ihre Reife bei weitem nicht aus. Egal, welche Schuhgröße sie haben und wie groß sie sich vorkommen, *Reife bildet sich langsam durch identitätsfördernde Erfahrungen.*

31 Wolfgang Brezinka: Erziehung in einer wertunsicheren Gesellschaft, Konstanz 1986, S. 158

*«Anschließend an solche Erfahrungen pflegtest Du in bitterem Scherz zu sagen, dass es uns zu gut ging. Aber dieser Scherz ist in gewissem Sinn keiner. Das, was Du Dir erkämpfen muss- test, bekamen wir aus Deiner Hand, aber den Kampf um das äußere Leben, der Dir sofort zugänglich war und der natürlich auch uns nicht erspart bleibt, den müssen wir uns erst spät, mit Kinderkraft im Mannesalter erkämpfen.»* [32]

Manche Menschen, manche Männer sind ab einem bestimmten Alter gar nicht mehr ernsthaft an der Ausbildung eines lebens- tüchtigen «Ichs» interessiert. Sie entwickeln nicht einmal «zu spät» eine stabile Identität, sondern nie!

Besonders Männer, die meinen, allein mit dem Erwerb eines Berufs seien sie fertige reife Menschen und richtige Männer, ha- ben den Wert von persönlichem lebenslangem Wachstum nicht erkannt. Wenn diese Jungen und Männer von Arbeitslosigkeit betroffen werden, haben sie noch weniger, um sich zu definieren. Arbeitslosigkeit lässt ihr gesamtes Selbstkonzept einstürzen, und viele von ihnen fallen dann ins Bodenlose.

Identität ist fragil, wenn sie nicht früh und lange genug geför- dert wird. Menschen ohne ein stabiles Selbstbild erreichen schnell einen Punkt, an dem sie sich überfordert fühlen. Dieses Gefühl wird dann durch allerlei Aufwand zu kompensieren versucht.

Wenn man der Bedeutung von Identität keine Bedeutung bei- misst, wenn man Jungen bei der sensiblen Identitätsausbildung alleine lässt, wenn Identitätsbildung zu spät beginnt und irgend- wann einfach eingestellt wird, dann können sich aus Jungen Män- ner entwickeln, die sich nicht nur schwach fühlen, sondern auch schwach sind. Für diese Jungen einen Platz im Leben zu finden, den sie verantwortungsvoll ausfüllen können, ist nicht einfach.

Wem ein Platz in der Gesellschaft vorenthalten wird, der kann kein starkes Selbst entwickeln. Jungen erfahren in unserer Ge- sellschaft, dass ihre ureigensten (männlichen) Kompetenzen im-

32  Franz Kafka: Brief an den Vater, Prag 1996, S. 34

mer weniger gewürdigt werden und sie immer mehr mit konkurrierenden Mädchen verglichen werden. Es mangelt ihnen an positiver Rückmeldung. Ein Mangel an Anerkennung führt zum Verlust von Selbstvertrauen und letztendlich auch zu einem Identitätsverlust. *Ich kann etwas – ich bin! Ich kann nichts – ich bin nichts!* Das «Selbst» von vielen Jungen kann sich gar nicht so stark entwickeln, wie es nötig wäre, um den Widrigkeiten der gesellschaftlichen Realität mit Stärke begegnen zu können. *Das Zugestehen von Kompetenz weckt Kompetenz.*

Ein schwaches «Selbst», ein kleines «Ich» ist schnell überfordert. Es fällt Jungen oft nicht nur schwer, gestellte Aufgaben zu erledigen, es fällt ihnen auch schwer, sich einzugestehen und vor anderen zu bekennen, dass die Forderungen zu hoch sind. Im Umgang mit Überforderung in den unterschiedlichsten Bereichen sind Jungen vielfach gerade auch damit überfordert, sich selbständig Unterstützung zu holen. Leichter erscheint es ihnen da, sich der Situation zu entziehen, auch wenn sie damit manchmal negative Konsequenzen für sich oder andere in Kauf nehmen.

Jungen ohne Selbstvertrauen, ohne ein ausreichend starkes «Ich» fällt es schwer, Verantwortung für sich und für ihr Handeln zu übernehmen. Verantwortung muss gelernt werden, muss schrittweise übernommen werden. Dafür brauchen Jungen Menschen, die ihnen zur Seite stehen, ihnen angemessen Verantwortung übertragen und sie so lange begleiten, bis sie ausreichend Erfahrung im Umgang mit einer übernommenen Aufgabe gemacht haben.

Selbständige, starke und aktive Jungen suchen sich Herausforderungen, Bereiche, in denen sie Erfahrungen machen, Verantwortung übernehmen und etwas Sinnvolles schaffen können. Mehr Jungen als Mädchen jobben neben der Schule. Sie wollen unabhängiger werden und über größere finanzielle Mittel verfügen. Sie lernen durch stundenweise «richtige» Arbeit, dass sie mehr können, als sie sich selbst oder andere ihnen zugetraut haben. Sie wachsen an ihren Aufgaben. In der Schule erleben sie dies meist nicht. Das «Schwänzen» von Unterricht, von ganzen

Schulwochen hat in den letzten Jahren rapide zugenommen. Schulabsentismus ist ein ernst zu nehmendes Problem geworden. Vor allem Jungen beschäftigen sich lieber anderweitig «sinnvoll», als zur Schule zu gehen. Sie sind selten motiviert, in der Schule danach zu suchen, was sie für ihr Leben brauchen könnten. Manche Jungen jobben deshalb während der Schulzeit lieber. Nur durch Zufall fand einer meiner Kollegen heraus, wo sich sein Schüler während des Unterrichts aufhielt. Er traf ihn beim Einkaufen in einem Supermarkt. Wie selbstverständlich hatte er dort schon seit geraumer Zeit gearbeitet.

Eigentlich ist es ein gutes Zeichen, wenn Jungen genug Lebensmut und auch -kraft haben, sich Arbeit zu suchen und Verantwortung zu übernehmen. Sie spüren, dass es ihnen gut tut, aktiv an ihrer Entwicklung zu arbeiten. *Sie suchen sich selbst einen Platz, an dem sie wachsen können.* Die Erfahrungen, die sie dabei machen, helfen ihnen, ihren Platz in der Gesellschaft leichter zu finden. Jungen, die dies aber nicht können oder wollen, die niemanden haben, der sie dazu animiert, sie begleitet, laufen Gefahr, dass ihnen am Ende ganz grundlegende Fertigkeiten und Eigenschaften fehlen.

Vor ein paar Jahren machte ich mit meiner Familie Urlaub auf einem Bauernhof in Bayern. Der ungefähr 13-jährige Sohn des Bauern erledigte jeden Tag nach der Schule die unterschiedlichsten Arbeiten auf dem Hof. Am besten gefiel ihm, mit dem großen Trecker zu fahren. Er rangierte «wie ein Alter» überall auf dem ausgedehnten Hofgelände herum. Großer Trecker gleich große Verantwortung? Wenn Jungen solche Aufgaben übertragen werden, dann wachsen sie daran. Sie werden schneller groß. Sofern sie sich dabei nicht überfordern. *Das Zutrauen anderer stärkt das Vertrauen in die eigenen Fähigkeiten.*

Die Möglichkeit, an vielfältigen Tätigkeiten zu lernen, große Verantwortung zu übernehmen, bedeutet einen großen Vorteil ländlicher Jungen gegenüber Stadt-Jungen, denen einfach der nötige Übungsraum fehlt. Jungen in der Stadt haben keinen ausreichenden Platz, an dem sie wichtige Erfahrungen sammeln können.

*Stadt-Jungen sind in bestimmten Bereichen ihrer Persönlichkeitsentwicklung gegenüber Jungen vom Land im Nachteil.*

Der Verlust der natürlichen Umwelt führt bei vielen Jungen zu einer Verkümmerung ihres Potenzials. Bestimmte Fähigkeiten können sie gar nicht ausbilden. Wer keinen Raum hat, wo er wichtige Erfahrungen sammeln kann, gerät zwangsläufig in ein Erfahrungsdefizit. Viele Jungen versuchen dies durch ihr gesteigertes Engagement in einer virtuellen Welt auszugleichen. Dort sitzen sie nicht nur am Lenkrad eines Treckers, sondern jedes erdenklichen Fahr- oder Flugzeugs. Dort übernehmen sie auch Verantwortung in unterschiedlichen Bereichen. Doch bleibt dies aber alles oberflächlich und unwirklich. Es kann somit auch nicht zu tieferer Reifung und zur Bildung von wichtigen neuronalen Vernetzungen im Gehirn kommen. Wirkliche Kontakte und wirkliche Erfahrungen haben eine andere Wirkung auf die Persönlichkeitsentwicklung von Jungen als die Erfahrungen in der digitalisierten Welt.

## Orientierungslos im Wertedschungel

Dass sich die Welt verändert, sich seit ihrer Entstehung stetig weiterentwickelt hat, ist für den Menschen ein Gewinn, hat er doch so die Möglichkeit erhalten, sich in der von ihm vorgefundenen Welt selbst auch zu entwickeln. Doch nur so lange, wie der menschliche Entwicklungsstand mit den jeweiligen Anforderungen des Lebens und Überlebens ausbalanciert ist.

Heutzutage gibt es m. E. eine Diskrepanz zwischen den immer komplexeren Leistungsanforderungen und der menschlichen Leistungsfähigkeit. Als Belastung werden weniger die physischen Anforderungen erlebt – davon hat sich der Mensch im Laufe seiner Entwicklungsgeschichte immer mehr zu befreien gewusst –, sondern die psychischen Anforderungen des Lebens. Viele Menschen sind heute auch auf psychisch-seelischem Gebiet überfordert.

*«Der geringste Mensch kann komplett sein, wenn er sich innerhalb der Grenzen seiner Fähigkeiten und Fertigkeiten bewegt;*

*aber selbst schöne Vorzüge werden verdunkelt, aufgehoben und vernichtet, wenn jenes unerlässlich geforderte Ebenmaß abgeht. Dieses Unheil wird sich in der neuen Zeit noch öfter hervortun; denn wer wird wohl den Forderungen einer durchaus gesteigerten Gegenwart, und zwar in schneller Bewegung, genugtun können?»*
Johann Wolfgang von Goethe[33]

Besonders in den westlichen Zivilisationen leiden immer mehr Menschen unter der Komplexität und dem wachsenden Druck der modernen Arbeitswelt. In den letzten fünf Jahren haben die Krankenkassen bei Krankschreibungen wegen seelisch bedingter Beschwerden einen Anstieg von zwanzig Prozent festgestellt, besonders häufig bei arbeitslosen Menschen.[34] Die Jungen wie die Alten bewältigen die Anforderungen nicht mehr, die durch Medien, Arbeit, Beziehung, Ich-Findung und Multikulturalität an sie gestellt werden.

Besonders Jungen sind von dieser Überforderung betroffen. Bei ihnen ist im Vergleich zu den Mädchen der höchste Zuwachs psychischer Erkrankungen zu verzeichnen. Offenbar reagieren sie immer häufiger seelisch und letztlich dann auch körperlich auf die Schwierigkeit, sich in dieser immer unübersichtlicheren und stetig fordernden Gesellschaft zurechtfinden zu müssen, ohne rechte Orientierung und Unterstützung.

*Jungen fehlt nicht nur die äußere Orientierung in der Welt, Jungen fehlt auch die innere Orientierung.* Es geht nicht nur um Rollenvorbilder, sondern auch um gesellschaftlich verbindliche Werte und die Fähigkeit, sich zu ihnen zu verhalten.

Viele Jungen wenden sich lieber einer überschaubareren Welt zu, in der sie die ihnen gestellten Aufgaben noch bewerkstelligen können.

33 Goethes Lebensweisheiten, ausgewählt von Josef Hofmiller, München 1940
34 Hamburger Abendblatt vom 7. 4. 2005, S. 4

Die Flucht in andere, einfachere Welten, der Umgang mit einschätzbaren Faktoren und Bedingungen ist für Jungen attraktiver als die sie oftmals überfordernde reale Welt.

Ob «Yu-Gi-Oh» oder Pokémon, ob «Age of Empire» oder «Sims», das Leben in einer Welt der Phantasie hat großen Reiz auf junge Menschen. Computer-Spiele, Internet und Filmindustrie ermöglichen, in andere Welten, in das reizvolle Leben anderer einzutauchen. Tägliche Soaps beschäftigen die beinahe süchtige Fangemeinde mehr als das eigene Leben. In Live-Rollen-Spielen schlüpfen Jung und Alt in Verkleidungen und verbringen ganze Wochenenden mit einer anderen Identität aus einer anderen Zeit oder Welt. Weltweit sind so genannte Larp-Communities entstanden, die diesem Bedürfnis einen Rahmen und vielfältige Möglichkeiten bieten. Die Sehnsucht nach Überschaubarkeit, nach neuer Intensität, Spaß und Abwechslung ist groß geworden in einer Zeit, die mehr von Menschen verlangt, als sie zu leisten imstande sind.

Die Faszination einer virtuellen Welt ist groß, und viele Jungen vergessen, während sie darin «leben», ihre realen Bedürfnisse und Verpflichtungen. In der Schule ist immer wieder zu beobachten, wie Jungen so sehr in ihr weltfremdes Geschehen – zum Beispiel beim Spiel mit den weitverbreiteten Magic-Cards – verstrickt sind, dass der real stattfindende Unterricht ohne ihre psychische Anwesenheit stattfindet.

So erfolgreich diese Jungen im Überleben in ihrer Kunstwelt auch sind, ihre realen Lebensbewältigungsstrategien und -fertigkeiten (life-skills) scheinen oft nicht ausreichend zu sein, um den Widrigkeiten ihres wirklichen Lebens erfolgreich begegnen zu können. *Jungen haben große Schwierigkeiten mit der Komplexität, die ihnen gleichzeitig auf unterschiedlichen Ebenen abverlangt wird.*

Offenbar sind männliche Menschen wegen der geringeren Zusammenarbeit ihrer beiden Gehirnhemisphären im Nachteil. Das wird besonders deutlich beim «Multitasking», der gleichzeitigen Erledigung verschiedener Dinge. Salopp ausgedrückt könnte man sagen: *Ein Junge kann nur eine Sache zurzeit.* Dies gilt insbesondere für Anforderungen, die gleichzeitig die Beziehungs-, die Sach- oder die Gefühls-Ebene fordert.

*Die Vielfalt einer für alles offenen Gesellschaft kann Jungen überfordern und in wichtigen persönlichen Bereichen schwächen.* Ohne Wegmarken, die Orientierung geben, ohne Klarheit vermittelnde Struktur und deutliche Verbindlichkeiten, wie sie z. B. auch religiöse Traditionen bieten, können sich Jungen in dem Dschungel an Möglichkeiten und der grenzenlosen Freiheiten verlieren.

Angesichts des schier unübersichtlich gewordenen Angebots von Lebens-, Denk- und Handlungskonzepten, die sich oftmals sogar gänzlich widersprechen, ist ein Junge besonders dann gefährdet, wenn er keinen Beistand an seiner Seite hat. Die Gemeinschaft der Erwachsenen bietet den Jugendlichen keine ausreichende Orientierung, in den Familien ist oft niemand mehr, der sie durch das Dickicht der widerstreitenden verschiedenen «Wahrheiten» begleitet. Die fehlende Orientierungshilfe führt zur Verwirrung des Jungen und damit allzu oft zu auffälligem, abweichendem Verhalten.

Das Verhalten von Jungen in bestimmten Situationen ist ein Indikator ihrer Hilflosigkeit, ihrer durch Orientierungslosigkeit entstandenen Überforderung.

Allgemein verbindliche Werte, die bei der Suche nach Struktur im Leben als Orientierungspunkte dienen könnten und sowohl als persönliche Handlungshilfen als auch als gesellschaftliche Leitwerte dienen, fehlen im Bewusstsein vieler Jungen. Gesellschaftliche Werte sind ja vorhanden, sie werden nur nicht genügend verinnerlicht und dienen nicht mehr als Richtwerte, die bei der Entwicklung von Identität Maßstäbe setzen. Wenn Werte äußerlich bleiben, führt das zu einer inneren Orientierungslosigkeit, nicht nur bei Jungen.

Ohne Orientierung können sich Jungen in diesem wilden, verwirrenden Wertedschungel leicht verirren und in ein dunkles Dickicht geraten, von wo aus ein Weg heraus ans Licht oft nur noch schwer möglich erscheint. Viele Jungen geraten in Sackgassen, in persönliche Katastrophen, weil sich ihr Wertekompass nicht bewährt.

## Viele Jungen wissen einfach nicht mehr sicher, was gut und richtig ist

Oftmals gilt nur das als gut, was gut für einen selber ist. Diese Haltung kommt nicht nur bei Jungen vor. Der Weg von der Egozentrik zur Empathie ist weit, besonders während der Pubertät. Bei Jungen werden die starke Ichbezogenheit und der Wunsch nach sofortiger Bedürfnisbefriedigung deshalb so auffällig, weil Jungen immer wieder körperliche Gewalt anwenden, um ihre Ziele zu erreichen. Je sichtbarer rücksichtsloses Verhalten im öffentlichen Leben wird, desto seltener sind gutes Benehmen, Höflichkeit und Manieren auch bei Jungen zu beobachten. Insgesamt ist das gesellschaftliche Klima rauer geworden. Jungen sind davon nicht unbeeindruckt.

Vielfach verhalten sich Jungen so, dass sie als unsozial gelten und mit den Mitgliedern einer Gemeinschaft in Konflikt geraten. Diese Konflikte belasten die Jungen ebenso, wie sie die Gemeinschaft belasten. Jungen geraten an den sozialen Rand, und dort werden die negativen Einflüsse noch mächtiger. Letztlich wird Jungen in ihrer Entwicklung zu einem lebenstüchtigen Menschen durch das Fehlen tugendhafter Werte und sittlicher Reife großer Schaden zugefügt. Dies kommt einer Katastrophe für den einzelnen Lebensweg eines Jungen gleich.

# III. Erster, Zweiter, Loser

Wie Jungen aufwachsen, welche Erziehung und Beziehungen sie erfahren, ob sie sehr vernachlässigt werden oder ob sie, wie kleine Paschas, zu sehr hofiert werden – alles kann ungewollte Auswirkungen auf das Verhalten von Jungen haben. War früher die Freude über die Geburt eines Jungen überschwänglich im Gegensatz zu der eines Mädchens, so scheint es heute vielfach umgekehrt zu sein. Schon mit der Geburt werden aufgrund des Geschlechts bestimmte Erwartungen an das Kind geknüpft. Dass die Erziehung von Jungen inzwischen schwieriger geworden ist, hat sich herumgesprochen. Jungen gelten zunehmend als Sorgenkinder, als Verlierer und Problemkinder.

Aber wie lernen Jungen, sich zu ihrer Umwelt in Beziehung zu setzen, und welche biologischen Voraussetzungen bringen sie mit? Wie lernen sie zu vermitteln, was sie brauchen, wie sie sich behandelt fühlen, wie es ihnen geht? Auffällig am Verhalten von Jungen ist, im Unterschied zu Mädchen, ihre stark körperorientierte Art, sich durchzusetzen. Jungen sind offenbar noch bestimmt von Verhaltensmustern, die sich ausgebildet haben, als das Leben im ursprünglichen Sinn ein Kampf ums Überleben war. Auch ihr stark entwickelter Sinn für Konkurrenz ist ein solches Erbe. Es gibt kaum einem Bereich, in dem Jungen nicht versuchen herauszufinden, wer besser ist oder mehr hat. Vergleichsobjekte sind der Penis oder die Höchstgeschwindigkeit von Papis Auto. So war es auch schon in den siebziger Jahren, als wir versuchten, mit Opel Manta und BMW 2002 zu punkten. Jungen protzen gerne, sie versuchen einen Stich zu landen. Auch große Jungen: «Mein Haus, mein Auto, meine Yacht …!» (So heißt es in einer Fernsehwerbung.) Es geht darum, den anderen zu beeindrucken, ihn zu übertrumpfen, besser zu sein. Und das mit fast allem, was möglich ist.

In dem Film «Bowling for Columbine» von Oscarpreisträger

Michael Moore äußert ein junger Mann nach dem Massaker in der Schule von Littleton (USA) seine Enttäuschung darüber, dass er auf der Liste der für gefährlich eingestuften Gewalttäter nur den zweiten Platz einnimmt. Es ärgerte ihn sichtlich, dass es jemanden gibt, dem man noch mehr Gewaltpotenzial zutraut.

Zweiter zu sein, ist für viele Jungen ein Problem. Kommt doch in ihrem Denken nur der Erste groß heraus, und sei es auch nur durch negative Schlagzeilen, was viele Jungen mit antreibt, auffällig zu werden.

Folgen Jungen aber solchen archaischen Mustern, wird ihnen das in unserer als humanistisch geltenden Welt als unsoziales Verhalten ausgelegt.

Aggressivität beginnt schon früh bei kleinen Kindern. Meistens sind es Jungen, die bereits im Alter von zwei bis drei Jahren, in ihrer «Trotzphase», durch aggressives Verhalten auffallen. Sie schlagen Geschwisterkinder, Kindergartenfreunde und nicht zuletzt die eigenen Eltern, meist die Mutter. Tritte, Schläge und Beschimpfungen gehören schnell zum Verhaltensrepertoire der kleinen «Monster». Anhand neuester Langzeitstudien zum Thema Jugendgewalt stellt der kanadische Wissenschaftler Richard Tremblay fest, dass bereits sehr früh individuelle «Aggressionsschwellen» bei Kleinkindern zu beobachten sind: Es gibt Kinder, die mit wenig aggressivem Verhalten auf ihre Umwelt reagieren, und Kinder, die mit stärkerem oder sogar sehr starkem aggressiven Verhalten auffallen. Dabei können diese Kinder nach einer Einteilung von Friedrich Lösel in zwei Typen unterschieden werden. Zum einen in jene Kinder, die sich schnell von anderen angegriffen fühlen und ebenso schnell zuschlagen. Bei ihnen konnten die höchsten Werte des Stresshormons «Cortisol» festgestellt werden. Diese Kinder reagieren sehr schnell auf Überforderungen und agieren sich dann sehr oft durch aggressives Verhalten ab. Diese so genannten «reaktiv-aggressiven» Kinder sind oft sehr unsicher und ängstlich.

Der andere Typus ist der «instrumentell-aggressive». Diese

Kinder haben einen großen Drang, ihre eigenen Ziele zu verfolgen und sich nicht von den Bedürfnissen anderer davon abhalten zu lassen. Mit einem hohen Maß an Egoismus gehen sie ohne Rücksicht auf Verluste schon sehr früh ihre eigenen Wege. Sie instrumentalisieren ihre Aggressivität für ihre Zwecke. Auslöser ist nicht persönliche Betroffenheit, vielmehr handeln sie aus einer wenig emotionalisierten Ausgangssituation heraus kühl und überlegt zum eigenen Vorteil. Dabei zeigen sie wenig Furcht oder Angst, egal ob Situationen für sie «gefährlich» sind oder ihnen Sanktionen angedroht werden. Ganz im Gegensatz zu dem «reaktiven» Typus weist ihr Blut einen sehr geringen Gehalt an Cortisol auf. Stress erleben sie in diesen Situationen nicht. Sie sind die Prototypen des zukünftigen «coolen» Jungen, dem alles egal zu sein scheint, dem «einsamen Wolf», der sich unbeirrt nimmt, was er will.[35] Die Frage liegt nahe, ob man von Cortisol abhängig werden kann. Könnte es sein, dass Jungen sich an Stress und seine chemischen Begleiterscheinungen gewöhnen und so immer wieder Stress erzeugen wollen? Gilt es einen gewissen Stresslevel zu halten, weil der Körper sich daran gewöhnt hat? Das mag von fachkompetenter Seite geklärt werden, für den Zusammenhang mit der Thematik dieser Arbeit ist die Erkenntnis wesentlich, dass Überforderung, besonders bei Jungen, zu aggressivem Verhalten führt.

Außerdem würde es bedeuten, Jungen nur auf ihre biologischen Antriebe zu reduzieren, wie es im klassischen Verhaltenstraining der Fall ist. Auch wenn deren Methode von Zuckerbrot und Peitsche manchmal als letzte Rettung erscheint, mit männlichen Wesen umzugehen. So gibt es Bücher für Frauen, in denen Tipps angeboten werden, wie sie ihre Männer nach dem Muster des klassischen Hunde-Trainings umkrempeln können.[36] Der Mann

---

35  Vergleiche dazu den Bericht von Ines Possemeyer, in: Geo 3/04, Psychologie: Aggressive Kinder.
36  Michele Weiner-Davis: Jetzt ändere ich meinen Mann. Wie sie ihn umkrempeln, ohne dass er es merkt, München, Zürich 2003

als tumbes, durchschaubares hundeähnliches Wesen – geführt, verändert und manipuliert von Frauenhand, ganz nach dem Postkartenspruch *«Männer sind immer das, was Frauen aus ihnen machen»*. Und von keiner anderen Motivation gelenkt als ihrer Triebsteuerung.

Neuen Erkenntnissen der Hirnforschung zufolge haben männliche Menschen eine größere biologische Dispositition zu gewalttätigem Verhalten. Die Impulskontrolle ist in der vorderen Großhirnrinde angesiedelt, und die ist bei bestimmten Männern, besonders bei aggressiven, weniger stark entwickelt. In diesen Zellen sitzt die «Vernunft», die beim Menschen, im Unterschied zum Tier, Entscheidungen ermöglicht. Je stärker die Stimme der Vernunft trainiert ist, desto stärker kann das eigene Verhalten gesteuert werden. «Selbstkontrolle» ist also ein Ergebnis von Übung und biologischer Disposition. Die Stimme der Vernunft kann im Interesse der eigenen Ziele zur Selbstbeherrschung mahnen und ein geeigneteres Verhalten anbieten. Sie kann sich melden, um Triebaufschub zu verlangen, in der Erwartung längerfristiger Belohnungen. Und in zivilisierten Gesellschaften hat sie gelernt, auf die langfristigen Folgen des vom Impuls getriebenen Verhaltens hinzuweisen und die Auswirkungen unethischen Verhaltens anzuprangern. Diesen inneren Zensor, der versucht, uns im Interesse unseres gesellschaftlichen Zusammenlebens von der «blinden Wut», der «rohen Gewalt», der unreflektierten Triebsteuerung abzuhalten, nennen wir auch *Gewissen*.

Zu beobachten ist in unserer Gesellschaft, dass die moralische Verrohung von männlichen jungen Menschen zunimmt, besonders in den Ländern, in denen gesellschaftliche und persönliche Zukunftsperspektiven unsicher geworden sind. Dadurch verändert sich in einer Gesellschaft viel. Beinahe ausnahmslos sind es vor allem junge Männer, die immer häufiger ohne Scham demonstrativ mit fanatischen, fremdenfeindlichen und faschistischen Gedanken auftreten.

Lange Zeit wurde weder in der politischen Öffentlichkeit noch in den Bildungseinrichtungen für Kinder und Jugendliche ein Handlungsbedarf zum Schutz und zur Prävention der Jungen als dringend notwendig erkannt. Größere Netzwerke gibt es noch nicht. Obwohl ihre Not immer augenscheinlicher wurde und nicht erst seit kurzem wahrzunehmen ist. Da keine klaren, einheitlichen Vorstellungen darüber bestehen, ob überhaupt und wenn, wie eine sinnvolle Förderung von Jungen aussehen sollte, scheint es so, als wollte man/frau dieses Problem aussitzen. Man ließ es bisher in wichtigen Bereichen so lange weiterlaufen, bis die Probleme übergroß und nicht mehr zu ignorieren waren. Ein fahrlässiges Verhalten angesichts der vielen Schwierigkeiten, die Jungen haben, und der Schwierigkeiten, die sie machen.

Die in diesem Kapitel beschriebenen Verhaltensweisen nehmen nur die als schwierig empfundenen Anteile im Verhalten von Jungen in den Blick. Die zunehmend brutaler werdenden «Gangsterzwerge» machen zwar nur einen kleinen Teil der Jungen aus, aber exemplarisch wird an ihnen deutlich, wie sich die Überforderung auswirkt, sich in eine demokratische, zivile Gesellschaft legal und lebenstüchtig einzufügen.

*An den gescheiterten Grenzgängern wird die Katastrophe der Jungen am deutlichsten. Sie sind die Hauptindikatoren der Jungenkatastrophe.*

## Denn Jungen sind Jungen ...

... und Jungen verhalten sich wie Jungen![37] Übergriffe, Prügeleien und Kleinkriege à la «Krieg der Knöpfe» oder «Schlachten», wie die um die Diktathefte zwischen den beiden Jungengruppen im Buch «Das fliegende Klassenzimmer» von Erich Kästner, gehören wohl schon seit Anbeginn zum Verhaltensrepertoire von Jungen. Wie junge Hunde toben sie miteinander, messen ihre Kräfte und rangeln um die Hierarchie untereinander. Dass sie

37 Lateinisches Sprichwort

dabei manchmal die Grenzen des Spiels überschreiten und bewusst die Persönlichkeitsrechte anderer verletzen, ist in einer auf Gleichberechtigung und Schutz der Menschenwürde ausgerichteten Gesellschaft nicht zu akzeptieren. Doch für viele Jungen hat das Grenzenüberschreiten einen besonderen Reiz. Verbotenes zu tun scheint ihnen attraktiver zu sein, als Regeln einzuhalten und sie zu respektieren. Diese Jungen sind es, die Stress verbreiten, die Stress machen. Sie sind es auch, die provokant fragen: «Stress?!!» Sie suchen geradezu Streit, der Stress beschert. Oft aus Neid, denn Neid und Streit liegen eng beieinander.

### Erster!

Jungen lernen schon sehr früh, ihre Interessen zu verfolgen, andere zu besiegen, sich mit Gewalt durchzusetzen. Es wird zum Lebenskonzept, das ihr Leben von dem Moment an bestimmt, an dem sich die männlichen Keimzellen, die Spermien, auf den Weg machen, um die weibliche Eizelle zu erreichen. Nur die besten, die quirligsten, die schnellsten mit der meisten Ausdauer unter den rund 300 Millionen Konkurrenten haben eine Chance, als Erste ins Ziel zu gelangen. Das Leben beginnt also bereits mit einem Konkurrenzkampf. Und für viele männliche Menschen ist das ganze Leben ein steter Kampf, in dem es darum geht, zu siegen und zu gewinnen, Bester zu sein, die eigene Überlegenheit zu beweisen. Ein Beispiel aus meiner Familie zeigt dies:

Am Esstisch erklärt Benedikt meiner Frau, er habe keinen Hunger mehr und wolle den Rest des Essens stehen lassen. Sein älterer Bruder Fabian reizt ihn daraufhin, er sei mit seinem großen Teller schneller fertig als Benedikt mit seinem kleinen Rest. Sofort verkündet der Herausgeforderte, er werde Erster sein, und schaufelt das Mittagessen eilig in sich hinein. Eben noch ganz satt und Sekunden später bereit, das Essen in Rekordzeit zu verschlingen – eine solche Sinneswandlung würden wir als Eltern nie zuwege bringen. Abgesehen davon, dass wir aus moralischen Gründen gar nicht wollten, dass aus «essen» ein

Wettkampf wird, wie es immer wieder auch unter «erwachsenen» Männern vorkommt – so zum Beispiel Eierwettessen oder, besonders beliebt, Hamburger- oder Hot-Dog-Wettessen.

Doch es wird nicht nur um die Wette gegessen – oder besser gesagt geschlungen, sondern auch getrunken. Auch schon sehr junge männliche Menschen können dem etwas abgewinnen. Mit seinem Freund Noah trinkt unser Sohn Benedikt ein Glas Limonade. Nicht nur um den Durst zu löschen, sondern um herauszufinden, wer das Glas als Erster leeren kann. Ex und hopp! Junge Männer, die sich als «Kampftrinker» bezeichnen, üben sich in der Form des Wettstreits – inzwischen mit speziellen Trinkhilfen (dem so genannten «Stürzer»), die es ihnen ermöglichen, Rekorde im Bierflaschenleeren aufzustellen. Der berühmt-berüchtigte Klaus Störtebeker verdankte seinen Namen angeblich der Tatsache, dass er einen großen Bierhumpen in einem Zug die Kehle hinunterstürzen konnte (Klaus Stürz den Becher).

Besonders unter Brüdern scheint das Konkurrenzverhalten sehr ausgeprägt zu sein. «Ich kann das aber besser als du!» und andere vor Selbstbewusstsein nur so strotzende Behauptungen tönen immer wieder durch unser Haus. Wer ist als Erster oben im Zimmer, wer schneller mit dem Zähneputzen fertig, wer hat mehr Geschenke bekommen, wer darf länger aufbleiben? Immer wieder gilt es, den anderen zu übertrumpfen. Konkurrenz scheint eine Art Zauber auf Jungen auszuüben. Wenn man diesen Zauber für das einsetzt, was Erwachsene erreichen wollen, gelingen Jungen manchmal in kürzester Zeit erstaunliche Dinge. («Mal sehen, wessen Legokiste zuerst wieder eingeräumt ist!») *Konkurrenz wirkt motivationssteigernd, ist Motor für das Verhalten von Jungen.* Konkurrenz belebt Jungen, weckt in ihnen etwas, das man nicht vermuten würde. Konkurrenz – die Kraft, die Kräfte weckt.

*Viele Jungen fühlen sich ständig herausgefordert und wollen allem etwas entgegensetzen.* Konkurrenz wird von außen gefördert, besonders Jungen werden immer wieder Konkurrenzsituationen ausgesetzt, weil sie so gut darauf anspringen. Dabei geht es aber immer auch um Lob und Anerkennung und darum, herauszufinden, wer am meisten davon bekommt. Wenn mit einer Belohnung gelockt wird, regt das zur Leistung an, als ließen sich Jungen so abrichten. Streng dich mehr an, und du bekommst mehr als die anderen! Dieses Prinzip wird so stark verinnerlicht, dass Jungen manchmal gar nicht anders können, als aus jeder Sache einen Wettkampf zu machen.

*«Das Problem ist einfach nur, wenn die Seite ganz dominant wird – wenn das Konkurrenzverhalten – der Stärkste sein zu wollen und so weiter – wenn das dann überhand nimmt und bei Jungen besonders gefördert wird, das empfinde ich als Problem. Und das sehe ich bei den Schulkindern im Hort, da sind die Jungen ganz dominant, werden aber gleichzeitig von den Erzieherinnen sich selbst überlassen. Die sagen dann einfach: «Da mischen wir uns nicht ein, mit denen kann man sowieso nicht reden.» Ja, die Jungen kriegen dann halt irgendwelche Sanktionen, wenn mal etwas nicht funktioniert, aber das ist es dann auch. Denen wird kein Programm angeboten. Die Mädchen machen Seidenmalerei und die Mädchen töpfern und die Mädchen machen dies und das … aber mit den Jungen kann man ja nichts anfangen.»*[38]

Jungen konkurrieren nicht nur untereinander, sondern zusätzlich auch noch mit den Mädchen. Es gibt auch bei Kindern schon eine Art Geschlechterkampf. Dabei geht es nicht unbedingt um die Klärung der Frage «Wer wirft mehr Körbe beim Basketball?» oder «Wer hat die schönste Blume gezeichnet?». Jungensachen und Mädchensachen bleiben in vielen Fällen lange

38 Irmgard Schrand, Mutter eines «Hortjungen». Aus: Dorothea Grießbach: «Mit denen kann man eh nichts anfangen oder: Warum sind Jungs heute so schwierig?» Radio-Feature, NDR 2001

getrennt. Vielmehr geht es ihnen um die grundsätzliche Einflussnahme, um die Frage, wer in gemischtgeschlechtlichen, koedu-
kativen Gruppen tonangebend ist. Jungen versuchen möglichst
mit allen Mitteln, ihre vermeintliche Überlegenheit so lange,
wie es geht, zu demonstrieren. Wer erhält mehr Aufmerksamkeit, und wer bestimmt die Situation und die Stimmung? Wer
setzt sich durch? Es geht ihnen um Macht. *Konkurrenz stellt die
Machtfrage, im Kleinen wie im Großen.* Ob es nun konkurrie-
rende Politiker sind, die sich mit ihren Erfolgen brüsten und sich
gegenseitig mit Wortgefechten von der politischen Bühne fegen
wollen, oder zwei kleine Knirpse, die sich gegenseitig schubsen
oder beim Quartettspiel mit Hubraum- und Bruttoregistertonn-
nen auszustechen versuchen. Es ist auffällig, dass sich die allermeisten Quartettspiele, die ich im Laufe meines Lebens gesehen
habe, in Jungenhänden befunden haben. Ein Quartettspiel muss
auf die meisten Mädchen eine ebenso geringe Anziehungskraft
haben wie Barbiepuppen und rosa Plastikponys auf Jungen!
Auch Mädchen konkurrieren, aber mit anderen Mitteln und auf
anderen Gebieten.

Konkurrenz ist ein Prinzip des Lebens, das sich seit den Anfängen der Menschheit hartnäckig erhalten hat. Wie der Neid.
Wenn einer von zwei Kontrahenten sich auf der Siegerseite des
Lebens befindet und der andere sich auf der Verliererseite wähnt,
entsteht zumeist Neid. Ohne Neid kein Streit. «Mann» gönnt
dem anderen seine Stellung, seinen Besitz, seinen Erfolg nicht.
Das ist im Tierreich deutlich zu beobachten, wenn bei den Go-
rillas das Alphamännchen, der mächtige Silberrücken, als Erster
in der Rangordnung von einem jüngeren Männchen zum Macht-
kampf herausgefordert wird. Sie kämpfen um den Rang, aber
auch um die Privilegien, die damit verbunden sind: «Zugang»
zu den Weibchen und die Weitergabe der eigenen Gene. In einer wichtigen Phase ihres Lebens geht es auch den menschlichen
Männchen oftmals nur um das «Eine». Um sich gegenseitig aus
dem Rennen um die Gunst der Frau zu werfen, um (ihr) Erster zu
sein, um schließlich der Einzige zu sein, stellen sie allerlei an. Oft

reicht es eben nicht, Zweiter zu sein. «Es kann nur einen geben!» Der «Highländer» steckt in vielen Männern.

So kann es bei der größten Konkurrenzveranstaltung unserer Gesellschaft, dem Fußball, auch nur *einen* «Deutschen Meister» geben. Und trotzdem geht es bei Millionen emotional stark aufgeheizten, meist männlichen Menschen nicht nur um die erfolgreichste Mannschaft, sondern um jeden neuen Spieltag, an dem «ihre» Jungs um den Sieg kämpfen. Der Tabellen-Zweite und -Dritte eines Jahres ist letztlich bei der Meisterschaft schon ein Verlierer. Bayer Leverkusen als «ewiger Zweiter» in den neunziger Jahren kann ein Lied davon singen. Der Einzug in den Fußballolymp gebührt eben nur dem Tabellenführer. Gerade bei den rivalisierenden Fußballclubs und ihren treuen Fans wird deutlich, dass Konkurrenz nicht nur zwischen den Spielern stattfindet, sondern zwischen allen Beteiligten (die Anhänger des Clubs werden zu Recht als 12. Mann bezeichnet). Die emotionale Bindung an den Lieblingsverein beginnt bei Jungen schon recht früh. Der eigenen Mannschaft bleiben Männer oft ein Leben lang treu, der eigenen Frau längst nicht immer. Wettstreit gibt es im privaten, im öffentlichen, im geschäftlichen, im wirtschaftlichen, im sportlichen, im politischen, im kulturellen Bereich des gesellschaftlichen Lebens, eigentlich überall. Auch im Straßenverkehr wird das augenfällig. «Wer bremst, verliert!» Konkurrenzstreit um den Parkplatz, um den Sieg beim spontanen Raserwettstreit auf der Autobahn oder beim Kavaliersstart an der Ampel. Gelegenheiten, miteinander zu konkurrieren, gibt es genug – und auch genug Männer, die sich darauf einlassen. Wie aus meist ruhigen Alltagsgesellen erbitterte Konkurrenten werden können, ist immer wieder verblüffend.

Zur Konkurrenz erzogen, für die Solidarität verdorben?

Konkurrenz ist erst dann beendet, wenn einer der Kontrahenten die Niederlage zugibt, sich in die zweite Reihe stellt und den Führungsanspruch des anderen anerkennt. Beim Judo reicht dafür ein einfacher Schlag auf die Matte. Früher brauchte ein Junge meist nur die Worte «Ich ergebe mich!» zu stammeln, und er wurde von dem Druck auf seinen Körper befreit. Wer unten lag, hatte verloren, so war der Kodex der Jungen. Dann war Schluss. Der Verlierer hatte zu spüren bekommen, wer der Stärkere ist.

## Nicht lange fragen – lieber schlagen!

Rücksichtsloses Verhalten zur Durchsetzung der eigenen Interessen wird bisweilen als geschlechtsspezifische Besonderheit von Jungen geduldet. Wenn Jungen raufen, dann brauchen sie das eben, und man sollte sie bloß lassen. *«Die vertragen sich auch wieder.»* Tun sie auch oft. Oft aber auch nicht! Sie brauchen körperliche Kontakte sogar für ihre Entwicklung, für die Ausprägung ihrer Sinne, ihres Körperbewusstseins. Doch Raufen und rohe schlagende Gewalt sind zweierlei. Jungen gebärden sich oft wie tollende Hunde, die sich necken und beißen, knurren und jagen. Doch immer häufiger überschreiten sie dabei Grenzen. Sie verletzen sich, wollen dem anderen Schaden zufügen. In neuerer Zeit schießen sie bei dem Versuch, den anderen zu beeindrucken und ihn in seine Schranken zu weisen, weit über jedes Maß hinaus. Das Kräftemessen hat eine neue Qualität bekommen. Den Blick fest auf den eigenen Vorteil fixiert, bleibt der andere mit seinen Bedürfnissen und Rechten außen vor. Mitgefühl gibt es nicht mehr ausreichend. Wenn einer am Boden liegt, «ist noch lange nicht Schluss». Die Gleichgültigkeit gegenüber den Schmerzen des Gegenübers hat zugenommen, wenn nicht gar die Lust am Leid hinzugekommen ist. Die Konsequenzen des eigenen Handelns werden von immer mehr Jungen nicht mehr bedacht. Vielleicht weil ihre Vorbilder in den Medien ähnlich skrupellos sind und damit sogar noch Erfolg haben. Das Leid der Opfer spielt keine Rolle. Anstatt das schmerzverzerrte Gesicht des Geschlagenen zu zeigen, wird der stolze, zufriedene Gesichtsausdruck des Schlägers gezeigt. Entscheidend ist nur die physische Überlegenheit der Sieger. Die Opfer der Inszenierung männlicher Machtdemonstrationen sind nur Statisten. Als Mitmenschen sind sie nicht vorgesehen.

*«Er warf sich über ihn und prügelte drauflos ... drehte den rechten Arm langsam und unerbittlich um (...) drückte den Gegner mit dem Gesicht tief in den Schnee (...) Die Luft wurde ihm knapp (...) Das linke Auge war geschwollen (...) Die Realschüler jaulten vor Begeisterung.»*[39]

Das «Jungenmilieu», das Erich Kästner in seinem Buch «Das fliegende Klassenzimmer» aus dem Jahr 1933 beschreibt, stellt das gewalttätige Verhalten der Jungen als normal und natürlich dar. Es ist kein Drama, wenn gerauft wird. Der Lehrer hat ein gewisses Verständnis, die Jungen haben ihren Spaß, und selbst «Kidnapping» von Gegnern gilt als Jungenstreich. Ich mochte das Buch über diese romantisierende Jungenidylle, und auch die Verfilmung mit Hans Joachim Fuchsberger. Damals hatte man als Unterlegener in einem Zweikampf immer die Sicherheit, dass rechtzeitig aufgehört wurde. Jungen hatten meistens ein gutes Gespür dafür, wann Grenzen überschritten wurden, wann ein Tabu gebrochen wurde.

Das Interesse, derart körperlich die Kräfte zu messen, verliert sich «normalerweise» nach gewisser Zeit. Die Jungen verändern sich, werden reifer und «gesitteter».

Jungen bewerten bestimmte Vorkommnisse längst nicht so dramatisch, wie es ihre Umwelt in vielen Fällen tut. Ole, ein Freund meines Sohnes, meinte, nachdem er verprügelt worden war: *«Ich hab' den Mund aufgerissen und war frech. Also gibt es eine rein. Das sehe ich ein, ich hab's riskiert. Nun ist alles klar. Die Ordnung ist wiederhergestellt.»* Das ist seine Erklärung für das Vorgefallene, eine ganz männliche. Doch was, wenn der andere es nicht dabei belassen und die Beherrschung verloren hätte?

### Jungen prügeln – Mädchen «zicken»

Ein Junge, der sich nicht prügelt, wird oft nicht als «echter» Junge angesehen, und Mädchen sind oft als «Zicken» verschrien. Tatsächlich gibt es Jungen, die ihrem Image alle «Ehre» machen

---

39  Erich Kästner, Das fliegende Klassenzimmer, Hamburg 2002[158], S. 57f.

und sich öffentlich «beulen», schlagen und verprügeln. Mädchen, die sich mit einem «Zicken-T-Shirt» outen und mit unerschütterlichem Selbstbewusstsein und tatsächlich gereiztem, «schnippischem» Verhalten auf sich aufmerksam machen, gibt es auch. Es sind nie alle eines Geschlechts, aber sie schaffen ein Image, das Vorurteile verfestigt und schnell zu Generalisierungen führt. «Alle Jungen sind doof, weil sie so wild und kindisch sind» und «Alle Mädchen sind blöd, weil sie zickig sind und immer so viel zu bequatschen haben». An vielen Klischees ist oft etwas Wahres dran. Es stimmt, dass viele Jungen sich gerne bewegen und Mädchen viel mehr miteinander reden.

Jungen reden nicht, sie raufen lieber. Das ist auch eine Sprache, und zwar die des Körpers. Es ist eine klare Sprache, die überall auf der Welt verstanden wird. Wer nicht reden kann, der lässt Fäuste sprechen.

*«Hab keine Familie», sagte George. «Kenne die Burschen, die alleine von Farm zu Farm tippeln. Taugen nichts. Haben keinen Spaß. Dauert nich so lang, so werden sie aggressiv. Wollen immer raufen.» «Ja, sie werden aggressiv», stimmte Slim zu. «Sie mögen zu keinem mehr reden.»*[40]

Doch auch wenn weibliche Menschen mehr reden und weniger schlagen, haben auch sie ihre eigenen Formen von Aggressivität und Gewalt, und die liegen eher auf verbalem, psychologischem Gebiet. Ihre Druckmittel gehen in Richtung «Psycho-Gewalt». «Mobben» ist ein Wort des gängigen Zeitgeistes, doch das, was sich dahinter verbirgt, ist schon sehr alt.

Jungen wie Mädchen können zwar mit ihrer jeweiligen Gewalt-Strategie ihre Interessen kurzfristig durchsetzen, einen konstruktiven Dialog führen sie damit jedoch noch lange nicht. Eine Übung für gelingende Kommunikation ist das nicht, wenn Jungen die Muskeln sprechen lassen und Mädchen zicken. Mädchen werden

40  John Steinbeck: Von Mäusen und Menschen, München, 2003[16], S. 45

schon früh aufs Reden geeicht. Doch es gibt auch Zweifel an der Bedeutung des Redens, der Volksmund hält Schweigen für Gold.

Mit Mädchen wird angeblich weitaus mehr und vor allem intensiver (auch über Gefühle) gesprochen als mit Jungen. Das kann man sich auch gut vorstellen, man spricht einfach lieber mit jemandem, der einem auch antwortet. Jungen reagieren auf viele Fragen oft nur mit einem Grunzlaut, einer Minimalantwort.

Was man den Mädchen gewährt, wird Jungen oft versagt: emotionale Nähe und sprachliche Zuwendung. Andererseits wird Mädchen verwehrt, was man Jungen durchgehen lässt: die körperliche Auseinandersetzung. Ein Grund dafür könnte sein, warum dies bei Mädchen schärfer (und vor allem schon in den Anfängen) sanktioniert wird, dass sie sich nicht verletzen sollen, sie müssen noch für andere Zwecke zur Verfügung stehen: Die arterhaltende Fortpflanzung lastet zum größten Teil auf ihnen. Mädchen werden stärker zur Entwicklung von sozialen Kompetenzen und konstruktiver Konfliktregelung angehalten. Bei Jungen hat sich dagegen die Frage nach einer verbalen Streitkultur schnell beantwortet: Ohne Training keine Streitkultur. Was ein Junge nicht gelernt hat, kann er auch nicht, was er nicht beständig übt, fällt ihm schwer. Wenn Erfolge ausbleiben, macht es für Jungen keinen Sinn, sich weiter damit zu befassen. Sprache dient vielen Jungen eher, um zu drohen, als zu beschwichtigen.

Trotz der in der letzten Zeit in den Blick geratenen Gewalt durch Mädchen ist es vor allem die extreme Zunahme der Jungengewalt, die zum Nachdenken Anlass gibt. Gerade in einer Zeit, in der «Sozialkompetenz» zu einer der entscheidenden Schlüsselqualifikationen auch auf dem Arbeitsmarkt geworden ist, wird deutlich, dass die Schere zwischen Anspruch und Wirklichkeit immer weiter auseinander geht. Jungen verlieren an sozialer Kompetenz, sie sind überfordert mit Situationen, in denen es auf Einfühlung, Kooperation und Kommunikation ankommt. Doch gerade das ist es, was eine demokratische Gesellschaft braucht. Selbst in der Wirtschaft wird der Ruf nach mehr emotionaler Intelligenz und sozialer Kompetenz immer lauter.

In dem Maße, wie es in der Gesellschaft auf soziale Kompetenz ankommt, sind besonders die Jungen vom Scheitern bedroht. Jungen müssen reden lernen, müssen lernen zu fühlen, sich einzufühlen, müssen herausfinden, was sie wirklich wollen, müssen sich abstimmen können in einer Gemeinschaft, müssen konstruktiv nach Lösungen suchen.

## Jungensprache

*«Da hab ich nicht viele Worte gemacht und ihm gleich eine reingehauen.»* Nicht viele Worte zu machen bedeutet, direkt zur Sache zu kommen und das meist ohne langes Vorspiel. Kein Freund von vielen Worten sein, «ehrt» einen Mann, weil er handelt und nicht redet. Reden ist zweitrangig, handeln muss Mann. Die Geringschätzung der verbalen Durchsetzungsfähigkeit, der Möglichkeit, mit Sprache auch Konflikte zu klären, verhindert, dass Jungen mehr in ihre sprachliche Kompetenz investieren. Die Kommunikationsfähigkeit und der Umgang mit Sprache werden immer bedeutsamer. Für den konstruktiven Umgang mit Konflikten ist Sprachkompetenz unverzichtbar.

Streiten will gelernt sein, und streiten muss gelernt und gelehrt werden! Jungen, die es nicht gelernt haben, tun das, was sie kennen und können, sie prügeln sich: Gewalt in der Öffentlichkeit, in den U- und S-Bahnen, an den Schulen, in den Stadtvierteln. «Du sprichst nicht meine Sprache, dann kann ich nichts mit dir anfangen. Ich kann dich nicht verstehen.» Der Respekt vor Andersartigkeit ist weitgehend nicht vorhanden, die Wertschätzung anderer Problemlösungswege gering. Wichtig wird, was Befriedigung verschafft. «Tu, was dir gefällt, wann es dir gefällt. Freiheit total hat keine Moral.» Jungen brauchen Grenzen, und die muss man ihnen aufzeigen, verständlich und eindeutig – in einer Sprache, die sie verstehen. Als Teil der Gemeinschaft ist jeder mit verantwortlich, der Gewalt schon im Entstehen entgegenzutreten und sie zu unterbinden. *Es herrscht besonders unter Jungen eine mangelhafte Konfliktkultur.*

Durch ihre rudimentäre Sprache voller Kraftausdrücke entstehen Situationen, die unter Jungen schnell zu einem Konflikt führen können. Wenn Jungen nicht auf ihre Sprache achten, ihren Gedanken auf dem kürzesten Weg Ausdruck verleihen möchten und dominant wirken wollen, dann kann es schnell zu kritischen Situationen kommen. *«Glotz mich nicht so blöd an, du Arsch!»*, macht deutlich, was der Sprecher nicht will, führt aber in vielen Fällen zu einer Irritation und einer entsprechenden Gegenreaktion, oft auch zu einer Eskalation. Über die Möglichkeit, sich anders mitzuteilen, eigene Bedürfnisse so zu vermitteln, dass es nicht zu einer Auseinandersetzung kommt, verfügen viele Jungen nicht. Beziehungsfördernde Sprache ist offensichtlich keine, die Jungen gut beherrschen. Dies würde voraussetzen, dass der Sprecher über sich und sein Empfinden reflektiert. Jungen müssten lernen, wie es in ihnen aussieht, was sie fühlen und was sie brauchen. Doch dafür fehlen ihnen nicht nur die Worte.

Ihnen fehlen auch männliche Vorbilder oder besser *«Vorsager»*. Ich-Botschaften zu senden und eine gewaltfreie Sprache zu wählen, die nicht sofort in einen Konflikt führt, ist für Jungen angesichts der immer mehr geforderten Sozialkompetenz unerlässlich. *Jungen fehlen männliche Vorbilder mit Kommunikationskompetenz.*

Jungen haben es noch nicht erkannt, dass sie sich umfangreich fit machen müssen für die sich wandelnde Gesellschaft. Für sie stellt «gewaltfreie Kommunikation» eher ein «Weichei-Gequatsche» dar. Es muss für Jungen in einem Schlagabtausch der Worte Gewinner und Verlierer geben. Dass Jungen dann aber letztlich Gefahr laufen, selbst zu den Verlierern zu gehören, zu denen, die aufgrund ihres Auftretens, ihrer Haltung anderen gegenüber und ihres sprachlichen Un-Vermögens für bestimmte berufliche Aufgabenbereiche gar nicht mehr infrage kommen, sehen sie nicht.

Nur wenige Männer werden mit ihrer dominierenden und sprach-gewaltigen Art die Karrieren machen, von denen so viele Jungen träumen. Die anderen müssen lernen, gemeinschaftlich das umzusetzen, was von ihnen als erwünschtem Teamarbeiter erwartet wird.

## Jungen sind Konflikt-Kulturbanausen

Viele Jungen ernten, was sie säen: Streit. Von Streitvermeidung wissen sie nicht viel, und von Streitschlichtung wollen viele auch nichts wissen. Aus dem Jahrgang 7 an meiner Schule haben wir 13 Jugendliche zu Streitschlichtern, zu so genannten «Mediatoren» ausgebildet. Unter diesen 13 befand sich nur ein einziger Junge: der «Quotenmann». Selbstbewusst und engagiert hat er an der vierzigstündigen Fortbildung erfolgreich teilgenommen. Damit hat er ein gutes «Standing» gegenüber seinen Geschlechtsgenossen bewiesen, die sich nicht viel aus dieser Funktion für den Schulfrieden machen und sich eher belustigt über seine Teilnahme geäußert haben. Auch das für diese Tätigkeit von der Schule ausgestellte Sozialdiplom änderte nichts an der geringen Akzeptanz unter den Jungen.

Neben der Möglichkeit, anderen bei der Klärung ihrer Konflikte hilfreich zur Seite zu stehen, lernen die Jugendlichen viel für ihr persönliches Konfliktverhalten. Dazu gehören Gesprächsführung, die Wahrnehmung verborgener Gründe für das Verhalten von Menschen. Die Freiwilligen lernen ihre Wünsche und Bedürfnisse angemessen zu formulieren. Für den einzigen Jungen in dem Kreis von lauter Gesprächsspezialistinnen war es eine gute Möglichkeit, sich in einem zukunftsträchtigen und kompetenzsteigernden Bereich fördern zu lassen.

Jungen nehmen sich durch ihre geringe Wertschätzung konstruktiver Konfliktklärung die Möglichkeit, etwas für ihre Psychohygiene zu tun. Unter der sichtbaren, unbeteiligten Oberfläche vieler Jungen tut sich viel, oft brodelt es latent im Verborgenen. Im Gespräch mit Streithähnen erfahre ich von alten Verletzungen, von längst vergangenen Verwundungen, die gerächt, aber nicht verziehen sind. Bei kleinsten neuen Anlässen bricht der alte Streit wieder neu auf, manchmal völlig überzogen, sodass sich alle wundern mit welch unangemessener Heftigkeit. *Richtiges Streiten kann verbinden, falsche Formen der Auseinandersetzung entzweien Jungen nachhaltig.*

Jungen sollten das Einhalten fairer Gesprächsregeln unbedingt erlernen, hilft es ihnen doch in allen sozialen Bezügen. Inwieweit Jungen aber solche Fähigkeiten annehmen und würdigen, hängt auch damit zusammen, wie überzeugend Erwachsene eine positive Streitkultur vorleben (Politiker als Vorbilder?!) und welchen Stellenwert sie in der Gesellschaft hat.

Viele junge Männer holen in einer späteren Phase das nicht mehr auf, was sie als Kinder nicht gelernt haben. Ihre Konfliktkultur und ihre Dialogfähigkeit reichen in vielen Fällen für eine erfolgreiche Lebensbewältigung nicht aus. Genau aus diesem Grund zerbrechen auch viele Partnerschaften. *«Ich will immer reden, doch er weicht aus und entzieht sich beleidigt!»* Auch viele Erziehungskonflikte eskalieren, weil weder Männer noch Jungen über die notwendigen Erfahrungen und über das notwendige Wissen anderer Auseinandersetzungsformen verfügen.

Ein wichtiges Ziel der Schule ist, eigene Gedanken anderen so mitzuteilen, dass sie verstanden werden. Ein weiteres Ziel ist die Fähigkeit des Zuhörens, um den anderen überhaupt verstehen zu können. Es fällt auf, dass es besonders Jungen schwer fällt, sich über einen längeren Zeitraum auf mündliche Beiträge konzentrieren zu können. Sie beginnen oft schon nach kurzer Zeit mit den Füßen zu scharren, es wird deutlich, dass sie sich nicht wohl fühlen. Oft meinen sie auch, dass es sie gar nicht betrifft.

Dabei ist es so wichtig, hören zu lernen, möglichst sogar das «aktive Zuhören», das mitgehende, intensive Zuhören. *Um einen Dialog führen zu können, bedarf es beider Fertigkeiten, Senden und Empfangen, Sprechen und Hören.*

### ... das füg auch keinem anderen zu!

Die Achtung vor anderen Menschen und ihren Bedürfnissen ist bei Jungen, die sich über Grenzen anderer auch gewalttätig hinwegsetzen, nicht ausreichend vorhanden. Ihre Geringschätzung sozialer Kompetenzen hat weitgehend mit ihrer Prägung durch männliche Vorbilder zu tun, die sich nehmen, was sie wollen, und dabei keine Rücksicht auf andere nehmen. Der Erfolg eines solchen Verhaltens ist zweifelhaft. Aufgrund ihrer mangelnden

Lebenserfahrung können Jungen ohne ausreichende Korrektur von außen gar nicht kritisch einschätzen, wohin ein solches Verhalten führt.

Um sich anders verhalten zu können, müssten Jungen dafür die notwendigen Fähigkeiten entwickeln. Da sie sich diese aber selbst nicht aneignen, sie zum Teil auch bewusst ablehnen, entwickeln sie wesentliche Kompetenzen nur unzureichend. So kommt es, dass sich viele Jungen auch noch mit 15 Jahren nicht nur im Lesen auf Grundschulniveau befinden, sondern auch in ihrer moralischen und sozialen Reife.

Den Zusammenhang zwischen eigenem Tun und den sich daraus ergebenden Folgen zu erkennen fällt Jungen schwer. Ich erlebe in Konflikten zwischen Jungen immer wieder, dass sie ihren eigenen Anteil herunterspielen und es völlig unverständlich finden, wenn sich jemand über sie beschwert. Sie hätten doch gar nichts gemacht, und eigentlich wäre alles auch nicht so gemeint gewesen: *«Das bisschen Schubsen ist doch nicht so schlimm, der soll sich nicht so anstellen!»*

«Wie man in den Wald hineinruft, so schallt es heraus.» Diese alte Binsenweisheit ist vielen Jungen fremd. Die goldene Regel *«Behandele die Menschen so, wie auch du von ihnen behandelt werden willst»* stellt auch für Erwachsene einen hohen Anspruch dar. Für viele Jungen scheint diese ethische Regel besonders schwer umzusetzen zu sein. Der Nächste wird längst nicht so ernst genommen wie das eigene Empfinden und die eigenen Wünsche. Das ist eigentlich auch nicht verwunderlich, entspricht dies doch bis zu einem gewissen Grad dem Entwicklungsstand von jungen Menschen. Doch sollte sich dieser Zustand mit der Zunahme an Alter und Reife verändern, was aber oft nicht der Fall ist. *Viele Jungen sind «Sozialverhaltenslegastheniker».*

## Gewissen

Was passiert, wenn das Gewissen unterentwickelt ist? Pinocchio, die kleine hölzerne Marionette aus der Geschichte von Carlo Collodi, ist eine Parabel dafür. In ihm wird der sehnlichste Wunsch seines «Schöpfer-Vaters», des alten Tischlers Gepetto, nach einem lebendigen Jungen Wirklichkeit. Der alte Mann schnitzt sich mit viel Liebe aus Holz den lang gewünschten Sohn, und die gute Fee erweckt ihn unter bestimmten Vorgaben teilweise zum Leben. Der «hölzerne Bengel» Pinocchio wird lebendig, aber er hat kein Gewissen. Dieses gesellt sich zu ihm in Gestalt einer sprechenden Heuschrecke, die den «halb fertigen» Jungen lehrt, Gutes vom Bösen zu unterscheiden. Doch der Junge ist fasziniert vom Bösen. So lässt er sich immer wieder von zwei dunklen Gestalten zu Missetaten verleiten. Da er sich noch in der «Probezeit» befindet, ist seine Menschwerdung ständig bedroht. Letztlich wird aber doch alles gut, weil Pinocchio sich für das Gute, für die Liebe zu seinem «Vater» entscheidet, seinem Gewissen folgt und ein warmes, mitfühlendes Herz entwickelt. Mitfühlen, Empathie entwickeln und zeigen, ist wie eine Reifeprüfung, nicht nur für den kleinen Jungen mit dem Herzen aus Holz. Ähnlich muss in der Geschichte von Selma Lagerlöf der verwunschene Däumling Nils Holgersson, erst die Achtung vor den Tieren und Menschen lernen, bevor er seine normale Größe wieder zurückerlangen kann. Dabei wird er von dem kleinen Goldhamster «Krümel» und den Wildgänsen unterstützt.

Achtung vor allem Lebendigen entwickeln, ein Gewissen ausbilden und darauf hören, das wird besonders für Jungen immer schwieriger. Die Gewissensbildung bei Jungen ist nicht nur von genug Hirnmasse an der richtigen Stelle abhängig, sondern auch davon, welche Werte ihnen vermittelt und vorgelebt werden und welche Lernprozesse sie in ihrem Leben durchmachen. Die beiden «Bilderbuch-Helden» Pinocchio und Nils Holgersson werden nicht allein gelassen in ihrer Entwicklung zu mitfühlenden, reifen Jungen. Ohne die richtige Begleitung und Anleitung ist die Ausbildung einer humanen Gewissenshaltung nicht möglich. Elektronische Geräte, die für viele Jungen zu ihren ständigen Begleitern geworden sind, können keine tatkräftige Humanität vermitteln. Sie verringern durch ihre Brutalisierung eher «menschliche» Züge, sie zerstören die Menschlichkeit, machen einen Jungen gewissenlos.

## Kampf der eigenen Schwäche

Jungen, die empfänglich für virtuelle Prägung sind, die unter Überforderungen leiden, mit Stresssituationen und frustrierenden Erlebnissen schwer umgehen können, sind eher gewaltbereit. Doch sehen sie darin keinen Makel. Gewalt gilt vielen als Zeichen von Männlichkeit. «Lieber gewalttätig als unmännlich!»[41] Ein bedrohliches Image zu haben, ein bestimmtes negatives Bild in der Öffentlichkeit abzugeben, erscheint vielen Jungen erstrebenswert, können sie doch so ihrem Gefühl der eigenen Ohnmacht etwas entgegensetzen. Auf diese Weise werden sie wenigstens beachtet. *Lieber gefürchtet als nicht wahrgenommen. Auffallen um jeden Preis.* Dies bleibt nicht ohne Sanktionen. Doch auch negative Zuwendung ist immerhin Zuwendung.

Viele Jungen haben inzwischen registriert, dass sie nicht mehr das «starke Geschlecht» sind und auch längst nicht mehr automatisch als die Besseren gelten. Es hat lange gedauert, bis ich begriff, warum einer meiner Schüler aus dem 7. Jahrgang immer wieder ein bestimmtes Mädchen provozierte und beleidigte. Trotz Ermahnungen hörte er nicht damit auf. Erst als ich mich einmal neben ihn setzte und mir eine Zeichnung in seinem Heft auffiel, begann ich zu verstehen. Er hatte einen nackten weiblichen Körper gezeichnet, mit übergroßen Brüsten und, was ganz besonders auffiel, mit überproportional großen Füßen. «Das ist J…», erklärte er mir (das von ihm traktierte Mädchen). «Die ist so groß. Alles an ihr ist so riesig. Das mag ich nicht!» Er, ein noch recht klein gewachsener Junge, kam offensichtlich nicht damit klar, dass dieses Mädchen viel reifer als er war, körperlich wie geistig. Durch sie wurde ihm seine eigene Situation bewusst: Er war noch klein und unreif und noch kein Mann, wollte aber gerne groß und stark wirken, indem er sie klein machte.

Das Selbstwertgefühl will gerade bei Jungen, die sich im Vergleich mit anderen als schwächer erleben, kontinuierlich auf-

---

41 So der Titel einer Broschüre des Vereins «Männer gegen Männergewalt»

gebaut werden. Um sich nicht als Versager, als Verlierer fühlen zu müssen und in einen Teufelskreis des Versagens zu geraten, brauchen Jungen deutlich mehr Lob und Anerkennung. Damit Jungen ihre Persönlichkeit festigen können, müssen ihnen immer wieder ihre Stärken aufgezeigt werden, auch diejenigen, die nicht unbedingt schulrelevant sind. Doch diese Fähigkeiten und Stärken zu entdecken, und sie in Schule einzubinden, ist nicht immer einfach. Meist sind es nicht gerade *die* Kenntnisse und Qualitäten, die sie unmittelbar für die Schule benötigen. In der *nur* vermittelnden Schulwelt bringen sie den Jungen meist gar keinen Nutzen.

### Verlieren will gelernt sein

Sind Jungen heute zu schwach, um eine Niederlage zu verkraften? Wenn einer, der es nicht gewohnt ist, eine Niederlage einzustecken hat, versucht er oft mit vielen Worten eine Erklärung für sein Scheitern abzugeben. Mit dem Hinweis auf allerlei Ungerechtigkeiten ihnen gegenüber versuchen sie die Verantwortung von sich zu weisen. Verantwortung zu übernehmen fällt vielen Jungen schwer. Oft sind es gerade diejenigen, die von überbehütenden Eltern vor frustrierenden Erlebnissen geschont werden und nicht lernen, mit Misserfolgen umzugehen. Eine Runde «Mensch ärgere dich nicht» ist schon zu viel für diese Jungen.

Zu verlieren bedeutet für Jungen, damit umgehen zu müssen, dass sie nicht die Supermänner sind, die sie gerne sein möchten, dass sie manche Dinge nicht können und mit bestimmten Situationen überfordert sind. Keiner kann in jedem Bereich erfolgreich sein, kein Mensch kann alles. In der virtuellen Welt der Medien, in denen viele der Jungen mehr zu Hause sind als bei ihren Familien, wird Verlierern keine Beachtung geschenkt. Diese Scheinwelten lassen Jungen glauben, Erfolge und Siege seien ein Geburtsrecht echter Männer, sie seien spielend einfach oder mit Gewalt zu erreichen.

*Aufgrund mangelnder Frustrationstoleranz setzen viele Jungen eine punktuelle Schlappe mit dem Versagen ihrer ganzen Person gleich*. Ein Misserfolg stellt alles infrage. Wer verliert, ist insgesamt wertlos. Eine gesunde Gelassenheit gegenüber Leistungs- und Konkurrenzsituationen kann sich so nicht einstellen. Die Folge ist Stress.

Die Erkenntnis, dass «Mann» etwas nicht kann, könnte auch Ehrgeiz freisetzen und zum Ansporn werden. Um Veränderung herbeizuführen, bedarf es eines Antriebs. Meist steht Jungen aber ihr verletztes Ego oder ihre Antriebslosigkeit im Weg. In der Schule wird dies immer wieder sehr deutlich. Gesunder Ehrgeiz, Selbstüberwindung, Disziplin beziehen sich bei Jungen seltener auf schulische Bereiche.

«Mann» muss lernen, sich damit abzufinden, kein Alleskönner, nicht immer Sieger zu sein! Dies setzt aber unter anderem eine Persönlichkeit voraus, deren «Ich-Stärke» nicht von der Muskelkraft bestimmt wird. Doch woher soll diese Stärke kommen? Wie soll sich eine reife und stabile männliche Persönlichkeit entwickeln, in einer Welt, in der die Menschen in Sieger und Verlierer eingeteilt werden? Wie können Jungen sich unter diesen Bedingungen frei machen von dem Drang, ständig siegen zu müssen? Individuelle Stärken, die nicht gefragt sind, bleiben unberücksichtigt. Der Vergleich mit den anderen ist *nur* für den angenehm, der gut abschneidet.

*«Achtung verdient, wer erfüllt, was er vermag!»*
Sophokles

Jungen erfahren selten und zu wenig Wertschätzung für das, was sie können, dabei können sie viel und sie könnten mehr. Sie leben in einer Welt, in der Menschen auf ihre Defizite hin betrachtet werden, in der sie ständigen Vergleichen ausgesetzt sind und in Schubladen einsortiert und mit Noten versehen werden, die über ihren weiteren Lebensweg entscheiden. «Die Guten ins Töpfchen, die schlechten ins Kröpfchen.»

*Die Stärke eines Menschen erkennt man im Moment seiner Niederlage!* Jungen müssen lernen, gelassen und souverän mit

Misserfolgen umzugehen. Fehler gehören zum Leben dazu, durch Fehler und Niederlagen lernt man, wächst auch ein Mann.

Vertrauen in sich zu entwickeln ist schwer in Zeiten des Perfektionswahns und ständig lächelnder Erfolgsmenschen in den Medien. Es ist nicht einfach, das Gefühl zu entwickeln, auch dann «o.k.» zu sein, wenn nicht alles gelingt und der Applaus ausbleibt, wenn man nicht auf dem Siegertreppchen steht. Aber es ist dringend notwendig, dass Jungen lernen, an ihre persönliche Entwicklungsfähigkeit zu glauben und mit Ausdauer an den eigenen Defiziten zu arbeiten. Sie müssen Geduld üben und lernen, sich selbst anzunehmen. Doch die Wirklichkeit sieht anders aus. Viele Jungen kennen sich oft gar nicht richtig. Sie haben nur das Bild von sich, das sie anderen nach außen zeigen. Ihr tieferes Selbst ist ihnen fremd. Das ist verständlich, denn sie sind noch jung. Doch leider ändert sich häufig daran auch mit zunehmendem Alter nicht viel. Jungen, denen von anderen signalisiert wird, dass sie in Schule und Beruf versagen, fühlen sich selbst auch alsbald als Versager, neuerdings auch «Loser» genannt, sie haben wenig Antrieb, sich zu verändern.

## Flucht oder Angriff

Bei all den Schwierigkeiten und Defiziten, unter denen immer mehr Jungen leiden, haben sie es nicht leicht, die an sie gestellten schulischen Erwartungen zu erfüllen. Wer immer häufiger erleben muss, dass er den Ansprüchen nicht genügt, muss sich überlegen, wie er mit den entstehenden Stresssituationen umgeht.

Das Verhaltensmuster «Flucht oder Angriff», das Menschen seit Urzeiten in «Stress-Situationen» angewendet haben und das auch heute noch in veränderter Form menschliches Verhalten bestimmt, lässt zwei Optionen zu: entweder – oder. Die Option Flucht, so zum Beispiel in Drogen, wird für Jugendliche immer leichter. Der sprunghafte Anstieg des Konsums von Suchtmitteln, selbst bei 12- bis 13-Jährigen, hat sich zu einem weit verbreiteten Phänomen und großen Problem ausgeweitet, besonders bei den Jungen. Bekifft zur Schule und bekifft im Unterricht ist längst keine Ausnahme mehr. Auf ihr Lernvermögen in der Schule hat das verheerende Folgen. Nach der neuesten Studie des Instituts für Therapieforschung (IFT) in Hamburg haben bereits mehr als 50 % der jungen Menschen Haschisch/Cannabis probiert oder konsumieren es regelmäßig. Eine drogenfreie Kindheit und Jugend ist illusorisch geworden. Zu wichtig ist Jugendlichen das Vorbild der jungen Erwachsenen. «Das machen doch alle!» «Das ist längst nicht so ungesund wie Alkohol, das ist nicht so schlimm!», sagte mir ein Junge, als ich ihm mitteilte, dass ich auf der Klassenfahrt keine Drogen dulde. Und ob es schlimm ist! Dauerkiffen verhindert eine gesunde Entwicklung, sie reifen geistig einfach nicht weiter. Jungen, die nicht erwachsen werden wollen, haben wir aber schon viel zu viele! Amon Barth, ein höflicher Sohn einer allein erziehenden erfolgreichen Mutter, schrieb ein schonungsloses Buch über die Wirklichkeit des Kiffens, die Verklärung eines Lifestyles. Er warnt darin aufgrund seines eigenen Absturzes vor den Gefahren und beschönigenden Vorurteilen des Kiffens. «Bald wird das Kiffen einen großen Teil deines Lebens ausmachen. Wie in ‹Herr der Ringe›, wo der Ring sich immer mehr die Persönlichkeit einverleibt.»[42]

Die zweite Option des urzeitlichen Stress-Verhaltens ist der Angriff. Angriff ist für bestimmte Jungen die bevorzugte Reaktion, gilt sie doch als beste Form der Verteidigung. Die Gewalt von Jungen nimmt zu. Die Ruhr-Uni Bochum hat in ihrer neuesten Veröffentlichung aus dem Jahr 2005 erschreckende Zahlen genannt. Jeder vierte Schüler ist bereits Opfer einer Straftat geworden. Vielfach steckt hinter den Aggressionen auf der Straße das Scheitern der Täter in der Schule. Die Schulverdrossenheit und der allgemeine Frust von Jungen führt dazu, dass sie aggressiver reagieren und sich anderen Dingen zuwenden. Außerdem kann auch ein «Akt der Gewalt» ein Erfolgsgefühl hervorrufen.

42 Amon Barth in einem Interview im *Hamburger Abendblatt* vom 1. bis 3. Oktober 2005. Sein Buch heißt «Breit. Mein Leben als Kiffer», Reinbek 2005.

## Der Reiz des Verbotenen

Bei der Ursachenforschung für Jungendelinquenz hat man es nicht leicht. Es gibt viele individuelle Gründe und Abgründe, die sich hinter dem Verhalten der Jungen auftun. Haben nicht schon immer viele Jungen (und auch Mädchen) gelegentlich gegen geltendes Recht verstoßen? Wann werden aus Lausbubenstreichen Straftaten? Wohl behütete Jungen ohne finanzielle Not stehlen wegen der «Spannung» Verkehrsschilder oder fahren ohne Ticket mit U- oder S-Bahn. Kreative, z.T. politisch interessierte Jungen sprayen «kunstvolle» Graffiti auf öffentliche Flächen. Unter Alkoholeinfluss demolieren Jungen Bushaltestellen. Und warum sind beinahe alle öffentlichen Telefonzellen, die ich zu handyfreien Zeiten gerade dringend brauchte, durch Vandalismus zerstört gewesen? Diese Aufzählung ließe sich weiter fortsetzen. Bei jeder Tat und jedem «Täter» gab es wahrscheinlich ein persönliches «Motiv». Einfache Antworten gibt es nicht. Die Lage ist komplex. Nicht immer lassen sich Parallelen herstellen. Das einzig Verbindende ist die Zugehörigkeit zum gleichen Geschlecht. Man darf aber nicht alle Jungen in «Geschlechtshaft» nehmen, mit dem pauschalen Vorwurf, sie hätten alle mit der Einhaltung geltender Regeln Probleme.

Wie oben beschrieben sind Täter meist männlich. Bei den Ermittlungsbehörden und in der Justiz arbeiten ebenfalls mehrheitlich Männer. Diese stehen für die Gendarmen beim traditionellen «Räuber-und-Gendarm-Spiel». Für viele Jungen ist ihr Leben ein einziges Spiel: «Kriegen spielen».

Es liegt ein Reiz darin, «böse» zu sein, die Grenzen des Erlaubten zu überschreiten und sich seine eigenen Regeln zu machen. Viele Jungen organisieren sich in Banden («Gangs») und schaffen sich ihre eigenen Regeln. Ihr Verhaltenskodex zeichnet sich gerade dadurch aus, dass er anders sein muss, als es die Gesellschaft vorschreibt. Sie sind deshalb auch eher bereit, sich aus der Gesellschaft mit ihren Regeln zu verabschieden, als sich in sie zu integrieren.

Bei der Frage, welche Rolle ein Junge gerne spielen möchte, «bad guy» oder «good guy», Räuber oder Gendarm, geht es nicht nur um die Suche nach der Zugehörigkeit zu einer Gruppe. Es geht auch um das Finden einer Identität. Wer will ich sein? Gewinner oder Verlierer? Wohin gehöre ich? Für viele Jungen, die einer «organisierten» Jungengruppe angehören wollen, gehört es dazu, sich als «wilder, harter Kerl» einen Namen zu machen und das abweichende Verhalten der Gruppe zu übernehmen. Das wirkt als Kitt, als soziales Bindemittel, das die Jungen zusammenschweißt. Gemeinsame Sache machen, gemeinsame Erfahrungen haben. Eine Räuberbande lebt wild und gefährlich, und wer zu einer Bande gehört, der hat einen Platz, wo er hingehört. Ihn aufzugeben fällt oft schwer, bedeutet dies doch den Verlust von Sicherheit und Nähe. Schwüre werden geleistet, um die männliche Gemeinschaft zusammenzuhalten.

«Zusammenbleiben, bis dass die Frauen uns scheiden.» Das ist eine der Devisen, nach denen Jungen- und Männerbünde manchmal leben. Wahres Verständnis gibt es nur unter seinesgleichen. Nur Männer verstehen Männer wirklich!? Und solange noch keine Mädchen sie von ihren «Streichen» (heute sind das oft wohl schon Straftaten!) abhalten, scheint die Gemeinschaft auch zu gelingen. Die meisten Jungen finden nach Jahren des Räuberdaseins in ein geregeltes Leben der zivilen Gemeinschaft zurück. Die Statistiken der Kriminologen zeigen, dass Straftaten bei jungen Männern ab 21 Jahren deutlich abnehmen.

Doch wer sich zu sehr an ein rebellisches Außenseiterleben gewöhnt hat, der bekommt Probleme, wenn er aussteigen will. Wer mit 19 Jahren schon einen teuren Sportwagen (tiefer, schneller, lauter) gefahren hat, dem wird es schwer fallen, mit öffentlichen Verkehrsmitteln zu fahren. Räuber zu sein lohnt sich (wieder). Räuber gibt es in allen Gesellschaftskreisen, und manche machen sogar Karriere. Gendarmen hingegen gelten als arme Schlucker und Langweiler. Wenn Jungen nicht mehr zurückfinden in ein Leben, in dem Gutes gut und Böses böse ist, dann hat etwas nicht funktioniert. Wenn dies bei immer mehr jungen Männern nicht funktioniert, dann muss sich eine Gesellschaft darüber ernsthafte Sorgen machen.

Der Wunsch, etwas Verbotenes zu tun, Regeln zu überschreiten und Aggressionen auszuleben, scheint sehr menschlich zu sein. In der bekannten biblischen Schöpfungsgeschichte wird das Brechen von Regeln gleich zu Beginn des Buches der Bücher, am Beispiel des «Sündenfalls» beschrieben: In dieser Geschichte gab Gott dem Menschen im Paradies nur ein zu beachtendes Gebot. Das Verbot, den Apfel vom Baum der Erkenntnis zu essen. Doch genau das, was dem Menschen verwehrt wird, weckt seine Neugier und sein Begehren. So essen Adam (hebräisch «Mensch») und Eva (hebräisch «Mutter allen Lebens») von der verbotenen Frucht. Einige Kapitel später, nach der Geschichte von der Vertreibung der beiden Ungehorsamen aus dem Paradies, wird über Kain und Abel, die beiden Söhne von Adam und Eva, berichtet. Aus Neid über die einseitige Wertschätzung der Opfergaben Abels durch den Schöpfer-Gott tötet Kain seinen Bruder. Zum ersten Mal fließt menschliches Blut. Hier ist Gewalt Mittel zum Zweck. Im Allgemeinen dient Aggression nur dem Überleben des Menschen, erst nachgeordnet dient es der Erfüllung zusätzlicher Bedürfnisse. Die Menschheitsgeschichte zeigt, dass unsere Vorfahren nur mit der notwendigen Kampfbereitschaft sowie ihrer besonderen Anpassungsfähigkeit in einer sich verändernden Umwelt überleben konnten. Aggressionen gehören zu unserem Leben, sie sind notwendig. *Wichtig für das Klima innerhalb einer Gemeinschaft ist, wie mit Aggressionen umgegangen wird.* Erliegt der Mensch aber der Versuchung, Gewalt zu seinem Vorteil zu instrumentalisieren, dann missbraucht er seine Aggressionsfähigkeit zum Schaden anderer. Wenn Jungen einen falschen Umgang mit Aggression erlernen, dann darf man sich nicht wundern, dass aus kleinen «Rackern» brutale «Rocker» werden.

## Das überforderte Geschlecht

Das bisher allgemein als stark geltende männliche Geschlecht zeigt Schwächen, braucht zunehmend Hilfe. Dies wird besonders an den Jungen immer deutlicher.

Trotz allgemeinem Wohlstand und gesellschaftlichem Durchschnitts-Reichtum leiden in Deutschland Kinder und Jugendliche unter verschiedensten Nöten. Psychische Erkrankungen, höhere Selbstmordraten und aggressives Verhalten sind sichtbare Auswirkungen einer veränderten Lebenswelt. Diese Veränderungen werden von den Einzelnen unterschiedlich erlebt und kompensiert. *Im Umgang mit den Anforderungen und Gefahren der modernen Gesellschaft nutzen Jungen offenbar andere Wege und Strategien als Mädchen.* Jungen scheinen größere Schwierigkeiten zu haben, sich in dieser «neuen» Welt zu behaupten. Lassen sich doch besonders bei ihnen vermehrt Symptome der gestiegenen Belastungen erkennen. Das persönliche Krisen-Abwehrsystem vieler Jungen ist den Gefährdungen nicht gewachsen. Auch Mädchen erleben Krisen, doch führen diese (noch) nicht im gleichen Maße zu solch gravierenden Auswirkungen wie bei Jungen. Aus diesem Grund ist es angesichts der derzeitigen kritischen Lage von Jungen angebracht, von *dem* Geschlecht zu sprechen, das besonders durch Überforderung auf sich aufmerksam macht.

Nicht nur in der Schule, auch im Berufs- und Privatleben kommen männliche Menschen in vielen Situationen manchmal schnell an ihre Grenzen. Die Anforderungen an jeden Einzelnen steigen in einer immer hektischeren, komplexeren und verunsichernden Welt. Doch die Kompetenzen, mit diesen Veränderungen umzugehen, sind nicht bei allen Menschen gleich vorhanden. Bei vielen Jungen sind sie offensichtlich zu schwach ausgebildet. Dennoch sollte man sich hüten, von einem starken und einem schwachen Geschlecht zu sprechen, denn jeder Mensch hat starke und schwache Seiten, kein Mensch ist durchgehend schwach oder stark, geschweige denn ein Geschlecht. Richtig oder falsch, klug oder dumm, schwarz oder weiß, alle Extrem-Zuschreibungen lassen Abstufungen, eine Grauzone, nicht zu. Mädchen und Frauen sind nicht bessere Menschen, sie kommen nur mit vielen Anforderungen besser klar. Jungen gelingt dies nicht so gut. *Das männliche Geschlecht ist überfordert, insbesondere die junge Generation.*

Der Begriff «überfordert» trifft die Lage der Jungen weitaus besser als die Bezeichnung «unfähig». Jungen können viel und sind zu vielem fähig. Doch wenn zu hohe Anforderungen an Jungen gestellt werden, denen sie nicht gewachsen sind, dann versagen sie auch leichter. Wenn Forderungen zu hoch sind und nicht bewältigt werden können, trägt nicht allein der Geforderte die Verantwortung dafür. Dabei leidet das Selbstwertgefühl. Zu leicht und auch zu Unrecht werden überforderte Menschen als unfähig betrachtet.

### Loser und Luschen

«Loser sein» bedeutet Letzter zu sein, «draußen zu sein». «Omegamännchen», die Loser in der Tierwelt, stehen am Ende der Rangordnung. Man erkennt sie daran, dass sie meist mit eingekniffenem Schwanz herumlaufen. Manche männlichen Menschen haben in der Männerwelt den gleichen niedrigen Rang, auch sie kneifen den «Schwanz» ein und versuchen, dies dann auf anderem Wege zu kompensieren. Sie suchen sich vermeintlich Schwächere, oftmals Frauen oder Kinder, denen gegenüber sie sich überlegen fühlen können und an denen sie ihren Frust abreagieren. Angeblich soll jede 4. Frau in einer Partnerschaft Gewalt erlebt haben. Männer, die dies nötig haben, versuchen damit vielleicht ihren Misserfolg oder ihren Frust darüber zu kompensieren, dass sie sich zum «Rest» der Gesellschaft zugehörig fühlen. Zum überflüssigen Rest zu gehören, Verlierer zu sein, als Lusche zu gelten nagt am Selbstwert des Mannes.

Heutzutage sind die Verlierer mehrheitlich Jungen. Sie sehen, wie andere an ihnen vorbeiziehen – andere Jungen, aber vor allem auch Mädchen. Gerade Hauptschüler fühlen sich minderwertig. Ihre Schule wird oft als «Restschule» bezeichnet. Stolz können diese Jugendlichen nicht mehr auf das blicken, was sie erreicht haben. Ihnen bleibt, anders als vielleicht noch in ihrer Elterngeneration, oft nicht einmal mehr die Hoffnung auf eine qualifizierte Handwerkerlehre. Die Lage auf dem Arbeitsmarkt hat sich dramatisch verändert, die Konkurrenz ist in allen Bereichen erheblich größer geworden. Inzwischen verdrängen selbst Abiturienten die Hauptschüler von deren ursprünglichen Ausbildungsberufen.

So müssen immer mehr Jungen mit schwierigen Konkurrenzsituationen fertig werden. Mit dem Gefühl, zum Rest zu gehören, fällt dies aber äußerst schwer. Jungen brauchen Erfolge, um mit Misserfolgen umgehen zu können. Auf irgendeinem Gebiet wollen sie sich kompetent fühlen. Sie suchen sich Bereiche, in denen sie Anerkennung und Respekt erfahren können. Und wenn sie solche gefunden haben, bringen sie es oftmals auch zu beachtlichen Leistungen. Doch viele Jungen finden nicht das Richtige für sich, und wenn doch, dann ist es oftmals nicht genügend anerkannt. Jungen fehlt häufig Selbstvertrauen und die Fähigkeit, sich längerfristig auf etwas einzulassen. Ihnen fehlt die Zuversicht, etwas zustande bringen zu können. Zu schnell geben zu viele Jungen auf. Wie im Computerspiel wollen sie wieder zum Ausgangspunkt des Spiels zurück, um noch einmal starten zu können. Doch im realen Leben muss man an dem Punkt weitermachen, an dem die Probleme entstanden sind. Jungen müssen lernen, Probleme anzugehen und nicht davor zurückzuschrecken oder wegzulaufen. Sie müssen einen Blick für die Realität entwickeln.

Einer, der mittendrin in einer ausweglosen Situation innehielt und seine Fähigkeiten richtig einschätzte, war der mehrfache Europameister im Boxen, Luan Krasniqi. Er hatte sich, ohne genügend vorbereitet gewesen zu sein, auf einen Kampf um die Europameisterschaft eingelassen. Als er spürte, dass er den Gegner nicht besiegen würde, gab er mitten im Kampf auf, obwohl er in der achten Runde nach Punkten führte. Er spürte einfach, dass er sich bei diesem Kampf überfordert hatte.

«*Nach dieser peinlichen Aufgabe haben die Kollegen im Gym Frau Krasniqi zu mir gesagt. Das tat weh ...*»[43]

*Jungen lernen nicht genügend, auf ihr Innerstes zu hören, sie entwickeln oft kein ausreichendes Gespür für ihre eigene Befindlichkeit, für den richtigen Zeitpunkt, um aufzuhören.* So sind sie ständig von Überforderung bedroht und müssen die Konsequenzen dafür oft schmerzhaft erfahren, an Körper und Seele.

Andererseits fordern sich viele gar nicht erst richtig, weil sie der Ansicht sind, sie würden sowieso verlieren. In diesem extremen Spannungsfeld gibt es wenig Ausgewogenheit bei Jungen, für sie gilt: ganz oder gar nicht.

Auch aus Unterforderung kann es zu Überforderung kommen. *Wer nicht gefordert und gefördert wird, wer unterfordert bleibt, wird mit fordernden Situationen überfordert sein. Gerade in der Schule fällt dies auf.*

Die Schulleiterin einer Hamburger Gesamtschule äußerte sich dazu wie folgt: «*Eigentlich sind doch alle Jungen heute überfordert, und die, die nicht auffallen, die zu ruhig sind, deren Problem ist gerade diese Passivität und innere Zurückgezogenheit.*»

Es gibt stille Jungen und laute Mädchen und umgekehrt. Es gibt ebenso freche und pfiffige Jungen wie Mädchen. Es gibt Huckleberry Finn und Tom Sawyer, Nils Holgersson und Michel aus Lönneberga. Aber es gibt auch Pippi Langstrumpf und die rote Zora. Mädchen können auch anders: «Gute Mädchen kommen in den Himmel und böse überallhin». Aber wo landen die «bad boys», die bösen Jungs? Mädchen können mit abweichendem Verhalten viel erreichen, bei Jungen führt normverletzendes Verhalten oft ins Jugendgefängnis oder auf die Straße.

43 Men's Health, Februar 2005, S. 67

## Bad Boys

Männliche Menschen stehen bei manchen Frauen unter General-
verdacht, als potenzielle Gewalttäter. Männer werden heftigst
kritisiert und öffentlich demontiert. Sie werden als «böses Geschlecht» angesehen, zu denjenigen gezählt, die «nicht richtig»
sind. Trotz des Leids in ihrem Leben zeigen viele ihre wahren
Gefühle nicht. Lieber mimen sie den Harten, den Starken, um nur
ja nicht ausgegrenzt zu werden. Maskulines Posing, das Stärke
zum Ausdruck bringen soll, reicht heute aber bei weitem nicht
mehr aus.

Viele Jungen versuchen die Überforderung, die sie erleben,
durch eine lautstarke Inszenierung von Stärke zu kompensieren.
Mädchen und Frauen durchschauen dieses Spiel sehr oft. Aus
Kalkül oder ehrlichem Mitleid lassen sie Jungen oder Männern
ihr Gefühl der Größe.[44] Auf diese Weise sind männliche Menschen viel umgänglicher und auch viel leichter zu manipulieren.
Bleibt die ernst gemeinte Wertschätzung des Männlichen aber
aus und wird statt Lob nur Leid geerntet, kann dies bei Jungen
und Männern zur Enttäuschung, zur Aggression gegenüber dem
Weiblichen führen. Verunsicherung lässt den ohnehin schon
wackeligen Stand männlicher Menschen noch fragiler werden.
*Doch ohne sicheren Stand, ohne das Gefühl der Wertschätzung
geraten Jungen leicht ins Trudeln.* Dann schlagen sie oftmals lang
hin – und leider auch manchmal kräftig zu.

Der Einsatz körperlicher Kraft, in Form von Gewalt gegenüber
anderen, wird eigentlich bei zivilisierten Menschen als Ausdruck
des Unterlegenheitsgefühls gewertet. Wer schlägt, ist zu schwach,
sich anders durchzusetzen! Er oder sie hat sich nicht fest im Griff,
kann sich nicht genügend beherrschen, ist mit der Situation überfordert. «Wer schreit, hat Unrecht.»

Körperliche Kraft hat dann eine anerkannte Rolle, wenn sie
zur Arbeitsleistung eingesetzt werden kann.

---

44 Vgl. dazu auch Dietrich Schwanitz: Männer, eine Spezies wird besichtigt, München, 2003.

Solange die Arbeitsleistung abhängig vom körperlichen Einsatz ist, hat die physische Kraft eine große Bedeutung. Männer sind Frauen an Körperkraft zumeist überlegen. Jungen können oftmals zwar ein Mädchen niederringen, sie deshalb aber als stärkeres Geschlecht zu bezeichnen lässt außer Acht, dass es inzwischen viel mehr und vor allem viel entscheidendere Bereiche gibt, in denen weibliche Menschen männliche übertrumpfen. Das gilt sogar in körperlichen Disziplinen: Acht von zehn Kanalschwimmern, die das Gewässer zwischen England und Frankreich durchschwimmen, sind weiblichen Geschlechts. Die Ausdauerfähigkeit von Mädchen und Frauen ist beeindruckend.

## Alltagstaugenichtse

Was männliche Menschen mit Tollkühnheit und Körperkraft zu erreichen versuchen, gleichen weibliche oftmals durch Eleganz aus, so jedenfalls verheißt es ein Bericht in der *Welt am Sonntag*, in dem es um die Beschreibung einer außergewöhnlichen Flugzeug-Crew geht.[45] Die gesamte Besatzung einer Boeing 737 besteht ausschließlich aus Frauen. Auch in anderen, sonst von Männern dominierten Bereichen stehen Frauen inzwischen selbstbewusst ihren «Mann». Toughe Frauen und Power-Mädchen kommen inzwischen in vieler Hinsicht sehr gut ohne das männliche Geschlecht aus. Frauen brauchen Männer längst nicht mehr, um im Leben klarzukommen.

Jungen und Männer dagegen kommen mit den wiederkehrenden alltäglichen Anforderungen alleine nicht gut zurecht. Männliche Menschen stellt das komplexe Alltagsleben oft vor eine große Herausforderung. Jungen werden für diese Form der Forderung nicht ausreichend vorbereitet. Das ganz unspektakuläre tägliche Leben zu bewältigen wird immer schwieriger. Das wird nicht nur an ausbleibenden Erfolgen in Schule und Beruf sichtbar, sondern auch im Privatleben. *Die Lebenstüchtigkeit männlicher Menschen steht infrage.*

45 Welt am Sonntag, 14. 12. 2003

Jungen lernen sehr wenig, sich und andere zu versorgen, sich um das Lebensnotwendige zu kümmern. Vielen fehlt der Blick für die Realität des Alltags und seine Aufgaben. Ihre Lebenstüchtigkeit reicht nur für bestimmte Bereiche. Viele haben sich zu Spezialisten entwickelt, sie brauchen die Unterstützung von anderen, um sich im alltäglichen Leben mit seinen vielfältigen Herausforderungen behaupten zu können. Dadurch, dass sie oft kaum «Kümmer-Kompetenz» ausgebildet haben, bringen sich männliche Menschen sehr häufig um positive Erfahrungen in ihren familiären Beziehungen. In vielen Fällen müssen sie sich mit der Rolle des Familienernährers zufrieden geben, der außer Haus arbeitet, weil dies eher zur traditionellen Männerrolle passt. Ob Männer dies wirklich immer so wollen, sei dahingestellt. Wenn es um soziale Bereiche und die aktive Pflege von Beziehungen geht, zeigen männliche Menschen Defizite. Es scheint beinahe so, als ob Männer wie Frauen sich mit den sozialen Defiziten des männlichen Geschlechts abgefunden haben und hinnehmen, dass Männer eben so sind, wie sie sind. Damit geraten männliche Menschen aber zunehmend ins Abseits, und dort wird eine positive Entwicklung nur noch schwieriger.

Gegenwärtig reichen doppelt so viele Frauen wie Männer die Scheidung ein. *Einer der häufigsten Gründe für Partnerschaftskrisen sind Konflikte, die mit Hausarbeit und Kinderbetreuung zu tun haben.* Die Defizite der Männer erschweren das Zusammenleben von Mann und Frau. Auch heute noch liegt die Hauptverantwortungslast für die Kindererziehung und die Hausarbeit zumeist allein bei den Frauen. Oft sogar bei eigener zusätzlicher Berufstätigkeit. Wenn «Frau» sowieso schon alles macht, sieht sie oft auch keinen Grund mehr, warum sie sich nicht trennen soll. Doch das Fehlen der Väter trägt in nicht unerheblichem Maße zur Katastrophe der Jungen bei.

In Deutschland nehmen nicht einmal 5 Prozent der Väter den staatlich garantierten Erziehungsurlaub in Anspruch. Die Gründe dafür können nicht allein am männlichen Geschlecht liegen. In Schweden ist der Anteil der Männer weitaus höher. Dort ist

Erziehungszeit aber zugleich auch Fortbildungszeit. Männer, die als Väter zu Hause bleiben, haben sogar Vorteile bei der Vergabe von beruflichen Posten. Kindererziehung wird als Herausforderung und als Kompetenzgewinn angesehen. Überzeugungs-Väter gelten im Gegensatz zu den Zeugungs-Vätern als deutlich teamfähiger und kompetenter. In Deutschland steht es um die Anerkennung der Erziehungsleistung bei weitem nicht so gut. Deshalb erhalten deutsche Jungen auch viel zu selten die Möglichkeit, mehr von ihren Vätern mitzubekommen und von ihnen lernen zu können. Jungen, denen kein positives männliches Vorbild angeboten wird, suchen sich selbst eines, zumeist ein wenig kultiviertes, das sie dann zum Kult machen.

Gut strukturierte und logistisch talentierte Frauen managen auch nach Jahrzehnten der Emanzipation ihr «Familienunternehmen» überwiegend allein, und zwar oft sogar recht erfolgreich. Dabei kommen viele aber an ihre Grenzen, vor allem wenn sie auch noch erwerbstätig sind. Sie sind, nach Susanne Gaschke, in die Emanzipationsfalle geraten.[46] Während Frauen Unterstützung einfordern, wenn es ihnen zu viel wird, kennen Männer Überforderung eigentlich nicht. Für sie gibt es nur Anforderungen und Herausforderungen.[47] Alles andere wäre unmännlich.

Jungen und Männern fällt es schwer, sich einzugestehen, dass sie überfordert sind. Der Satz «Das schaffe ich nicht!» kommt ihnen äußerst selten – und wenn überhaupt, nur sehr schwer – über die Lippen. Sie befürchten, ihr männliches Image könnte Schaden nehmen. Mädchen und Frauen haben dagegen weniger Probleme, ihre Belastungsgrenze zu zeigen. Wie sie dies machen, gefällt vielen Männern nicht, weil es ihnen oft zu emotional ist. Frauen haben kein Problem damit, Schwächen in bestimmten Bereichen einzugestehen, sie haben vielmehr ein Problem damit, dass ihnen die Unterstützung von Seiten des Mannes in solchen

46 Susanne Gaschke: Die Emanzipationsfalle, München 2005
47 Vgl. Lempert und Oelemann von der Beratungsstelle «Männer gegen Männergewalt», zitiert in: Psychologie Heute, 11/1996, S. 63

Momenten fehlt. Männer, deren Belastbarkeit da endet, wo sie eigentlich ihre Frauen unterstützen sollten, werden oftmals verlassen, weil sie nicht als Hilfe, sondern selbst als Belastung empfunden werden.

Immer weniger Jungen lernen den Alltag zu bewältigen. Einer Studie der deutschen Gesellschaft für Ernährung zufolge halfen 1991 noch 42 Prozent der 12- bis 15-jährigen Jungen im Haushalt mit. Bei einer Befragung zehn Jahre später waren es nur noch 27 Prozent.[48] Da Jungen immer seltener im Haushalt mitarbeiten, können sie auch die anfallenden Arbeiten immer weniger erledigen. Ihnen fehlt die Übung. Damit handeln sie sich negative Kritik von weiblichen Menschen ein. Doch Meckern schreckt Jungen ab und führt zu noch mehr Vermeidungsverhalten. Keine guten Voraussetzungen, um selbständig leben zu können und eine Partnerin zu finden. Selbstverantwortung und die Fähigkeit, für sich und andere sorgen zu können, sie auch mal zu umsorgen und nicht nur finanziell für jemanden zu sorgen, sind wichtige Kriterien für Frauen bei der Wahl eines Partners. Das Staatsinstitut für Familienforschung an der Universität Bamberg hat herausgefunden, dass Frauen sich für ihre Kinder einen Vater wünschen, der gefühlvoll, mitteilsam, verständnisvoll, hilfsbereit und zärtlich ist. Doch welcher Mann kann all die an ihn gestellten Erwartungen und Wünsche erfüllen? Vor allem, wenn er selbst keinen Vater hatte, der ihm dies vorlebte?

Frauen sind diejenigen, die bei der Partnerwahl die Entscheidung treffen. Männer stehen dagegen im Wettbewerb um die Gunst der Frau, behauptete schon Charles Darwin.[49] Das Risiko der Frau, nach der Empfängnis vom Vater des Kindes verlassen zu werden, macht sie wählerisch, wählerischer, als es Männer im Allgemeinen sind. Frauen achten sehr auf soziale Kompetenzen und die Familientauglichkeit des Mannes, während Männer in der frühen

48 Chrismon, 3/05, S. 6
49 dpa-Meldung vom 29. 3. 2005

Phase des Kennenlernens bei einer Frau mehr Wert auf die physische Attraktivität legen als auf die inneren Werte.

Den meisten Männern scheint es nicht so wichtig zu sein, sich für das Familienleben und die sozialen Aspekte in ihrem Berufsleben zu qualifizieren. Sie bleiben lieber beim Altbewährten, ihren Rollenfestschreibungen von vorgestern. Damit kommen sie aber nicht weit. Frauen fordern heute mehr als nur die Lohntüte. Mit ihrem Verzicht auf ein intensives Familienleben mit möglichst großer Beteiligung des Vaters nehmen sich die Männer ein gutes Stück Lebensqualität und Glück. Eine Befragung von 1200 Männern ergab, dass etwa zwanzig Prozent der Männer der Ansicht waren, an Lebensqualität gewonnen zu haben, weil sie sich von dem traditionellen Männerbild gelöst hatten.[50] Um eine Qualitätssteigerung in Sachen Leben verspüren zu können, muss «Mann» die Zeit mit den Kindern und den Familienalltag als Gewinn ansehen. Um dies aber überhaupt erleben zu können und entsprechend schätzen zu lernen, bedarf es einer förderlichen Familien- und Arbeitsmarktpolitik und eines veränderten männlichen Bewusstseins dafür.

Der Zusammenhang zwischen dem Scheitern im privaten Glück aufgrund von Überforderung und dem Festhalten an überholten Rollenklischees ist sehr groß. In Zukunft werden psycho-soziale Kompetenzen sogar noch stärker gefragt sein. Jungen, die darauf nicht vorbereitet werden, haben einen gravierenden Nachteil. Bereits heute haben in England und den USA bedeutende Unternehmen großes Interesse an Männern mit Eigenschaften, die bisher eher Frauen zugesprochen wurden. Viele homosexuelle Männer weisen diese persönlichen Eigenschaften bereits auf, sie werden aus diesem Grund gezielt an den Hochschulen angeworben. Männer, die nicht dem Ur-Macho-Typus entsprechen, müssen sich nicht verstecken. Doch dies haben viele Jungen noch nicht erkannt. Sie laufen immer noch alten Bildern hinterher, al-

---

50 Die Studie wurde von Zulehner und Volz durchgeführt und in der Zeitschrift Psychologie Heute, Ausgabe 11/1999, vorgestellt.

ten Rollenbildern von Männlichkeit. *In vielen Firmen und in der Politik sind Eigenschaften wie Einfühlsamkeit und Gesprächskompetenz inzwischen sehr gefragt.*[51] In der evangelischen Kirche Nordelbien wurden 62 Prozent der ehemals ausschließlich Männern vorbehaltenen Pfarr- und Bischofsstellen durch Frauen (auch mit Kindern) besetzt.[52] *Frauen als Mütter und Macher, Männer dagegen ohne Arbeit und ohne Plan.* Werden Frauen und Homosexuelle in Zukunft die Gewinner sein, wenn es um die Verteilung der immer weniger werdenden Arbeitsplätze geht? Sind die Erfolgreichen der Zukunft die ehemals Unterdrückten und Diskriminierten? Werden die reaktionären, unflexiblen und überforderten Männer die Verlierer sein? Sieht so die Zukunft für Jungen aus?

Die Überforderung der männlichen Menschen wird weitergehen und sogar noch größer werden, wenn nicht reagiert wird. Neue Krisen sind schon vorprogrammiert. Man stelle sich nur einmal zukünftige Väter vor, ohne jegliche Erfahrung mit eigenen Vätern. Schwer vorstellbar ist auch, wie Jungen sich zu guten Vätern entwickeln sollen, wenn sie ihre Lebensschwerpunkte weiter so setzen wie bisher und ihr Verhalten nicht ändern. Die vom Leben überforderten Jungen überfordern wiederum auch andere: Eltern, Lehrer, Erwachsene allgemein. Heutige Erziehende kommen mit Jungen immer weniger gut klar. Sie sind überfordert und wissen nicht, was sie mit den schwierigen Jungen machen sollen.

*Die Männerkatastrophe der Zukunft beginnt jetzt – mit der Überforderung der Jungen von heute.*

---

51 Hiervon berichtet ein Kommentar in der Zeitschrift Brigitte, Ausgabe 14/2004, S. 141.
52 Chrismon plus, Heft 5/2005, S. 38

## Jugendgewalt ist Jungengewalt

An Allerheiligen, dem 1. November 1999, erschießt ein 16-Jähriger in Bad Reichenhall vier Menschen (darunter seine Schwester) und anschließend sich selbst. Niemand kann die Tat erklären. Wie sein Vater war der Junge ein leidenschaftlicher Waffennarr. Ein Junge wird zum mehrfachen Mörder, über den selbst sein bester Freund nicht viel wusste: «Er hat eigentlich nie über sich gesprochen.»[53]

Mit noch viel größerer Aufmerksamkeit verfolgte die Öffentlichkeit die «Tat von Erfurt» vom 26. April 2002. Der Name der Stadt steht inzwischen fast als Synonym für das Scheitern eines Menschen und letztlich auch eines Systems. Der damals 18-jährige Robert Steinhäuser erschoss 16 Menschen an seiner ehemaligen Schule und tötete im Anschluss daran sich selbst. Dieser bis dahin noch nie vorgekommene Massenmord durch einen einzelnen jugendlichen Täter erregte weltweit großes Interesse in den Medien. Selbst in den USA, wo es bereits mehrere ähnliche von Jungen begangene Gewalttaten an Schulen gegeben hatte. «Littleton» hat die USA verändert. Schulische Freiheiten sind seit der schrecklichen Tat immer weiter eingeschränkt worden.

Im Sommer 2002 wird in dem Dorf Potzlow in der Uckermark ein 17-Jähriger von seinen drei Freunden zuerst gedemütigt und gequält und anschließend auf schier unbeschreibliche Weise getötet. Vorbild für diesen grausamen Mord war der Film «American History X». Rechtsradikale weiße US-Amerikaner töten darin einen Afroamerikaner mit einem Sprung auf seinen auf dem Bordstein aufliegenden Kopf. Die von ähnlicher Gesinnung in die Irre verführten Jungen in der trostlosen, von sehr hoher Arbeitslosigkeit betroffenen Region handelten nicht im Verborgenen, sondern unter Zeugen und etlichen Mitwissern. Trotzdem blieb der Mord fünf Monate unentdeckt. Die Leiche wurde in einer

53 Stern, 11. 11. 1999

Güllekuhle versenkt. Die jugendlichen Täter berichteten, beim Ausführen der Tat einen «Kick» erlebt zu haben.

Vier Hamburger (männliche) Jugendliche stechen in einer Art Gewaltrausch einem zufällig vorbeikommenden 24-jährigen jungen Mann in den Schädel und töten ihn auf brutalste Weise wegen einer Nichtigkeit.[54]

1997 springt in Hamburg-Neuwiedenthal ein 17-Jähriger aus Verzweiflung vor die S-Bahn in den Tod, nachdem er längere Zeit terrorisiert worden war. Einer seiner Peiniger, ein Gymnasiast, den seine Gangmitglieder nur «Pascha» nennen und der sich als Rapper bei den «Ghettokids» im Stadtteil Respekt erworben hatte, schrieb einen Text über seinen Freund Amor, den «durchgeknalltesten, den schlimmsten von allen» Tätern.

*«Amor spielt mit dem Feuer.*
*Seine Mutter war zu arm und seine Träume waren viel zu teuer.*
*Er wurde zum Ungeheuer.*
*Das Leben ist ein Todesspiel, das Geld gilt als Sexappeal. Amor*
*wollte viel, aber er gab nur viel auf. Lauf Amor, lauf! Doch*
*Amor ging drauf. Er fing an mit seinem ersten Raubüberfall,*
*überfiel überall und war schneller oben als mit Überschall. Ein*
*Fall für Columbo und Co. Amor, stopp! Doch Amor stoppte*
*nicht, denn sein ganzes Leben war ein Flop.*
*Er schrie um Hilfe, doch die Rufe verstummten, denn die Welt*
*war nur voller Junkies, die sich Hoffnungen reinpumpten. Tau-*
*send Ratschläge, doch keine Hand. Er brauchte Hilfe, doch*
*was er bekam war eine Zelle, eine graue Wand.»*[55]

---

54 Bericht über die «Schädelstecherbande» im Hamburger Abendblatt vom 23. 4. 2003
55 Stern 8/97, S. 153

## Männlich-maskulin: Das Geschlecht der Täter?

In den letzten Jahren hat man den Eindruck gewinnen können, dass gewaltbereites und bedrohliches Verhalten bei Jungen deutlich zugenommen hat. Ihr Auftritt in der Öffentlichkeit und ihr Umgang mit ihren Mitmenschen hat eine andere Qualität erreicht: Raub, Erpressung, sexuelle Gewalt, Körperverletzung und Bedrohung mit Waffen. Immer wieder ist von Jungen zu hören oder zu lesen, die durch spektakuläre negative Taten die Aufmerksamkeit der Medien auf sich ziehen. Immer wieder stehen Jungen in den Schlagzeilen, weil sie gewalttätig werden. Zuschlagen ist alltäglich geworden. Für die Täter und leider oft auch für die Opfer.

Eine so genannte Dunkelfelduntersuchung, eine anonyme Befragung, die Ende der 90er Jahre bei Tausenden von Schülern und Schülerinnen des Jahrgangs 9 an Hamburger Schulen durchgeführt wurde, ergab, dass fast ein Viertel aller befragten Jugendlichen gestand, selbst Gewalttaten verübt zu haben. Außerdem stellte sich bei der Befragung heraus, dass sechs von sieben Taten nicht angezeigt wurden. Eine weitere Erkenntnis war, dass über 90 Prozent der Täter männliche Jugendliche waren. Aber auch über 80 Prozent der Opfer! Jungen das «Täter- und Opfergeschlecht»?[56]

Der Anstieg der Jugendgewalt in der Kriminalitätsstatistik hat nicht nur etwas mit einer tatsächlichen Zunahme der Delikte zu tun, sondern auch mit einer erhöhten Anzeigebereitschaft der Bürger. Die Jungen sind negativ in den Blick gekommen, sie fallen unangenehm auf. Es wird darum auch mehr vermutet, gesehen und angezeigt. Zu Recht, denn ein weiteres Wegsehen würde ein falsches Signal geben. Wenn auf einen bereits am Boden liegenden Jungen weiter eingeschlagen wird, ist das keine kleine Beulerei unter Jungen mehr. Während früher in der Regel bei Prügeleien dann Schluss war, wenn der Gegner aufgab oder die umstehenden

---

56 Daten dem Bericht der Enquete-Kommission der Hamburgischen Bürgerschaft zur Jugendkriminalität in der Hansestadt entnommen.

Jungen die erregten Kämpfer auseinander brachten, ist es heute eher so, dass die Zuschauer auch anfangen zuzuschlagen und somit zu Mittätern werden, die auch keine Grenze mehr kennen.

Zwar gelangen aus politischen Motiven nicht alle Taten in die Öffentlichkeit, aber die, die dann doch in aller Ausführlichkeit in den Medien beschrieben werden, haben eine Veränderung in der Wahrnehmung der Bevölkerung zur Folge.[57] So äußerten die Befragten einer Untersuchung des Kriminologischen Forschungsinstitutes Niedersachsen mehrheitlich die Ansicht, Morddelikte hätten seit dem Jahr 1993 deutlich zugenommen. Das Gegenteil ist jedoch der Fall. Im Jahr 1993 betrug die Zahl der Morde insgesamt 698 (darunter 32 Sexualmorde), im Jahr 2003 dagegen waren es 414 Morde.[58] Dennoch darf man sich nicht täuschen lassen: Das aggressive Klima wird immer spürbarer, die Gewaltspirale nimmt zu.

Statistiken aus den letzten Jahren belegen, dass in der Jungendelinquenz die Fallzahlen in bestimmten Bereichen nach oben geschnellt sind. In Hamburg ist die Zahl der tatverdächtigen Kinder bei Raubdelikten von 22 im Jahre 1989 auf 181 im Jahre 1999 gestiegen. In Prozenten ausgedrückt bedeutet das eine Zunahme von 723 Prozent. Bei strafmündigen Jugendlichen ab 14 Jahren stieg die Zahl von 167 bekannt gewordenen Fällen im Jahr 1989 auf 1076 im Jahr 1999 (544 Prozent). Bei Kindern ist also prozentual die stärkste Zunahme zu verzeichnen. In allen anderen Altersgruppen ist zwar ebenfalls ein Anstieg zu erkennen, jedoch nicht in solch einem extremen Maße. Hier ist ein Trend entstanden. Die Übergriffe auf die Persönlichkeits- und Eigentumsrechte, die mit dem Begriff «Abziehen» bezeichnet werden, sehen die Jungen und jungen Männer verharmlosend, beinahe «sportlich».

57 In den letzten Jahren sind rechte politische Stimmenfänger mit einer rigorosen Law-and-order-Politik immer wieder bei Landtagswahlen erfolgreich gewesen. Die Presse und auch die Ermittlungsbehörden haben dem nicht mit noch mehr Veröffentlichungen Vorschub leisten wollen.
58 Zahlen des Niedersächsischen Forschungsinstituts, entnommen der Zeitschrift «Chrismon» 1/2005, S. 6

«Dann kauft der sich eben eine neue Jacke. Na, und!» Ein fast ebenso alarmierender Anstieg ist im Bereich der gefährlichen Körperverletzung zu verzeichnen. Auch dort ist bei den Kindern der höchste prozentuale Zuwachs zu verzeichnen, nämlich 641 Prozent. Dass sich hinter der Bezeichnung «Kinder» hauptsächlich Jungen verbergen, wird durch die Tatsache belegt, dass *über 90 Prozent aller Tatverdächtigen in Hamburg unter 14 Jahren männlichen Geschlechts sind.* Bei den hohen Zahlen in den Kriminalstatistiken darf man allerdings nicht vergessen, dass sich nur ein geringer Prozentsatz von Jungen zu Straftaten verleiten lässt. Über 90 Prozent der Jungen werden bei den polizeilichen Ermittlungsbehörden *nicht* als Tatverdächtige geführt, fallen also im öffentlichen Leben nicht als straffällig auf.[59]

Als Fazit lässt sich jedoch festhalten, dass immer mehr, immer jüngere Jungen immer mehr und brutalere Straftaten begehen. Prozentual zur Gesamtgruppe gesehen sind es aber doch noch verhältnismäßig wenige Intensivstraftäter. Es kann also keineswegs die Rede von der «Kriminalisierung» einer ganzen Generation von Jungen sein!

Doch darf trotz dieser Erkenntnis nicht verkannt werden, dass jede Veränderung in der Statistik als Indiz zu werten ist. Es ist ein Zeichen für die Veränderung in der Lebenswelt von Jungen. Zuwächse in diesem Umfang entstehen nicht ohne Grund. Sie sind ein Hinweis darauf, dass immer mehr Jungen schon sehr früh in ihrem Leben an Halt und Orientierung verlieren und Grenzen und Regeln der Gemeinschaft überschreiten, haltlos werden und wahllos handeln.

### Was innen ist, zeigt sich auch im Außen

Lebensverläufe mit derart dramatischen Auswirkungen wie bei Robert Steinhäuser aus Erfurt kommen sehr selten vor. Vergleicht man seine Entwicklung mit der anderer Jungen, sieht

---

59 Zahlen entstammen dem Bericht der Enquete-Kommission.

man jedoch viele Parallelen. Die Presse hat mit ihren zum Teil reißerischen Berichterstattungen den Eindruck erweckt, dass es unter Umständen an jeder Schule einen solchen potenziellen «schlafenden Killer» geben könnte. Das ist spekulativ und wirkt dramatisierend. Jungen sind in Not, doch wie groß sie ist, weiß keiner genau.

Roberts Tat wurde zum «Medienthema», sein Fall wurde von aller Welt beachtet. Vielleicht war dies mit ein Grund für seine Tat: Beachtung zu erlangen. Sein Name kommt auch in diesem Buch vor. Nicht um zu dramatisieren, sondern um auf die Not von Jungen hinzuweisen, auf ihre gefährdete Situation, ihr Scheitern und ihre Überforderung. So sagten die Eltern von Robert über ihn: «Vielleicht war er all die Jahre überfordert und deswegen kreuzunglücklich.»[60] Der Junge schaffte es nicht, sich seinen Erste-Hilfe-Schein zu besorgen, und konnte aus diesem Grund auch keinen Auto-Führerschein machen. Er meldete sich auch nicht nach dem erzwungenen Abgang von seiner Schule an einer anderen Schule an. Passiv und antriebslos ließ er wichtige Dinge in seinem Leben geschehen, ohne ihnen aktiv zu begegnen. Bei ihm «ging es immer ums Schießen, es ging immer um Gewalt», so sein Vater.[61] In dieser Hinsicht war er dann wiederum sehr aktiv. Er lernte das Schießen sowohl in seinen virtuellen Ego-Shooter-Spielen, bei denen er, ähnlich wie dann später bei seiner Tat in der Schule auch, maskiert eine Hausetage nach der anderen durchsuchen musste und Leben auszuschalten hatte. Außerdem war er Mitglied in einem Schützenverein, wo er den Umgang mit scharfen Waffen lernte. Sein Alltag war ausgefüllt, zumal er noch ergänzt wurde durch den Konsum extremer, Gewalt verherrlichender Videos und das Hören von Songtexten mit menschenverachtenden Botschaften. Er hatte in seinem Leben offenbar keinen Platz mehr für anderes, so zum Beispiel für die Schule oder stärkende Beziehungen. Es gab auch keine Kommunikation

60 Stern, 6. 5. 2002, S. 118
61 Stern, 19/2002, S. 133

mehr, weder mit den Lehrern noch mit den Eltern, von denen sich der junge Mann immer weiter entfernt hatte.

Der Dokumentarfilmregisseur Andres Veiel, der auf der Grundlage von Gesprächsprotokollen mit den Tätern und Angehörigen des brutal getöteten «Bordstein-Opfers» von Potzlow in der Uckermark das erschreckende Theaterstück «Der Kick» inszenierte, bezeichnete die Situation, die er in der dünn besiedelten Gegend im äußersten Osten Deutschlands vorfand, als «seelisch-moralische Versteppung».[62]

In einem Interview äußerte sich der Regisseur mahnend: *«Dieses Verbrechen ... wurde von Menschen verübt, die de facto abgeschrieben sind und keine Chance mehr haben. Und aus diesem Grund kann ich nur sagen, dass es wichtig ist, genauer hinzusehen.»*[63]

Jungen in den Blick zu nehmen, ihre Situation zu erfassen und darauf zu reagieren, ohne zu meinen, dass es sich schon irgendwie von alleine regeln wird, gehört zu den dringlichsten pädagogischen Aufgaben, vor denen unsere Gesellschaft steht. Ansonsten müsste man heute schon die Grundstücke kaufen, um für all die Jungen, die sich immer weniger an die Normen und Werte unserer Solidargemeinschaft gebunden fühlen, Heime und Gefängnisse zu errichten.

## Notsignale

Gegenüber Jungen, die zu solch schrecklichen Taten wie den beschriebenen fähig sind, kann eigentlich kein Verständnis mehr aufgebracht werden. Reaktionen auf ihre Taten sind Unverständnis, Wut und Abkehr. Das Mitgefühl muss zuerst den Opfern von Gewalttaten gehören. Aber man muss sich auch fragen, wie

62  Zitiert aus einem Text über den Regisseur Veiel von der Webside: www.adk.de/vera.
63  Das Interview führte Benedikt Gondolf mit Andres Veiel für «aspekte».

solch eine Verrohung, bei der sämtliches Mitgefühl von Seiten der Täter ausgeschaltet wird, geschehen kann. Die Verrohung des einzelnen Jungen hat Auswirkungen auf seine sozialen Kontakte, auf sein Verhalten anderen gegenüber. Ein Verharmlosen solcher Fälle ist genauso wenig angebracht wie die Dramatisierung, um die öffentliche Sensationsgier zu befriedigen.

Die Darstellung von «Jugendgewalt», oder genauer «Jungengewalt», in den Printmedien rief zeitweise den Eindruck hervor, dass wir in Deutschland in einem kriegsähnlichen Gebiet leben würden, in dem jeder dunkel gekleidete und finster dreinblickende, cool wirkende junge Mann ein potenzieller Gewalttäter ist. Derart geschürte Ängste können schnell zu einer negativen Stigmatisierung einer ganzen Generation, eines ganzen Geschlechts oder bestimmter ethnischer Gruppen führen. Dabei steht die «Verteufelung» des männlichen Menschen in den Medien im Vordergrund und nicht seine Not. Dass nicht bei jedem straffällig gewordenen Jungen nur *seine* Not im Vordergrund stehen darf, steht außer Frage.

Auch wenn man die Effekthascherei mancher Medien abzieht, darf doch nicht übersehen werden, dass die Straffälligkeit von Jungen in den letzten anderthalb Jahrzehnten insgesamt sprunghaft zugenommen hat.

Gewalt ist ein Zeichen innerer wie äußerer Not! Ein Zeichen von Hilflosigkeit, ein Schrei nach Aufmerksamkeit. Besonders Jungen «schreien» laut. Sie sind die In-Not-Geratenen, die Schiffbrüchigen unserer Gesellschaft. Sie werden mit dem Leben nur auf die Weise fertig, wie sie es uns demonstrieren. Jungen zeigen mit ihrem Verhalten ihre Überforderung an. Sie fallen aus dem Rahmen, passen nicht mehr ins Bild einer wohl geordneten, friedfertigen Gesellschaft. Die Demonstration von Gewalt ist ein Anzeichen ihrer Befindlichkeit. Grenzüberschreitung, Delinquenz und Gewalt sind Indikatoren für die Überforderung von Jungen!

Je extremer die Jungen agieren, desto größer scheint ihre Überforderung, ihre Not zu sein. Ihre mangelnde Ausgeglichenheit, ihre mangelnde Fähigkeit, das eigene Leben in den Griff zu bekommen, ihr Drang, sich ständig messen zu müssen, ihr Versagen in Schule und Ausbildung, all das erzeugt großen «Frust». Viele Jungen und Männer können damit nicht mehr umgehen. Sie verzweifeln, sprechen nicht darüber, verarbeiten es nicht oder wollen es nicht wahrhaben. So bricht sich ihre Verzweiflung auf eigene Weise ihre Bahn, mit unvernünftigen Verhaltensweisen, die wiederum das Unverständnis der Gesellschaft nach sich ziehen. Wenn Jungen Ablehnung erfahren, fühlen sie sich noch weiter in die Enge getrieben. Mit dem Rücken zur Wand sind sie gefangen in einer Spirale von Ablehnung und Gewalt.

*«Ich kann dem Gefühl meiner Ohnmacht gegenüber der Welt außer mir nur dadurch entrinnen, dass ich sie zerstöre.»*[64]
Erich Fromm

Wer unter Stress steht, sei es sozialer, emotionaler oder ökonomischer, der neigt zu überzogenem Verhalten, bei dem stimmt die Verhältnismäßigkeit oft nicht mehr. Viele Jungen stehen unter Strom. Manchmal entladen sie sich wie ein Gewitter. Manchmal explodieren sie durch den aufgestauten Druck, mit dem sie einfach nicht mehr fertig werden. Amokläufer sind meistens männlich!

### Anders sein, besser sein – «wer sein»!

Jungen und junge Männer, die sich in bestimmten Männerbünden und in Gangs gruppieren, sind häufig der Ansicht, sie seien «besser» als andere Menschen. Geraten sie in Situationen, in denen diese Selbstsicht infrage gestellt wird, reagieren sie aggressiv. Sie fühlen sich provoziert und herausgefordert. Dies erleben sie als Bedrohung, der begegnet werden muss.

Da es sich allem Anschein nach für immer mehr Jungen nicht mehr lohnt, Erfolg und Bestätigung auf «legalen», geraden Wegen zu erreichen, suchen sie ihre Identität in einer Subkultur oder auf der «schiefen Bahn». Viele Jungen überall auf der Welt, die sich

64 Erich Fromm: Die Furcht vor der Freiheit, Frankfurt/Main 1982, S. 142

der Hip-Hop-Kultur zugehörig fühlen, sind stolz darauf, es ist eine von den sozialen Underdogs kreierte Kultur, die sich bewusst von der bürgerlich-konservativen unterscheiden soll. Anderssein ist wichtig, schafft Einmaligkeit. In diesen Jugendkulturen gibt es wie in jeder Kultur immer welche, die sich extremer verhalten als andere. Im Hip-Hop fühlen sich auch Kriminelle wohl. Diese «Gangstas», die sich ihre eigene Welt, ihr eigenes «Gangsta-Paradies» schaffen, können darin nur Zufriedenheit erlangen, solange sie sich von ihnen Gleichgesinnten angenommen fühlen. Akzeptanz einer Gruppe – welche, könnte beinahe egal sein – ist *das* entscheidende Kriterium für viele. Die Jungen, die sich für den schiefen Lebensweg entscheiden oder in ihn hineinwachsen, entwickeln die Einstellung «Lieber ein *erfolgreicher* Böser als ein Niemand zu sein». Diese Entscheidung kann auch mit der Tatsache zusammenhängen, dass sich gerade da, wo Moral besonders hochgehalten wird, der Wunsch entwickelt, unmoralisch zu sein. Als Zeichen der Unabhängigkeit und der Abgrenzung zu den anderen, meist den Erwachsenen, dient dies der Entwicklung der eigenen Persönlichkeit. Wer immer nur Friedfertigkeit leben muss, weil es so gefordert ist, der sucht nach einem Gegenpol. Der Schweizer Psychologe Carl Gustav Jung beschrieb diese Dynamik als «Gegensatzspannung» der menschlichen Psyche.

Jungen greifen andere schon allein deshalb an, weil diese anders sind als sie selbst. Anderssein, Fremdsein reicht als Anlass. Immer wenn eine Gruppe von Menschen wegen ihrer religiösen oder ethnischen Zugehörigkeit von anderen ausgegrenzt und bekämpft wird, kann davon ausgegangen werden, «dass die ausgrenzende Gruppe ihr übermäßiges Selbstwertgefühl und ihre Selbstgefälligkeit bedroht sieht».[65]

Eine solche Haltung lässt sich in Deutschland besonders in der rechtsextremen Szene finden, einer vorwiegend männlichen Welt. Jungen sind dazu leicht verführbar. Dafür gibt es mehre-

65 Baumeister, Smart und Boden in der Zeitschrift «Psychologie Heute», Ausgabe 8/1996, S. 10

re Ursachen. Anders sein zu wollen, besser zu sein, überhaupt «wer sein», ist existenziell für sie. Jungen, die sich der rechtsextremen Szene anschließen, ist dies offenbar so wichtig, dass sie die Ablehnung der großen Mehrheit der Bevölkerung in Kauf nehmen. Sie suchen nach einem Ort, an dem sie sich aufgehoben wissen, an dem sie erwünscht sind. Dort wird ihnen wohl zugesprochen: «Reih dich ein, Kamerad, denk, was wir sagen; sage, was wir denken, dein Leben wird einfacher sein!» Einfacher und – für diese Jungen – mit einem (fragwürdigen) Sinn versehen. Wer in der demokratischen Gesellschaft nicht mehr zurechtkommt, weil von ihm Mitverantwortung und Mitarbeit erwartet wird, fühlt sich schnell überfordert, und es erscheint ihm einfacher, sich aus der Gemeinschaft zurückzuziehen. Das Denken und Entscheiden wird ihm unter der Führung von «An-Führern» abgenommen, die Übernahme der Verantwortung für das individuelle Handeln wird eingetauscht gegen das Einreihen in eine Rechtfertigungsideologie mit Führer-Kultus.

Denken hat viel mit Fühlen zu tun, mit dem Hineinspüren in sich selbst und dem Bewusstmachen, was dort ist. Jungen, die sich rechtsradikalen Männerbünden anschließen, sind deshalb auch erleichtert, wenn man ihnen dies abnimmt. Und zwar so lange, bis sie gar nichts Eigenes mehr fühlen und denken. Solche Jungen haben zum Teil ein übersteigertes Selbstwertgefühl entwickelt («Ich bin mehr wert als der Fremde»), andererseits sind sie eigentlich unsicher und fühlen sich oft minderwertig. Aus diesem Grund brauchen sie die starke Gruppe, mit der sie ganz groß rauskommen können.

Im Jahr 2004 ist die Zahl der rechtsextremistischen Straftaten in Deutschland gegenüber dem Vorjahr um 12 Prozent gestiegen. Dies bedeutet den höchsten Stand seit dem Jahr 2000. Auch der Zulauf zu den verschiedenen national-radikalen Verbänden der Rechten stieg in dem gleichen Zeitraum weiter an.[66]

66 Zahlen veröffentlicht in der Neuen Zürcher Zeitung vom 29. 4. 2005, S. 3

In Hamburg «rotteten» sich im Sommer 2004 etwa neunzig Jungen zweier rivalisierender, unterschiedlichen Ethnien angehörender Banden zusammen und schlugen mit Schlagstöcken und Messern bewaffnet aufeinander ein. Türken gegen Russen. Nationales Bewusstsein gibt es auch bei Jungen nichtdeutscher Herkunft. Anschließend wurden die Wunden geleckt und die «Heldentaten» gefeiert. Was ein echter «Warrior»/Krieger ist, der muss auch Kampfspuren haben. Narben gelten eben immer noch als Zierde für «echte» Männer. Nicht nur schlagende Verbindungen bestimmter politischer Gesinnung legen Wert auf sichtbare Zeichen ihres Mutes und ihrer Leidensbereitschaft. Diese Ansicht von Männlichkeit geht durch alle Bildungs- und Kulturstufen. Jede Narbe erzählt eine Geschichte, gemeinsam erworbene verbinden Jungen- oder Männergemeinschaften tief miteinander.

### Der Kampf um die Vorherrschaft

So wie sich Fußballspieler auf dem Platz bekämpfen, bekämpfen sich manchmal auch ihre Fangruppen außerhalb des Platzes. Bei Auseinandersetzungen der rivalisierenden, manchmal auch nationalistisch eingestellten Fans werden Menschen schwer verletzt, oder kommen gar zu Tode. Hooligans werden deshalb vorsorglich immer öfter in Unterbindungsgewahrsam genommen. *Junge Männer müssen zum Schutz für sich und andere eingesperrt werden, vorsorglich.* Eine andere Vorsorge wäre denkbar!

Im Grunde geht es um den Abbau von persönlichem Frust, der sich auf diesem Wege entlädt. Getarnt als sportliche Begeisterung werden hier Fremdenhass und Gewalt ausagiert. Die Bilder im Fernsehen zeigen marodierende Horden, archetypische Bilder wie aus früheren Zeiten der Menschheit. An vielen Orten der Welt, in der Männerwelt, finden Kämpfe statt, die einzig dem Zweck dienen, Vorherrschaft zu erzielen und zu demonstrieren. In den Ghettos der USA werden zwischen den verschiedenen Gangs Massenschlägereien ausgetragen, Rap-Battles (Sprech-Gesang-Kämpfe) und andere Entscheidungswettkämpfe ausgefochten. Kampf als Lebensmaxime.

Ein Mitglied der Jungenbande «Türkenpower», das sich besonders im Kampf gegen die russischstämmigen «KGB»-Jungen bei der Massenschlägerei in Hamburg hervorgetan hatte, gab vor laufender Fernsehkamera ein Interview, in dem er den mangelnden Respekt der «Russlanddeutschen» gegenüber den «alteingesessenen» Türken in diesem Revier als Grund angab. Würde die hierarchische «Ordnung» eingehalten, dann hätten die bisherigen Herrscher im Stadtteil das Gefühl, mit dem Respekt behandelt zu werden, der ihnen ihrer Ansicht nach gebührt. Doch sie fühlten sich herausgefordert; Grenzen wurden überschritten, die feindlichen Zusammenstöße wurden heftiger und eine Entscheidung erzwungen.

### «Da seh ich rot!»

Ein überhöhtes oder ein zu geringes Selbstwertgefühl sind nicht die einzigen Ursachen für Aggressionen, Gewalt und Kriminalität. Auch genetische, soziale oder körperliche Faktoren spielen eine Rolle!

Wie bereits erwähnt, kann die mangelnde Entwicklung des vorderen Hirnlappens (Neocortex), des stammesgeschichtlich jüngsten Teils der Großhirnrinde, dazu führen, dass die Impulskontrolle unterentwickelt ist. Aber auch Hormone beeinflussen das Aggressionsverhalten maßgeblich. Das männliche Sexualhormon Testosteron hat großen Einfluss auf das Verhalten von Jungen und Männern. In der Pubertät steigt der Hormonwert um das 700fache! Testosteron enthemmt und regt ähnlich an wie Alkohol. Die Kontrolle geht verloren. Fremdgesteuert begehen männliche Menschen Taten, die sie im «nüchternen» Zustand nicht begehen würden. Enthemmte Gewalt, die keinen Zensor im Gehirn mehr hat. Männer mit kleinem Neocortex und viel Testosteron verlieren schnell mal die Kontrolle. Mike Tyson, der ehemalige Boxchampion, biss Evander Holyfield 1997 während eines im Fernsehen übertragenen Kampfes einen Teil seines Ohres ab. Tyson gilt als jemand, der, wie viele andere gewalttätige Männer auch, leicht außer Kontrolle gerät. Ihn hält dann nichts mehr davon ab, zu weit zu gehen. Gewissenlose Menschen können für andere zu einer Gefahr werden.

## Ist Gewalt nur mit Gewalt zu vertreiben?

In den USA sterben jährlich ca. 11 000 Menschen durch einen gewaltsamen Tod. Im Verhältnis zu Deutschland ist das eine erschreckend hohe Zahl. Bei einer Einwohnerzahl, die nur dreimal so groß ist, ist die Mordrate ca. um das 24fache höher!! Wieso diese ungemein hohe Zahl von Getöteten? Der Filmemacher Michael Moore ist dieser Frage in seinem Oscar-prämierten Dokumentarfilm «Bowling for Columbine» nachgegangen und kommt zu der Erkenntnis, dass die amerikanische Bevölkerung durch die finanziell lukrative dramatische Berichterstattung von Gewalt in den Medien verängstigt oder in ihrer schon vorhandenen Angst bestätigt wird. Menschen, die Angst haben, die sich bedroht fühlen und obendrein eine scharfe Waffe bei sich tragen, verlieren an Hemmungen, diese auch zu benutzen. Die Bereitschaft, bis zum Äußersten zu gehen, wird größer, wenn Angst einen bestimmt. Die Waffenlobby in den USA sorgt durch ihren Einfluss mit dafür, dass sich dies auch nicht ändert, genauso wenig, wie sich die Waffengesetze nicht ändern.

## Wer zuerst zieht, überlebt

Der amerikanische Mythos von der Konflikt-Entscheidung durch ein Revolver-Duell sitzt tief in den Jungen und Männern des «wilden» Landes.

Die Faszination von Gewalt erkennt man auch hierzulande schon bei kleinen Jungen. Sie haben oft eine große Affinität zu Waffen, selbst wenn das von den Eltern vehement abgelehnt wird. Waffen jeglicher Art lösen bei Jungen eine für die meisten weiblichen Menschen unverständliche Faszination aus. Besonders Schusswaffen dienen Jungen von früh an als wichtiges Spielzeug. Sie fühlen sich dadurch stärker und empfinden solche Spiele als lustvoll und spannend. Sehr zum Leidwesen ihrer Mütter, die oft überhaupt kein Verständnis für diese lauten Spiele haben. Werden Waffen im Haus nicht geduldet, dann bastelt sich der Junge seine Waffe eben selbst, aus einem Stück Holz oder aus Legosteinen, die ja für vieles gut sind. Mit zunehmendem Alter müssen die Waffen aber immer echter wirken.

In letzter Zeit sind so genannte Softairpistolen sehr beliebt bei Jungen. Diese Waffen sind von echten kaum noch zu unterscheiden. Sie verschießen mit hohem Luftdruck kleine bunte Plastikkugeln. Für diese «Spielzeuge» gibt es einen großen Markt, und fast jeder Junge hat damit schon in irgendeiner Form Kontakt gehabt. Bestenfalls mit Schutzbrillen ausgestattet, liefern sich Jungen richtige Schlachten (Paintball-Gefechte, bei denen Farbkugeln verschossen werden, sind ähnlich). Der Besitz einer voll funktionstüchtigen Waffe ist für viele Jungen ein großer Wunsch, gehört zu einem «echten Mann» eben auch eine echte Waffe. Manche männlichen Menschen haben geradezu eine «erotische» Beziehung zu Waffen, ob Schuss- oder Stichwaffen. Zu Zeiten der Lausbubengeschichten von Michel aus Lönneberga wurde ein Messer noch zum Schnitzen verwendet, und sei es, um sich, nach einem Streich «eingesperrt» im Schuppen wie Michel, kleine Holzfiguren zu schnitzen, einfach nur zur Beruhigung. Zum Schnitzen benutzen Jungen diese aber in den letzten Jahren immer seltener. Immer schneller und häufiger wird damit auf Menschen eingestochen. Von Beruhigung für diese Jungen kann gar keine Rede sein. Das ist beunruhigend.

Mein Sohn Fabian wurde während der Mittagszeit an einem Hamburger U-Bahnhof von einem männlichen Jugendlichen mit einem Messer bedroht, als er einem Schulkameraden, dem dieses zuvor an die Kehle gehalten wurde, zu Hilfe geeilt war. Ein Messer oder eine andere Waffe zu besitzen gehört in manchen Kulturkreisen zum Mannsein zwingend dazu (der jemenitische Dolch zum Beispiel). Zum gefährlichen Einsatz sollte es deshalb aber noch lange nicht kommen.

## Opfer sein

Ich selbst wurde einmal Opfer eines Übergriffes, eines Raubes. Eine Gruppe von sechs jungen Männern aus der Skinhead-Szene drohte mir beim Warten auf den Nachtbus Gewalt an, wenn ich ihnen kein Fahrgeld aushändigen würde. Ich wurde in die Mitte genommen und bedrohlich eingekreist. Mein Hinweis, dass auch ich für mein Geld arbeiten müsse (ich war noch Student) und sie sich ebenfalls selbst Geld verdienen sollten, brachte mir keine Verschonung, sondern einen Faustschlag mitten ins Gesicht ein.

Opfer geworden zu sein war ein demütigendes Gefühl. Einen heilsamen Täter-Opfer-Ausgleich gab es nicht. Eine Wunde bleibt. Um diese seelische Verletzung zu verarbeiten, suchte ich nach Möglichkeiten, um mich zukünftig bei Überfällen schützen zu können. Ich rüstete innerlich auf und schwor mir, mich nie wieder schlagen zu lassen. Ich besuchte eine Kampfkunstschule und wollte lernen, mich am effektivsten zu wehren. So geht es vielen Jungen. *Sie rüsten nur auf, weil sie sich selbst bedroht fühlen.* Schnell kann aber eine als bedrohlich erlebte Situation eskalieren. Wenn dann Waffen im «Spiel» sind, ist der Stress besonders groß. Die Stresshormone spielen verrückt und die Jungen leider auch.

Viele der Gewalttäter waren vorher Gewaltopfer, Opfer erwachsener Gewalt, meist in den eigenen Familien.[67] Die Hauptursache dafür ist in der zunehmenden Verarmung und der Erziehungsnot der Eltern zu finden. Existenzsorgen, Freiheitsdrang der Heranwachsenden und die manchmal ins Maßlose gestiegenen Konsumwünsche der «Kids» lassen Eltern und Kinder zu Feinden werden.

---

67 Irene Johns vom Kinderschutzbund Schleswig-Holstein stellt eine alarmierende Zunahme von Gewalt in Familien fest. Die «Aggressivität zwischen Kindern und Eltern wächst». In: «Hamburger Abendblatt» vom 16. 9. 2003

*Liebe ist angeboren, Gewalt wird erlernt!* Es gilt, die Liebe zu er-halten. Je mehr Gewaltopfer, desto mehr Täter: Aus geschlagenen Jungen werden wieder schlagende Männer. Kommt da erst noch eine Katastrophe größeren Ausmaßes auf uns zu? Gewalt erzeugt Gegengewalt. Eine Endlosspirale? Besonders Jungen spüren die elterliche Gewalt in hohem Maße. Sie sind es oft, die mit ihrem grenzenlosen Verhalten die Nerven der Eltern überstrapazieren, und so kann es schnell zu Kurzschlusshandlungen kommen, aus Überforderung von beiden Seiten. Jungen, die ihren Hauptschul-abschluss nicht schaffen, erleben Gewalt innerhalb der Familie bis zu fünfmal häufiger als Jungen, die ein Gymnasium besuchen. Verschiedenen Untersuchungen zufolge geben zwischen 25 und 40 Prozent der misshandelten Kinder die erlittene Gewalt an an-dere weiter.

## Gewalt

Was lange Zeit einfach hingenommen wurde, soll heute nicht mehr gelten.

In der Erziehung von Jungen erschien Gewalt lange notwendig und natürlich. Jungen mussten gezüchtigt werden, anders sahen sich die Erwachsenen nicht imstande, dem Aufbegehren der Jun-gen etwas entgegenzusetzen. Autoritär musste die Erziehung sein. Mit den heutigen Werten der westlichen Welt ist das jedoch nicht mehr vereinbar. Heute wird Gewalt weitestgehend geächtet. «Wer schlägt, fliegt!», heißt es bei häuslicher Gewalt. Wir sollen nicht wegsehen. Wir sollen Gewalt entgegentreten. Die Zeiten haben sich geändert. Es gilt nicht mehr als Privatsache, wenn jemand seine Kinder oder seine Frau schlägt. Und trotzdem wird geschla-gen, zurzeit sogar wieder mit steigender Tendenz. Die Ideale vie-ler Menschen, die die Gesellschaft in den letzten sechs Jahrzehn-ten aktiv formten, waren und sind geprägt vom Gedanken des Gewaltverzichts und der Gleichheit der Menschen.

Die Generation der «Achtundsechziger» mit ihrer Forderung «Make love, not war!» und ihrer Hoffnung, der Welt ein fried-liches Antlitz zu verleihen, war wild entschlossen, die Fehler der Eltern- und Großelterngeneration nicht zu wiederholen, ein neues Zeitalter einzuläuten, das Zeitalter des «Wassermannes». Doch «Love and Peace all over the world» hat sich nur bedingt erfüllt.

In vielen Bereichen konnte Gewalt als Mittel zur Durchsetzung individueller Interessen nicht abgeschafft werden. Mit der Idee einer zivilen, demokratischen Gesellschaft ist Gewalt nur im äußersten Notfall vereinbar. Nicht der Stärkere soll sich durchsetzen, sondern die vernünftigste Idee, das beste Argument. Doch zur Schau gestellte Stärke und machtvolle Gewaltdemonstrationen signalisieren in allen Bereichen des gesellschaftlichen Lebens, dass derjenige «Recht hat», der am weitesten oben ist. Kommunikations- und Konfliktschulung, Sozial- und Antiaggressionstraining haben da keine hinreichende Bedeutung mehr! Die «Tauben» fordern Friedfertigkeit zum Erhalt der Menschheit. Die «Falken» fordern Präventivschläge zur Erhaltung bestimmter Interessen. Beide sehen ihren Weg als den einzig wahren an. Beide verfolgen Prinzipien, die im Widerstreit liegen. Wer kennt sich noch aus in den Konflikten der Mächtigen? Wie sollen sich Jungen darin zurechtfinden und sich entscheiden?

Wer kennt heute noch Mahatma Gandhi, «die große indische Seele», mit seinem zivilen Ungehorsam? Für viele Jungen von heute wäre er wahrscheinlich ein «Weichei». Jemand, der belächelt statt bewundert würde. Auch andere Lehrer der Nächstenliebe und des Gewalt- und Leidverzichts stehen mit ihren Lehren unverstanden da. Wer weiß denn noch etwas über Jesus Christus und Buddha? Die Liebesbotschaften der Religionen und der religiösen Ethik werden kaum noch anerkannt und beachtet. Religion wird vielfach wieder instrumentalisiert, um gerade Jungen und junge Männer gewalt- und opferbereit zu machen. Eine fatale Entwicklung, die gerade für männliche Menschen mit ihrem «Entweder-oder-Prinzip» eine große Gefahr birgt!

Dass Gewalt primär als Männergewalt betrachtet wird, hat Geschichte. Kriege werden nach wie vor zumeist von Männern geführt (mit Frauen im Hintergrund, die ihnen den Rücken stärken!). Oft haben sich aber gerade die Frauen, die «Evas», die «Mütter allen Lebens», gegen die Abrichtung ihrer Söhne für den Krieg gewendet und dagegen, dass ihnen die Partner genommen wurden. Frauen machen die Welt friedfertiger, so heißt es. Sie handeln eher nach der Devise, Leben zu erhalten, statt es zu zerstören. Frauen sind «peacemaker», sie wirken häufig wie «Sozialschmiere». So werden sie jedenfalls in Gruppen oft funktionalisiert. Sei es in der Schule oder am Arbeitsplatz. Wenn weibliche und männliche Menschen zusammenleben, geht es gemeinhin friedlicher zu.

Und trotzdem sind in den letzten Jahren vermehrt auch Mädchen durch gewalttätiges Verhalten aufgefallen. Sie sehen, wie es die Jungen machen, sie leben in derselben Welt wie die Jungen, sind ähnlichen Einflüssen ausgesetzt. Manche Mädchen verhalten sich dann auch entsprechend, sie lernen vom männlichen Modell. Das Beispiel der Jungen mag Erfolg versprechen – aber ist es nicht ein trügerischer Erfolg? Die Schlagzeilen in der Tagespresse berichten häufiger als noch vor ein paar Jahren von prügelnden Mädchen. Eine regionale Zeitung berichtete davon, dass zehn, fast ausschließlich weibliche Jugendliche in Stockelsdorf (einer ländlichen Idylle) über eine Stunde auf ein einzelnes Mädchen eingeschlagen hatten. Ein Gewaltexzess mit schweren körperlichen und seelischen Folgen für das Opfer.[68]

*Weibliche Menschen wenden eher eine subtilere Form von Gewalt an.* Sie sind nicht die besseren Menschen, nur weil sie sich weniger körperlich durchzusetzen versuchen. Aber jede Form von Gewalt verletzt, auch wenn sie in einer Form daherkommt, die nicht so offensichtlich ist. Zum Beispiel ist ein «Liebesentzug» nur schwer nachzuweisen, sichtbare blaue Flecke bekommt «Mann» dadurch nicht. Das Bild, das in der Öffentlichkeit von Mädchen vorherrscht, ist ein ganz anderes als das von Jungen: Danach sind Mädchen nett, mitfühlend, hilfsbereit und oft auch klug genug, dieses Bild nicht selbst zu zerstören. Damit lässt sich

68 Hamburger Abendblatt vom 18. 1. 2005

mehr erreichen als mit offensivem Auftreten. Bessere Schulnoten gehören auch dazu. Die «Iglu-Studie» 2005, an Grundschulen in 35 teilnehmenden Ländern durchgeführt, hat dies noch einmal deutlich belegt.

Bei Mädchen ist die Anzeigebereitschaft von Straftaten deutlich geringer, als wenn Jungen die Täter sind. Mädchendelinquenz spielt in den Anzeigestatistiken aber auch wegen ihres geringeren Vorkommens kaum eine Rolle, allenfalls im Zusammenhang mit «Kaufhausdiebstählen». Shoppen, ohne zu bezahlen! Doch wenn Jungen auffällig werden, dann sieht man viel genauer hin. Jungen erhalten viel Aufmerksamkeit, aber diese ist häufig an ihren Defiziten orientiert. Jungen werden viel schneller gemaßregelt und verantwortlich gemacht. Auch wenn manche Vertreterinnen aus der Geschlechterforschung (Stichwort «gendermainstream») der Ansicht sind, Mädchen würden härter bestraft, wenn sie auffällig werden, bin ich aus meiner schulischen Praxis heraus der Ansicht, dass ihnen abweichendes Verhalten eher nachgesehen wird, weil sie doch sonst so «nett» sind. Ihre Taten werden eher als Ausrutscher gesehen. Was für Jungen als typisch gilt, wird bei Mädchen als Ausnahme betrachtet. Mit weiblichen Charme kann Frau viel erreichen.

Jungen, die zur Friedfertigkeit erzogen werden, müssen eine besondere Charakterstärke entwickeln, um sich nicht von der ihnen vorgelebten und in den Medien vertretenen Übermacht der Gewalt faszinieren und mitreißen zu lassen. Jungen brauchen Handlungsalternativen und Erfahrungen in gewaltfreier Konfliktklärung, wenn sie lernen sollen, dass Gewalt nicht die gewünschte Lösung ist. Es ist deshalb wichtig, Jungen Grenzen aufzuzeigen, Tabus zu vermitteln, sie zu Mitgefühl anzuregen und ihnen sprachliche Kompetenz zu vermitteln. Oft wird aber weggeschaut, wenn Jungen miteinander im «Clinch» liegen oder sich bedrohlich gebärden. Den Mut, in solchen Situationen einzugreifen, haben nicht einmal alle Erwachsenen. Verständlich: *Zivilcourage ist gefährlich geworden!*

*«Ein gutgesinntes, zur Liebe und Teilnahme geneigtes Kind weiß dem Hohn und dem bösen Willen wenig entgegenzusetzen.»*[69]
Johann Wolfgang von Goethe

Wie soll man sich verhalten, wenn die Welt um einen verroht? Mitmachen, zuerst schlagen, drohen? «Wer sich nicht wehrt, lebt verkehrt!», heißt es. Doch es heißt auch: «Liebet euren Nächsten und vergebt euren Feinden!» Eine Gesellschaft, die sich zum Frieden bekennt, muss Jungen einen Rahmen bieten, in dem sie nicht auf das Recht des Stärkeren getrimmt werden. In einer solchen Gesellschaft sollten sie nicht Hohn und Spott ausgesetzt sein, nur weil sie sich gegen Gewalt aussprechen.

69 Johann Wolfgang von Goethe: Aus meinem Leben. Dichtung und Wahrheit. Erster Teil, 2. Buch, S. 66

# IV. Welche Rolle in welcher Welt?

Jungen haben Probleme mit ihrer Rolle, mit ihrer Jungenrolle und vor allem mit ihrer zukünftigen Rolle als Mann. Sie sind verunsichert über ihren derzeitigen und zukünftigen Platz in der Gesellschaft. Mädchen und Frauen werden sich die Emanzipation vom einengenden Rollenbild ihrer Mütter und Großmütter nicht mehr nehmen lassen. Sie stellen Ansprüche an ihre zukünftigen Partner, die diese nicht zu erfüllen vermögen, wenn sie sich an den Rollenbildern ihrer Väter- und Großvätergeneration orientieren. Die Verunsicherung bei der Findung einer passenden Männerrolle und das Fehlen positiver Rollenmodelle tragen dazu bei, dass Jungen oft orientierungslos und festgefahren wirken. Der Rollenkonflikt zwischen traditionellem Männerbild und derzeitig gefordertem veränderten Männerbild zeigt seine katastrophalen Auswirkungen auf die männlichen Menschen.

In manchen Kulturen werden Jungen ab einem ganz genau bestimmten Zeitpunkt als Mann angesehen. Erst wenn sie ein klares Initiationsritual durchlaufen haben, werden sie als Mann mit Rechten *und* Pflichten in die Gemeinschaft der Männer aufgenommen. In unserer Gesellschaft sind die Verhältnisse komplexer und die Vorstellungen von Männlichkeit sehr viel verwirrender und unklarer geworden. Der australische Soziologe Robert W. Connell hat die gegenwärtigen Erscheinungsformen von Männlichkeit so treffend klassifiziert und als Konstrukt, als Ergebnis ganz bestimmter gesellschaftlicher Bedingungen beschrieben, dass ich sie hier kurz nennen möchte.

Auf der untersten Sprosse der männlichen Hierarchieleiter stehen laut Connell die Männer, die er der *marginalisierten* (am Rand stehenden) Form von Männlichkeit zurechnet.[70] Als Rand

---

70 Robert W. Connell: Der gemachte Mann: Konstruktion und Krise von Männlichkeiten, Opladen 1999

und Rest, so fühlen sich viele Männer. Viel mehr als vermutet. Die herrschenden, erfolgreichen und mächtigen Männer verkörpern den Typus der *hegemonialen* Männlichkeit. Den Rand- und Rest-gruppen-Männern gelingt es nicht, sich den Machtzentren, den inneren Zirkeln der Entscheidungsträger überhaupt nur zu nähern, geschweige denn, daran teilzuhaben. Sie werden von einer dritten Form, der *komplizenhaften* Männlichkeit, erfolgreich daran gehindert. Die Mächtigen erleben keine Bedrohung durch die marginalisierten Männer, da ihre Komplizen der Macht maßgeblich für die Aufrechterhaltung der Herrschaftsverhältnisse sorgen. Natürlich nicht, ohne dafür persönliche Vorteile für sich zu erwarten. Sie sind die Steigbügelhalter, die Stiefellecker, die Abstauber und Nebengewinnler, ohne die kein Herrscher seine Macht ausüben könnte. Als vierte und letzte Gruppe nennt Connell die *untergeordnete* Männlichkeit. Darunter werden all die Männer gefasst, die als gänzlich unmännlich gelten und von denen keine Bedrohung ausgeht. Dazu gehören Homosexuelle und sehr schwache oder feminine Männer, Männer ohne Durchsetzungsvermögen, Männer mit wenig Testosteron.

Connell kommt zu dem Schluss, dass die Erscheinungsformen von Männlichkeit konstruiert sind. Die Bilder von Männlichkeit, die wir heute kennen, sind variabel und könnten auch ganz anders aussehen. Neue Typen können sich ausbilden, wie derzeit gerade zu beobachten ist. So gilt der englische Starfußballer David Beckham als Aushängeschild des «metrosexuellen Mannes», der an sich ausprobiert, wie weibliche und männliche Attribute zusammen an einem Mann wirken. Der metrosexuelle Mann lackiert sich vielleicht die Fingernägel und lässt sich doch nicht den Transvestiten zurechnen, weil er eben doch männlich ist und auch bleiben will. Er gehört zu den Männern, die sich von gängigen Männerbildern lösen und neue kreieren.

Immer mehr Frauen fühlen sich zwar von «weichen» Männern angesprochen, doch sie sehnen sich auch nach den erfolgreichen, den männlichen Männern, die der hegemonialen Form von Männlichkeit entsprechen. Solche Männer wirken auf sie souve-

rän, autark und stark. Die Partnerschaft mit einem «Herrscher-
typen» oder einem «Komplizen» verspricht auch den Frauen die
Teilhabe an einem privilegierten Leben. Ein Leben an der Seite
eines erfolgreichen Mannes. Frauen bevorzugen Männer, die wissen, was sie wollen, die zielorientiert sind und nicht einfach nur
so «vor sich hin dümpeln». Viele starke Frauen fordern richtige
Männer und keine Luschen. Dass sie dafür bei diesen dominan-
ten Männern auf manches andere verzichten müssen, ist vielen
vorher aber nicht immer klar. Dadurch entstehen Widersprüche
und Konflikte.

Auf den Punkt gebracht haben dieses Dilemma die beiden
Faultierweibchen in dem Trickfilm «Ice Age», die mit Bedauern
feststellen, dass die sensiblen Männchen, die Familientypen, viel
zu selten vorzufinden sind. Aus dem einfachen Grund, weil diese
Exemplare immer so schnell gefressen werden. Im Kampf sind sie
unterlegen. Sid, ein Vertreter dieses geschätzten Typus, eines der
seltenen Exemplare, schafft es dennoch, am Leben zu bleiben: Er
schließt sich einem erfolgreichen Team an.

Jungen und Männer, die das Konkurrieren nicht in den Mittelpunkt ihres Lebens stellen, sind viel teamfähiger als die vor Testosteron strotzenden Dauerkonkurrierer. Diese Spezies Mann hat
es besonders schwer, sich vom Konkurrenzprinzip zu lösen. Sie
sind es auch, die mit dem Verlieren die meisten Probleme haben.
Sie befinden sich im Dauerkampf, gegen jeder*mann*. Dauerkampf
aber bedeutet auch Dauerstress.

Je stärker ein Mann oder Junge sein erfolgreiches Bild bedroht
sieht, umso notwendiger wird eine Gegendemonstration nach
außen notwendig. Dies hat für diese Männer zur Folge, dass sie
immer auf der Hut sein müssen. Sie müssen ständig die erreich-
te hierarchische Position verteidigen und werden zudem immer
mehr vom Erfolg abhängig. Diese Erfolgssucht zu stoppen und
aus dem Stresskarussell auszusteigen schaffen nur wenige.

Es gibt Männer, die – aus welchen Gründen auch immer – den
Bedingungen der neuzeitlichen «Jagd», die am Arbeitsmarkt
stattfindet, nicht gewachsen sind, die überfordert sind. Und viele

Männer haben heutzutage beim Verteilungskampf um die Beute schon von vornherein keine guten Chancen. Es sind vor allem Männer, die auf ihrem Weg nach oben stolpern und tief abstürzen. So tief oftmals, dass sie erst wieder auf dem Asphalt der Straße festen Boden unter die Füße bekommen. Obdachlose sind zum größten Teil männlich. Es scheint, als wenn die Neuzeit-Jäger gar nicht alle Schwachen in ihrer Gruppe mit «durchfüttern» wollen. Die Verachtung gegenüber Gescheiterten steigt. Ein trauriger, gut zu beobachtender Trend setzt sich in den Großstädten durch. Es leben immer mehr Jungen, auch schon im schulpflichtigen Alter, auf den Straßen deutscher Städte, wo sie oftmals mit ihren Hunden ein Dasein zwischen Müll und Drogen (Alkohol ist neben ihren vierbeinigen Begleitern ihr bester Freund) führen.

Ohne Arbeit fehlt Jungen ein Platz in der Gesellschaft. Ohne Arbeit kein Geld oder zumindest nicht genug. Ohne Geld kein Status und ohne Status kein Selbstwert. Erfolg beflügelt und Misserfolg führt zum Absturz. Die Angst vor dem tiefen Fall wächst, vor allem bei denen, deren Chancen schon vom Start an geringer waren. Jedes 5. Kind in Deutschland lebt bereits von der Sozialhilfe! Armut ist keine Schande für die Familien, aber eine Schande für eines der reichsten Länder der Welt.

*Jungen mit wachsenden Problemen finden sich aber in allen Gesellschaftsschichten.* Um die Bedrohung und Gefährdung von Jungen so gering wie möglich zu halten, sind Maßnahmen gefordert, die Jungen jeder Herkunft helfen, sich in Gemeinschaften zu integrieren und ein sozialverträgliches Verhalten auszubilden. Heranwachsende Jungen brauchen Sicherheit, das bedeutet geschützte Orte, wo ihnen gangbare Wege aufgezeigt werden und wo ihnen in Krisen jemand zur Seite steht, der sie aus dem Gefahrenbereich geleiten kann. Einen Wanderanfänger würde man mit einer Landkarte, auf der sichere Wege eingezeichnet sind, und einem Kompass ausrüsten. Aber nicht ohne ihm vorher das Kartenlesen vermittelt zu haben. Auch der Umgang mit dem Kompass muss eingeübt werden, damit das angestrebte Ziel erreicht werden kann. Jungen unvorbereitet und schlecht ausgerüstet in eine Welt zu entlassen, die sie als raue, fremde Wildnis erleben, wäre fahrlässig und würde ihr Überleben gefährden.

Die Schwierigkeiten der Jungen, ihre Schwächen in wesentlichen Bereichen und ihr signalhaftes Verhalten sind das Ergebnis einer vernachlässigten Förderung des männlichen Geschlechts im Kindes- und Jugendalter. Sicherlich sind die immer fragileren Familien nicht in der Lage, die Katastrophe der Jungen alleine zu meistern. Der Staat und die Betreuungs- und Bildungseinrichtungen sind gefordert, für eine Veränderung der Situation von Jungen zu sorgen. Der Staat, die Allgemeinheit muss wichtige Weichenstellungen vornehmen, um die Katastrophe der Jungen aufzuhalten.

## Voll von der Rolle

Viele Jungen von heute wirken auf den ersten und manchmal auch auf den zweiten Blick, als seien sie «voll von der Rolle», als stünden sie neben sich, seien neben der Spur und bekämen vieles in ihrem Leben nicht hin. Sie sind von der Rolle abgekommen, wie ein Seil an einem Flaschenzug, das von der Rolle gerutscht ist, sich eingeklemmt hat und nun weder vor noch zurück kann.

Jungen sind nicht nur «von der Rolle», sie fallen auch «aus der Rolle». Immer mehr Jungen fallen auf, hauptsächlich durch ihr störendes Verhalten, aber auch durch ihre zunehmenden Leistungsdefizite in vielen Bereichen ihres Lebens.

Jungen wollen auf der «Bühne des Lebens» ihre Rolle übernehmen. Sie wollen ganz oben auf der Besetzungsliste stehen, am liebsten als Superstar. Doch oftmals betreten sie die Bühne, ohne das Stück gelesen zu haben. Das Drehbuch, ihr Lebensskript, kennen sie nicht. Einen Plan vom Leben haben längst nicht alle.

Wie auch, viele Jungen wollen sich lieber ausprobieren. Dabei orientieren sie sich vielfach an den so genannten Stars, den flimmernden Leitbildern der Mediengesellschaft, die die Hauptrollen innehaben. Das sind zumeist keine großen Charakterrollen, sondern Heldenrollen ohne viel Text, aber mit viel Action.

Durch die Übernahme einer Rolle versuchen Jungen sich eine männliche Identität zu geben. Welche Rollen werden ihnen in unserer Gesellschaft dargeboten? Fehlende Väter hinterlassen ein Vakuum, das leicht durch die medialen Konstruktionen von Männlichkeit gefüllt werden kann. Virtuelle Väterersatzfiguren drängen sich in das Leben von Jungen. Mit diesen Rollenvorbildern gelingt es den Jungen aber nicht, sich auf das wahre Leben, jenseits der Showbühne, vorbereiten zu können.

Die Aufnahme in die Männerwelt wird in Stammeskulturen oft durch herausragende Ereignisse symbolisiert, die in ritueller Weise auf das Leben als Mann vorbereiten. *In unseren westlichen Gesellschaften gibt es dagegen kaum ernst zu nehmende Rituale zur Mannwerdung.* Da bleibt es für einen Jungen diffus, wann er endlich ein Mann ist und was einen Mann ausmacht. Es fehlt an einschneidenden Ereignissen, die ihm eindeutig seinen Übergang in die Männerwelt signalisieren. Althergebrachte Rituale wie die Konfirmation haben an gesellschaftlicher Bedeutung verloren, das erste Glas Bier wird auch längst nicht mehr mit dem Vater oder dem Patenonkel getrunken, sondern oftmals auf dem Weg zur Schule an der Tankstelle gezogen.

*«An einem Samstag stelle ich ein Telegramm in South's Kneipe zu, und da sitzt Onkel Pa Keating, ganz schwarz wie üblich. Er sagt, trink eine Limonade mit mir, Frankie, oder willst du jetzt, wo du fast sechzehn bist, lieber eine Pint? Limonade, Onkel Pa, danke schön.*

*Deine erste Pint willst du erst, wenn du sechzehn bist, stimmt's?*

*Ja, aber mein Vater wird nicht da sein, um sie mir zu spendieren. Mach dir keine Sorgen. Ich weiß, ohne deinen Vater ist es nicht dasselbe, aber ich werde dir deine erste Pint spendieren. Das würde ich auch tun, wenn ich einen Sohn hätte.»*

*«Onkel Pa kommt herein und sagt mir, ich soll mich neben ihn an die Wand setzen. Der Barmann bringt die Pints, Onkel Pa zahlt, erhebt sein Glas und sagt zu den Männern in der Kneipe, dies ist mein Neffe, Frankie McCourt, der Sohn von Angela Sheehan, der Schwester meiner Frau, welcher heute seine erste Pint trinkt, auf deine Gesundheit und ein langes Leben, Frankie, mögest du leben, um die Pint zu genießen, aber nicht zu sehr.»* [71]

*Die Jungen heute basteln sich zunehmend eigene Initiationsriten, die unter Ausschluss der Erwachsenen stattfinden. Sie entwickeln eigene Vorstellungen vom Zeitpunkt ihrer Mannwerdung.* So ist das «erste Mal», der sexuelle Akt, für viele der Augenblick, wo sie sich als Mann fühlen. Je eher, desto besser, wie viele Jungen meinen. Und je häufiger, desto mehr Mann!

Auch der Erwerb eines Führerscheins gilt bei Jungen als wichtiger Schritt hin zum Mannsein. Die Beherrschung der Technik erfordert vieles, was in ihren Augen einen Mann ausmacht.

Lange Zeit machten so genannte Crash-Kids die Straßen unsicher. Ohne Führerschein fuhren Jugendliche gestohlene Autos – meist zu Schrott. Heute ist das Fahren von frisierten Motorrollern so verbreitet, dass die Polizei bei fast jeder Geschwindigkeitskontrolle reihenweise Verstöße gegen die zulässige Höchstgeschwindigkeit feststellt. Eine riesige illegale Tuningszene entwickelte sich in diesem Bereich. Die Jungen wollen nicht mehr auf die gesetzliche Erlaubnis warten. Sie wollen dann fahren, wenn *sie* meinen, reif dafür zu sein. Je eher, desto besser. Je schneller und wilder, desto mehr Mann.

Ein anderes von Jungen selbst eingesetztes Initiationsritual ist der Konsum von Rauschmitteln. Auch hier nehmen immer mehr Jungen immer früher die Gelegenheit wahr, ihre Initiation selbst zu betreiben. Inzwischen liegt der Zeitpunkt für den Erstkonsum bei circa 13 Jahren! Alkohol und Nikotin und auch der Kon-

71  Frank McCourt: Die Asche meiner Mutter, S. 485 und S. 493

235

sum von Cannabis gilt besonders bei Jungen als Zeichen wahrer Mannhaftigkeit. Hält ihr Körper dem exzessiven Komatrinken stand, fühlen sie sich als echte Männer.

Wenn Jungen das Quantum von Männern vertragen, dann, so ihr Rückschluss, sind sie wohl auch echte Männer. Je eher also, desto besser, je mehr, desto männlicher. Rauschrituale als Ersatzhandlungen.

Deutlich wird aus diesen Beispielen, dass Jungen nach initiierenden Ritualen suchen, die ihnen ihr Mannsein bestätigen.

*Mannwerdung findet heute meist nicht mehr in Begleitung erwachsener Männer statt.* Wenn liebevolle Männer nicht mehr präsent sind für Jungen, wenn sich nie*Mann*d ernstlich um sie sorgt und auf sie Acht gibt, dann sind sie leicht von virtuellen Männervorbildern zu beeinflussen. Jungen reagieren stark auf Bilder, auch auf die von Männlichkeit. Männliche Menschen sind Augenmenschen, sie lernen sehr viel durch Beobachtung und reagieren sehr stark auf das, was sie sehen. Viele Bilder, viel Prägung? Doch welcher Art sind diese ihnen fast immer und überall dargebotenen Bilder von Männlichkeit?

### Abziehbilder von Männlichkeit

Unsere Welt ist zu einer Bilderwelt mit wahren Bilderfluten geworden. Worte werden durch Bilder ersetzt, Piktogramme sollen die Orientierung erleichtern. Bilder sind international, sie lassen sich leicht deuten und von allen Menschen verstehen, egal ob sie lesen können oder nicht. Bilder beeinflussen Gefühle und manchmal auch politische Entscheidungen.[72]

Männer werden in den Medien meist muskelbepackt dargestellt und mit sehr maskulinen Zügen versehen, mit kantigen Gesichtern und durchdringenden Augen, groß und mächtig wirken sie.

---

72 So manipulierte die US-amerikanische Regierung im 1. Golfkrieg die Bevölkerung und die UN mit gefälschten Nachrichtenbildern, um einen Angriffskrieg gegen den Irak führen zu können. Ähnliches hatte Hitler-Deutschland inszeniert, um den Angriff auf Polen zu rechtfertigen.

Ganz und gar wie Männer vom Planeten Mars. Der Kriegsgott Mars galt den alten Römern, die ihr «weltumspannendes» Imperium durch kriegerische Unterwerfung aufbauten, als einer der wichtigsten Götter. Und noch heute sieht es so aus, als bedeute Mannsein auch, Krieger zu sein. In den Medien führen die männlichen Vorbilder fast ohne Ausnahme ein Leben voller Kampf.

Auch wenn die Helden mit Namen wie Max Pain, Blade oder Van Hellsink Menschen retten, bedienen sie sich dabei derselben Mittel und Methoden wie die Bösen. Gleiches wird mit Gleichem vergolten. Diese Figuren haben meist einen Auftrag, aber keine tiefere Persönlichkeit. Ihr Handeln ist ebenso leicht vorauszusehen, wie ihre Dialoge zu verstehen sind. Sie verkörpern flache Persönlichkeiten mit flachen Sprüchen.

Die Charaktere dieser Vor*bilder* lassen sich leicht ersetzen. Sollen sie auch, weil sich die Gamer (die Spielenutzer) selbst als Helden fühlen sollen, wenn sie als «Egoshooter» in ihren virtuellen Welten unterwegs sind. Immer wieder werden von Heldendesignern neue Figuren geschaffen. Wie Abziehbilder wirken diese zweidimensionalen Männer, oberflächlich, austauschbar, ohne Spuren zu hinterlassen. Oft kann man sich schon nach kurzer Zeit nicht einmal mehr an die Namen erinnern. Es bleibt nur der Eindruck, den sie auf die Psyche der heranwachsenden Jungen gemacht haben. Die einzige Botschaft, die sie vermitteln, lautet: Männer sind zum Kämpfen da, zum Siegen und Töten.

Die Männerrolle im Welttheater soll die Heldenrolle sein, so jedenfalls sehen es die männlichen Dramaturgen der Geschichte. Kurze Gastspiele männlicher Gegenentwürfe kratzen hin und wieder einmal an dem heroischen Männerbild, aber ersetzen konnten sie es bis heute nicht. Zu stark ist das Bild des «starken Mannes». Es ist also kein Wunder, dass Jungen sich an den Siegertypen orientieren. Mit Verlierern wollen Jungen nicht viel zu tun haben. Verlierer sind zu bedauern, Helden werden verehrt.

Viele Jungen haben keine positiven Vorbilder. In der Großelterngeneration gibt es viel zu wenige greifbare alte Männer, die ihnen mit ihrer Altersweisheit und ihrer entspannten Sicht auf das Leben ein Vorbild sein könnten. Der Kontakt der Generationen miteinander hat deutlich abgenommen. Reiselustige Großeltern flüchten in den warmen Süden, auch die Arbeitsuche treibt die Familien zunehmend auseinander. Die Generation, die den 2. Weltkrieg noch miterlebt hat, stirbt langsam aus, und mit ihr das lebendige Wissen um den Schrecken von Kampf, Terror und falschem männlichem Heldentum. Wären Großväter vorhanden und sprächen diese dann auch über ihre traumatisierenden Erlebnisse, so könnten die Jungen am lebenden Beispiel etwas über die Verführbarkeit des Mannes durch irreleitende Ziele erfahren.

Doch leider gibt es gerade aus dieser Generation noch Zeitzeugen, die ihren Söhnen und Enkeln ein Männerbild vermitteln, das geprägt ist von Rassenwahn und deutschem Großmannstum. So werden antiquierte Männermythen auch über Generationengrenzen hinweg am Leben erhalten. Der deutsche Junge sollte «hart wie Kruppstahl, zäh wie Leder und schnell wie ein Windhund» sein. Er wurde für den Kriegseinsatz gedrillt und opferbereit gemacht durch eine menschenverachtende Ideologie. Derart eingängige Schlagworte wie die oben genannten verankern sich tief in der kollektiven Seele und überleben auch dann noch, wenn sie schon längst aus dem Sprachgebrauch gestrichen sein sollten.

Meine Schüler fertigten im Deutschunterricht Biographien ihrer Großeltern an, darin habe ich ein paar Zeilen gefunden, die dies auf drastische Weise verdeutlichen. Die Jungen und Mädchen sollten sich intensiv mit ihrer Großelterngeneration beschäftigen, sie interviewen und aus den gewonnenen Informationen eine aussagekräftige Biographie erstellen. In der Arbeit eines Schülers liest sich das Ergebnis folgendermaßen:

*«Im Winter 1944/45 standen die Russen bereits an den Grenzen des Reiches in Ostpreußen, und im Westen hatten die Alliierten bereits Aachen erobert. In aller Eile wurden nun neue Divisionen gebildet, um den vorrückenden Feind zu stoppen. Aus Opas Kompanie wurden alle älteren Soldaten herausgezogen und an die Front versetzt. Die Lücken wurden dann mit*

17-Jährigen aufgefüllt. Bei den nun immer häufiger werdenden Angriffen erwiesen sich diese jungen Soldaten aber noch als echte Greenhorns und heulten nach Hause, was gerade im Kampf meinen Opa zur Weißglut trieb.

‹Wenn du im Kampffieber bist und die jungen Burschen die Hosen voll hatten und statt mir Nachschub zu bringen nach Mutti heulten, habe ich die schon ganz schön zusammengeschissen›, konnte er noch heute lebhaft erzählen. Aber auch der beste Opa im Krieg konnte das schnelle Vorrücken der Russen seit Beginn von deren Offensive Anfang Januar 1945 nicht verhindern.»

Doch nicht nur Erinnerungen aus einer fast verblichenen Zeit zeigen, wie Männer und auch Frauen die Aufgabe und die Rolle des Mannes sehen.

In einer aktuellen Fernseh-Reportage über das Leben deutscher Soldaten in Afghanistan berichtete ein Militärpfarrer der deutschen Bundeswehr von einem Soldaten, der große seelische Probleme mit der Situation im Krisengebiet bekam. Der Soldat brach angesichts der bedrohlichen Lage (auch für seine eigene Person) psychisch zusammen und war den Anforderungen an ihn nicht mehr gewachsen. Er stellte den Antrag, wieder nach Deutschland zurückzudürfen. Der wenig verständnisvolle Gottesmann berichtete weiter von der Ehefrau des Soldaten, die ihrem Mann per Telefon mitteilte, dass er auf keinen Fall nach Hause kommen könne. «Das können wir uns nicht leisten!», sagte ihm seine Partnerin unmissverständlich. Zum einen, weil sie das Gerede der Leute im Heimatort fürchtete, die ihren Mann dann als schwach und feige ansehen könnten, und zum anderen, weil die Familie auf das nicht unerhebliche Geld durch den freiwilligen Auslandseinsatz angewiesen war. Wie es dem Soldaten in seiner seelischen Verfassung dabei erging, schien weder die Ehefrau noch den Seelsorger wirklich zu interessieren.

Wenn Jungen immer als stark gelten wollen – und auch sollen – und alles Mögliche tun, um von anderen als stark wahrgenom men zu werden, dann wird dies später auch von ihnen erwartet. Dann müssen sie der Rolle entsprechen. Der Gedanke, was wäre, wenn der Soldat eine Soldatin gewesen wäre und *sie* hätte ihren Mann angerufen, liegt nahe. Die Antwort dazu liegt noch näher!

Wer von früh an auf ein bestimmtes Bild von Mann geeicht wird, wird diesem Bild dann nach Möglichkeit auch zu entsprechen versuchen, sofern er sich nicht davon befreit. Jungen sind sehr stark widersprechenden Botschaften über Männlichkeit ausgesetzt. Auch wenn ihnen eine vermeintlich klare Botschaft vermittelt wird, spüren sie oft, dass unterschwellig auch etwas anderes gilt. So wird Jungen zwar immer wieder gesagt, sie dürften ruhig weinen, aber wenn sie es dann tun, wird nicht selten irritiert darauf reagiert. Vielleicht nicht jedes Mal, aber doch, wenn es öfter vorkommt. Schnell entlarven Jungen diese Doppelzüngigkeit und achten deshalb sehr bewusst auf ihr Verhalten. Sie bemühen sich, kontrolliert den Rollenerwartungen zu entsprechen.

An einem verschneiten Tag ging ich mit meinem Sohn Benedikt zum Rodeln. Dort beobachtete ich eine junge Mutter mit ihrem etwa vierjährigen Sohn beim Aufstieg am Rodelberg. Der Junge sagte seiner Mutter, dass er eine bestimmte Abfahrt des Rodelberges nicht fahren wollte, weil sie ihm zu steil sei. Sie reagierte darauf mit den Worten: «Du bist aber auch ein echtes Weichei!!»

Jungen bekommen mit, was in ihrer Umgebung über das Mannsein geäußert und vorgelebt wird. Sie bekommen mit, was die Menschen um sie herum über Männer denken und welche Vorstellungen vom Mannsein vorherrschen. Sie lassen sich davon meist mehr beeinflussen, als man meinen mag. Wir haben uns in unserer Gesellschaft noch immer nicht vom vaterrechtlichen, patriarchalischen Denken gelöst, das nach wie vor die Erziehung vieler Jungen bestimmt.

Dass die Rollenerwartungen in anderen Kulturen aber auch ganz anders aussehen können, widerspricht allen Erklärungen, die das Verhalten auf genetische Dispositionen festlegen wollen. So zeigt das Beispiel einer Region in China, wo es ein noch fast intaktes Matriarchat gibt, dass die dort lebenden Männer gegenüber den Frauen eine untergeordnete Rolle spielen. Frauen sind die Besitzenden, sie führen die Geschäfte. Sie können sich Männer ins Haus holen und diese wieder wegschicken. Die Mütter leben sehr selbstbewusst mit ihren Kindern zusammen, die Väter kommen nur zu Besuch und wohnen dem Familienleben auch nur dann bei, wenn es die Frau erlaubt.

Erste Bilder, erste Eindrücke prägen sich tief und klar in unser Bewusstsein. So ist es wichtig, dass Jungen von klein auf positive, eindeutige, nicht verzerrte Bilder vom Mannsein erhalten. Was dabei als positiv gilt, lässt sich am ehesten an den Auswirkungen ablesen, die diese Vorbilder auf das Verhalten der Jungen haben.

Was nutzt einem Jungen ein Männer(vor)bild in flimmerfreier 100-Hertz-Qualität, wenn ihm kein einziges mitfühlendes Herz eines echten Mannes zur Seite steht? Jungen mit unrealem Väterersatz können sich nicht abgrenzen, können sich nicht an einem konkreten Mann reiben und vorgelebte Männlichkeit infrage stellen. Sie haben kein Gegenüber, mit dem es sich streiten ließe, das Schwächen zeigt und zur Stärkung des Jungen in seiner psychisch-sozialen Entwicklung etwas Sinnvolles beitragen würde. Erst wenn ein Junge sich von den irrealen, irreführenden Vor- und Abziehbildern falscher Männlichkeit befreit und reif genug ist, kann er sich für ein alternatives Männerbild entscheiden.

*Die Festlegung auf nur ein stereotypes Bild von Mann engt Jungen ein.* Da sich kein Mensch immer gleich fühlt, bedarf es auch unterschiedlicher Formen, mit denen Mann sich ausdrücken kann. Doch Jungen, die meinen, für sie komme immer nur ein Männlichkeitsmuster infrage, nämlich das des immer coolen Typen, schränken sich selbst viel zu sehr ein. Sie schnüren sich in ein Korsett, aus dem sie nur schwer ausbrechen können.

Vielleicht gibt es deshalb so viele Männer, die sich in eine Parallelwelt begeben, eine Welt, in der sie einen anderen Teil ihres

Mannseins ausleben können. Männer, die eine Art Doppelleben führen, die z. B. ihre sexuellen Präferenzen anonym oder inkognito in einer abgespaltenen Welt ausleben.

Im Theater oder im Film gibt es die Möglichkeit, die Rollen zu wechseln und in eine andere Haut zu schlüpfen. Für viele Schauspieler hat diese Erfahrung etwas Therapeutisches. Jungen nehmen auch gern einmal eine andere Rolle ein. Kinder spielen, indem sie die Rollen aus der Erwachsenenwelt übernehmen. Im Karneval wählen Jungen meist die Figuren, die dem gängigen Klischee von kraftstrotzender Männlichkeit entsprechen. Wie viele vermummte schwarze Ninjakämpfer, Zorros und martialisch gekleidete Möchtegern-Rambos es in den närrischen Zeiten in den Grundschulen des Landes gibt, ist nicht bekannt. Die Beweggründe, warum Jungen gerade diese Verkleidungen wählen, aber einleuchtend. Jungen ergreifen die Gelegenheit, in die Rolle eines Mächtigen, eines Helden zu schlüpfen, weil sie sich sonst eher ohnmächtig, schwach und klein vorkommen. Kleider machen Leute. Bei großen wie auch bei kleinen Leuten. Jungen fühlen sich ein bisschen wie ein Mann, wenn sie sich kleiden wie Männer. Kleiden sie sich dann noch wie starke Männer, fühlen sie sich dementsprechend auch stark.

Bestimmte Kleidung vermittelt bestimmte Männerbilder. Besonders in die Gestaltung von Uniformen gehen gezielt Vorstellungen ein, die einer bestimmten Rolle entsprechen. Uniformen machen Menschen mächtig, verleihen Macht. Es gibt viele Männer, die sich mit Hilfe einer Uniform oder anderer mit Männlichkeit assoziierter Kleidung aufwerten wollen. Sie wollen bei anderen einen starken Eindruck erwecken. Viele Jungen kopieren dies und schlüpfen so in die Rolle eines anderen Menschen. Das sind dann nicht mehr sie selbst, das sind die nach außen dargestellten Sehnsüchte der ohnmächtigen Jungen. Dass viele Uniformträger ihre Überzieh-Identität nach geleisteter Arbeit wieder abstreifen, um in eine zivile Rolle wechseln zu können, zeigt, dass sie als Menschen mehr sind als nur Rollenträger.[73] Haben sie doch so die Möglichkeit, sich nicht nur *einer* Identität zu bedienen. *Eine*

Identität wird für die Zukunft wohl sowieso nicht ausreichen, der Arbeitsmarkt verlangt nach sich ständig verändernden und sich anpassenden «Arbeitskräften», nach flexiblen Identitäten.

Das Vakuum an realen, positiven Männlichkeitsentwürfen in der Gesellschaft wird bei vielen Jungen gefüllt durch die aufdringlichen, einseitigen medialen Ersatzbilder. Diese Jungen erhalten keinen tieferen Einblick in das Wesen des Mannseins, sie werden mit austauschbaren Klischeebilddetails abgespeist. Flache, unvollkommene Abziehbilder von Männlichkeit verflachen auch die Jungen, die daran Gefallen finden. Die Übernahme unvollständiger und falscher Vorstellungen von Männlichkeit kann Jungen so weit in ihrer Reife hemmen, dass sie ihr Persönlichkeitspotenzial bei weitem nicht ausschöpfen.

Der Einfluss realer Männer kann die Rollen-Botschaften aus den Medien sogar noch verstärken, wenn diese Männer die gängigen Klischees ebenfalls völlig unkritisch übernehmen und den Jungen zeigen, dass die realen Männer der virtuellen Männlichkeit nichts entgegenzusetzen haben. Eine geschlechtsrollenpädagogische Aufklärung wird dadurch erschwert.

Die Kehrseite wird Jungen vorenthalten. Männer sprechen nicht von Ängsten, Enttäuschungen und manchmal katastrophalen Lebensläufen, vor allem nicht vor Jungen, die in ihnen ein Vorbild sehen. Die eigenen Bewunderer und Fans zu enttäuschen, dem eigenen Sohn vielleicht den Glauben an den unerschütterlich starken Vater zu nehmen, das eigene Männerleben infrage zu stellen, bedarf einer großen persönlichen Stärke, die sich durch das bloße Nachahmen von männlichen Abziehbildern nicht ausbilden lässt.

*Jungen, die sich nur an flachen Abziehbildern von Männlichkeit orientieren, können die notwendige Stärke für ein erfülltes*

---

73 Inzwischen ist an den Polizeischulen schon die Hälfte der Schüler weiblichen Geschlechts. Ob die Uniform ihnen in gleicher Weise das Gefühl von Macht verleiht, wäre interessant zu erfahren.

*Leben nicht entwickeln. Sie laufen Gefahr, sich selbst zu verhin-*
*dern oder zu überfordern.*

## Platzverweis für Jungen

Die Initiation ist ein Markierungspunkt im Leben eines Jungen
auf dem Weg zum Mann. Oft ist sie mit einer besonderen Prüfung
verbunden. Neben dem Nachweis der Reife ist die Aufnahme in
die Gemeinschaft der Männer auch an die Übernahme eines Platzes in der Gesellschaft gebunden. Einen Platz, einen Ort, an dem
Verantwortung übernommen wird für die Gemeinschaft. Die
Aufnahme in die Männerwelt geschieht in Stammeskulturen oft
durch herausragende Ereignisse, die in symbolisch ritueller Weise
auf das Leben als Mann vorbereiten.

Auf einer Südseeinsel östlich von Papua-Neuguinea wird ein
Junge zum Mann ernannt und in die Gemeinschaft der Männer
aufgenommen, wenn er sich kopfüber von einem etwa dreißig
Meter hohen Holzgerüst hinuntergestürzt hat. Diese Mutprobe
heißt bei den Insulanern übersetzt «Landtauchen». Das Gerüst
wird vorher gemeinsam mit den Männern des Dorfes eigens
errichtet. Das Ritual dient dazu, die Götter gnädig zu stimmen.
Mit dem Besiegen ihrer Angst wollen die Männer ihren Mut und
ihre Stärke demonstrieren und so die hilfreichen «Geister» zur
wohltätigen Unterstützung ihrer Vorhaben bewegen. Die Pflege
der Götterbeziehung ist Sache der Männer, und jeder Junge, der
sich dieser Arbeit anschließt, wird der uralten Tradition gemäß
nach seinem Sprung zum Mann ernannt. Jungen, die kurz vor
dem Absprung der Mut verlässt, werden als Feiglinge angesehen, bis zu ihrem nächsten Sprung, im folgenden Jahr.[74]

74 Von diesem Initiationsritus berichtet die Zeitschrift «Geolino», Heft
2/03

Jungen werden also in manchen Kulturen ab einem ganz genau bestimmbaren Zeitpunkt als Mann angesehen. Doch was ist nachher anders als vorher? Sind sie nicht immer noch dieselben Jungen wie vor ihrem Sprung?

Durch die wochenlange gemeinsame Arbeit der Jungen mit den Männern des Dorfes an der aufwendigen, hohen Holzkonstruktion lernen sie viele wichtige Dinge. Sie arbeiten wie ein Mann mit und übernehmen Verantwortung und wichtige Aufgaben. Am meisten Verantwortung übertragen wird ihnen bei der Herstellung des Seils, an dem eines Tages ihr Leben hängen wird. Die entscheidende Rolle bei der Mannwerdung spielen nicht nur der Sprung und der Mut, der dazu gehört, sondern vor allem auch ihre körperliche und die geistige Reife.

Die Initiation, wie sie in manchen Stammeskulturen stattfindet, setzt einen Punkt hinter die Phase der Kindheit und der Jugend. Im Anschluss daran wird den jungen Menschen ein Platz bei den erwachsenen Männern zugewiesen.

## Die Gewissheit, ein Teil eines größeren Ganzen zu sein, gibt Sicherheit

Bei anderen Naturvölkern ist es heute noch Praxis, Jungen ab einem bestimmten Alter allein für einige Wochen in den Dschungel zu schicken. Dies dient als Nachweis der Reife, als Beleg dafür, dass sie ihre Angst besiegen können, und als Beweis ihrer Überlebensfähigkeit. Anschließend ist ihnen der Platz bei den Männern des Stammes sicher.

Jungen in westlichen Kulturen fehlt nicht nur der klare, Reife zusprechende Einschnitt in ihrem Leben, sondern ganz wesentlich auch die klar ausgesprochene Einladung zur Einnahme eines für sie reservierten Platzes in der Gesellschaft.

## Jungen fehlt ihr Platz im Leben

Bei Profifußballern spielt es eine große Rolle, ob sie bei einem Spiel einen Platz auf dem Spielfeld einnehmen oder aber auf der Ersatzbank sitzen bleiben. Mit Spannung wird die vom Trainer vorgenommene Mannschaftsaufstellung erwartet. Entscheidend ist, zum Spieleinsatz zu kommen, auch wenn diese hoch bezahlten Profis ihr Geld im Sitzen verdienen können. Es ist eine Sache der Spielerehre. Auf der *Ersatz*bank zu sitzen führt zu dem Gefühl, ersetzbar und nutzlos zu sein. Es schwächt das Vertrauen in die eigene Stärke. Ein Sportler ohne Selbstvertrauen fällt hinter seine Möglichkeiten zurück.

Ein Platzverweis für Jungen, ein Ausschluss aus der Welt der Großen, macht Jungen klein. Dagegen würde der Zuspruch von anderen, ganz besonders der Zuspruch von Männern, Jungen ermöglichen zu wachsen, vielleicht sogar über sich hinaus. Dazu braucht ein Junge einen Vater oder einen anderen Mann, der ihn in seine Welt mitnimmt, sie ihm zeigt und deutet, der mit ihm gemeinsam Dinge tut, die der Junge allein noch nicht kann, der ihm zeigt, welche Plätze es gibt und wo er *seinen* Platz irgendwann einmal einnehmen wird. Ein Junge wächst zu einem Mann heran, indem er lernt, sich in der Welt zurechtzufinden, und indem er die notwendigen Anforderungen bewältigt. Doch dazu muss er einen Platz für sich gefunden haben, wo die damit verbundenen Aufgaben seinen Fähigkeiten entsprechen.

> «Jeder möchte etwas leisten, und zwar das rechte, und niemand begreift, dass das nur geschehen kann, wenn man mit und in einem ganzen wirkt.»
> Johann Wolfgang von Goethe[75]

Viele Jungen finden trotz körperlicher Reife, trotz ihres großen Unabhängigkeitsstrebens und ihres selbständigen Umgangs mit wichtigen Insignien der Erwachsenenwelt keinen sicheren Ort, der ihnen ermöglicht, sich auszuprobieren und ein Gefühl für sich selbst zu entwickeln. Jungen bringen viele Voraussetzungen

75 Goethe an Zelter, 29. 10. 1815, in Goethes Lebensweisheiten, ausgewählt von Josef Hofmiller, München 1940

mit, doch wenn niemand sie an ihren Platz heranführt, verfällt die Begeisterung, und die Gefahr wächst, dass sie ihre Fähigkeiten am falschen Ort einsetzen.

*Wenn Jungen ihr Platz in der Gesellschaft vorenthalten wird, stellt das eine extreme Gefahr dar.* Immer mehr Jungen verlassen die Schule, weil sie dort nicht mehr den richtigen Platz für sich sehen. Sie haben das Gefühl, dort nur ihre Zeit zu verschwenden, und sie sehnen sich nach einem Ort, wo sie das Gefühl von Sinn und Bedeutung finden. Einige Aussagen meiner 15-jährigen Schüler zeigen, wie wesentlich für sie die Aufnahme in die Arbeitswelt der Erwachsenen ist. Nicht ohne Grund ist der Begriff «Ausbildungs*platz*» einer der Begriffe mit der größten Bedeutung für sie.

*«Ich würde lieber arbeiten, weil man, wenn man arbeitet, immer was zu tun hat und sich nicht wie in der Schule langweilt.» (Dennis)*

*«Ich habe in der Firma Sch. und M. mein Praktikum gemacht. Ich würde lieber arbeiten gehen, weil das mir mehr Spaß gemacht hat. Ich müsste zwar um 6 Uhr aufstehen, aber es gab auch keine Hausaufgaben.» (Jan-Hendrik)*

*«Ich selber ziehe die Arbeit vor, weil – dann habe ich den schulischen Schritt schon geschafft und könnte anfangen, auf eigenen Füßen zu leben, und würde Geld verdienen. Ich könnte viel Zeit sparen* (Anmerkung des Autors: Mit Zeit ist hier Lebenszeit gemeint, die in der Schule verbracht werden muss), *ich muss zwar länger arbeiten, aber dafür würde ich die Arbeitszeit auf mich nehmen.» (Andree)*

*«Ich würde lieber arbeiten, weil ich mir dort meine Freizeit* (Anmerkung des Autors: Gemeint ist die selbständige Einteilung der Arbeitszeit im Unterschied zu der vorgegebenen Rhythmisierung in der Schule) *einteilen kann und ich kreativ,*

*nach meinen eigenen Vorstellungen, meine Arbeit gestalten kann.» (Joschua)*

«*Ich hatte ein 3-wöchiges Praktikum. Es hat mir viel Spaß bereitet. Ich würde lieber arbeiten gehen, weil ich Geld verdienen würde und weil ich mich besser auf das* richtige *Berufsleben einstellen könnte. Ich würde es besser finden, wenn man gesetzlich schon ab 15 arbeiten dürfte. Ich würde eine wöchentliche Abwechslung von Schule und Arbeit sehr gut finden.»* (Timo)

Auch heute noch haben Jungen das Gefühl, mit einem Arbeitsplatz in der Gemeinschaft der erwachsenen Männer in den Stand des Mannseins gehoben zu werden. *In einer Produktionsgesellschaft erfolgt die Initiation durch die Beteiligung an den Produktionsprozessen.*

«*Am Ende der Woche überreicht mir Mrs. O'Connell den ersten Wochenlohn meines Lebens, ein Pfund, mein erstes Pfund. Ich renne die Treppe hinunter und hinauf zur O'Connell Street, der Hauptstraße, wo die Lichter an sind und die Menschen von der Arbeit nach Hause gehen, Menschen wie ich, mit einem Wochenlohn in der Tasche. Sie sollen wissen, daß ich einer bin wie sie, daß ich ein Mann bin, daß ich ein Pfund habe.»* [76]

«*Ein Beruf ist das Rückgrat des Lebens.»*
Friedrich Nietzsche

Einen Beruf zu ergreifen, eine «Stelle» zu bekommen, sozusagen auf einen Platz berufen zu werden, stellt für die allermeisten Menschen einen entscheidenden Wendepunkt im Leben dar. Junge Menschen darauf vorzubereiten ist Aufgabe der Eltern, der Schulen und Ausbildungsbetriebe, eigentlich der ganzen Gesell-

---

76 Frank McCourt: Die Asche meiner Mutter, München 1998, S. 455

schaft. Diese «Rüstzeit» empfinden Jungen oft als unattraktiv, ihnen fehlt die Nähe zum «wirklichen Leben». Dagegen erscheint das Leben der Erwachsenen, genauer gesagt deren scheinbare Unabhängigkeit und ihre finanzielle Potenz, die Erfüllung all ihrer Sehnsüchte und Begierden zu versprechen. Sich aber an einem lebensfernen Ort aufhalten zu müssen, und das über einen langen Zeitraum hinweg, sich immer wieder als abhängig und inkompetent zu erleben, lässt sie ihre Schulzeit häufig als verlorene Zeit empfinden, auch wenn ihnen noch so viel Autonomie suggeriert wird. Deshalb ist es so wichtig für junge Menschen, an lebensnahen, konkreten Handlungen etwas über ihr Können und ihre Bedeutung zu erfahren. Eine Persönlichkeit, die auf sich selbst vertrauen kann, entwickelt man am ehesten durch Erfolge im praktischen Tun.

*Jungen am falschen Platz erleben Überforderung und das Gefühl des Versagens. Sie fühlen sich bedeutungslos.* Die geistige und persönliche Entwicklung erfolgt nicht durch die passive Übernahme von Wissen, wie der Entwicklungsforscher Jean Piaget vertrat, sondern in der aktiven Konstruktion von Bedeutung. Wenn Jungen erleben, dass sie an dem Platz, an dem sie stehen, etwas tun, was ihrem Vermögen entspricht, und das Gefühl haben, dadurch etwas Sinnvolles zu bewirken, schafft dies die Bedeutung, die den Jungen vermittelt, selbst bedeutsam zu sein. Sinngebende, bedeutungsvolle Aufgaben, in die ein Junge hineinwächst, fördern die Entwicklung eines stabilen «Ichs».

Das «Ich» mag sich irgendwie entwickeln, manchmal sogar in übersteigerter Form. Doch die Aufnahme ins «Wir», die Eingliederung in eine größere Gemeinschaft, gelingt bei vielen Jungen nicht erfolgreich, wenn ihnen nicht geholfen wird. Entweder weil ihnen kein Platz angeboten wird, oder weil sie gar nicht mehr in der Lage sind, sich in eine Gruppe einzufügen. Diese «heimatlosen» Jungen stehen dann, gesellschaftlich gesehen, außen vor. Sie suchen sich ihre eigenen Plätze, an denen sie mit ähnlich frustrierten und resignierten anderen Jungen versuchen, ihrem Leben eine Bedeutung zu geben. In jeder Großstadt sieht man sie dann an zentralen Orten, in Berlin zum Beispiel auf dem Alexanderplatz; bei jedem Wetter, auch bei Minusgraden, sitzen sie in kleinen Gruppen auf dem Boden, erbetteln sich Geld von Passanten und geben es dann gleich wieder aus für Alkohol oder andere Suchtmittel. Für viele sind Drogen zum einzigen Lebenssinn geworden. Viele Jungen leben in solchen Familienersatz-Gruppen, in denen außer den Cliquenmitgliedern nur noch ihre oft sehr fürsorglich behandelten Hunde geduldet sind. An eine Rückkehr in die Arbeitsgesellschaft, an einen Arbeitsplatz, ist in den meisten Fällen nicht mehr zu denken.

Über fünf Millionen arbeitslose Menschen zeigen, dass die Aufnahme in die Gemeinschaft der Werktätigen längst nicht mehr allen vorbehalten ist. Diesen Menschen fehlt ein Platz in der Gesellschaft, der ihnen Bedeutung verleiht. Weil sie nicht mehr zu den «Schaffenden» gezählt werden – in unserer Gesellschaft Identität aber über Arbeit vermittelt wird –, fühlen sie sich bedeutungslos und abhängig. Der Verweis aus der Gemeinschaft der Arbeitsplatzbesitzer weckt nicht nur bei den Jungen Ängste, doch sie spüren sehr deutlich, dass es schwer werden wird, einen dieser raren Plätze zu ergattern. Durch steigende Ängste schwindet das Selbstvertrauen, und das bräuchten Jungen, um sich im härter werdenden Kampf um immer weniger Plätze behaupten zu können. Besonders betroffen von diesem Platzverweis sind Jungen, die kein Zutrauen zu sich haben, denen Durchhaltevermögen fehlt und die notwendigen sozialen Kompetenzen.

Diese Jungen machen es anderen oft nicht leicht, ihnen aus Überzeugung einen Platz zur Verfügung zu stellen. Häufig sind sie mit der Arbeitsaufgabe überfordert. In vielen Fällen vermitteln sie auch den Eindruck, sich dort gar nicht wohl zu fühlen. Die Gründe dafür werden nicht hinterfragt, ihre Befindlichkeit wird nicht ernst genommen, denn es findet sich immer noch jemand anderes, der ihren Platz einnehmen kann. In letzter Zeit sind das oft Mädchen. Deren Vorbereitung auf die Übernahme von bedeutungsvollen Aufgaben ist in den letzten Jahren wesentlich erfolgreicher verlaufen. Mädchen haben inzwischen bessere Qualifikationen vorzuweisen. Sie sind den Jungen nicht nur mit ihren kognitiven Fähigkeiten überlegen. Entscheidend neben ihrem Wissensvorsprung ist oft auch ihre größere soziale und kommunikative Kompetenz. Auch ihr Auftreten und ihre größere persönliche Reife überzeugen diejenigen, die über Platzvergabe und Platzverweise entscheiden. Bei einer geringeren Anzahl von zur Verfügung stehenden Ausbildungs- und Arbeitsplätzen machen in immer mehr Branchen die Mädchen das Rennen. Die ehemaligen Platzhirsche, die männlichen Möchtegern-Gewinner, gelten inzwischen vielfach als zu träge, zu schwach und insgesamt als nicht mehr kompetent genug.

Jungen gehen immer häufiger leer aus bei der Platzvergabe, dafür erhalten sie aber in der Mehrzahl die «rote Karte», das Zeichen für den Platzverweis. Sie scheitern an den zu schweren Aufgaben. Im Fußballsport wechselt in einem solchen Fall der Trainer den Spieler aus und schickt einen geeigneteren, besseren Spieler aufs Feld, von dem er sich mehr erhofft. Auf die Ausbildungssituation bezogen bedeutet dies, dass fast jeder vierte Ausbildungsvertrag in Deutschland während der Ausbildung vorzeitig gelöst wird. Das entspricht einer Zahl von gut 150 000 jungen Menschen, von denen die meisten Jungen sind.[77] Die Gründe für die vorzeitige Aufhebung der Ausbildungsverträge liegen zum einen an Konflikten mit den fordernden Chefs, zum weitaus größeren Teil aber an der mangelnden Ausbildungsreife der jungen Menschen.

Doppelt so viele Jungen wie Mädchen verlassen die allgemein bildende Schule ohne Abschluss. Selbst in der Berufsschule gelingt es ihnen nicht, einen qualifizierten Schulabschluss zu erwerben. In Hamburg verließen im Jahr 2004 fast vierzig Prozent der Schüler die Berufsschule nur mit einem Abgangszeugnis.[78] Auch diese zweite Chance konnten sie nicht für sich nutzen.

77 Diese Zahlen entstammen einer Analyse des Deutschen Industrie- und Handelskammertages (DIHK) aus dem Jahr 2002. Veröffentlicht im Hamburger Abendblatt vom 6. 8. 2004
78 Hamburger Abendblatt, 2./3. Juli 2005

Bei den Hauptschulabschlüssen liegen die Jungen zwar in Führung, doch das nutzt ihnen nicht viel. Denn bei allen höher qualifizierten Abschlüssen liegen die Mädchen an der Spitze und sind damit im Vorteil. Das wird besonders deutlich daran, dass beinahe zehn Prozent mehr Mädchen die Hochschulreife erreichen als Jungen, nämlich fast dreißig Prozent eines Jahrgangs. Wer schlecht vorbereitet seinen Ausbildungsplatz antritt und dort feststellen muss, dass er den Anforderungen nicht gewachsen ist, bekommt Probleme. Die Anforderungen an eine Berufsausbildung sind heute sehr komplex geworden und überfordern viele junge Menschen, was ein weiterer wichtiger Grund dafür ist, dass sie den gerade neu eingenommenen Platz in der Welt der Erwachsenen verlassen. Da aber ganz besonders die männlichen Jugendlichen schlechtere Startbedingungen haben und deshalb bei ihnen die Schwierigkeiten besonders groß sind, sich in die derzeit massiv wandelnde Industriegesellschaft zu integrieren, ist auch ihre berufliche Perspektive besonders hoffnungslos. Derzeit versuchen rund 700000 junge Menschen ohne Schulabschluss und ohne abgeschlossene Ausbildung in unserer Gesellschaft Fuß zu fassen![79] Ob Junge oder Mädchen, sie leiden erheblich unter dieser aussichtslosen persönlichen Situation. Zwangsläufig wird ihnen das Gefühl vermittelt: «Keiner will mich!»

*«Die größte Angelegenheit des Menschen ist zu wissen, wie er seine Stellung in der Schöpfung gehörig ausfülle.»*
Immanuel Kant (1724–1804)

Nach Aussagen vieler Ausbildungsplatzbewerber und -bewerberinnen wird in fast allen Firmen auf drei entscheidende Eigenschaften Wert gelegt: Fleiß, Teamfähigkeit und Engagement. Diese Schlüsselqualifikationen haben einen immer größeren Stellenwert

---

79 Nimmt man die bis 30-Jährigen noch hinzu, ergibt sich die doppelte Zahl, 1,4 Millionen junge Menschen ohne Berufsausbildung, mit steigender Tendenz! Frankfurter Rundschau, 2. 9. 1999

in unserer Gesellschaft, die im Wandel begriffen ist – von einer Industriellgesellschaft zu einer Dienstleistungs- und Wissensgesellschaft. In diesen Bereichen können Jungen aber nicht genügend überzeugen. Die meisten von ihnen streben nach wie vor in Ausbildungen der technischen Produktion und ins Handwerk. Doch werden gerade dort die Lehrstellenplätze immer weniger.

Ohne fachliche Qualifikation sind sie in Zeiten eines sich beschleunigenden «Turbokapitalismus» ständig von Arbeitslosigkeit bedroht. Qualifizierte Arbeit oder billige Arbeit, das sind offenbar die beiden Optionen, die am ehesten zu einem Beschäftigungsverhältnis führen. Wenn die entsprechende Qualifikation aber nicht von allen vorgewiesen werden kann, wie die Bildungsreformer sich das am Anfang der siebziger Jahre gedacht haben, bleibt nur die billige Arbeit. Allerdings sind billige Arbeitsplätze durch die Verlagerung der Arbeitsmärkte ins Ausland bedroht. Da Arbeitskräfte in Deutschland teuer sind, verlegen Unternehmen vermehrt Arbeitsplätze in Billiglohnländer.

So gehen in Deutschland auch *die* Tätigkeiten verloren, die ohne besondere Qualifikation auskommen. Es gibt demnächst noch weniger so genannte «Schaufelberufe». Immer mehr wird den Verlierern des Bildungs- und Ausbildungssystems damit die Existenzgrundlage entzogen. Die Wechselbeziehung zwischen sozialer Herkunft und schulischer Leistung und Bildungserfolg ist außer in der Schweiz gegenüber allen anderen OECD-Ländern nur noch in Deutschland derart offensichtlich. Ein Junge einer Facharbeiterfamilie in Bayern hat bei gleicher Intelligenz eine 6,2-mal geringere Chance, ein Gymnasium besuchen zu können. (Ergebnis der 2. PISA-Studie)

Viele Jungen fühlen sich zurückgesetzt, sie zweifeln an sich und können ihr Scheitern oft nur aushalten, indem sie anderen daran die Schuld geben. Wer nirgendwo mehr einen Platz für sich findet, zweifelt nicht nur an den eigenen Fähigkeiten, sondern am ganzen Leben. Erschreckend hoch sind die Zahlen verzweifelter Jungen, die sich das Leben nehmen, viel höher als bei den Mädchen. Manche Jungen leben auch einen öffentlich vorgeführten

Selbstmord. Sie schieben alle Verantwortung für ihr Leben beiseite und vergiften sich allmählich mit allen möglichen Drogen. Die Straßenkinder unserer Großstädte sind größtenteils Jungen.

## Männer im Post-Patriarchat

Das Ende der Vormachtstellung des Mannes wurde längst eingeläutet. Mit der gesetzlich verankerten rechtlichen Gleichstellung der Frau endete seine «Zepterherrschaft». Für die Männer bedeutet das einen Verlust von Vorrechten, von männlichen Privilegien. Auch wenn nicht alle Männer über die gleichen Vergünstigungen und Vorrechte verfügten, waren sie doch den Frauen ihres Standes gegenüber privilegiert. Jungen und Männer müssen sich nun darauf einstellen, dass die Emanzipation der Frauen auch ihren Status beeinflusst und weiter beeinflussen wird. Die Frauen wehrten sich erfolgreich dagegen, von bestimmten Bereichen des gesellschaftlichen Lebens ausgeschlossen zu werden, mit anderem Maß gemessen zu werden, bestimmte Rechte verweigert zu bekommen. Eines der letzten unzeitgemäßen Privilegien wird derzeit zum Schafott geführt: die unterschiedliche Entlohnung von Mann und Frau bei gleicher Leistung und Qualifikation.

Diese Ungerechtigkeit lag im wirtschaftlichen Interesse der Arbeitgeber. Außerdem aber hatte sie einen psychologischen Effekt auf die Männer. Sie konnten sich sicherer fühlen in ihrer Rolle als Haupt-Ernährer der Familie. Wie in der Urhorde waren sie diejenigen, die von den Streifzügen in die gefährliche Arbeitswelt die fettere Beute nach Hause brachten. Den Verlust des Monopols auf das Beutemachen empfinden viele Männer als Verlust eines Stücks Existenzberechtigung. *Die Bereiche, in denen Männer ihre Fähigkeiten kompetent zur Schau stellen können, werden immer weniger.* Auch die letzten Überbleibsel der urzeitlichen Lebensform sind unnütz geworden und haben allenfalls noch in bestimmten Sportarten überlebt. Dem Mann blieb von seiner ursprünglichen archaischen Rolle nur noch die Aufgabe des Schutzes von Leben vorbehalten. Doch sowohl Polizei als auch Armee nehmen immer mehr Frauen in ihre Männerriege auf. Die Gründe dafür sind unterschiedlich. Einer mag der sein, dass Frauen mit ihren weiblichen Fähigkeiten *die* Bereiche besser abdecken, in denen der Mann Defizite aufweist.

Sind Frauen inzwischen die besseren Männer?

Doch nicht die Frauen sind der Grund dafür, dass Männer sich zunehmend wegrationalisiert vorkommen. Sie haben selbst durch fortschrittlichere Erfindungen viel dazu beigetragen, sich überflüssig zu machen. Nachdem der Mann sich für die schweren körperlichen Arbeiten zunächst tierische Unterstützung herangezüchtet hatte, konstruierte er immer mehr und bessere Maschinen. Das Entwickeln von neuen Waffen und Werkzeugen gehörte ja immer schon mit zu seinen Aufgaben, und so hat er sich mehr und mehr den Boden unter den Füßen wegkonstruiert. Dass er dabei solche bedeutenden Fortschritte erzielte, beeindruckt ihn heute manchmal selber noch und macht ihn auch stolz auf seine Leistungsfähigkeit. *Männer schicken Fahrzeuge auf den Mars, aber auf der Erde verpassen sie den Anschluss an die sich verändernde Gesellschaft.*

Was soziale und emotionale Kompetenzen angeht, da haben männliche Menschen seit Anbeginn der Menschheit wenig oder nur in wenigen Spezialbereichen investieren müssen. Diese Fähigkeiten wurden von ihnen nicht gefordert. So sind sie in Sachen Emotionen und Sozialverhalten oft noch Lehrlinge, die inzwischen nicht nur im Privatleben, sondern auch am Arbeitsplatz ihre Meisterin finden. Also auch an einem Platz, der bis vor kurzem sehr oft nur Männern vorbehalten war.

Aber nicht nur auf dem Arbeitsmarkt haben die Männer weibliche Konkurrenz bekommen, sondern auch im Sport und in der Freizeit, den Bühnen, auf denen sie bis dahin meist allein brillieren konnten. In vielen Sportdisziplinen bringen Frauen inzwischen ebenso bedeutsame Leistungen. In manchen übertreffen sie sogar die männlichen Kontrahenten. Der Einbruch in die letzten

Domänen des Mannes demonstriert ihm in aller Deutlichkeit die Entwicklungsfähigkeit und Stärke von Frauen. Vor ein paar Jahren gewann die deutsche Rallyefahrerin Jutta Kleinschmidt die sonst ausschließlich von Männern dominierte, legendäre Rallye «Paris–Dakar». Auch die beste Seglerin der Welt stellte bei ihrer Weltumsegelung alle männlichen Rekorde klar und deutlich in den Schatten. Sogar in den Arenen traditioneller «männlicher» Sportarten wie Fußball und Boxen beweisen Frauen inzwischen ihr Können. Recht pauschal bezeichnete der deutsche Sportkommentator bei den für die Männer enttäuschenden Leichtathletikwettkämpfen bei den Olympischen Spielen in Athen 2004 Frauen als das eigentlich «starke Geschlecht». Anlass waren die überzeugenden Leistungen der deutschen Wettkämpferinnen, so gewann Steffi Nerius in dem urtümlichsten und martialischsten Waffenwettkampf überhaupt – im Speerwerfen – die Silbermedaille. Auch die deutsche Fußballnational*frau*schaft gewann neben dem Weltmeistertitel die Silbermedaille bei den Athener Spielen, während es der Herrenmannschaft nicht einmal gelang, sich für dieses Großereignis zu qualifizieren.

Doch es kommt noch schlimmer für das Selbstwertgefühl des Mannes.

Bei der In-vitro-Fertilisation (Zeugung im Reagenzglas) sind von einem Mann nur noch die Spermien gefragt. Und selbst davon produzieren Männer heute nur knapp die Hälfte der Menge, die vor gut einem halben Jahrhundert bei Messungen als «normal» galt.[80] Und schließlich ist auch noch die letzte Bastion der Männlichkeit gefallen: Der Weihnachtsmann ist eigentlich eine Frau! Agenturen bieten die ersten Weihnachtsfrauen an, die gebucht werden können! Dies müsste dem kollektiven männlichen Selbstwertgefühl arg zusetzen, wenn die Männer sich etwas daraus machen würden. Die Erkenntnis, dass es auch gut ohne Männer geht, Männer ihre ursprüngliche Zweckbestimmung nach

80 Allan und Barbara Pease: Warum Männer nicht zuhören und Frauen schlecht einparken, a. a. O., S. 318

und nach verlieren, macht sie aber doch allmählich unsicher und lässt sie daran zweifeln, ob sie denn überhaupt noch von Nutzen sind. Sie werden hochmütig als «Einzeller» bezeichnet.

Männer sammeln dagegen Punkte oder auch «Sterne» bei Kochmeisterschaften, z. B. den sehr populären amerikanischen Grill-Contests (wenn es mit dem Jagen nicht mehr klappt, dann vielleicht mit dem Zubereiten der Beute). Erstaunlicherweise setzen Männer im Kochen und in der glamourösen Welt der Coiffeurs und Couturiers die Akzente und geben den Ton an, beziehungsweise den Schnitt vor. Anstatt des Herrscherzepters halten Männer nun den Kochlöffel oder die Schere in der Hand. Sind dies die letzten Nischen des Mannes, in denen er zeigen kann, was eigentlich in ihm steckt?

### Der «neue Mann»

Bei den Frauen scheint Uneinigkeit zu herrschen. Sehr viele von ihnen schätzen Kochkünste an Männern, neben einem seriösen Humor und einer geistreichen Art. Verlegen Männer ihr Balzverhalten aber zu sehr auf weibliche Domänen, können sie gerne noch der «beste Freund» einer Frau werden, aber nicht mehr ihr Gatte. *Zu viel Frau in einem Mann ist der Frau zu wenig Mann.*

Frauen verstehen sich oft sehr gut mit homosexuellen Männern, heiraten würden sie deshalb aber keinen. Doch trotz dieser Vorliebe für femininere Männer suchen viele Frauen wieder nach einem «männlichen» Mann. Damit ist für sie nicht unbedingt eine Rückkehr zum Patriarchat und Machotum verbunden.

In den siebziger und achtziger Jahren des letzten Jahrhunderts wurde jeder, der nur annähernd antifeministische Äußerungen von sich gab, fälschlicherweise als «Chauvi-Schwein» bezeichnet. Viele Frauen wendeten sich lieber aufge-weich-ten Männern zu, die keine harte männliche Fassade aufgebaut und sich noch viel von einem kleinen Jungen erhalten hatten. Doch die unsicheren, treuherzigen, netten und noch unreifen jungen Männer, die so genannten «Softies», übertrieben es in ihrem Wunsch nach weiblicher Anerkennung. Sie hatten die falschen Schlüsse gezogen und in ihrer Verunsicherung an dem festgehalten, was ihre Mutter an ihnen so liebte, den unfertigen Mann, den Jungen, das Kind.

Viele Männer wollten es nun ihren Partnerinnen besonders recht – und das ihnen zugefügte Unrecht wieder gutmachen. In den Frisuren und in der Kleidung verschwammen die Unterschiede ebenso wie im Verhalten. Der «bewegte Mann», der sich aufgemacht hatte, mit Hilfe von Frauen seine Identität zu finden, probierte allerlei aus, was für Männer eher untypisch ist: mit Frauen zu reden zum Beispiel, in Männergruppen ernsthaft zu kommunizieren, auch über Gefühle. In dieser Phase entstanden wichtige Impulse für eine Veränderung der Männer. Viele Söhne befreiten sich auf diese Weise von dem nationalsozialistisch geprägten Männerbild ihrer Väter und Großväter. Dabei gewannen sie nicht nur etwas Neues hinzu, sie verloren auch Wesentliches: ihren männlichen Sexappeal und das Zutrauen in ihre positiven männlichen Eigenschaften.

Der Halt in ihrer männlichen Rolle ist ihnen ebenso verloren gegangen wie die Gewissheit, dass Männlichkeit etwas Positives ist und nicht die Verkörperung des Bösen darstellt. Von diesem Verlust haben viele Männer sich bis heute nicht erholt. Wenn jemand aber unsicher ist, dann bleibt er in seinem Verhalten unter seinen Möglichkeiten. Die Mütter von heute sehen in ihren Begleitern deshalb oft nicht mehr den Mann, den sie geheiratet haben, den Partner, den sie sich erhofft hatten, sondern eher ein zusätzliches Kind, das sie zu versorgen haben. Männer werden oft als Belastung empfunden, als Pflegefall, manchmal auch als Altlast, von der es sich zu trennen gilt.

Frauen träumen von einem Mann, der anders sein soll als ihr Vater, einem selbstbewussten sich selbst neu erfindenden, starken und zugleich weichen Helden, der auch im Alltags-Leben seinen Mann steht. Vielen Männern hingegen fällt es immer noch schwer, nach der Trennung von ihrer Mutter, dem Auszug aus dem «Hotel Mama», zu erkennen, dass die Frauen sich erfolgreich von dem einengenden Rollenbild der Übermutter befreit haben. Der Einzige, den eine Frau oft mit Hingabe verwöhnt, ist *ihr* Sohn.

Der gewöhnt sich sehr schnell an diesen Zustand, deshalb fällt es vielen Jungen heute auch immer noch schwer, sich von Frauen unabhängig zu machen. Frauen des «alten Schlags» fingen erst, wenn die Kinder aus dem Haus waren, wieder an, sich fürsorglicher um ihre Männer zu kümmern. Bei älteren Paaren lässt sich dieses Verhalten in manchmal extremem Ausmaß beobachten. Die Ehefrau-Mama «betütelt» ihren Mann wie ein Kind. Diese Form der Zuwendung gibt vielleicht beiden die Möglichkeit, sich wieder wohler miteinander zu fühlen, sie bleiben in den Strukturen, die sie gewohnt sind. Die älter gewordenen Männer wehren sich auch nicht ernstlich gegen den oft dirigistischen mütterlichen Bestimmungston ihrer manchmal sogar als «Mutti» bezeichneten Ehefrauen, sie nehmen ihn hin und schweigen bequem in sich hinein.

### Das Kind im Manne

Wenn ein Mann nicht wie ein kleines Kind wirken möchte, sollte er lieber auf diese Bequemlichkeit verzichten. Neuerdings gibt es in einigen, wohl für Frauen entworfenen Einkaufszentren speziell für Männer eingerichtete Betreuungsangebote, nach dem Prinzip des «Kinderparadieses» à la Ikea. Dass der abgegebene Mann sich selbst ein Stück männliche Würde nimmt, wenn er dies zulässt, ist vielen vielleicht gar nicht bewusst. Je mehr Männer mit sich machen lassen, je mehr Kind sie sind, desto weniger Achtung und Respekt können sie als MANN von ihrer Frau erwarten. Männer, die dies dennoch mitmachen, unterscheiden sich nicht von den Jungen, die man in Spielzeugabteilungen bei den dauerbesetzten Gamekonsolen und anderen Spielsachen antrifft. Dort halten sie sich am liebsten auf, wenn Mama, irgendwo zwischen Push-up-BHs und feuchtem Toilettenpapier, die lebensnotwendigen Dinge des Alltags in ihre Beute-Tasche sammelt.

Das geflügelte Wort vom «Kind im Manne» weist darauf hin, dass sich besonders Männer etwas Kindhaftes bewahren. «Das Kind in der Frau» weckt sofort völlig andere Assoziationen. Offenbar haben sich Männer auch in fortgeschrittenerem Alter den

Spieltrieb eines Kindes, seine manchmal sorglose, unbedarfte Art erhalten. Im «Inneren Team»[81] des Mannes gibt es oft einen recht aktiven kindlichen Anteil. Männer leben diese Teilpersönlichkeit offensichtlich weitaus stärker aus als Frauen.

Wird aber auf der Persönlichkeitsbühne das Gastspiel des ewigen Jungen zum Dauerbrenner, ziehen sich die meisten Frauen von diesem Riesenbaby zurück. *Zu* viel Kind im Mann kann tödlich für die Liebe sein. Peter Pan, der ewige Junge, ist ein Bild für den Entwicklungszustand vieler Männer. Der amerikanische Psychologe Dr. Dan Kiley spricht gar von einem Peter-Pan-Syndrom. Damit beschreibt er Männer, die sich weigern, erwachsen zu werden, die keine Verantwortung übernehmen wollen. Sie sind zwar meist witzig, charmant und erfolgreich, zu reifen Bindungen jedoch nicht fähig.[82] Peter Pan, die hundert Jahre alte literarische Figur des englischen Schriftstellers James M. Barrie, ist ein verspielter, abenteuerlustiger Traumtänzer, ein Kobold von der Märcheninsel Nimmerland, der mit der Gruppe der «verlorenen Jungs» gemeinsam in den Tag hinein lebt und einzig auf der Suche nach Spaß ist. Erst durch die Begegnung mit dem vernünftigen und reifen Menschenmädchen Wendy lernt er, Verantwortung zu übernehmen. Erst der Kontakt mit dem Weiblichen setzt diesen Prozess bei ihm in Bewegung. Der Wunsch zu beschützen, zu retten und zu lieben spielt dabei eine große Rolle.

Die Männer, denen es nicht gelingt, sich aus dem Reich der verlorenen Jungen und des Peter Pan zu lösen, müssen erleben, dass andere sich von ihnen lösen. Frauen mögen Peter Pan, aber mit so einem Luftikus verheiratet zu sein ist für sie auf Dauer nicht möglich. Sehnen sie sich doch nach einem Vater für ihre Kinder und nicht nach einem zusätzlichen Kind. Sie fragen sich, wann ihr Peter Pan endlich zum Mann wird.

Männer sind immer darauf bedacht, die Welt zu gestalten und sich Unterhaltung zu verschaffen, und sei es in der kleinen Welt

81 Friedemann Schultz von Thun: Miteinander reden, Bd. 3, Reinbek 1998
82 Dan Kiley: Das Peter-Pan-Syndrom, München 1989

des Spiels. Außerdem suchen sie ständig nach technischen Erleich-
terungen für das Alltagsleben. So erfanden sie allerlei Spielzeug,
Nutzbringendes wie Unnützes. Nahezu 100 Prozent aller Patente
werden von Männern angemeldet, und es kommen ständig neue
dazu.[83] Männer haben ein gutes räumliches Vorstellungsvermö-
gen und damit die besten Voraussetzungen, sich fiktive Produkte,
Wünsche und Ideen vor ihrem geistigen Auge vorzustellen. Außerdem verfügen sie über Kenntnisse, die ihnen helfen, diese auch
zu realisieren. Dafür probieren sie herum, testen und forschen.

Zwei Brüder aus Hamburg haben sich einen Lebenstraum erfüllt. Mit der Hilfe vieler, meist männlicher Helfer haben sie in
der Hamburger Speicherstadt die größte Miniatureisenbahn der
Welt aufgebaut. Im Miniaturformat rekonstruierten sie in unzähligen Stunden die große, wirkliche Welt. Das ist kein Spiel mehr,
das ist harte Arbeit für alle Beteiligten.

## Sandkastenspiele

Männer sind Hobby-Weltmeister. Während sich Mädchen etwa
ab dem Einsetzen ihrer Geschlechtsreife auf die Realität besinnen
und ihre Kindheit bewusst hinter sich lassen, erhalten sich viele
Männer ihren Spieltrieb meist ein Leben lang. Im Hobby finden
Jungen und Männer einen Ort der Versenkung und der inneren
Einkehr. Im Hobby schaffen sie sich eine Möglichkeit, sich mit
der dinglichen Welt zu befassen. Seit vorgeschichtlichen Zeiten
konstruieren Männer immer neue und feinere Werkzeuge und
Waffen, um in ihrer Welt besser überleben zu können. So bastelt
der Mann von heute mit immer besseren Werkzeugen seine eigenen kleinen Welten – virtuell in Form von Computer-Spielen oder
aber in Form von miniaturisierten Weltplagiaten. *Im Keller, in der
Garage oder schlecht geheizten Clubräumen gehen Männer diesem Trieb nach und entledigen sich, meist sprachlos, ihrer Sorgen.
Sie arbeiten sie einfach auf ihre Weise ab: indem sie etwas tun.*

83 Allen und Barbara Pease: Warum Männer nicht zuhören und Frauen
nicht einparken können, München 2002, S. 195

Es gibt auffallend viele Vereinigungen und Zusammenschlüsse von Jungen und Männern, die in ihrer Freizeit mit großer Leidenschaft einem Hobby nachgehen, viel mehr, als es Frauen mit gleicher Intensität tun. Da gibt es vom klassischen Modelleisenbahner bis zum «Club der starken Männer», die ihre «Highlandgames» durchführen, die ausgefallensten Interessen und Kompetenzen. Auf diesen Feldern kann «Mann» sich der Konkurrenz stellen, wird Schützenkönig, überlebt mit den meisten Kill-Punkten auf einer Computer-LAN-Party gegen 200 Konkurrenten im virtuellen Terrorkampf oder erhält die Goldmedaille für den größten, selbst gezüchteten Kürbis.

Sehr beliebt ist auch das Angeln. Überwiegend Jungen und Männer gehen dieser Beschäftigung mit Muße nach. Der erfolgreichste Angler wird geehrt, wird mit seinem Fang auf immer gleich aussehenden Fotos festgehalten und erhält eine Veröffentlichung in der Vereinszeitung, unter der Rubrik «Fang des Monats».

Der erfolgreiche Jäger mit seiner Beute. Der Traum wohl vieler männlicher Menschen, egal welcher Art die Beute auch sein mag. Für viele ist es auch das Geld, der Lohn, den sie mit ihrer Arbeit nach Hause bringen.

Das gemeinsame Zuhause ist Territorium der Frauen. Äußerst selten können Männer ihre Obsessionen im Wohnzimmer des gemeinsamen Heims ausleben. Die Höhle gehört den Frauen, der Mann lebt eher am Rand der sozialen Gruppe und bewacht den Eingang. (Bei uns zu Hause achte ich pedantisch auf geschlossene Türen. Woher kommt das?) Dort kann er agieren und Lärm und Dreck machen, so viel er will. Garage und Keller, die Schutz- und Schonräume des Mannes.[84]

Frauen haben für die Spleens ihrer Männer meist wenig übrig, sie belächeln sie deswegen und beschweren sich eher, als dass sie erkennen, welche kathartische positive Wirkung für Männer

---

84 Sehr humorvoll und mit vielen Wiedererkennungseffekten für Mann und Frau wird diese Sicht der Männerwelt in dem Ein-Mann-Theaterstück «Caveman» in Hamburg und Berlin vorgeführt.

darin liegt. *Frauen wollen echte Männer als Partner und keine kleinen Jungen mit Schuhgröße 44.*

Männer, die zu schwach sind, um Frauen wirkliche Partner zu sein, werden von ihnen nicht mehr respektiert und verständlicherweise oft verlassen. Doch wenn Frauen über Männer herziehen, sich immer abfälliger über *die* Männer im Allgemeinen äußern («Männer sind Scheißkerle!»), dann sollten Männer ernsthaft darüber nachdenken, was an ihrem Verhalten die Frauen gegen sie so aufbringt und wie viel Achtung sie von ihnen eigentlich noch erfahren.

*Ich traf beim Einkauf eine Frau aus der Nachbarschaft, die ich lange nicht gesehen hatte. Ich fragte sie nach ihrem Mann und ihrem Sohn. Sie antwortete: «Alles in Ordnung, zurzeit keine Katastrophen.» Ich hakte nach. «Wie meinst du das? Wie ist es denn so mit Männern? Gibt's da denn Katastrophen?»*
*«Na, ja! Ich sag das nicht gern mit solchen Worten, aber sie bringen es am besten auf den Punkt: ‹Mit Männern ist es wie mit Toiletten. Entweder besetzt oder beschissen!›»*

Das ist deutlich. Männer, die Frauen nicht genügen, die unter dem bleiben, was Frauen heute von einem Mann erwarten, die entweder schwach werden oder es schon immer waren, die einem kleinen Jungen ähnlicher sind als einem Mann, die Stärke mit Muskelumfang gleichsetzen und die wie Schwämme sind, in die Frau hineindrückt und nichts passiert, deren Persönlichkeit nicht genügend ausgebildet ist, die verleiden es einer Frau, sie zu achten und zu lieben.

Solche Männer werden irgendwann überflüssig, ihnen werden dann auch mal Hörner aufgesetzt, sie werden betrogen und verlassen. Diese schwachen Männer sind starken (fordernden) Frauen nicht gewachsen, sie sind mit den Erwartungen und Forderungen der «modernen», selbstbewussten Frau hoffnungslos überfordert. Als «Weichei» diffamiert oder zum devoten Trottel dressiert, flüchten viele dieser verachteten Kind-Männer in eine Traumwelt, in der die Frauen als Prinzessinnen oder Hexen vorkommen.

Wie viel Schwäche verträgt eine Frau? Wie viel Stärke hält ein Mann aus?

Manche Paarbeziehung funktioniert sehr erfolgreich nach der Erkenntnis «Hinter jedem erfolgreichen Mann steht eine starke Frau». In meinem Freundeskreis gibt es ein Ehepaar, das etliche Jahre nach diesem Leitspruch eine «gute» Ehe führte. Die Frau beriet ihren Mann in wichtigen beruflichen Dingen und hielt ihm den Rücken frei für seine Karriere. So wie es Frauen bedeutender Staatsmänner auch immer wieder taten. Es gibt genügend erfolgreiche mächtige Männer, die bekennen, dass sie selbst bei schwierigen beruflichen Entscheidungen erhebliche Unterstützung von ihren Frauen erhalten haben. Im Falle des befreundeten Paares hatte die Frau neben vielen Aufgaben im Privaten ebenfalls die coachende Funktion übernommen. Es kam so weit, dass der Mann die Karriereleiter immer weiter hinaufstieg und entsprechend immer mehr Geld mit nach Hause brachte.

Für den Mann war es wichtig, dass seine Frau ihm, dem so erfolgreichen Jäger, Anerkennung entgegenbrachte und dass sie ihn nicht von seinen oft langen und weiten Jagdausflügen (häufige berufliche Aufenthalte im In- und Ausland) fern zu halten versuchte. Sie waren ein Team, das so lange von dieser Art des Teamworks profitierte, solange sich der Mann an die Spielregeln hielt. Doch der jung-dynamische Mann konnte den Versuchungen in seiner aufregenden und erregenden Welt nicht widerstehen, er wurde schwach und brach das für erfolgreiche Teams so dringend notwendige Vertrauen. (Scheißkerl?) Ein solches Teamwork bietet beiden Partnern Vor- und Nachteile.

Paul Hermann Gruner vertritt in seiner Streitschrift «Frauen und Kinder zuerst»[85] die Ansicht, dass es nicht nur den Männern im Patriarchat gut geht, sondern auch vielen Frauen. Sie können

85 Paul-Hermann Gruner: Frauen und Kinder zuerst, Reinbek bei Hamburg 2000

sich, indem sie sich hilflos stellen, aus bestimmten unangenehmen Bereichen heraushalten und diese einfach den Männern überlassen und sich so von unangenehmen Anforderungen befreien. Manche Frauen spüren, wann es genug ist mit der Gleichheit: nämlich dann, wenn sie schlecht dabei abschneiden. *Frauen und Kinder zuerst!* Dieses Motto privilegiert nach Ansicht Gruners Menschen, die einen besonderen Anspruch auf Schutz behaupten. Der Mann kann ruhig untergehen!

## «Vater Staat» und seine Werte

Es ist schon bezeichnend, dass es «Vater Staat» heißt und nicht «Mutter Staat». Männer haben dafür gesorgt, dass sie Macht erhielten und herrschen konnten. Sie haben Strukturen, Hierarchien und Privilegien geschaffen sowie die Mittel, sich diese zu erhalten. Sie wurden zu Staatengründern und Staatenverteidigern und blieben es über Tausende von Jahren, ohne dass Frauen in nennenswerter Weise daran direkt beteiligt wurden. Deshalb wird mit «Vater Staat» im Allgemeinen Autorität, Reglementierung, Herrschaft und Sanktion verbunden. Die Aufgabe von Vätern wird auch heute noch oft darin gesehen, Grenzen zu setzen, Regeln und Normen zu vermitteln und auf deren Einhaltung zu achten.

Der Staat, unter dem man eine «dauernde, organisierte Vereinigung von Menschen auf einem bestimmten Gebiet unter einer höchsten Gewalt»[86] versteht, bekommt für gewisse Jungen in gewissen Situationen eine ganz wichtige Bedeutung. Einige Jungen erreichen erst durch ihr delinquentes, straffälliges Verhalten, ihre öffentliche Gewalttaten und Eskapaden, dass sie vom «Vater Staat» wahrgenommen werden und «Mann» auf sie reagiert.[87]

---

86  «Staat» in: Brockhaus, Leipzig 2003
87  Vgl. dazu die Broschüre: Männer gegen Männergewalt, Hamburg, 2. Auflage, S. 13

Erst dadurch werden ihnen von meist männlichen Staatsvertretern, wie Polizisten und Richtern, die Grenzen aufgezeigt, die ihnen eigentlich schon viel eher hätten gesetzt werden müssen.

*Im Staat als Vaterersatz finden Jungen einen Vatertypus, der sich an Gesetze hält, der versorgt und beschützt.* Weil Väter ihren Erziehungspflichten nicht nachkommen (oder nicht nachkommen dürfen!), kommt es bei Jungen zu einem Mangel an positiver väterlicher Erziehung. *«Vater Staat» an Vaters statt.* Vielfach kommt dieser staatliche «Vaterersatz» aber zu spät. Erst vor Gericht, bei der Jugendhilfe oder anderen Sonderprogrammen erfahren Jungen eine «ordnende Hand», die sie beschränkt und lenkt.

In der ehemaligen DDR wurde, bedingt durch die gezielte Förderung der Berufstätigkeit der Frau, die Kindererziehung so früh wie möglich in die Hände des Staates gegeben. Nachdem die Betreuungsangebote inzwischen immer mehr weggefallen sind, sind die Probleme mit den männlichen Kindern und Jugendlichen heute im Osten Deutschlands größer denn je. Auffällig ist, im Vergleich zum Norden, Süden und Westen des Landes, die größere Dichte von Fernsehgeräten in den Kinderzimmern. Doch für alle Himmelsrichtungen gilt: Kinder-Fernseh-Sitting ist kein Ersatz für eine intensive persönliche Betreuung. Aufgrund des Mangels an sinnvollen Betreuungsangeboten für Kinder und Jugendliche könnte man der Meinung sein, die entstandene Erziehungskatastrophe sei staatlich geduldet. Die Katastrophe der Jungen ist eng mit politischen Richtungsentscheidungen verknüpft. Die besondere Problematik von Jungen bleibt schon zu lange unberücksichtigt bei wichtigen Jugend- und Bildungsvereinbarungen des Staates. *«Vater Staat» muss seine Söhne in den Blick bekommen! Sonst verliert er sie!*

## Erziehung zur Demokratie

Damit man nicht eines Tages sagen muss, «Jungen für die demokratische Gesellschaft nicht geeignet!», muss die derzeitige Situation von Jungen in ihrer Dringlichkeit und Ernsthaftigkeit von allen Verantwortlichen erfasst werden. Die Aufgabe von Schule ist es, junge Menschen zu mündigen demokratischen Staatsbürgern heranzubilden. In unserer Gesellschaft ist dies das oberste Gebot von Erziehung und Bildung. Angesichts der eklatanten Schwächen und Defizite im Bereich demokratischer Tugenden scheint dies heute äußerst notwendig zu sein.

In der demokratischen Schule richten sich die Ziele von Unterricht an den Werten des Grundgesetzes aus. *«In der Auseinandersetzung mit Erwartungen, Anforderungen und Konflikten entwickeln Kinder und Jugendliche Haltungen, die sie bereit und fähig machen, an der Gestaltung einer der Humanität verpflichteten demokratischen Gesellschaft mitzuwirken und für ein friedliches Zusammenleben der Kulturen sowie für die Gleichheit und das Lebensrecht aller Menschen einzutreten.»*[88]

Wir denken in Sprache, und wir ringen in einer Demokratie mit Hilfe der Sprache um eine Verbesserung der Lebensbedingungen aller. Parteiprogramme, Verfassungen und Leitbilder sind in Sprache gebrachte Wünsche und Ziele von Menschen. In einer Demokratie versammeln sich die Bürger mit unterschiedlichen individuellen Interessen unter einem gemeinsamen gesellschaftlichen Dach. Um Teil dieser Gemeinschaft werden zu können, muss man die in ihr geltenden humanitären Werte und demokratischen Verhaltensweisen achten. Und die mit gleichen Rechten versehenen Mitmenschen. Aber um andere achten zu können, muss man sich selbst auch geachtet fühlen. Wenn Menschen sich aus einer Gesellschaft verstoßen fühlen, wenn sie sich nicht als gleichwertig erleben, dann kann das harmonische gesellschaftliche Zusammenleben nicht gelingen.

Jungen, die erleben, dass sich ihre Zukunftsaussichten verschlechtern, die ihre Chancen in der Schule nicht mehr nutzen können, die unter sprachlichem Kompetenzverlust leiden, stellen sich immer mehr außerhalb der sozialen Normen. Durch den Verlust an Sprachvermögen, an Wissen, an Bildung insgesamt, leidet

---

88 Aus dem Bildungs- und Erziehungsauftrag der integrierten Gesamtschule, Sekundarstufe I, Punkt 2

auch das Reflexionsvermögen der jungen Generation. Wer nicht gelernt hat nachzudenken, kann sein Verhalten nicht bedenken, das, was er tut, nicht selbstkritisch betrachten. Solche Menschen denken nicht darüber nach, dass sie *für* eine Gemeinschaft und *von* einer Gemeinschaft leben. *Wer das Gefühl hat, in der Gemeinschaft überflüssig zu sein, wird kaum darüber nachdenken, wie er zum Gelingen dieser Gemeinschaft beitragen kann und wie er in sie eingebunden ist.* Das Gefühl, Mitglied einer größeren Gemeinschaft zu sein, die Überlegung, welchen Beitrag jeder Einzelne zu ihrem Gelingen leisten kann, schwindet mit dem Gefühl, überflüssig zu sein. Jungen, die nicht wissen, wohin sie gehören, denen das Gefühl vermittelt wird, dass sie nichts gelten, die keinen Platz für sich in diesem größeren Ganzen sehen, setzen sich auch nicht für dessen Erhalt ein. Da in einer Gemeinschaft *alle* Teil des großen Ganzen sind, nehmen auch alle Einfluss auf ihr Gelingen oder Scheitern.

> *«Das Ideal der Menschheit ist die Gleichwertigkeit aller.»*
> Rudolf Dreikurs[89]

Das in einer Leistungsgesellschaft angelegte soziale Ungleichgewicht vermittelt leicht das Gefühl, Menschen seien nicht gleich viel wert. Das hat Auswirkungen auf das Selbstwertgefühl. Jungen, die sich in dem Vorbereitungssystem Schule als Verlierer, als Versager empfinden und als solche auch durch «Abschulung» (Degradierung zur nächstniedrigeren Schulform), Sitzenbleiben und schlechte Noten stigmatisiert werden, verlieren den Ansporn, die Lebens- und Lernmotivation. *Je mehr Jungen in Schule und Arbeitswelt scheitern, desto größer die Gefahr, dass sie der demokratischen Gesellschaft verloren gehen.* Das Auseinanderfallen des sozialen Konsenses hat längst begonnen.

Viele Jungen, die dieses Scheitern schon erlebt haben, wenden

---

89 Rudolf Dreikurs: Selbstbewusst – Psychologie eines Lebensgefühls, Stuttgart 1990, S. 193

sich von den Werten einer Gemeinschaft ab, die ihr Scheitern zugelassen hat. Sie suchen sich Ersatzgemeinschaften, meist undemokratische. Hoyerswerda, Solingen, Mölln und andere Orte in Deutschland stehen für das persönliche und das gesellschaftliche Scheitern meist männlicher Menschen. Das Ideal, dass die Würde des Menschen unantastbar ist, ist gefährdet, wenn jemand sich selbst als würdelos erlebt. Wer Zweifel haben muss, selbst als gleichwertiger Mensch zu gelten, wird kaum in der Lage sein, «die anderen als Gleichwertige zu behandeln.»[90]

Wenn Jungen ihrer Aggressivität außerhalb der demokratischen Wertewelt freien Lauf lassen können, dann entfernen sie sich immer mehr von den Idealen einer gewaltfreien Gesellschaft. *Un*kultiviert, ohne eine Zähmung ihrer destruktiven Persönlichkeitsanteile, ohne die Ritualisierung von Aggression und ohne die Ausbildung alternativer Mitteilungsformen, verlieren wir Jungen an die Feinde der Menschlichkeit. Die Anziehungskraft rechtsradikaler Gruppen auf viele Jungen sollte zum Nachdenken Anlass geben. Trotz der über fünfzigjährigen Erziehung zur Demokratie in Schule und Gesellschaft fühlen sich viele Jungen stark zu diesen gänzlich undemokratischen Gruppen hingezogen.

Wer in einer Gemeinschaft Sicherheit und Wertschätzung der eigenen Person erfährt, wer sich angenommen und respektiert fühlt, schätzt diese Gemeinschaft auch wert. Das gilt für Jungen *und* Mädchen, Männer und Frauen.

In dieser Welt der Vielfalt, die für viele Menschen ein großes Glück bedeutet, kann es für diejenigen leicht zu einer persönlichen Katastrophe kommen, die mit der Wahlfreiheit zum eigenen Glück überfordert sind. *Viele Jungen haben Probleme im Umgang mit der ihnen zur Verfügung stehenden Freiheit und dem grenzenlosen Individualismus.*

Der Umgang mit der Freiheit muss gelernt werden. Freiheit darf nur so weit gehen, wie sie die Freiheit der Mitmenschen nicht be-

90  Rudolf Dreikurs, a.a.O., S. 193

schneidet. *«Bevor Freiheit ein Recht ist, ist sie eine Pflicht.»*[91] Das Erringen von Freiheit hat viele Opfer gekostet, der persönliche Missbrauch von Freiheit ebenfalls. Durch einen Missbrauch Einzelner kann die Freiheit aller gefährdet werden. Freiheit bedarf der Regeln, zum Schutz der Menschen und der Freiheit selbst.

*«Freiheit ist immer die Freiheit der Andersdenkenden.»*
Rosa Luxemburg

Jungen müssen den Wert von Kommunikatons- und Kooperationskompetenz schätzen lernen, müssen Weltanschauungen kennen, Fremdes verstehen lernen und den toleranten Dialog beherrschen, um für ein gutes Zusammenleben unterschiedlichster Menschen gerüstet zu sein. Gerade dafür benötigen sie übersichtliche und gut umzusetzende Wertmaßstäbe, die von gesellschaftlicher Tragweite sind. Je größer aber die Zukunftsangst bei Jungen, desto mehr Orientierung ist notwendig, desto wichtiger werden eindeutige Werte.

### Sind wir noch eine Wertegesellschaft?

Unsere deutsche Verfassung verpflichtet zu den wichtigsten Werten, die ein Staat vorgeben kann. Sie erhebt die Würde des Menschen zu einer unantastbaren Größe (Artikel 1 des Grundgesetzes) und setzt jeden Menschen gleich, welcher Nationalität, Rasse, welchen Geschlechts oder Glaubens er auch sei. Das sind sehr wertvolle Grundrechte, von denen im gesellschaftlichen Alltag viel abgeleitet wird und von denen alle Menschen profitieren könnten. Es ist ja gar nicht so, dass es keine positiven Werte mehr gibt, deshalb wäre es auch falsch, von einem reinen Werteverlust zu sprechen. *Junge Menschen sind nicht von einem Verschwinden oder einem totalen Verfall der Werte betroffen, sie leiden eher unter einer Werteverschiebung.* Alte Werte sind durch neue, moderne, dem Zeitgeist entsprechende Werte verdrängt worden.

91 Prof. Dr. Michael Brie auf der Website www.Freitag.de, 22. 9. 2000

Die aus dem Altertum stammenden, auf Platon zurückgehenden Kardinaltugenden wie Weisheit, Gerechtigkeit, Tapferkeit und Besonnenheit leben in Werten wie Bildung, Toleranz, Zivilcourage und Ausgewogenheit zwar heute noch weiter, doch spielen sie im Leben vieler Jungen keine bedeutsame Rolle. Eine auf die Verwirklichung moralischer Werte ausgerichtete Gesinnung gilt heute als unzeitgemäß. Es ist uncool, wenn man Moral und Sitte ernst nimmt.

*Jungen sind die auffälligen Indikatoren, an denen der Stand der sozialen Kultur eines Gemeinwesens abzulesen ist.* Durch diese Behauptung soll nicht einer negativen Stigmatisierung von Jungen Vorschub geleistet werden. Aber beschönigende Zustandsbeschreibungen verlängern nur den Prozess der Katastrophenbekämpfung bei Jungen oder verhindern ihn sogar. Schon in der Antike gab es sowohl bei den Griechen als auch später dann bei den Römern Jungen und junge Männer, die mit ihrem Verhalten die Öffentlichkeit provozierten. Die Komasten (griechisch) oder Grassatios (römisch, «grassieren» stammt daher) zogen Angst und Schrecken verbreitend nachts durch die Straßen der Städte. Der jugendliche Schreckens-Kaiser Nero war mit seiner marodierenden Clique einer der schlimmsten dieser wohlstandsverwahrlosten jungen Männer der Antike.

Auch heute übernehmen manche Jungen Verhaltensweisen, die ihnen von ultimativen Spaßbereitern als lustwerter Lebensstil dargeboten werden, anstatt sich in sozialverträglichem Verhalten zu üben. Wer sich die besonders bei Jungen sehr beliebten TV-Sendungen wie «Jack Ass» mit Jimmy Knoxvill, «Viva La Bam» mit Bam Margera, «Dirty Sanchez», «Wild Boyz» und ähnliche Produkte eines neuen Fernseh-Genres ansieht, wird sich irritiert und erschrocken fragen, welche Werte dort eigentlich vertreten werden.

Ausschließlich Männer üben sich in diesen Sendungen in der Überbietung des schlechten Geschmacks. Es scheint keine Verhaltensverirrung zu geben, die nicht noch durch eine weitere Steigerung eines anderen «Teams» überboten wird. So werden dort mit

Familienmitgliedern (Vater, Mutter, Onkel), Freunden, Tieren, der Natur sowie auch der eigenen Person die entwürdigendsten Handlungen begangen. Vieles von den nicht für möglich gehaltenen Anstandsbrüchen findet sich kurze Zeit später auf der ganzen Welt im Verhalten von Jungen wieder. Das «Heckenspringen», auch «hecking» genannt, ist noch eine harmlosere Form davon. Der Sprung in die Hecke stand ganz am Anfang der Erfolgsserie «Jack Ass». Die männlichen Akteure springen dabei mit Anlauf und gewagten Flugfiguren in jedwede Pflanzenhecke. Das Risiko von Verletzungen wird durch die Hecken abgedämpft. Ein Schaden entsteht weniger beim Springer als vielmehr an der Hecke. Überall wurden in öffentlichen Anlagen diese Sprünge ausprobiert und dienten der eigenen Belustigung und dem Zeitvertreib. Dabei sind den Springern die Auswirkungen ihres Vergnügens häufig genug egal.

Diese Egal-Haltung zeigt den moralischen Entwicklungsstand auch von angeblich bereits erwachsenen Männern an. Jungen wollen ausprobieren, wollen Erfahrungen mit sich und ihrer Umwelt machen. Diese natürliche und sinnvolle Neugier treibt zur Erkundung der Welt und des eigenen Verhaltens an. Bei diesen Fernsehsendungen werden jedoch Dinge ausprobiert, die mit einer natürlichen Neugier nicht mehr viel zu tun haben. Immer abstrusere Selbstversuche mit hohem Verletzungsrisiko werden «ausgeheckt». Elektroschockereinsatz im Genitalbereich, Schamhaarpizza essen und ein Glas Erbrochenes auf ex trinken sind bei weitem noch nicht die Spitzen des unguten Geschmacks.

Wenn Einschaltquoten und der noch größere «Kick» wichtiger werden als das Vorbild von Erwachsenen gegenüber Kindern und Jugendlichen, dann stellt dies eine katastrophale Gefahr dar, die besonders Jungen betrifft, die leicht zu verleiten sind. Jungen, die niemanden haben oder niemanden achten, der ihnen diese unwürdigen Handlungen untersagt oder der sie eines Besseren belehrt, vernachlässigen, ihren Charakter positiv auszugestalten. Sie investieren mehr Aufmerksamkeit in die Entwicklung der Seite ihrer Persönlichkeit, die ihnen keine Hilfe für ein gelingendes Miteinander ist.

Die Verantwortung, die alle Erwachsenen in einer Gesellschaft an der positiven Prägung der nachwachsenden Generation haben, wird nicht ausreichend von allen wahrgenommen. Sie wird sogar gezielt behindert. Es scheinen andere Werte mehr zu zählen. Der Einfluss der Medien auf das Verhalten und die Haltung von Jungen gegenüber sich selbst, anderen Menschen und der Umwelt ist groß.

*«Du musst ein Schwein sein in dieser Welt*
*Schwein sein*
*Du musst gemein sein in dieser Welt*
*Gemein sein*
*Denn willst du ehrlich durchs Leben geh'n*
*Ehrlich*
*Kriegst'n Arschtritt als Dankeschön*
*Gefährlich ...»*

Die Prinzen

Diese von den Liedautoren wohl eher ironisch gemeinten Zeilen des populären Hits «Schwein» der «Jungenband» «Die Prinzen» zeigen eine weitverbreitete Einstellung in der zunehmend wert-loseren Gesellschaft. Ehrlichkeit in Partnerschaft, Schule und Beruf werden von vielen Menschen sehr hoch geschätzt, aber vielfach nicht entsprechend gelebt. Diese Tugend erfordert Mut, Mut zur Offenheit. Es erfordert, dass man zu dem steht, was man als Wert für sich erkannt hat. Es verlangt, sich an die eigenen Werte zu halten, ohne Angst vor den Reaktionen der Umwelt. In der deutschen Nachkriegsgesellschaft war deshalb der Begriff «Zivilcourage» zentral für die Durchsetzung demokratischer Werte. Tapferkeit in Form von Zivilcourage wird heute wieder vermehrt benötigt. Besonders wenn Unrecht in aller Öffentlichkeit geschieht und es auf jeden ankommt, sich mutig einzumischen.

Leider sind diejenigen, die häufiger für die entstandene dramatische Situation sorgen, die Jungen selbst. Die wahre Tapferkeit, nämlich das Eintreten für die Opfer des Unrechts, können viele Jungen gar nicht leisten, weil sie schon als Täter agieren. Opfer wollen sie nicht sein, denn Opfer sind Verlierer.

Die griechischen Philosophen der Antike haben Tugenden benannt, die das Leben eines jeden Menschen bereichern und zum besseren Gelingen der Gemeinschaft beitragen. Aristoteles, einer der wichtigen antiken Tugendlehrer, stellt die Tugend des Maßhaltens und der Besonnenheit in den Mittelpunkt. Sie ist deshalb von großer Bedeutung, weil sie Übermaß verhütet, das sich meist negativ auswirkt. Bei Jungen ohne Maß und ohne äußeres Korrektiv wird aus Tapferkeit und Mut leicht grenzenloses Draufgängertum oder ungehemmte Risikobereitschaft. An sich positive Tugenden werden in ihrer einseitigen Überbetonung negativ, wenn sie nicht dialektisch ausbalanciert werden durch eine «Gegentugend». Friedemann Schultz von Thun hat das aristotelische Wertegleichgewicht für den heutigen Leser in seinem «Wertequadrat» sehr anschaulich dargestellt und eine einprägsame graphische Form dafür gefunden.[92] *Maßlose Jungen geraten schneller in persönliche Katastrophen.*

Die Spannung zwischen einem Wert und seinem Gegenwert auszuhalten kann gelingen, wenn Jungen vorgelebt bekommen, wie «Mann» das rechte Maß hält.

Ohne maßvollen Lebenswandel ist kein erfülltes und gemeinnütziges Leben möglich.

Da aber heutzutage die Tugend des Maßhaltens weitgehend verloren gegangen ist und den Jungen in ihrem Ver-Halten nicht genügend Halt geboten wird, kommt es zu Maßlosigkeit in vielen Bereichen. *Jungen fehlen besonnene Väter, die ihnen zeigen, wie «Mann» das richtige Maß im Leben findet.*

92 Friedemann Schultz von Thun: Miteinander reden, Band 1, Reinbek 1981

## Mehrwert statt mehr Wert

Der Wert einer Sache hängt davon ab, wie viel Wert Menschen ihr beimessen. Im Kapitalismus bestimmen Angebot und Nachfrage den Wert, er wird im Preis einer Sache festgelegt. Ethische Werte sind heute preiswert zu haben.

Werte werden von Menschen gemacht und befördert. Die Medien spielen dabei eine ganz wesentliche Rolle. Ihnen stehen zahlreiche Möglichkeiten zur Verfügung, die Konsumenten so zu beeinflussen, dass sie den Wert einer Sache oder eines bestimmten Lebensstils als wertvoll und nachahmenswert akzeptieren. Da Jungen durch visuelle Reize besonders stark angesprochen werden, speziell von rasch wechselnden, dynamischen Bildern, sind sie in besonderer Weise durch die mediale Werteerziehung gefährdet. Verstärkt wird der prägende Einfluss noch, weil die Jungen den verschiedenen Medien über sehr lange Zeit ausgesetzt sind. Jungen verbringen heute sehr viel mehr Zeit unter dem Einfluss von Medien als in der Schule. Der Gesetzgeber sieht zwar vor, Jugendliche vor dem Konsum besonders «wertloser» Inhalte und Darstellungen zu schützen, aber Jungen haben inzwischen Mittel und Wege gefunden, jeden Jugendschutz zu umgehen.

In der Musik werden einprägsam Werte und Lebenseinstellungen vermittelt. Heute ist der Zugang zu Hörtiteln im Internet nahezu uneingeschränkt, und viele Jungen konsumieren sie fast ununterbrochen. In der Schule muss ich nach fast jeder Pause Jungen daran erinnern, dass sie ihre Ohrknöpfe herausnehmen und ihren MP3-Player ausschalten. Durch den Hör-Konsum nimmt die Musikbranche massiv Einfluss auf die Werteentwicklung der jungen Generation. Das stellt mittlerweile ein ernst zu nehmendes Problem dar, das weitgehend unterschätzt wird. Eine Altersbeschränkung, die schützend eingreift, gibt es im Unterschied zu den visuellen Medien weder vom Gesetzgeber noch vom Handel. So kann jedes Kind, jeder Jugendliche sich die Musik kaufen oder aus dem Internet herunterladen, in der ihm Rollen-, Menschenbilder und Werte vermittelt werden, die oft im Widerspruch zu den demokratischen Werten stehen, die ihm andernorts nahe gebracht werden sollen. Immer wieder gehört, gehen sie ins Unterbewusste ein. Bewusstsein für Positives wird so nicht geweckt. Und der Stellenwert, der den Produkten der Musikindustrie in unserer kommerziellen Gesellschaft beigemessen wird, fördert noch die Werteverschiebung bei der jungen Generation.

## Eigene Werte

Die Welt Jugendlicher mit ihren Werten ist besonders in der Zeit der Pubertät durch die Abgrenzung von der Wertewelt der Erwachsenen gekennzeichnet. Um eine eigene Identität zu entwickeln, müssen sich junge Menschen immer wieder durch eigene Interessen, Rituale, durch neue Wertmaßstäbe und einen eigenen Geschmack von ihren Eltern absetzen und unterscheiden. *Jungen begehren gegen die Werte der Elterngeneration auf, sie schaffen sich neue Werte.*

Was davon einen positiven Einfluss auf ihre Identität hat, zeigt sich oft erst nach der Pubertät, wenn sie selbst Eltern werden. Letztlich werden dann häufig Werte und Verhaltensweisen übernommen, die vorher vehement abgelehnt wurden. Gibt es bei den Eltern und anderen Erwachsenen einer Gesellschaft aber keinen Konsens mehr über verbindliche positive Werte, dann ist den zukünftigen Erwachsenen eine Rückbesinnung auf die Werte und Tugenden der vorangegangenen Generation nicht mehr möglich. Kann die Erwachsenengeneration sich nicht mehr auf verbindliche Werte einigen, oder vermischen sich die Wertvorstellungen der jungen Menschen mit denen der älteren Generation zu einer trüben Melange, in der sich Wertvolles, Wertloses und Minderwertiges vermengen, wird die Orientierung in einer komplexen Gesellschaft noch schwieriger.

Der Sänger Billy Idol, für den «nur der Rock'n'Roll Trost auf Erden schaffen kann», erzählte in einem Interview, wie er nach fast zwanzig Jahren als «Wilder» mit exzessivem Drogenkonsum seinem Sohn Willem seine Weltsicht vermittelte. Er ging mit dem kleinen Jungen, der gerade erst laufen gelernt hatte, in ein Musikgeschäft und kaufte ihm alle Platten, die ein Junge seiner Meinung nach braucht, um die Welt und ihre Werte kennen zu lernen. Dabei schien es ihn nicht zu kümmern, dass die Musik von Gruppen wie den «Sex Pistols» und «Black Sabbath», Musik von erwachsenen Männern war, die mit ihrer Lebenseinstellung und ihren Werten persönlich gescheitert sind. Der «stolze» Vater berichtete weiter, sein inzwischen 16-jähriger Sohn sei mit seiner eigenen Band lauter und wilder …, als er es je war. «Wenn er demnächst mehr Platten verkauft als ich, hat er mich endgültig fertig gemacht.»[93]

Musik als Welttröster, kommerzieller Erfolg als wesentlicher Wert. Nicht alle Jungen, die sich an ihren Vätern orientieren können, die überhaupt einen Vater an ihrer Seite haben, sind dadurch zwangsläufig im Vorteil.

Im Nachteil sind auch Jungen, die in zwei Kulturen mit unterschiedlichen Werten aufwachsen. Sie haben häufig Schwierigkeiten, sich zwischen den manchmal gegensätzlichen Werten zu orientieren. In dem sehenswerten Film- und Tanzprojekt «Rhythm is it» mit dem Dirigenten der Berliner Philharmoniker, Sir Simon Rattle, berichtet ein aus Afrika geflohener Junge, er komme aus einer archaischen Stammes-Kultur, in der jeder wisse, was erlaubt und verboten ist. In Deutschland habe er keine Werte-Klarheit erkennen können. Überhaupt schien ihm, dass in Deutschland eine einheitliche Kultur, mit Werten, die für alle verbindlich sind, nicht existiere. Das habe ihm die Eingliederung in die völlig andere Welt erschwert.

Es gibt gerade in den Großstädten Jungen, zum Beispiel aus muslimisch geprägten, ultrakonservativen Gesellschaften, die dazu erzogen werden, die Werte ihrer ländlich geprägten Kultur mit allem Nachdruck zu vertreten und zu achten. Unmissverständlich werden die traditionellen Werte, wie Gehorsam und Respekt gegenüber Älteren, von ihnen eingefordert, und es wird erwartet, dass die Jungen sie konsequent einhalten. Jungen aus einer anderen Kultur müssen sich oftmals dem Diktat des Fami-

93 Billy Idol alias William Broad, Interview im Spiegel vom 28. 2. 2005, S. 162

lienoberhauptes, des Patriarchen, unterordnen und werden in Ausnahmefällen auch zum Rechtsbruch aufgefordert, wenn es darum geht, diese Werte zu verteidigen.

Die interkulturelle Kompetenz, die Fähigkeit, mit unterschiedlichen Kulturen zusammenzuleben und zusammenzuarbeiten, ist im zusammenwachsenden neuen Europa und dem weltweiten Zusammenrücken aller Staaten zu einer wichtigen Schlüsselqualifikation geworden. Alle nachwachsenden Generationen müssen in dem sensiblen Miteinander verschiedener Kulturen mit ihren jeweiligen Eigenheiten lernen, friedfertig und kooperativ miteinander auszukommen.

*Jungen müssen den Wert von Kommunikations- und Kooperationskompetenz schätzen lernen, um für das Zusammenleben unterschiedlichster Menschen gerüstet zu sein.* Gerade dafür benötigen sie übersichtliche und gut umzusetzende Wertmaßstäbe von gesellschaftlicher Relevanz. Je größer aber die Zukunftsangst bei Jungen, desto mehr Orientierung ist notwendig, desto wichtiger werden eindeutige Werte.

Der Tod von Papst Johannes Paul II., des «Papas» der katholischen Kirche, hat weltweit sehr viele Menschen berührt, und die große Trauer um seine Person hat gezeigt, dass die Menschen sich nach konkreten Vorbildern sehnen. Vorbilder, die «das Gute im Menschen» bewahren und auch dann noch daran festhalten, wenn sich der Zeitgeist wandelt. In der Sehnsucht nach einer neuen Frömmigkeit, die dabei zum Ausdruck gekommen ist, vermischen sich die Sehnsucht nach Spiritualität und Geistigkeit im Allgemeinen und die Suche nach einem sicheren Halt in der Welt, nach klaren Werten.

Die Helden und Vorbilder vieler Jungen haben ganz andere, banale Ziele. Bei ihnen geht es weniger um das Streben nach geistigen Zielen und Werten, sondern um die Bilanzen ihrer materiellen Werte, eine Wertsteigerung ganz anderer Art. *Für sie steht der Wert des Habens über dem Wert des Seins.*

In einer offenen liberalen Gesellschaft ist die Freiheit, eigene Ziele im Leben zu verfolgen, Dingen im Leben einen Wert beizumessen, die eventuell von anderen nicht geschätzt werden, ein Grundrecht. In einer pluralistischen Gemeinschaft wie der unseren, die den verschiedenen Gesellschaftsströmungen Rechnung trägt, sind es nicht nur die Heranwachsenden, die mit der Vielfalt und der Beliebigkeit Probleme bekommen.

Die Ziele in der Erziehung, der Lebensführung und der ideologischen Ausrichtung widersprechen sich bisweilen und erschweren es Eltern, Lehrern und Erziehern, Kinder und Jugendliche einheitlich und konsequent anzuleiten. Auch wenn man Eltern unterstellen kann, dass sie das Beste für ihr Kind wollen, müssen sie sich immer wieder mit neuen, als noch besser geltenden Erkenntnissen auseinander setzen. In der Erziehungswissenschaft zeigt sich der rasche Wandel von Erziehungsstilen und der mit ihnen verbundenen Erziehungswerte an den verschiedenen Begriffen, die manchmal schon innerhalb einer Generation aus der Mode kommen: autoritär, antiautoritär, emanzipatorisch, demokratisch, autokratisch ... Was kommt dann?

Eltern können in der Erziehung nicht mehr auf ihre eigenen Erfahrungen als Kind zurückgreifen, da die Gesellschaft sich seither zu sehr verändert hat. Sie sind auf die Theorien externer Spezialisten angewiesen, die mit immer neuen Veröffentlichungen nicht gerade übersichtlicher werden. Die Besinnung der Eltern auf ureigene Erziehungsressourcen wird dadurch erschwert, dass ihnen in der Erziehung das Gefühl für Richtigkeit, für Richt-Werte, abhanden gekommen ist. Erziehung ist zu einer komplizierten «Wissenschaft» geworden. Erziehende sind verunsichert, Lehrende und Lernende ebenso.

> *«Das schwierigste Pensum unseres heutigen Lebens ist, mit Unterschieden, mit dem Pluralismus, mit dem raschen Wandel der Dinge zu leben.»*
> Hartmut von Hentig[94]

---

94  Hartmut von Hentig, zitiert in Enja Riegel: Schule kann gelingen! Frankfurt am Main 2004, S. 50

Diese Verunsicherung der Erwachsenen führt auch bei Kindern und Jugendlichen zur Verunsicherung, die noch verstärkt wird durch die sich oftmals widersprechenden Botschaften, welche Werte zu beachten sind. Die Relativierung der Werte ist manchmal nichts anderes als die Anpassung von Werten an die jeweilige reale Situation. Sie entspricht dem Relativismus unserer Zeit. Schwarz ist nicht mehr Schwarz und Weiß ist nicht mehr Weiß, vieles hat einen Grauschleier erhalten. In diesem Wertemix werden oft Doppelbotschaften gesendet, bei denen das eine zwar ausdrücklich gesagt wird, aber ein anderes ungesagt mitschwingt: Sei friedfertig, aber setz dich durch! Teil dich mit, aber sag nicht alles! Achte auf die Rohstoffressourcen, aber konsumiere ständig neu! Das verunsichert gerade Jungen, die ohne klaren Standpunkt und feste Überzeugung leben. Die gleich-gültige Richtigkeit zweier gegensätzlicher Verhaltensweisen macht ihre ohnehin vorhandene Verwirrung komplett. Die eindeutige Zuwendung zu positiven Werten wird erschwert durch Uneindeutigkeit in der Wertevermittlung und die Aussendung von Doppelbotschaften. *Jungen sind mit Doppelbotschaften in verschiedenen Bereichen überfordert.*

Jungen zur Ehrlichkeit zu erziehen ist nicht leicht in einer Zeit, in der in der Öffentlichkeit mit der Wahrheit so viel taktiert wird. Versicherungen, Finanzbehörden und Inkassogesellschaften können ihr Leid darüber klagen, wie sich die Unehrlichkeit mehr und mehr unserer Gesellschaft bemächtigt. Vorbilder, wie Unternehmer, Politiker oder Sportler, geben in vielen Fällen gar kein gutes Bild ab. Doch ohne konkrete glaubhafte Vorbilder verlieren Jungen den Glauben an das Gute und wenden sich von den Werten ab, die von Menschen, die eine hervorgehobene Stellung in der Öffentlichkeit haben, eigentlich repräsentiert werden sollten. Sie wenden sich dann denen zu, die ihnen große Versprechungen machen und ihnen glaubwürdiger erscheinen. Politisch rechts stehende «Menschenfischer» angeln besonders gern bei den Enttäuschten und Betrogenen.

## Fair Play

Sport, und besonders Fußball, hat eine Werte vermittelnde Funktion. Nicht ohne Grund spricht man beim Sport von «Fair Play», dem ehrlichen und anständigen Spiel. Öffentlich ausgetragene Diskussionen um ein ethisches Handeln im Sport tragen mit dazu bei, auch die Werte der Sportfans, der vielen sportbegeisterten Jungen, auszubilden. Im Sport werden Werte meist sogar deutlicher benannt als in anderen gesellschaftlichen Bereichen. Die Sportethik scheint noch wertgeschätzt zu werden. Eine wichtige Wertediskussion ist die Debatte um die Freigabe von Dopingmitteln im Sport, die nach den Vorkommnissen bei den Olympischen Spielen in Athen 2004 wieder einmal aufgekommen ist. Zu klären ist, wie die Gesellschaft zu bewusstseins- und leistungsverändernden Mitteln steht. Eindeutigkeit ist gefragt.

Aus meiner Praxis als Sportlehrer kann ich berichten, dass Jungen sehr wohl über klare Normen und Werte verfügen, sie fordern sie sogar vehement ein. Im Sport, so scheint es, hat sich eine gesellschaftliche Nische erhalten, in der Werte und Normen auch bei Jungen, die sonst ihre eigenen «Gesetze» machen, noch Einfluss und Bedeutung haben. Die Regeln im Sport sind Jungen besonders in Konkurrenzsituationen sehr wichtig. Es soll ja gerecht zugehen, wenn man sich misst. Vermessen darf nicht vorkommen. Dass dennoch immer wieder Grenzsetzungen und auch Sanktionen notwendig werden, liegt einfach daran, dass Jungen dies in besonderer Weise herausfordern. Sie wollen wissen wie «stark» ihr Gegenüber ist, wo die Grenzen beginnen und wie diese eingehalten werden.

Bei Mannschaftsballsportarten wird der Schiedsrichter zur wichtigen Person. Er soll auf die Einhaltung der Regeln achten und für ein faires Spiel sorgen. Seine Entscheidungen werden zwar gelegentlich angezweifelt, aber dennoch genießt er eine respektierte Rolle. Der unparteiische Wertehüter soll die Aussichten auf den eigenen Sieg verbessern, indem er beim Gegner ein unfaires Spiel verhindert. (Leider ist auch dieses Tabu seit Herrn Hoyzer, dem bestechlichen Schiedsrichter, gefallen!) Wenn Werte dazu beitragen, dass sich Jungen sicherer, geschützt und gesehen fühlen können, dann achten sie auch auf deren Einhaltung und Wertschätzung. Der Fußballplatz ist somit auch ein Werte-Übungsplatz.

*«Alles, was ich über Solidarität weiß, habe ich beim Fußball gelernt.»*
Albert Camus

Diese Werteschulung bleibt aber leider viel zu häufig gerade für diejenigen Jungen ohne Einflussmöglichkeit, die einen besonderen Bedarf daran haben müssten. Denn längst nicht alle Jungen, die davon profitieren könnten, lassen sich in den organisierten Mannschaftssport einbinden, in den zahlreichen Fußball-Vereinen zum Beispiel. Die Jungen, für die Sport in der Gemeinschaft sehr wichtig wäre, finden oft gar nicht den Weg in die Vereine, und wenn, dann bringen sie nicht immer das notwendige Durchhaltevermögen auf, sich regelmäßig und verbindlich beim Training einzufinden und mit Zurechtweisung und Kritik umgehen zu können. *Jungen, die nicht gelernt haben, sich einzufügen, und keine konstruktive Konfliktkompetenz besitzen, haben es schwer in einer Gemeinschaft.*
Der gerade beim Mannschaftssport geforderte Verzicht auf die egozentrische Bedürfnisbefriedigung und die notwendige Kontrolle über die inneren Impulse stellt für immer mehr Jungen eine unüberwindbare Hürde dar. Diese Jungen sind damit überfordert. Wer gewöhnt ist, allen inneren Impulsen nachzugeben und seine Wünsche ständig erfüllt zu bekommen, wer am Ego-Fieber leidet, kann sich auf ein Leben in einer Gemeinschaft schlecht einstellen.
*«Die res publica* (öffentliche Sache) *ist nicht nur durch Mutwillige und Willenlose gefährdet»*[95], (H. v. Hentig), sondern

---

95 Hartmut von Hentig: Ach, Die Werte! Über eine Erziehung für das 21. Jahrhundert, Weinheim und Basel, 2001, S. 37

auch durch Fehlgeleitete und Überforderte. Überforderte Jungen stören die Gemeinschaft, wenn sie sich unzulänglich und ungeachtet erleben. So geraten sie ins gesellschaftliche Aus, in persönliche Katastrophen, unter denen auch andere zu leiden haben. *Jungen, die nicht spüren, dass sie von anderen geachtet und wertgeschätzt werden, können auch ihren Nächsten nicht so leicht wertschätzen.*

Unsere Gesellschaft steckt in vielerlei Hinsicht in der Krise. Die Leidtragenden sind diejenigen, denen bereits in der Erziehung die Orientierung über die geltenden Werte erschwert wird. Der Erziehungswissenschaftler Wolfgang Brezinka nennt in seinem der Zeit vorauseilenden Buch «Erziehung in einer wertunsicheren Gesellschaft» aus dem Jahre 1986 drei geistige Ursachen für die Orientierungs-, Werte- und Erziehungskrise:

1. Die einseitige Ausrichtung auf den Rationalismus mit seiner Überschätzung der Vernunft und der Wissenschaft.
2. Die einseitige Überbetonung der Interessen des Einzelmenschen in der Huldigung des Individualismus.
3. Die einseitige Überbewertung von Lust, Vergnügen und Genuss als höchsten Gütern im Hedonismus.[96]

Jungen leiden unter der fehlenden normativen Klarheit, sie verlieren sich in der überbordenden Schein-Freiheit. Sie haben ihre Privilegien verloren, und ihre Kompetenzen scheinen nicht mehr gefragt zu sein. All das verunsichert und löst Ängste aus. Die Art, wie Jungen ihre Ängste zu bewältigen versuchen, schürt aber ein Klima sozialen Unfriedens und schadet dem Aufbau einer friedfertigen, auf Solidarität hin ausgerichteten demokratischen Gesellschaft.

96 Wolfgang Brezinka: Erziehung in einer wertunsicheren Gesellschaft, München 1986

> Was Jungen brauchen:
>
> - eine Sprache, die zum Ausdruck der eigenen Bedürfnisse taugt
> - das Erkennen ihrer Bedürfnisse und eine angemesse Berücksichtigung
> - demokratisches Gedankengut und entsprechende Strukturen, die am Reifegrad der Kinder ausgerichtet sind
> - Werte, die standhaft vertreten und vorgelebt werden
> - alternative Vorstellungen von Männlichkeit

## Jungen zwischen zwei Welten

Bei Untersuchungen über das Verhalten von Jungen an verschiedenen Hamburger Schulen durch zukünftige Lehrerinnen und Lehrer im Rahmen meiner «Jungenseminare» an der Universität Hamburg wurde eines sehr deutlich: Migranten-Jungen fielen in vielen Schulen durch Lernschwierigkeiten und schwieriges Verhalten besonders auf. Eine türkischstämmige Lehramtsstudentin ging gezielt der Frage nach, ob es sich dabei um ein Vorurteil handelt oder ob die Schulpraxis dies bestätigt. Als Angehörige desselben Kulturkreises musste sie im Unterschied zu ihren deutschen Kommilitoninnen nicht mit dem Vorwurf der Fremdenfeindlichkeit rechnen.

Es ist bei diesem Thema nicht leicht, sich als Angehöriger eines historisch belasteten Kulturkreises ungehemmt kritisch zu äußern. Die politische Korrektheit verhindert bisweilen ein klares Wort, auch wenn das hilfreich sein könnte. Aber angesichts der Probleme von Jungen aus Migrantenfamilien zu schweigen und wegzuschauen würde bedeuten, an ihrer katastrophalen Ausgangslage auch weiterhin nichts zu ändern. Damit aber würden die Spannungen weiter wachsen.

Umso entlastender war es, wie unbefangen und direkt die junge Frau über die Probleme der *männlichen* Migranten sprach. Sie machte deutlich, dass falsche Rücksichtnahme oder sogar Scheu gegenüber den Jungen schadet. Gerade diese Jungen brauchen besonders klare Verhältnisse, die sie durch das Leben in zwei Welten oft gerade vermissen.

Um überhaupt ein Verständnis für die Situation von Jungen mit einem anderen kulturellen Hintergrund entwickeln zu können, müssen zuvor die eigenen Vorurteile gegenüber diesen Jungen wahrgenommen und bearbeitet werden. Erst wenn erkannt und anerkannt wird, dass die Schwierigkeiten von Migranten-Jungen eine Überforderung darstellen, wird der Weg frei, um die Beziehung zu den Jungen zu verbessern und einen besseren Zugang zu ihnen zu finden. *Jungen spüren schnell, mit welcher Selbstsicherheit Erwachsene ihnen gegenübertreten und wo ihre Schwachstellen sind.*

An vielen Schulen ist der Umgang mit der Verhaltens- und Lernauffälligkeit von Jungen anderer Ethnien tägliches Thema. Ein sehr sensibles Problem, denn man muss vermeiden, die Jungen an sich als das Problem anzusehen. Sehr viele der auffällig werdenden Jungen nichtdeutscher Herkunft sind in großer Not, sie befinden sich in einer persönlichen Katastrophe, deren Auswirkungen wir miterleben. Die angehende türkische Lehrerin aus meinem Seminar hatte den Vorteil, nicht nur die Erfahrung einbringen zu können, selbst in einer anderen Kultur aufgewachsen zu sein, sondern auch an den Schulen Beobachtungen gemacht zu haben. Sie sah die besondere Sozialisation der Jungen und die mangelnde Beherrschung der deutschen Sprache als wichtigste Ursachen für die zum Teil katastrophalen schulischen Leistungen und das aggressive coole Gebaren der Jungen.

«*Wenn man es zulässt, dass ein großer Teil der Gesellschaft die Verkehrssprache nicht spricht, lässt man gleichzeitig zu, dass die Werte nicht vermittelt werden, die in der Gesellschaft gelten.»*

Professor Dieter Lenzen, Präsident der Freien Universität Berlin[97]

Voraussetzung für beruflichen Erfolg ist der Erfolg in der Schule, und der ist für einen erschreckend hohen Prozentsatz von jungen Migranten kaum zu erlangen. Zu unausgebildet sind ihre sprachlichen Fähigkeiten. Der Zugangs-Schlüssel zur Informations- und Wissensgesellschaft, die Beherrschung der deutschen Sprache, passt bei ihnen nicht ins Schloss, sodass ihnen die Türen in eine bessere Zukunft oft verschlossen bleiben. Und seitdem die Satellitenschüssel an der Etagenwohnung die «alte Heimat» im Originalton in jeden deutschen Winkel bringt, erscheint es noch weniger notwendig, die zweite Sprache gut zu beherrschen.

Können sich Jungen anderer Herkunft in der deutschen Gesellschaft nicht hinreichend mitteilen und ausdrücken, finden sie eine andere «Sprache», die auch verstanden wird. Sie fordern durch ihr Verhalten Beachtung ein, versuchen ihr mangelndes Selbstwertgefühl durch überzogene männliche Selbstdarstellung auszugleichen.

Ihr auffälliges Verhalten lässt sich soziologisch und psychologisch begründen, doch im akuten Konfliktfall, in der konkreten Situation in der Schule hilft dies nicht. Mit ihren Problemen stehen die Jungen sich und anderen im Weg. Dass Lernen unter diesen Bedingungen nur sehr schwer möglich ist und die Lehrkräfte viel Energie aufwenden müssen, gehört an vielen bundesdeutschen Schulen zur Realität.

Vielfach leiden Schulen unter dem Verhalten von resignierten Migranten-Jungen.

Ausreichende Unterstützung gibt es weder für die Jungen in Not noch für die Schulen, die sie betreuen. Viele Schulen sind mit

97 Interview in der Zeitschrift Chrismon plus, 1/2005, S. 11

diesen Jungen überfordert, sie haben kein Verständnis und keine Mittel mehr, um sich und den Jungen wirkungsvoll zu helfen. Und die jungen Migranten sind mit dem überfordert, was sie in den Schulen erleben. Sie können den Lernerwartungen und den Leistungsanforderungen nicht in dem Maße nachkommen, wie es nötig wäre. Der Druck ist zu hoch, die Erfolge zu selten und die Interessen zu verschieden. So kann die Schule nicht mit den Jungen klarkommen und die Jungen nicht mit der Schule. Der Druck, die Überforderung entlädt sich häufig durch inakzeptables Verhalten und die Flucht von und vor der Schule. *Die meisten Schulabbrecher finden sich in der Gruppe der männlichen Migranten.*

Zwanzig Prozent der Migrantenkinder jedes Jahrgangs verlassen die Schule ohne Abschluss![98] Das sind doppelt so viele wie bei den Kindern deutscher Herkunft. Dass die männlichen Jugendlichen die weitaus größte Gruppe der Schulabbrecher bilden, ist angesichts der besonderen Probleme vieler Jungen nicht verwunderlich. Sie versagen nicht, weil sie intellektuell überfordert wären, sondern weil sie sich der Schule gegenüber versagen, keinen Ehrgeiz entwickeln und sich nicht erfolgreich integrieren. Der Zusammenhalt in der eigenen Jugendkultur, in Jungengruppen und «Banden» des eigenen Sprachumfeldes, erhält mehr Bedeutung als die Integration, die von den Jungen auch mehr einfordert. Ein Miteinander zwischen den «Kulturen» findet noch viel zu selten statt, und wenn, dann sind es oft «Schicksalsgemeinschaften», die sich gegenseitig in ihrer Außenseiterrolle bestärken.

*Jungen mit stark autoritären Erziehungserfahrungen haben Probleme mit einem demokratischen Unterrichtsstil.* Häufig sind es das liberale Schulsystem und die demokratischen Strukturen, die Jungen verwirren. Während eines Besuchs in einer ländlichen Schule in der Türkei konnte ich erleben, wie gerade die Jungen

---

98 Diese Zahl nennt der Präsident der Freien Universität Berlin, Dieter Lenzen, a.a.O, S. 10.

mit dem dort üblichen autoritären Erziehungsstil unter Kontrolle gehalten werden. Solange die Lehrkräfte sich in der Nähe aufhielten, befolgten die Jungen die Regeln. Waren die Erwachsenen außer Sicht, gerieten sie außer Rand und Band. Der Faktor «Angst vor Strafe» wirkt nur so lange, wie der Strafende in der Nähe ist. Um die Jungen zu züchtigen und um Exempel zu statuieren, gibt es in den Schulen Strafmaßnahmen, die als Abschreckung dienen sollen. Dass sie auch angewendet werden, bestätigten mir die Kinder. So müssen störende Jungen sich zum Beispiel mit einigem Abstand vor einer Fensterbank im Klassenraum aufstellen und sich dann mit den Händen an der Fensterbank abstützen. Diese senkrechte Form des Liegestützes muss dann einige Zeit ausgehalten werden. Viele Lehrkräfte greifen zu solchen Methoden, um sich vor Provokationen zu schützen.

Es hätte mich also gar nicht verwundern dürfen, als ich während meiner Tätigkeit an einer Grundschule mit einem Ausländeranteil von etwa 75 Prozent immer wieder irritiert feststellen musste, dass besonders die Jungen aus «strengen» Elternhäusern auf freundliche Ansprache gar nicht oder nur sehr zögerlich reagierten. Mein partnerschaftlich-kooperativer Ansatz, den ich auf der Universität als meinen persönlichen Stil ausgebildet hatte, zeigte nicht die Ergebnisse, die ich eigentlich erreichen wollte. Ich hatte den Eindruck, von manchen Jungen einfach nicht ernst genommen zu werden. Die Art und Weise, wie ich mit ihnen umging, und vor allem, wie ich mit ihnen sprach, führte eher dazu, dass sie ihren Respekt vor mir verloren. Ihr Männerbild sah anders aus, als ich es verkörperte. Der autoritäre Erziehungsstil des Vaters, auch eventuelle körperliche Züchtigungen, erzeugen Angst und kein partnerschaftliches Verhältnis.

Ich glich mit meiner verständnisvollen und unterstützenden Art eher der fürsorglichen Mutter, die es oftmals auch nicht leicht hat mit ihrem «Pascha». *Erst als ich erkannte, dass ich Jungen mit meinem Erziehungsstil überforderte, lernte ich, dass demokratische Freiheit erst erlernt werden will, bevor verantwortungsvoll mit ihr umgegangen werden kann.*

Das Recht des Stärkeren spielt besonders in einer männlich dominierten Familienstruktur eine große Rolle. Weil der Status von Frauen niedriger ist und sie nicht mit dem Druckmittel der Einschüchterung und der Angst agieren können, haben Frauen es häufig besonders schwer, sich gegenüber problematischen Jungen durchzusetzen. Auch Männer werden meist nur dann respektiert, wenn sie sich mit Durchsetzungskraft und Autorität Respekt verschaffen.

## Paschas machen es sich leicht und anderen schwer

So wie sich die unterschiedlichen Erziehungsstile auf die Persönlichkeit, das Verhalten und das Lebensbild eines Jungen auswirken, so spielt auch der kulturelle Hintergrund seiner Familie eine maßgebliche Rolle. Damit ist hier nicht das kulturelle Interesse einer Familie gemeint, sondern vielmehr, aus welcher ethnischen Kultur die Familie stammt. Es sind die familiären Vorbilder, die Eltern, die die ethnisch geprägte Kultur in der Familie vermitteln. Die Einstellungen der Geschlechter zueinander, die Achtung vor den Alten, der Respekt vor dem anderen, die Werte, der Umgang mit Kindern und vor allem die Geschlechter-Rollenbilder werden kulturell vermittelt. Bei aller Offenheit ist auch die deutsche Gesellschaft von bestimmten Traditionen geprägt, in der Menschen, denen andere Vorstellungen und Verhaltensweisen vermittelt wurden, sich zunächst fremd fühlen. Viele von ihnen bewahren in ihren Familien ihre Heimat und verlieren das Fremdsein nie.

Das ist an sich nichts Ungewöhnliches, ist doch jeder Mensch irgendwo ein Fremder. Zu Problemen kommt es, wenn Menschen nicht lernen, mit Fremdem umzugehen. Entscheidend für das Verhalten ist also nicht das Herkunftsland, aus dem jemand stammt, sondern es sind die Bedingungen, unter denen er lebt![99]

Den nach Deutschland gekommenen «Gastarbeiterfamilien» wurde zwar auf gewisse Weise gezeigt, dass sie gebraucht wur-

---

99 Vgl. die Broschüre der Stadt Hamburg: «Wenn Jugendliche straffällig werden», S. 13

den, aber eben auch, dass sie nur zu Gast waren, mit begrenztem Aufenthalt. Integration wurde nicht genügend gefördert und war auch gar nicht gewollt. Soziale Unterschiede wurden hingenommen, und bis heute sind die Auswirkungen dieser Haltung zu spüren. Auch heute noch haben es die Jungen schwerer, erfolgreich in der deutschen Gesellschaft Fuß zu fassen, deren Eltern oder Großeltern mit der ersten Einwandererwelle aus Italien kamen. So sind zum Beispiel – auch ein halbes Jahrhundert nach dem Zuzug dieser Familien – die meisten Schulabbrecher und «Verlierer» des Bildungssystems im Landkreis Wolfsburg (VW-Burg) Jungen aus italienischen Familien.

Mangelnde Perspektiven und soziale Ausgrenzung aber fördern das Gewaltverhalten von Jungen. Es ist also nicht verwunderlich, dass Jungen aus Herkunftsländern wie der Türkei, den «Balkanstaaten» und den Spätaussiedler-Ländern im Verhältnis zur Gesamtpopulation häufiger durch delinquentes Verhalten auffallen. In vielen Fällen sind sie hinsichtlich ihrer Lebensbedingungen benachteiligt. Ihre Familien können ihnen oftmals keine innere Stabilität mehr vermitteln, auch hier sind die Mütter oder Väter oft selber hilflos, sie können ihre Söhne nicht mehr erreichen und wissen vor Scham und Selbstzweifel oft nicht, wen sie um Unterstützung bitten können. Bestimmten Gruppen eine Kollektivschuld vorzuwerfen ist zu einfach. Außerdem tut man damit all denen unrecht, denen es gelingt, sich zu integrieren und sich an geltende Regeln zu halten – und das ist immer die Mehrheit!

Doch darf man sich von Beispielen gelungener Integration nicht dazu verleiten lassen, die Not derjenigen zu übersehen, die überfordert sind, denen die Orientierung fehlt und die mit einem Bein schon mitten in der Katastrophe stehen. Dies sind die Jungen, die sich nicht aktiv gegen eine negative Entwicklung wehren können und erst einmal den Weg gehen, der ihnen bequemer erscheint. Die Jungen, die nicht die Kraft aufbringen, sich dem sich oft schon abzeichnenden Weg in die gesellschaftliche Außenseiterrolle aktiv entgegenzustellen, und die sich lieber Ausreden zurechtlegen, warum sie sind, wie sie sind. Ihnen fehlen die

Kompetenzen, um von sich aus ihren schlechten Ausgangsbedingungen etwas entgegenzusetzen, sowie das Bewusstsein für ihre besondere Problematik, vielfach auch Reife und Charakterstärke und familiärer Rückhalt.

Jungen mit anderem kulturellen Hintergrund leben zwischen zwei Welten. Damit sind sie oftmals überfordert. Diese Jungen sitzen so sehr zwischen den Stühlen, dass sie letztlich ganz ohne hilfreiche Orientierung sind. Zur Aufrechterhaltung der Tradition verpflichtet, die das Leben der Eltern und Großeltern bestimmte, sind sie in ihre Ursprungskultur eingebunden, und gleichzeitig sollen und wollen sich viele auch in die Wertegemeinschaft der westlichen Kultur integrieren, und sei es nur in die der Jugendgeneration.

Im Februar 2005 kam es in Berlin zu einem nach westlichen Wertmaßstäben völlig unverständlichen Vorfall, der in den Medien als «Ehrenmord» betitelt wurde. Eine junge Frau türkisch-kurdischer Abstammung wurde auf offener Straße getötet, von ihren Brüdern wegen ihres angeblich westlich-deutschen Lebenswandels. Sie hatte mit ihrer Form der Anpassung an die westliche Kultur die Familienehre «beschmutzt».

Solche Fälle machen deutlich, dass Jungen, die den restriktiven Werten einer anderen Kultur ausgesetzt sind, die Errungenschaften von Freiheit, Gleichheit und Menschenwürde gänzlich anders beurteilen, als es unsere demokratische Verfassung vorsieht. Ein türkischstämmiger Lehramtsstudent hat in einem meiner Seminare in der Universität Hamburg einen Vortrag über die Wertebildung von Jungen in der türkischen Kultur gehalten. Als oberstes Gebot nannte er die Bewahrung der Familienehre. Der Verlust dieser Ehre käme dem sozialen Tod gleich, zumindest in der Gemeinschaft, in der diese Werte gelten.

In der westlichen Gesellschaft, in der sie leben, wird ihnen totale Freiheit suggeriert. In ihr gelten die Prinzipien der Moderne. Tradition und Althergebrachtes werden in einer fortschrittlichen Gemeinschaft von vielen als antiquiert, als überholt und verzichtbar angesehen. In der deutschen Kultur der Gegenwart führte die Flucht nach vorn in den Fortschritt – möglichst weg von den

Ritualen, Werten und falschen Tugenden, vor allem aber weit weg von den Verbrechen der Vorgängergenerationen – dazu, dass Traditionen, auch religiöse, kaum eine Rolle spielen. In den Migrations-Kulturen sind sie aber häufig ganz wesentlich. Die Jungen werden hin- und hergerissen zwischen der Anforderung, sich zu Männern zu entwickeln, die die alte kulturelle Identität bewahren sollen, und sich andererseits in die deutsche Kultur- und Sprachwelt integrieren zu müssen. Jungen, die sich nicht nur den Werten des Staates, in dem sie leben, verpflichtet fühlen, sondern auch denen einer anderen Kultur, haben es besonders schwer, sich zu orientieren. Denn je größer die Verunsicherung, welche Normen und Werte gelten, desto schwieriger die Integration in die Gesellschaft und deren Wertesystem. Wenn Integration nicht gelingt, verschlechtern sich die persönlichen Zukunftsperspektiven extrem.

Nur durch Integration können sie in der neuen Heimat eine positive Zukunft aufbauen, wenn sie nicht gänzlich in einer Parallelgesellschaft bleiben wollen. Ihre Situation aber verhindert die Ausbildung innerer Stabilität, vielmehr erzeugt sie Stress und führt zu schwersten seelischen Belastungen, die oft auf destruktive Weise kompensiert werden.

Jungen, die ihre wahren Gefühle nicht zeigen dürfen, bleiben mit diesen inneren Spannungen allein, vereinsamen und verhärten emotional. Oft suchen sie Trost in Äußerlichkeiten, versuchen sich Status und Macht anzueignen. Beides ist in einer Leistungsgesellschaft aber fast ausschließlich auf dem Weg des beruflichen Erfolges zu erreichen. Wenn ihnen diese Möglichkeit verschlossen ist, gehen manche Jungen auch den illegalen Weg.

Ein Mann, der sich einfach nimmt, wozu er meint, ein Recht zu haben, der seine Ansprüche rücksichtslos einfordert, wird als «Macho» bezeichnet. Diese Anspruchshaltung hat in patriarchalen Kulturen die Vorstellung von Männlichkeit geprägt. Es sind in dieser Gruppe hauptsächlich die bildungsfernen Familien, die oft nicht über ihre Verhaltensweisen reflektieren, denen aber auch Alternativen fehlen. Über siebzig Prozent der in Hamburg wegen

Gewaltdelikten zur Verantwortung gezogenen Jungen hatten ihre Schul- oder Berufsausbildung abgebrochen, eine Sonderschule oder eine Hauptschule besucht. Etwa sechzig Prozent aller Beschuldigten stammen aus Migrantenfamilien.[100]

Diese Zahlen dürfen nicht dazu dienen, Jungen ausländischer Herkunft pauschal zu Störenfrieden zu stempeln, mitnichten! Dass Migrantenjungen den größeren Teil der Gewalttäter bilden, kann unter anderem auch daran liegen, dass bei ihnen innerfamiliäre Gewalt als Erziehungsmittel mindestens doppelt so häufig vorkommt wie bei Jungen deutscher Herkunft.[101]

Da der Ehrbegriff und das Macho-Männerbild für die Identitätsbildung dieser Jungen eine entscheidende Rolle spielen, ist es nicht verwunderlich, wenn Verletzungen der Ehre oft mit Gewalt geahndet werden. Wenn die manchmal angeschlagene gesellschaftliche soziale Stellung noch durch eine Ehrverletzung weiter beeinträchtigt wird, eskaliert die Situation. So wie in Frankreich im Herbst 2005, als es wegen zweier toter Jungen in Clichy sous Bois, einem Vorort von Paris, zu wochenlangen landesweiten «Krawallnächten» kam. Verschärft wurde die ganze Situation durch die ehrverletzenden Beleidigungen des französischen Innenministers. «Ungeziefer mit dem Hochdruckreiniger vertreiben.» Der deutschen Kultur ist diese spezielle Empfindsamkeit der Familienehre eher fremd. Wir lernen auch nicht, damit umzugehen, und wissen zu wenig über andere Kulturen. Verletzungen entstehen auch durch negative Kritik: Wird Kritik geäußert, kann es zu impulsiven Reaktionen kommen. Um Kritik als Anlass zu Veränderung annehmen zu können, bedarf es einer sicheren sozialen Stellung und eines stabilen Selbstwertes. Ist dies nicht der Fall, wird Kritik schnell als Verletzung und Provokation empfunden. Die Stellung der Jungen in der Familie trägt zur Ausbildung machistischer Züge bei. Wird einem Jungen von seinem kulturellen

100 Bericht der Enquete-Kommission der Hamburger Bürgerschaft zum Thema Jugendkriminalität, S. 59
101 Vgl. «Psychologie Heute», Juni 2004, S. 40 ff.

Hintergrund vermittelt, er sei aufgrund seines Geschlechts privilegiert, er gelte mehr, ihm gebührten mehr Rechte als anderen, dann kann dieses Paschatum zu einem gefährlichen Geltungsbedürfnis führen, zu Selbstsucht und Selbstgefälligkeit.

An Jungen mit einem anderen kulturellen Hintergrund und ihrem Verhalten wird eines ganz besonders deutlich: Sie sind von der Jungenkatastrophe am schwersten betroffen. *Die Katastrophe der Jungen ist hier auch ein Hinweis auf mangelnde Integration und fehlende Zukunftsperspektiven von Migranten, sie ist letztlich auch ein interkulturelles Thema.* Auch wenn Jungen mit einem Migrationshintergrund selbst es vielleicht nicht immer so erleben, ihre Situation und ihre Zukunftsaussichten sind alles andere als günstig und vielversprechend. Ihre Not, die oft gar nicht als Not gesehen wird, ist besonders groß. Sie bedürfen besonderer Aufmerksamkeit und wirkungsvollerer Maßnahmen als bisher. Wenn die kulturelle Entfremdung weiter fortschreitet und gleichzeitig auf beiden Seiten lediglich nach Schuldigen gesucht wird, wird die Situation der Jungen, die sich in einer persönlichen Katastrophe befinden, zu einem Pulverfass für die ganze Gesellschaft.

Achtzig Prozent aller polizeilich aufgeklärten Straftaten weisen einheimische Deutsche als Opfer aus. Als Täter waren sie nur knapp zur Hälfte beteiligt. Diese Befunde sind ein Symptom dafür, dass Jungen und junge ausländische Männer zu den am stärksten von der Jungenkatastrophe Betroffenen gehören.

Ähnlich klingt, was die türkische Zeitung «Hürriyet» in ihrem Kommentar zu einem Vorfall in Hamburg schrieb: Auf einem Hamburger U-Bahnhof hatte ein junger Migrant versucht, eine Passantin vor die einfahrende Bahn zu schubsen. «Hürriyet» sah die Ursachen für diese Attacke in der falschen Wertebildung und dem Ausschluss der Migranten vom sozialen Aufstieg in der deutschen Gesellschaft. Die Schuld trägt dem türkischen Journalisten zufolge also eigentlich die deutsche Gesellschaft selbst. Für ihn sind die zu Konsum, Materialismus und zum Werteverlust verführten jungen Männer nichtdeutscher Herkunft Opfer.

Angesichts des zunehmenden Konkurrenzkampfes um jeden Ausbildungsplatz sind für Jungen ausländischer Herkunft die Lebensperspektiven ganz besonders aussichtslos, weil sie zu einem großen Teil zur Risikogruppe der Haupt- und Sonderschüler gehören oder über gar keinen Schulabschluss verfügen. Das Risiko, als Hauptschüler keinen Ausbildungsplatz zu erhalten, ist enorm gestiegen. In Hamburg gibt es ganze Klassen mit bis zu 21 Schülern und Schülerinnen, die nach der bestandenen Abschlussprüfung aufgrund des Verdrängungswettbewerbes keinen Ausbildungsplatz erhalten.[102]

Der Verlust der Arbeit oder der Ausschluss vom Arbeitsmarkt trifft hauptsächlich Menschen aus bildungsfernen Kreisen. Dazu gehören zu einem großen Teil Jungen und junge Männer aus Migrantenfamilien. Sie haben die schlechtesten Voraussetzungen beim gesellschaftlichen Aufstiegskampf. Ihre Lebens-Katastrophe ist in vielen Fällen bereits abzusehen, und viele von ihnen leben bereits mit ihr.

102 Hamburger Abendblatt, 11./12. 6. 2005, S. 9

# V. Diagnose Junge – und die Medizin?

*«Es gibt nichts Gutes, außer man tut es!»*
Erich Kästner

Der ungeschönte Blick, mit dem Jungen in diesem Buch betrachtet werden, mag zu negativ erscheinen. Die Perspektive, dass das heranwachsende männliche Geschlecht mit seinen Problemen von immer häufigeren Krisen zur Katastrophe schliddert, kann ein Gefühl der Ausweglosigkeit erzeugen, des Ausgeliefertseins und der Ohnmacht. Wenn man genauer hinschaut und differenziert, erkennt man, dass es jedoch auch sehr viele Jungen gibt, die mit den zum Leben dazugehörenden Krisen fertig werden und sogar an ihnen wachsen.

In den Analysen des Buches sind die Auswirkungen der Krise, die Zerr-Gesichter der Katastrophe aufgezeigt worden. Aus den Defiziten, die hier beschrieben wurden, lässt sich im Umkehrschluss folgern, was die bedrohliche Situation von Jungen abwenden kann.

In diesem Buch ist mehr die Rede von den Jungen, die scheitern. Bei den Jungen, die in ihrem Leben Benachteiligungen und Überforderungen erfahren, handelt es sich nicht mehr um Einzelfälle. Sie sind es, die den Blick auf die veränderten gesellschaftlichen Bedingungen, unter denen Jungen heute aufwachsen, lenken. Schlecht vorbereitet, ohne Orientierung und beistehende Begleitung, kommen Jungen nicht weit auf ihrem Weg, vor allem nicht, wenn sie nicht einmal das Ziel kennen.

Wie kann man sie vom Ort der Katastrophe wieder hinausführen, und vor allem, wie kann man sie vor persönlichen Katastrophen bewahren? Und wenn man ihren Lebensweg nicht als Einzelschicksal betrachtet, wie soll eine männliche Welt aussehen, die von diesen instabilen Männern von morgen gestaltet wird? Gibt es Auswege aus der Katastrophe, gibt es einen funktionierenden Katastrophenschutz? Sind Pläne für den Ernstfall vorhanden?

Damit Verkehrsteilnehmer, insbesondere Autofahrer, auf den immer komplexer und unübersichtlicher werdenden Straßen in Gefahrensituationen richtig reagieren, werden sie in Fahrschulen und speziellen Fahrtrainings auf kritische Situationen vorbereitet. Hinweisschilder warnen rechtzeitig, damit sie nicht unvorbereitet in eine Unglücksstelle geraten. Schützende Leitplanken verhindern, dass Fahrzeuge bei einem Unglück von der Straße abkommen. Mit viel Aufmerksamkeit und Mühe (und einer starken Autolobby – «Des Deutschen liebstes Kind!») wird versucht, Katastrophen abzuwehren.

Auch Jungen brauchen ein umfangreiches persönliches Vorbereitungstraining (oder Überlebens-Training), warnende Wegmarkierungen und Rückhaltsysteme, um sicher und erfolgreich ihren Weg gehen zu können. Dies bedeutet nicht, ein «Rundum-Sorglos-Paket» für sie zu schnüren und sie ständig zu überwachen. Damit würde man sie nur einengen und ihnen wichtige Erfahrungen vorenthalten. Vielmehr müssen Jungen gründlich auf ihr Leben vorbereitet werden.

Es muss also vordringlich darum gehen, dass Jungen gar nicht erst ins Unglück geraten. Prävention ist gefordert, Zurüstung, Training für ein selbsttätiges, gelingendes Leben. Hilfe zur Selbsthilfe. Und die Verpflichtung zur Hilfeleistung gilt für jeden, der mit Jungen zu tun hat. *Es darf nicht sein, dass es zum Problem wird, ein Junge zu sein.*

## Wege aus der Katastrophe

Bedrohlichen, krank machenden Problemfaktoren und überfordernden Lebensumständen muss mit angemessenen Mitteln begegnet werden. Doch manchmal wird einfach nur «herumgedoktert», um überhaupt etwas zu tun. Es fehlt dringend an heilenden Rezepturen. Gerade den Schulen fehlen wirkungsvolle Konzepte. Ein einzelner halbherzig durchgeführter «Boys-Day» reicht da nicht aus! Regelmäßige «Jungenkonferenzen» (U. Boldt) können da schon mehr bewirken.

Auch im Ausbildungsbereich gibt es vereinzelte Strohfeuer, die zu einer Verbesserung der Situation führen können. So hat die Deutsche Bahn AG ein Ausbildungsförderungs-Programm eingerichtet, das bildungsschwachen und -benachteiligten Jugendlichen den Einstieg in die Berufswelt ermöglichen soll. Es zeichnet sich aber jetzt schon ab, dass dieses erfolgreiche Projekt wohl aus Kostengründen eingestellt werden wird.

Der akut bedrohte Allgemeinzustand von Jungen verlangt nach einer raschen Indikation und einem ganzheitlichen Therapieansatz. Jungen sind mit Geist, Körper und Seele betroffen. Wichtige Maßnahmen wären eine auf den jeweiligen «Patienten» hin abgestimmte individuelle Ganzheits-Therapie und die Schaffung (gesundheits-) fördernder Rahmenbedingungen. Doch davon sind wir noch weit entfernt. Viele, die mit Jungen zu tun haben oder die über ihre Zukunft entscheiden, erkennen noch nicht einmal, dass Jungen es schwer haben, geschweige denn, dass sie sich in einer manchmal ausweglosen katastrophalen Lage befinden. Es fehlt an Aufklärung über die derzeitigen Symptome und das Befinden vieler Jungen, es fehlt am Bewusstsein für die Problematik.

Ein Allheilmittel für alle Bedürfnislagen, für alle Probleme von Jungen gibt es nicht. Zu verschieden sind die Jungen und ihre Lebenssituationen. Aber Parallelen gibt es doch. Zur Diagnose «Junge» kommt es hauptsächlich, weil die Dosierung der Lebensfaktoren aus dem gesunden Gleichgewicht geraten ist. Es gibt derzeit ein Zuviel an entwicklungs*verzerrenden* medialen Einflüssen, einem gesundheitsgefährdenden Über-Konsum von entwicklungs*bedrohenden* Suchtmitteln sowie einem Zuviel an überfordernder «grenzenloser» Freiheit ohne Verantwortung. Bei all dem Übermaß gibt es gleichzeitig aber auch ein *Zuwenig* an Lebenstüchtigkeit, an Kompetenzen in entscheidenden Kultur-Bereichen und -Techniken, an Selbstdisziplin und Anstrengungsbereitschaft sowie einem tragfähigen Sinn für das Dasein.

Sind die Ursachen, Gründe und Auswirkungen der Probleme von Jungen bekannt, kommt es darauf an, ernsthaft etwas daran ändern zu wollen. Dazu bedarf es Menschen, die bereit sind, Jungen hilfreich zur Seite zu stehen. Das ist entscheidend, aber auch zugleich so schwierig.

Was *ist* zu tun und was *kann* man tun? *Wer* kann *was* tun?

Welche Erkenntnisse gibt es darüber, was einer «gesunden» Entwicklung von Jungen förderlich ist?

Um eine starke Persönlichkeit zu entwickeln und ein souveräner Mann zu werden, brauchen Jungen etwas anderes als das, was sie derzeit von vielen Seiten angeboten bekommen. Nicht alle hier vorgestellten Maßnahmen müssen gleichsam für jeden Jungen das Richtige sein, und nicht alle müssen in gleicher Dosierung verabreicht werden. Aber eines wird ganz deutlich, die bedürftigen Jungen brauchen Förderung. Und sie brauchen eine veränderte, eine verbesserte Einstellung der Umwelt zu ihrer Situation als Heranwachsende, ihrem Geschlecht, zu ihrer Art Mensch zu sein. Jungen brauchen Menschen, die sie annehmen und lieben.

*«Ihr müsst die Menschen lieben, wenn ihr sie ändern wollt. Euer Einfluss reicht nur so weit wie eure Liebe.»*
Johann Heinrich Pestalozzi

Es sollte nicht so sehr auf die unheilvollen Auswirkungen des Verhaltens von Jungen geschaut werden, sondern viel mehr auf die Freude, die man mit und an Jungen haben kann. Dazu kann es erst kommen, wenn Jungen spüren, dass man sich ein positives Zusammenleben mit ihnen vorstellen kann und dass man sich darauf freut. *Der Patient «Junge» soll nicht krankgeredet werden, sein Leid muss aber erkannt werden, sonst kann es chronisch werden.*

Genesung wird auch durch die Selbstheilungskräfte des Kranken gefördert. Jungen müssen gestärkt werden, damit sie Vertrauen in sich selbst, Mut und Hoffnung entwickeln können für ihr Leben. Sie brauchen die Gewissheit, als Person angenommen zu werden – auch wenn sie von Wunschbildern abweichen.

Aber wie kommt die Medizin zum Patienten, wie erreicht man Jungen, damit sie gegen die Angriffe auf ihr Immunsystem geimpft werden können?

Es gibt alte und bewährte Hausmittel, die wie Heilpflanzen am Wegesrand stehen. Viel zu oft bleiben sie unbeachtet und führen ein Schattendasein. Oft kennen nur wenige Kundige ihre heilsame Wirkung. Die Bedürftigen selbst kennen sie nicht und wissen sie somit auch nicht zu nutzen und zu schätzen.

Solche Hausmittel sind:

- Gemeinsame Tischzeit, bei der sich die Familie begegnen und austauschen kann (selbstverständlich ohne laufendes Fernsehgerät)
- Gemeinsames Kochen und gemeinsame Hausarbeit
- Einteilung der Woche in Arbeits- und Freizeit
- Gemeinsame Unternehmungen mit der Familie
- Einberufung des Familienrats bei Konflikten
- Ausreichend Schlaf und ein besinnlicher Tagesausklang mit Tagesrückblick, Gebet oder Vorlesegeschichte (Kassetten sind ein schlechter Ersatz für Papas oder Mamas liebevolle Stimme und Zuwendung!)
- Kontakt zu den Eltern der Freunde, um Verbundenheit und Vertrauen herzustellen
- Wertschätzung und Vermittlung von höflichem und gutem Benehmen
- Gesunde und ausgewogene Ernährung
- Sichtbares Interesse der Eltern an Schule, Freunden, jugendliche Interessen und an der Person des Jungen
- Achtung und Respekt aller Familienmitglieder (Ehre Vater und Mutter!)
- Sinnvolle Grenzen setzen *und* durchsetzen
- Das Erlernen eines Instrumentes, auch im Zusammenspiel mit

anderen (Spielmannszüge, Chor, Band etc.) «Wer Musikschulen schließt, gefährdet die Innere Sicherheit» (Otto Schily)
- Die Einbindung in eine organisierte Jugendgruppe, wie z. B.
  - Pfadfinder
  - Sportvereine (Auswahl einer zum Jungen passenden Sportart; auch Schach oder Tanzen und dergleichen)
  - Jugendfeuerwehr (mit vielfältigem Aktions- und Freizeitangebot)
  - Jugendgruppen des Deutschen Roten Kreuzes, des Technischen Hilfswerkes, der Deutschen Kriegsgräberfürsorge, der verschiedenen Naturschutzverbände, der Kirchen, Kommunen und Städte …

Derartige Präventivmaßnahmen sind eigentlich allgemein bekannt und haben sich seit Generationen bewährt. Dass diese bereits vorhandenen Möglichkeiten nicht ausreichend genutzt werden, ist meines Erachtens *eine* der Ursachen, weshalb Jungen in immer schwerere Krisen abgleiten. Doch allein das Wissen, dass diese Hausmittel eine positive Wirkung haben können, reicht nicht aus, man muss sie auch verabreichen und einnehmen – wie Kästner sagte: man muss es tun! Wenn man die Chancen nicht nutzt, dann aber jammert und klagt, wirkt das unangebracht. Allerdings ist es verständlich, wenn man bedenkt, wie schwierig es ist, diese Mittel «an den Jungen» zu bringen. Wer in einer defizitären Situation lebt, dem fehlt allein deshalb schon die notwendige Energie, Maßnahmen zu ergreifen. Und oft auch das Bewusstsein dafür. Die Betroffenen zur Einsicht zu bewegen, und dann auch dazu, die Einsicht in Handeln umzusetzen, ist sehr schwierig. Viele Jungen gehen lieber den scheinbar einfacheren Weg, der sich dann aber oftmals doch als recht dornig erweist. Verletzungen sind dabei nicht ausgeschlossen. Gerade Jungen, die von «positiven» Jugendorganisationen profitieren könnten, kommen gar nicht auf die Idee sich ihnen anzuschließen, weil ihnen dort etwas abverlangt wird, was sie entweder nicht leisten können oder nicht wollen.

Der hohe moralische und verbindliche Anspruch und die ihnen abverlangten Sozialkompetenzen mögen für einige der Grund sein, weshalb sie sich nicht einer Gruppe anschließen, für andere ist es deren «spießiges» Image.

Das Abstreifen alter Strukturen und ideologischer Sichtweisen nach 1968 führte vor allem in der Pädagogik zu neuen Auffassungen. Alles, was mit Ordnung, Gehorsam und Disziplin zu tun hatte, wurde mit dem «Untertanenstaat» in Verbindung gebracht. Die auf Unter- und Einordnung bedachten Jugendförderungsmaßnahmen der Eltern- und Großelterngeneration mit ihren traditionellen Einrichtungen gerieten in Verruf. Stattdessen wurden selbst verwaltete antiautoritäre Spielgruppen, Bauspielplätze und Jugendzentren eingerichtet, die ohne öffentliche Unterstützung und tragfähige Strukturen nicht lange überleben konnten. Das mag erklären, warum solche Einrichtungen nicht mehr ausreichend existieren oder nicht genutzt werden. Nicht aber, warum sie für die Sozialisation von Jungen so wichtig sein können.

### Der Vitamin-B3-Komplex

Die genannten Hausmittel müssen über bestimmte Wirkstoffe verfügen, sonst ließe sich ihre positive Wirkung auf viele Jungen nicht erklären. Ich gehe von drei wesentlichen Inhaltsstoffen aus: *Bewegung – Beziehung – Bewusstsein.* Dieser spezielle «Vitamin-B3-Komplex» muss nicht immer gleichzeitig mit allen drei Komponenten vertreten sein, um seine heilsame Wirkung auf Jungen zu entwickeln. Bereits jeder einzelne Wirkstoff kann eine gesunde Entwicklung fördern.

*Bewegung:* Jungen brauchen Bewegung. Sie lernen ihren Körper und auch sich selbst besser kennen, wenn sie sich viel und abwechslungsreich bewegen – möglichst auch mit anderen zusammen. Der Wechsel des räumlichen Standorts wird körperlich erfahren, durch Bewegung wird man ständig in neue Situationen gebracht, die einen herausfordern. Man erlebt und erweitert Grenzen. Bewegung kräftigt und schult den Körper und die Sinne, fördert die Gesundheit und hilft Spannungen, auch Aggressionen, abzubauen. Jungen entwickeln mit Bewegung nicht nur den Körper, sie entwickeln auch ihre geistigen Fähigkeiten. Wer nicht rückwärts gehen kann, kann auch nicht rechnen, heißt es. Psyche und Motorik sind eng miteinander verknüpft. Bewegung fördert die Reife des Gehirns. Bewegungen zu beherrschen gibt Selbstvertrauen und Anerkennung von anderen. Sich mit anderen zu bewegen setzt voraus, sich an soziale Regeln halten zu können. Man bewegt sich auf andere zu oder von ihnen weg, bewegt sich allein oder gemeinsam. In Bewegung erlebt man Nähe und Distanz. Bewegung im Verein vereint die Jungen, macht Freude und schafft Freunde. Mit anderen gemeinsam Bewegung erlernen und erleben führt zu Beziehung.

*Beziehung:* Beziehungen zu pflegen und aufbauen zu können ist eine der wesentlichen Fähigkeiten im Leben. Auch Jungen sind soziale Wesen und auf Beziehungen angewiesen. Je besser, je stabiler die Beziehungen, desto größer die Lebenszufriedenheit. Nicht die materiellen Dinge bringen Erfüllung, sondern die Beziehungen zu den Mitmenschen. Beziehungen ermöglichen Korrektur und Wachstum. Es ist wichtig, dass Jungen sich selbst besser kennen lernen, zu sich selbst eine Beziehung aufbauen, die eigenen Wünsche, Ängste und Bedürfnisse erfahren, den Umgang mit sich selbst erlernen, Rücksicht auf sich nehmen und sich nicht überfordern. Jungen müssen lernen, Beziehungen zu anderen einzuschätzen. Wer tut einem gut, wer nicht? Sich für die einen einsetzen, mit den anderen auseinander setzen. Jungen brauchen für ihre Entwicklung Beziehungen zu Gleichaltrigen *und* zu Erwachsenen. Aneinander und miteinander lernen Jungen für ihr Leben. Und es ist wichtig für sie, Erwachsene zu erleben, die ganz anders sein können als die eigenen Eltern.

Doch nicht nur Beziehungen zu Menschen sind für Jungen wichtig, auch die Beziehung zur belebten und unbelebten Umwelt. Jungen müssen lernen, in Beziehung zur Welt zu treten, sich *zu* ihr und *in* ihr angemessen zu verhalten. Im Erleben und Ausprobieren wird Wissen gebildet und Bewusstsein geweckt und erworben. Beziehung führt zu Bewusstsein.

*Bewusstsein:* Bewusstsein unterscheidet den Menschen vom Tier. Der Mensch ist sich seiner Existenz bewusst, er hat Bewusstsein. Er weiß um sein Da-Sein. Ein ausgeprägtes Selbstbewusstsein verleiht Stärke in Versuchung und Gefahr. Das Bewusstsein über die eigene Stärke und Kompetenz führt zur Selbstachtung, zu einem guten und gesunden Selbstwertgefühl bei Jungen.

Wer sich selbst wertschätzt, der kann auch andere schätzen und achten lernen. Bewusstsein und Denken stehen in einem engen Verhältnis. Das Nachdenken über das Leben, die eigene Bedeutung, den Sinn des Lebens, treibt den Menschen zu seinem Tun an. Auch Jungen werden von ihren Lebenszielen angetrieben. Bewusstsein verlangt nach Sinn, nach Antworten auf die existenziellen Fragen. Persönliche Sinnsuche treibt den Menschen auch zu scheinbar unsinnigen Taten. Hinter jeder Handlung eines Jungen steckt ein Sinn. Alles dient einem Zweck. Bewusstsein ist die Grundlage jeder Ethik, jedes Verhaltens dem anderen und der Welt gegenüber. Liebe zu sich und zu anderen wird für Jungen erst durch das Bewusstsein möglich, Liebe erfahren zu haben.

Meiner Ansicht nach sind die drei heilsamen Wirkkomponenten *Bewegung, Beziehung* und *Bewusstsein* entscheidend für den Aufbau einer stabilen lebenstüchtigen Persönlichkeit und damit für die Abwehr der Jungenkatastrophe. Kräfte und Methoden, die sich bewähren und tatsächlich wirken, gehen in der Menschheitsgeschichte nicht verloren. Gutes bleibt bestehen und passt sich, wenn die Welt sich verändert, den jeweiligen Gegebenheiten an. Vielleicht erscheint es dann in einem neuen, modischen Gewand, das dem jeweiligen Zeitgeist entspricht.

Am Beispiel der Pfadfinder soll deutlich werden, wie der B3-Lebensstoff sich auswirken kann. Bei den Pfadfindern können

Jungen viel von dem lernen und sich aneignen, was ihnen sonst so offensichtlich fehlt.

## Lebens-Pfade finden

Das bedeutet heute:

zum Beispiel ...

- in der Gruppe Gleichaltriger Spaß zu haben und aktiv seine Freizeit zu gestalten, ohne bloß zu konsumieren
- kreativ und mit Phantasie «Politik» machen
- spielerisch Demokratie zu «lernen»
- solidarisch zu sein mit Menschen und sich sozial zu engagieren
- gleichberechtigt als Mädchen und Jungen, Frauen und Männer zusammenzuleben (Mädchen und Jungen dürfen sich auch rollenuntypisch verhalten; eine bewusste Auseinandersetzung mit Geschlechtsrollen wird gefördert, in gemischten Gruppen und in «Räumen» nur für Mädchen und nur für Jungen)
  - Toleranz gegenüber politischen, gesellschaftlichen, kulturellen und persönlichen Eigenheiten zu praktizieren
  - immer neu zu lernen und sich selbst zu erziehen
  - Verantwortung in Umwelt und Gesellschaft zu übernehmen

und vor allem die Begegnung miteinander in der Natur, in der man lernt, sich zurechtzufinden, und von der man über das Leben viel erlernen kann, in der man gemeinsam Abenteuer erleben kann.[103]

Zu den Aufgaben und Zielen der *christlichen* Pfadfinderinnen und Pfadfinder gehören noch die Überwindung von Abhängigkeiten, Schuldgefühlen, Gruppenzwang und Angst. Die kirchlich gebundenen Suchenden sehen sich außerdem den Zielen verpflichtet: Andersartigkeit als Bereicherung anzunehmen, in der christlichen Gemeinde mitzuwirken und Verantwortung in Gesellschaft, Kirche und Staat zu übernehmen. Sie sehen die Natur

103 Text in Auszügen entnommen von der Website: www.scoutnet.de

als Gottes Schöpfung und treten gewaltfrei für den Frieden zwischen Menschen und Völkern ein.[104]

Pfadfinder zu sein kann vielen Jungen helfen, die Komponenten des «Vitamins B3» in reichlicher Dosierung zu erhalten. Bei den Pfadfindern finden sie einen Ort, an dem sie selbst auch wirksam werden können. Ein Allheilmittel für alle Jungen ist das aber nicht.

Auch bei anderen Jugendgruppen und Organisationen findet man diese Grundwirkstoffe, die die Gruppen für Jugendliche attraktiv machen. Unbewusst spüren Jungen, dass ihnen das, was sie dort erleben, gut tut, dass es sie wachsen lässt. Doch um dies erfahren zu können, müssen sie sich dort auch verwurzeln und aktiv einbringen. Die positiven Auswirkungen dieser Zugehörigkeit zeigen sich in den Lebensläufen der Jungen. Wenn es bei den institutionell-integrierten Jungen überhaupt zu «schweren» Krisen kommt, fallen sie meist harmloser aus. Jungen in funktionierenden Gruppen stehen nicht allein da. Sie lernen, Gefahren rechtzeitig zu erkennen, und finden in der Not Hilfe und Unterstützung, die sie davor bewahren kann, zu weit in eine persönliche Katastrophe zu geraten. Es ist jemand da, der sie zurückhält, der sie aber auch hält.

Doch wenn anstatt bewährter Hausmittel neue Designermedikamente eingesetzt werden, um sich die Mühen der vielleicht langsamer wirkenden «Natur»-Heilmethoden zu ersparen; wenn kleine bunte Pillen als passive Ersatzstoffe verschrieben werden, dann erleben Jungen weder Bewegung, Beziehung noch Bewusstsein – auch wenn es immer noch Unbelehrbare gibt, die der Meinung sind, Drogen würden das Bewusstsein (auf Dauer) erweitern.

Wenn schon Kindern mit zu viel Stress und zu wenig Schlaf Kopfschmerztabletten verabreicht werden, wenn Ritalin verordnet wird statt Trampolin, wenn Jungen bei Niedergeschlagenheit

104 Texte in Auszügen entnommen von der Website: www.vcp.de

und Traurigkeit aufhellende Psychopharmaka bekommen statt menschliche Nähe, Anteilnahme und Begleitung, dann nimmt die Katastrophe ihren Lauf und die Jungen geraten auf direktem Weg in eine Sackgasse.

Aus dem verordneten Pillen-Angebot der Erwachsenen ist der Weg zur unkontrollierten Selbstbedienung in der illegalen Drogenapotheke nicht weit. Auf der Suche nach wirksamer Lebenshilfe beschreiten viele den Weg «of no return», in die Sucht. *Bewegung, Beziehung und Bewusstsein* in kleinen rosa Pillen gibt es nicht und kann es auch nicht geben. Tiefen- und Langzeitwirkung werden nur durch reale Erfahrungen ermöglicht. *Lebenstauglich macht nur das Leben.* Alle Ersatzstoffe lassen in ihrer Wirksamkeit schnell nach und führen zu einer unbeherrschbaren Gier nach mehr.

Der Mangel an realen Erfahrungen kann auch durch das vielfältige Angebot virtueller Erlebnisse in den elektronischen Medien nicht ersetzt werden. Diese passiven und bequemen Surrogate haben verheerende Folgen. Das Leben ist nicht bequem. Jungen müssen lernen, dass Wachstum und Genesung sich nicht von allein einstellen. Sie können sie nur anhand wirklicher Lebenserfahrungen lernen, am besten mit anderen zusammen, die ihnen vorleben, dass sich Anstrengung lohnt und wie man sie aushält.

In meinen Schulklassen gibt es immer wieder Jungen, die in Gruppen außerhalb der Schule wichtige Erfahrungen machen. Ihre Erlebnisse und Erkenntnisse schildern sie in unseren Erzählrunden. So berichten sie von kleinen oder großen Fahrten und langen Märschen mit den Pfadfindern – am Wochenende in der näheren Umgebung, in den Ferien bei längeren Aufenthalten z. B. in Polen oder Schweden. Sie werden dabei vertraut mit der Natur und einem spartanischen Leben, lernen Verzicht kennen und gewinnen an Selbständigkeit und Selbstvertrauen. Neben der Freude an den abenteuerlichen Erlebnissen kann man an diesen Jungen spüren, wie sie innerlich wachsen, wie sie innere Stärke entwickeln.

Für Eltern und Jungen, denen Pfadfinder- oder Feuerwehruniformen zu antiquiert, die Ruder- oder Golfclubatmosphäre zu versnobt ist, bieten sich inzwischen auch andere Alternativen. Überall entstehen Jungenprojekte mit trendigen Namen, die sich letztlich ebenso auf den drei Komponenten «Bewegung, Beziehung und Bewusstsein» gründen. Oft sind die Vereine und Institute zur parteilichen Förderung von Jungen und Männern, zur Stärkung der Jungenarbeit noch zarte Pflänzchen, aber mit großer Wachstumsenergie. Sie heißen zum Beispiel «mannigfaltig e. V.», «Pfunzkerle e. V.» oder «Kääls e. V.» Ein großer Aus- und Fortbildner ist die Forschungsgruppe Jungenarbeit, kurz: for! (ju:). Sie bildet interessierte Pädagogen (männliche wie weibliche) zum «Boyz-Instructor» aus. Den Teilnehmern werden die Bedürfnisse und Eigenarten von Jungen intensiv nahe gebracht, damit sie ihren Zugang zu den Jungen attraktiv gestalten. Eine weitere Fortbildung für die Arbeit mit Jungen ist die Ausbildung zum «Box-Instructor». Jungen sollen den Zugang zu einer tieferen Dimension männlicher Identität durch die ritualisierte Form des Boxens ermöglicht bekommen. Die starke Körperlichkeit der Jungen und die von ihnen bevorzugte handgreifliche Konfliktklärung soll auf sinnvolle Weise kanalisiert werden, um der Entwicklung von Jungen eine positive Richtung zu geben. Weitere Möglichkeiten, Jungen zeitgemäß anzusprechen und zu fördern, ist die Arbeit mit den «construction Kidz». Jungen werden angeleitet, kreative Musikschöpfungen im Stil des bei Jungen so beliebten Hip-Hops selbsttätig herzustellen. Bei der Ausbildung zum «Thunder-Instructor» geht es auch um Musik. Vor allem geht es aber um Rhythmus. Mit Percussion-Instrumenten sollen Jungen Erfahrungen von Gemeinschaft machen. Ähnlich wie bei dem spektakulären «Stomp»-Projekt, bei dem Männer auf Mülleimern trommeln, sollen Jungen die Möglichkeit bekommen, ihre Gefühle und Stimmungen durch Bewegung und Laute ausdrücken zu können. Im Gleichklang mit anderen oder beim Einzelauftritt (Solo), schnell oder langsam trommeln fördert das Gemeinschaftsgefühl und das eigene Wohlbefinden. Archaische Grundbedürfnisse von Jungen werden in all diesen Gruppen zeitgemäß bedient. Sie geben den Jungen die Möglichkeit, einen Zugang zu sich selbst zu finden und ihre eigene Entwicklung voranzubringen.

Um die Jungen zu erreichen, muss Mann und auch Frau mit der Zeit gehen. Die Ziele sind dennoch die alten: *Jungen müssen in ihrer Entwicklung zu einer starken Persönlichkeit unterstützt werden, damit ihr Leben mit anderen gelingen kann.* Die Gemeinsamkeiten der verschiedenen Formen, die die Maßnahmen zur Förderung der Jungen annehmen können, sind damit schnell hergestellt.

Wirklich Neues gibt es selten, muss es auch nicht geben, wenn das Altbekannte sich bewährt. Aber man muss es auch anwenden. Es muss die Jungen erreichen und begeistern. *Das Wichtigste ist, sie zu lieben, wenn auch nicht alles, was sie tun!* Sich ihrer richtig anzunehmen, und nicht annehmen, sie wären falsch. Das Mögliche möglich machen, das Machbare machbar, damit ließe sich schon im Vorfeld bei vielen Jungen eine Katastrophe erfolgreich abwenden. Alle vorhandenen Mittel ausschöpfen – etwas tun!

Dies wäre leichter umzusetzen, wenn es verbindliche Vereinbarungen zwischen den Erwachsenen gäbe, die mit Jungen zu tun haben. Es wäre leichter, wenn es Übereinkünfte und Absprachen gäbe zwischen denen, die Entscheidungen über ihre Zukunft treffen, wenn es gesellschaftlich ebenso selbstverständlich wäre, Jungenarbeit zu fördern und Jungen in Gruppen einzubinden, wie es selbstverständlich ist, zur Schule zu gehen. Es wäre leichter, Jungen bei der Orientierungssuche zu unterstützen, wenn es zum Aufwachsen eines Jungen gehören würde, dass er sich hin und wieder nachmittags und an einigen Wochenenden in einer Jungen- oder Jugendgruppe engagierte. Wenn es normal für Jungen wäre, wenn es ein selbstverständlicher Bestandteil eines Jungenlebens wäre, wenn sehr viele es täten, dann hätte ein Junge nicht das Gefühl, der Einzige zu sein, der seine Freizeit dafür «hergeben» muss. Wenn andere mitmachen, dann könnte er erleben, dass es

Freude macht und ihm etwas bringt, dass sein Leben abwechslungsreich und spannend sein kann, *er* etwas kann und einen Platz hat, an dem er anderen etwas bedeutet. Er würde wirkliche Abenteuer erleben, wirkliche Erfahrungen machen und sich nicht trotz medial aufgerüsteter Kinderzimmer und Freizeit ohne Ende, zu Tode langweilen. Jungen schreien förmlich nach Anreizen für ihre Entwicklung. Laut genug machen viele ja auf sich aufmerksam! Doch wird die Botschaft dahinter auch verstanden?

## «Wer etwas Sinnvolles zu tun hat, macht keinen Unsinn»

In Dänemark arbeitet die Jugendhilfe bereits mit dem obigen Slogan. So werden die Eltern «schwieriger» Jungen aufgefordert, ihre Söhne verbindlich in Sportvereinen oder anderen Einrichtungen anzumelden. Derartige Verpflichtungen von staatlicher Seite werden hierzulande als zu starke Reglementierung empfunden, als Einmischung des Staates in das Privatleben. Die Freie Deutsche Jugend (FDJ) in der ehemaligen DDR war gar nicht so frei, wie der Name es programmatisch verkündete. Weder frei im Denken noch in der räumlichen Bewegungsfreiheit. Und trotzdem haben viele Jugendliche auch dort bleibende wichtige Erfahrungen gemacht, denn auch dort gab es Bewegung, Beziehung und (stark solidarisches) Bewusstsein.

Schul-Pflicht und Gruppen-Kür, die Entscheidung, einer Gruppe beizutreten, ist frei. Die Vielfalt gemeinnütziger Jugendeinrichtungen in Deutschland ist groß, die Gefährdung negativer Vereinnahmung dagegen eher klein, außer am rechten Rand unserer Gesellschaft. Dass gerade dort viele Jungen das erfahren und finden, was ihren Bedürfnissen entspricht, Beziehung und ein überschaubares, vereinfachtes Weltbild, ist zu bedauern, sollte aber auch zum Nachdenken anregen. Offenbar brauchen Jungen die sichere Einbindung in überschaubare Strukturen, wenn sie in die komplexe Welt der Erwachsenen hineinwachsen. Sie brauchen das Gefühl, dass ihnen jemand zur Seite steht, ihnen schrittweise Orientierung vermittelt und ihnen die gesellschaftlichen Bedingungen und Veränderungen erklärt.

## Raus aus dem Alltag

Nicht nur die langjährige Mitgliedschaft in einer festen Gruppe verhilft zu Gemeinschaftserlebnissen und Lebenserfahrungen. Manchmal reichen schon befristete, intensive «Kuraufenthalte». Jungen müssen manchmal raus aus dem Alltag, rein in andersartige Erfahrungen. Sich abseits des bisherigen und alltäglichen Lebens aufzuhalten, abseits von eingefahrenen Wegen, stellt eine Herausforderung dar. In der fremden Umgebung gewinnen Jungen nicht nur Abstand zu ihrem Alltag, sondern auch zu sich selbst, ihrer Rolle und ihrem Image in ihrer Peergroup. Sie können sich ganz neu erleben, der andere Ort ermöglicht, Bedürfnissen anders nachzukommen, so z. B. dem Bedürfnis nach Abenteuer, Grenzerfahrung, menschlicher Nähe oder innerer Einkehr.

Ob Klettern, Kicken, Kanufahren oder Zeitgeschichte konkret erleben, alles ist besser, als sich in der eigenen Welt des Medienübermaßes letztlich doch zu langweilen und immer wieder neu vom Wesentlichen abzulenken. So müssen sich Jungen zum Beispiel beim gemeinsamen Klettern auf die eigenen Fähigkeiten besinnen und lernen, sich und den Mitkletterern zu vertrauen. Wenn sie sich auf einem hohen Berg bewegen, sich auf einen Gipfel begeben, erleben sie, dass von da aus die Welt ganz anders aussieht und die eigenen, zurückgelassenen Probleme vielleicht viel kleiner erscheinen. Oder wenn sie im Kanu im gemeinsamen Rhythmus des «Schlags» auf ganz neue Weise ein Ziel erreichen. Oder wenn sie eine historische Welt konkret kennen lernen, wie die der Frühmenschen, der alten Germanen oder der Ritter, und feststellen, dass es auch ohne Fernseher, Computer, Internet oder Gamecube möglich ist, mit anderen gemeinsam Spaß zu haben und Lebensintensität zu spüren, dann hat man Jungen mehr geholfen, als wenn man Zigarettenpackungen mit Warnhinweisen versieht.

In der so genannten Abenteuer- oder Erlebnispädagogik wird zum Beispiel versucht, Jungen im fernen Nicaragua wieder auf den rechten Weg zu verhelfen. Oft ist dies die letzte Chance für Jungen zur Umkehr aus ihrem alten Leben. Von Drogen gezeichnete obdachlose Kleinkriminelle, bei denen bereits alle anderen Bemühungen erfolglos geblieben sind, müssen sich in der Fremde daran gewöhnen, zum Waschen, Wasser aus dem nahe gelegenen Fluss zu holen, Holz mit einem kleinen Boot aus den Mangrovensümpfen heranzubringen. Sie erleben, dass ohne eigenen Einsatz nichts geschieht, dass es nichts umsonst gibt. Am Anfang sind selbst leichte Arbeiten für manche noch so schwer und kräftezehrend, dass die Jungen oftmals kurz davorstehen, aufzugeben. Nach Monaten, in denen sie unter Anleitung ein neues geregeltes Leben und Überleben einüben, sollen sie dann aber auch in der Lage sein, etwas für andere zu tun. Einige dieser verlorenen Jungs bauten mit ihrem für die Kieler Jugendhilfe arbeitenden Ersatzvater und Leiter sogar ein Gemeinschaftshaus für die einheimischen Dorfbewohner. Manche Jungen gehen dort auch wieder zur Schule. Einer von ihnen machte plötzlich solche Reifesprünge, dass er sich vornahm, im Land Medizin zu studieren und anschließend der armen Bevölkerung als Arzt zu «dienen».

Veränderung ist möglich, auch für scheinbar hoffnungslose Fälle. Jungen haben sehr viel in sich, sie können viel erreichen, es muss ihnen nur gezeigt werden, *wie* es geht und in welche Richtung es gehen soll.

*«Wenn du ein Schiff bauen willst, fang nicht an, Holz zusammenzutragen, Bretter zu schneiden und Arbeit zu verteilen, sondern wecke in den Männern die Sehnsucht nach dem großen, weiten Meer.»*
(Wird Antoine de Saint-Exupéry zugeschrieben)

Doch man muss nicht erst nach Nicaragua reisen, um zu erleben, dass die Arbeit mit Jungen unter extremen Bedingungen Erfolg hat. Auch in Deutschland gibt es Einzelne, oder Gruppen, die sich aus Zuneigung zu benachteiligten Jungen engagieren und «Erste-» oder auch «Letzte-Hilfe-Camps» für Jungen einrichten.

## Prügeln tabu, Boxen erlaubt

Auf einem Gut bei Kassel lernen straffällige und gescheiterte Jugendliche männlichen Geschlechts mit Hilfe des Sports, respektvoll miteinander umzugehen. Heimleiter und Trainer machen die Jungs fit – nicht nur körperlich. Doch spielt das Körperliche eine entscheidende Rolle. Nach Ansicht des Leiters der Einrichtung, Lothar Kannenberg, stärkt vor allem das Boxen ihr Selbstwertgefühl.

Von außen sieht das Gut aus wie ein Erholungsheim. Es liegt inmitten dichter Buchenwälder, die Fulda fließt durch das Gelände. Dabei ist es eigentlich eher das Gegenteil. Es ist die letzte Station für hoffnungslose Fälle. Hier landen Jungen, die von allen aufgegeben wurden. Sie sind zwischen dreizehn und achtzehn, zu jung für den Knast – aber ihr Lebenslauf hört sich an wie bei Erwachsenen: Erpressung, Diebstähle, Drogen, aggressives Rowdytum. Hierher kommen aber auch Jungen, die sich selber aufgegeben haben: die immer nur zu spüren bekamen, dass sie überflüssig sind und nichts können.

«Um die muss man sich besonders kümmern – *sie sind tickende Zeitbomben*», so der bärig-väterliche Kannenberg. Der engagierte Chef des Jungencamps pachtete den Gutshof und fünfzig Hektar angrenzenden Wald und Wiesen und gründete hier den Verein «Durchboxen im Leben». Er folgt mit seiner Jungenarbeit einem einfachen Prinzip: Den Jungen soll so viel Selbstbewusstsein vermittelt werden, dass sie nach vier bis sechs Monaten wieder fest auf eigenen Füßen stehen können und wieder zurück in ihr altes oder ein anderes soziales Umfeld gehen können. Erreicht wird das mit einem Dauerprogramm aus Sport, Arbeit und Betreuung.

Der straff organisierte Tagesplan lässt den Jungen keine Zeit zum Müßiggang: aufstehen um 6:30 Uhr, Frühsport, Arbeit, Essen, wieder Sport. Die Regeln sind unumstößlich. Und sie sind streng: Bei ihrer Ankunft müssen die Neulinge Geld, Handy und Ausweis abgeben. Ein rituelles symbolisches Begräbnis im Garten hinter dem Haus soll ihnen helfen, ihr altes Leben zu begraben.

Für die Fehler des Einzelnen müssen alle büßen, Flüche und verbale Beleidigungen werden mit zehn Liegestützen geahndet – für alle. So erziehen sich die Jugendlichen gegenseitig.

«Hier wird niemand gedemütigt. Wir trainieren, uns gegenseitig zu respektieren», erklärt Kannenberg. Täglich müssen die Jungen einen Tagesbericht mit Selbstreflexion verfassen. Außerdem finden Gruppen- und Einzelgespräche statt.

Bei der Arbeit mit den Jungs vertraut Kannenberg seiner Intuition. Alle Trainer, die er angestellt hat, wissen, wovon sie sprechen. Sie haben alle selbst Erfahrungen mit Gewalt, Drogen und Haftstrafen. Das macht sie für die Jungs glaubwürdig. Früher war Kannenberg Box-Champion. Jeden Nachmittag steht Boxtraining auf dem Programm. Dabei können die Jungen Aggressionen und Frustration rauslassen, aber kontrolliert. Sie lernen, den Gegner zu respektieren und die eigenen Schwächen zu erkennen und damit umzugehen.[105]

## Grenzerfahrungen einmal anders

Doch nicht nur die kurzen oder längeren Kur-Aufenthalte in Spezialcamps für ganz «harte Jungs» zeigen Wirkung. Vor kurzem schilderte mir eine Mutter die positiven Veränderungen ihres ganz «normalen» Sohnes. Er hatte im Rahmen eines schulischen Betriebspraktikums drei Wochen auf einem Bauernhof gearbeitet. Jeden Tag ist er erschöpft, aber mit strahlendem Gesicht nach Hause gekommen und hat von verantwortungsvollen Aufgaben berichtet, die er ausführen «durfte». Müde durch die körperliche Arbeit und stolz, etwas geschafft zu haben, war er sichtlich zufrieden. Er sei gewachsen, reifer und ausgeglichener geworden in dieser Zeit, berichtete die Mutter.

Viele Schulen ermöglichen den Jugendlichen, in Betriebs- oder Sozialpraktika Erfahrungen sammeln zu können, um so einen Bezug zum wahren Leben herzustellen und eine Zielperspektive zu entwickeln. Von meiner Schule fahren Jugendliche aus der

105 Texte zum Teil entnommen von der Website: www.durchboxen.de

zehnten Klasse jedes Jahr nach Rumänien zu unserer dortigen Partnerschule. Unter der Leitung des Schulsozialarbeiters Stephan Wollweber und in Zusammenarbeit mit der «Evangelischen Stiftung Alsterdorf» arbeiten die 16-jährigen Jungen und Mädchen für zwei Wochen in einem Heim alter rumänischer Prägung. Sie betreuen dort Kinder und Erwachsene mit Behinderungen, die noch vor kurzer Zeit zu den «Vergessenen» gehörten. Jeden Tag stehen gemeinschaftliche, auch therapeutische Aktionen auf dem Programm, die den Behinderten Abwechslung in ihren eintönigen Tagesablauf bringen und den deutschen Jugendlichen wertvolle und ungewohnte Erfahrungen im sozialen Bereich vermitteln. So schrieb ein Junge in seinem Bericht über das Sozialpraktikum: «Es ging uns oft an die Nieren, zu sehen, wie die Behinderten dort leben müssen, aber deswegen war es auch umso schöner für uns, Erfolge mit den Behinderten gemeinsam zu erleben. Die anfänglichen Berührungsängste verflogen ganz schnell, wenn man gesehen hat, wie sehr sie sich über dieses bisschen Zuneigung freuten.»

Andere Schulen bieten ähnliche Projekte an. Eine Gruppe als «unbeschulbar» geltender Jugendlicher zwischen 15 und 18 Jahren der Gewerbeschule in Hamburg-Hamm reiste für zwei Monate in den afrikanischen Staat Mali, um dort eine alte Dorfschule von Grund auf zu sanieren. In Zusammenarbeit mit dem «Kinderhilfswerk für die Dritte Welt» leistete die Berufsvorbereitungsklasse acht Wochen lang praktische Hilfeleistung in einem kleinen Dorf. Dieses besteht aus ein paar Lehmhütten, die nur über eine Schotterpiste zu erreichen sind, Toiletten gibt es nicht, dafür aber umso mehr Sand und noch mehr Hitze. Statt mit Geld wurden die Jugendlichen für ihre Arbeit mit außergewöhnlichen Erfahrungen belohnt. Für die Schüler, die ein Berufsvorbereitungsjahr absolvieren, war es zwar ein Kultur-Schock, aber sie haben vieles entdecken und lernen können, was sie in ihrer Heimat so nicht erfahren. Sie erlebten Gleichaltrige, denen es aus ganz anderen Gründen noch viel schlechter geht als ihnen – und sie haben erfahren, dass *sie* diesen helfen können.[106] Selbstwert und Vertrauen in die eigenen Fähigkeiten wachsen durch tätige Hilfe. Hilfe für andere wird für Jungen zur Hilfe für ihr eigenes Leben.

Auch auf ganz anderem, unbekanntem Terrain sind Jungen interessiert, Erfahrungen machen zu können. Jungen, die Grenzerfahrungen suchen und neu*gierig* die Welt nach Erfahrungen durchsuchen, fragen sich auch, was hinter dem Sichtbaren liegt, was sich auf der anderen Seite der physischen Welt befindet. Sie fragen nach dem Unbekanntem, dem Numinosen, dem Göttlichen. Jungen wollen Transzendenzerfahrungen machen, wollen das sinnlich Erkennbare überschreiten, wollen Grenzerfahrungen machen. Jungen suchen auf ihre Art nach Spiritualität. Ihre Lust am Leben und an der Welt ist eine Seite davon. Jungen reden zwar nicht so gerne über Gott, aber sie befassen sich mit den Auswirkungen Gottes auf die Welt und ihr Leben. Jungen auch auf spirituellem Gebiet Halt und Orientierung anzubieten kann ihnen aus Krisen heraushelfen. Vieles ist möglich, wenn Jungen sich auf etwas Neues einlassen. Veränderung ist möglich! Immer wieder sind Ärzte und andere von den Auswirkungen spiritueller Kraft überrascht. Die Wissenschaft sucht nach plausiblen, vernünftigen Antworten, findet sie aber nicht. Jungen suchen auch nach Antworten – die Religionen der Welt bieten sie an.

In Hamburg suchte vor einigen Jahren ein drogenabhängiger junger Mann eine Alternative zu seinen Exzessen, einer noch härteren Droge, einem noch größeren Kick für sein Leben. Angerührt durch starke emotionale Erfahrungen in einem Gottesdienst, gründete er die «Jesus Freaks», eine Gemeinschaft von Suchenden, die oft weit am Rand der Gesellschaft leben. Viele so genannte Verlierer finden in Jesus von Nazareth jemanden, der ihnen imponiert und sie anspricht. Sie fühlen sich angenommen, so wie sie sind. Jungen und junge Männer, denen vorher niemand eine spirituelle, religiöse Seite zugetraut hätte, die eher durch

---

106 Vergleiche dazu den Artikel von Frank Aures, erschienen am 14. März 2005, zu finden auf der Website: www.abendblatt.de.

Regelverletzungen oder kriminelles Verhalten auffielen, gründen nun in ganz Deutschland «Jesus-Freaks-Zentren».

Jedes Jahr fahre ich zusammen mit einem Kollegen und einer Gruppe von etwa 35 Jungen und Mädchen in ein Kloster nach Burgund in Frankreich – in das von dem kürzlich ermordeten evangelischen Pastor Frère Roger gegründete ökumenische Kloster von Taizé. Manche Jungen fahren schon zum wiederholten Male mit uns an diesen spirituellen Ort. Einige von ihnen sind bereits in der Ausbildung oder auf weiterführenden Schulen. Doch alle opfern für diese Reise ihren Urlaub oder einen Teil der Sommerferien. Der anregende, zur Besinnung einladende Aufenthalt und die interessanten Begegnungen mit Jugendlichen aus der ganzen Welt – manchmal sind mehrere tausend zur selben Zeit dort – sind es ihnen aber allemal wert. Für die ca. einhundert engagierten, aus allen Erdteilen stammenden frommen Männer der Gemeinschaft von Taizé ist Jugendarbeit ein ganz wesentlicher, sinnvoller Beitrag für eine bessere, eine friedvollere Welt. Diese enthusiastischen Brüder *tun* etwas für junge Menschen, sie handeln und reden nicht nur. Jungen erleben Männer einmal ganz anders. In den drei täglichen Andachten erleben die Jungen spirituelle Männer, die durch ihre besonderen Gesänge weit über die Landesgrenzen hinaus bekannt sind. In der übrigen Zeit erleben sie sie als «Sozialarbeiter», die mit ihnen über ihr Leben, ihre Hoffnungen und Ängste sprechen und viel für eine bessere Völkerverständigung leisten. Gespräche, Stillezeiten und die zu leistende gemeinschaftliche Arbeit führen zu einer Verbundenheit, die ihre Spuren hinterlässt. Das sind Erfahrungen, die Jungen prägen.

### Das Taizé-Feeling

*«Ich war zweimal in Taizé. Mich haben die Reisen immer wieder sehr angesprochen.*
*Sehr beeindruckend finde ich, dass dort aus aller Welt Menschen zusammenkommen, um miteinander zu leben und zu kommunizieren. Jugendliche aus anderen Ländern kennen zu*

*lernen und sich mit ihnen zu unterhalten, verschafft mir das Gefühl einer internationalen Zusammengehörigkeit.*

*Obwohl ich Gottesdienste gar nicht so gerne mag, spricht mich doch die Art der Gestaltung sehr an. Die Taizégesänge haben eine beruhigende und entspannende Wirkung auf mich.*

*Obwohl Taizé ein Kloster ist, wird nicht verlangt, dass man gläubig ist oder gar einer Religion angehört. Ich finde, das schafft eine besondere Atmosphäre.*

*Mir gefällt die Einfachheit des Alltags in Taizé und wie die Menschen in der Gemeinschaft miteinander umgehen. Dies kennzeichnet für mich dieses typische Taizé-Feeling.*

*Auch bei Freunden, die sonst härter unterwegs sind und möglichst cool wirken wollen, habe ich festgestellt, dass sie insgesamt nachdenklicher und solidarischer auftraten. Das zeigte sich beispielsweise in der Art und Weise, wie wir miteinander reden konnten. Das würde ich als die ganz besondere Taizéwirkung bezeichnen.*

*Ich werde erneut nach Taizé fahren.»*

Jan-Phillip, 17 Jahre, Hamburg 2005

Ähnliches hat auch der katholische Weltjugendtag 2005 in Köln ermöglicht. Bis zu eine Million Jugendliche aus vielen Ländern der Erde hatten sich dort versammelt, um Begegnung mit Gott und untereinander zu haben. «Und der Papst war auch da.» Zeichnet sich eine Renaissance des Religiösen ab? Zumindest wird eine stets gegenwärtige Suche nach den existenziellen Fragen im Leben und nach überzeugenden, glaubhaften Idolen gegenwärtig besonders deutlich. Benedikt Superstar!

Wie wichtig solche Erfahrungen für die Entwicklung der Jungen sind, zeigen mir immer wieder die Reaktionen der Eltern. Im Anschluss an diese acht außergewöhnlichen, intensiven Tage im Kloster erleben sie speziell an den Jungen ein derart verändertes Verhalten, dass die Eltern sich diese «Mutation» kaum erklären können. Jungen bedanken sich plötzlich bei ihren Müttern für das Mittagessen, räumen ihr Geschirr selbst ab und sind viel ausgeglichener, weicher und zugänglicher. Sie schränken ihren Medienkonsum ein und wirken deutlich gefestigter. Dass Reisen bildet und verändert, stellt man fest, wenn man mit Jungen unterwegs ist. Man muss sich nur um Jungen kümmern, sich mit ihnen auf die Reise machen, sonst entdeckt man bestimmte Seiten bei ihnen vielleicht nie. Un-bekümmerte Jungen bleiben unter ihren Möglichkeiten, sie ver-kümmern. Von allein kann niemand zu seiner vollen Entfaltung finden. Jungen bedürfen der Wegbegleitung und *kur*ierender Behandlungsmaßnahmen.

## Das Geheimrezept der drei R

Im täglichen Leben von Jungen wirken *Regeln, Rhythmen* und *Rituale* wie Wundermittel. Einmal eingeführt, können sie eine große Wirkung entfalten. Um optimal helfen zu können, muss man allerdings erst einmal herausfinden, welche Regeln, welche Rhythmen und Rituale bei einem Jungen wirken. Sie müssen *plausibel* (Regeln), *sicher* (Rhythmen) und *verlässlich* (Rituale) sein. Wie eine Behandlung mit Antibiotika nicht eigenmächtig abgesetzt werden darf, müssen auch sie konsequent angewendet werden. Sie schützen Jungen vor der Gefahr von Orientierungslosigkeit und davor, sich in Beliebigkeit zu verlieren. Deshalb ist eine konsequente Anwendung so wichtig. «Konsequenz» allein wirkt schon als Gegengift, lautet doch die deutsche Übertragung des lateinischen Begriffs «Zielstrebigkeit» und «Beharrlichkeit».

## Regeln

Jungen brauchen Regeln. In meiner Schule hängen die, von den Kindern und Lehrern formulierten, Klassenregeln gut sichtbar in den Klassenräumen. Sie einzuhalten und durchzusetzen ist die Aufgabe aller. In der Regel sollen Regeln gelten! Es gibt Ausnahmen, aber *die* bilden nicht die Regel.

Konsequentes Handeln gegenüber Jungen ist von großer Bedeutung, denn damit gibt man ihnen ein Beispiel für Zielstrebigkeit und Beharrlichkeit. Genau dies ist es aber, was Jungen vielfach fehlt. Ist man ihnen gegenüber nicht im positiven Sinne konsequent, dann fragen sie sich, warum sie selbst es sein sollen. Regeln können mit den Jungen zusammen oder ohne ihre Mitwirkung aufgestellt werden. In manchen Bereichen bietet es sich an, Jungen mit einzubeziehen, in anderen weniger. In bestimmten Bereichen ist es gänzlich ausgeschlossen. So führen mein Sohn Fabian und ich regelmäßig «Vater-Sohn-Gespräche». Dabei werden Rechte (freie Zeit, Wochenendunternehmungen, Rückkehrzeit am Abend, Taschengeld u. a.) sowie Pflichten (Haus- und Schularbeiten u. a.) besprochen und Regeln vereinbart, die für einen gewissen Zeitraum gelten sollen. Wir schreiben die Vereinbarungen auf, um bei Bedarf nachschauen zu können. Nach einiger Zeit werten wir gemeinsam aus, wie die Absprachen sich bewährt haben und wo nachgebessert werden muss. Regelverstöße werden besprochen und haben Konsequenzen. Das ist für ihn nachvollziehbar. *Doch ohne Liebe wäre Konsequenz Hartherzigkeit.* Deshalb ist es so wichtig, darauf zu achten, auch Verständnis und Großzügigkeit zu zeigen. Allerdings darf Nachgiebigkeit nicht ausgenutzt werden. Wenn Ausnahmen von der Regel erlaubt werden, sollte das von den Jungen angemessen wertgeschätzt werden. In meiner schulischen Arbeit erlebe ich immer wieder, dass manche Jungen sehr wenig Erfahrungen mit Konsequenz und der Einhaltung von Regeln von zu Hause mitbringen. Damit werden sie für die Gemeinschaft zum Problem. Eltern, die versäumen, klare, nachvollziehbare Regeln aufzustellen und darauf zu achten, dass sie auch eingehalten werden, schaden ihrem Kind erheblich. Jungen, die Machtkämpfe führen und Regeln aufweichen wollen, mögen für den Moment einen Vorteil haben, wenn sie erfolgreich sind. Letztendlich schaden sie sich aber selber, wenn sie mit Regeln nicht umzugehen wissen. Eltern schaden Jungen mit falscher Nachgiebigkeit erheblich.

Regeln geben Sicherheit und Schutz. Wer nicht mit Regeln umgehen kann, ist für ein Leben in einer Gemeinschaft nicht geeignet, dem fehlt damit auch die Grundlage für eine gemeinsame Zukunft. Wer nicht mit Regeln umgehen kann, ist dann überfordert, wenn er erfahren muss, dass es unumstößliche Regeln gibt.

## Rhythmen

Es gilt, die Rhythmen des eigenen Lebens herauszufinden. Als Langläufer weiß ich, welche entscheidende Bedeutung der Atemrhythmus hat. Wenn man beim Laufen außer Atem kommt, weil man den gewohnten Rhythmus nicht einhält, lässt die Leistung nach. Man kann dann oft nur noch aufgeben, stehen bleiben, oder aber man versucht den Einklang zwischen Atmung und Bewegung wiederzufinden. Wenn man Jungen hilft, ihren eigenen Rhythmus zu finden, sodass sie nicht außer Atem kommen, dann fühlen sie sich wohl, bleiben «locker» und leistungsfähig. Alles andere führt zur Anspannung, Überforderung und letztlich zur Erschöpfung und Aufgabe, manchmal auch zur Selbstaufgabe.

Geregelte Mahlzeiten aller Familienmitglieder nach einem bestimmten Rhythmus (das muss nicht immer zwingend morgens, mittags *und* abends sein) dienen der Orientierung am Tag, dem sozialen Miteinander und der Kommunikation in der Familie. Ein französischer Austauschschüler an der Schule meines Sohnes kritisierte an der deutschen Lebensart, dass seine Gastfamilie sich nicht um einen Tisch versammelt, um mit Genuss und in Gemeinschaft zu essen. Auch wenn es in Frankreich vornehmlich Ganztagsschulen gibt, das Abendessen wird in den meisten Familien alltäglich als Abschluss des Tages gemeinsam zelebriert. *Alle wiederkehrenden Ereignisse wirken wie Leuchttürme im Leben von Jungen.* Sie geben Orientierung und Struktur vor. Werden bestimmte Abläufe aufgegeben oder ständig unterbrochen, zum Beispiel der Zu-Bett-Geh-Rhythmus, bringt das die Jungen aus dem Konzept, sie sind unausgeschlafen und unausgeglichen. Auf alle wiederkehrenden Ereignisse kann man sich einstellen, sich darauf freuen. Auch unangenehme Dinge werden erträglich, weil man weiß, dass sie enden und danach etwas anderes kommt. Ständige Spontaneität und das Fehlen von festen Absprachen verwirren Jungen und vermitteln ihnen nur die Botschaft, alles sei beliebig. Einen Rhythmus einzuhalten erfordert Disziplin. Erst von den Eltern, später von den Jungen selbst. Aber auf diese Weise lernen sie auch die notwendige Selbstdisziplin. *Disziplinprobleme sind auch Rhythmusprobleme.*

Um sich an die Bedeutung von Rhythmen zu gewöhnen, bieten sich Laufen und Trommeln an. Beim Laufen spürt man ähnlich wie beim Trommeln unmittelbar, wie sich der richtige Rhythmus positiv auswirkt. Wenn ich mit Jungen laufe (als Neigungskurs in der Schule zum Beispiel oder auf Klassenfahrten), gebe ich immer einen Rhythmus vor, bei dem man sich unterhalten kann, ohne ins Schnaufen zu kommen. Meistens preschen die Jungen aber los, sie wollen sich «auspowern» und zeigen, wie schnell sie sein können. Doch damit kommen sie nicht weit. In der Ruhe liegt die Kraft, heißt es, und ich möchte hinzufügen: in der Langsamkeit der Erfolg. Obwohl ein Rhythmus- oder Tempowechsel gut geeignet ist, Abwechslung in den Lauf zu bekommen – auch in Bezug auf den Lebenslauf sind Tempiwechsel manchmal vorteilhaft. Mit Jungen im gleichen Takt zu laufen eröffnet mehr Möglichkeiten, als nur einen geeigneten Laufrhythmus einzuüben. Jungen reden mehr miteinander, wenn sie dabei etwas tun. So löst richtiges rhythmisches Laufen die Sprechbremse bei Jungen. Man kommt mit ihnen ins Gespräch und erfährt eine ganze Menge von ihnen. Sie hören aber auch zu und gehen aufeinander ein. Derartiges kann auch beim Basteln, Bauen oder Bewegen mit Jungen erfahren werden.

Mein Motto «*Laufend etwas bewegen*» hat sich zumindest für mich gut bewährt, auch in meinen Kontakten zu Jungen. Aber auch durch das Trommeln, das dem Vorbild des rhythmisch schlagenden Herzens folgt, entsteht ein sicherer Umgang mit dem Lebenstempo. In der Musik wechseln die Rhythmen. Für Jungen bedeutet ein Wechsel im Rhythmus nicht zwangsläufig eine Störung. Alles hat seine Zeit, der Rhythmus kann langsamer sein oder schneller. Nur passen muss er.

Alles, was dem Leben von Jungen eine Struktur verleiht, hilft ihnen, in der Unüberschaubarkeit ihres Lebens Sicherheit zu geben, sei es der wiederkehrende Geburtstag, der liebevoll gefeiert wird, die regelmäßigen entspannenden, dem Vergnügen gewidmeten Wochenenden oder der rhythmisierte Schultag. Sicherheit ist wesentlich für Jungen. Sind sie unsicher, verunsichern sie auch andere. Haben sie Angst, ängstigen sie auch andere. Angenehme harmonische Rhythmen in ihrem Leben tun ihnen wohl und bewahren vor Disharmonien und Dissonanzen. Wechselnde Rhythmen bieten ihnen andere Erfahrungen als der eintönig hämmernde Techno-Takt.

## Rituale

Einmal im Jahr unternehme ich mit meinem ältesten Sohn etwas ganz Besonderes. Nur wir zwei. Wir nehmen einen Billigflieger nach London, einen Zug zur Sonnenfinsternis nach Süddeutschland, fahren zum Segelfliegen in den Harz oder schlafen im Auto am Ostseestrand. Auch das kann man als wiederkehrendes Ereignis, als Rhythmus in unser beider Leben ansehen. Es ist aber zugleich auch ein Ritual, ein Vater-Sohn-Ritual. Ein Ritual, das der Regel gehorcht, einmal nur etwas für uns beide zu tun. Gemeinsam verbrachte Zeit ist gemeinsame Erfahrungszeit. Sie gehört inzwischen in die Ordnung unseres Lebens, sie ist ein Brauch geworden. Auch wenn sich im Alltag die Interessen meines stark pubertierenden Sohnes zum Teil deutlich von meinen unterscheiden, versuchen wir daran festzuhalten, einmal im Jahr etwas zu machen, was uns beiden gefällt. Dabei geht es nicht in erster Linie darum, *was* wir miteinander unternehmen, sondern *dass wir überhaupt* etwas miteinander intensiv erleben. *Rituale müssen ernst genommen werden, sonst verlieren sie an Bedeutung.* Rituale helfen Jungen, den Ernst einer Sache zu erkennen.

In diesem Jahr hat sich mein Sohn konfirmieren lassen, auf eigenen Wunsch. Er hat das sehr ernst genommen, einen Anzug gekauft, viele Freunde und Verwandte eingeladen und das Essen mit ausgesucht. Er hat dieses Ereignis zu schätzen und einzuordnen gewusst. Das erste große Fest nur für ihn. Die ganze Aufmerksamkeit und Zuwendung war auf ihn gerichtet. Er hat es genossen, einmal so im Mittelpunkt zu stehen. Sicherlich hinterlässt dieses Ereignis einen Eindruck in seinem Leben. Rituale sollen Bedeutung haben, Spuren hinterlassen. Bedeutung haben auch die vielen kleinen Rituale, die es im Alltag geben kann. So gibt es mit meinem kleinen Sohn ein abendliches Flüsterritual im Bett. Damit er seinen Energielevel langsam herunterfährt, toben wir im Bett nur in Ausnahmesituationen. Wir beenden den Tag für ihn mit einem «ritualisierten» Bad, Vorlesen, Kuscheln oder einer besinnlichen Tagesrückschau und einem Gebet. Diese Rituale sind ihm wichtig, und er fordert sie auch ein.

Rituale müssen keine immer wiederkehrenden Anlässe sein, sie können auch einmalig sein und eine einmalige Bedeutung vermitteln. So sind Konfirmation, Kommunion oder Jugendweihe für die Jugendlichen ein einmaliges Ritual, mit denen der Abschied vom Kindsein, die Aufnahme in die Gemeinschaft der Erwachsenen zelebriert wird. Sie stellen, mit der speziellen Ernsthaftigkeit betrieben, im Leben der Jugendlichen einen Punkt dar, der eine Veränderung markiert, das Erreichen eines neuen Abschnitts in ihrem Leben verdeutlicht. Ein anderer Markstein kann zum Beispiel sein, wenn Jungen mit dem achten oder zehnten Geburtstag andere Fernsehrechte erhalten. Weitere bedeutsame Einschnitte, die abhängig vom Entwicklungsstand des Jungen vorher festgelegt werden, sind zum Beispiel, ab wann und ob es überhaupt einen Computer im Zimmer geben darf, wann der Mofaführerschein gemacht werden kann und ab wann Alkohol getrunken werden darf. In welchem Alter welche Heimkehrzeiten gelten. Auch der Zeitpunkt des ersten sexuellen Kontakts ist ein wichtiges Thema. Das lässt sich sicherlich nicht durch die Eltern kontrollieren, sollte aber besprochen werden. Alle diese Anlässe hängen mit der inneren Entwicklung zusammen, deren äußerer Ausdruck sie sind, ein Ausdruck der jeweiligen Reife. Reife hängt mit der Übernahme von Verantwortung zusammen, und so sollte nie mehr Verantwortung übertragen werden, als die Jungen leisten können. Freiheiten sollten deshalb mit Verantwortlichkeiten gekoppelt werden. Ein Ritual sollte als Markstein auf dem Lebensweg erst dann eingesetzt werden, wenn der Junge reif dafür ist. Ein ganz entscheidendes Ritual ist die Initiation zum Mann, sie sollte erst dann erfolgen, wenn der Junge in der Lage ist, dem zu entsprechen, was einen Mann in seinem jeweiligen kulturellen Hintergrund ausmacht. Das kann in den verschiedenen Kulturen sehr unterschiedlich sein.

Werden sämtliche Freiheiten viel zu früh gegeben, werden bedeutsame Rituale entwertet. Die Jungen können sich nicht mehr auf etwas freuen, sie sehen immer nur, dass andere Jungen schon das Nächste haben, und fordern es dementsprechend auch eher ein. Aus der Vorfreude wird Ärger, wenn sie es nicht schon jetzt erhalten: Ich will alles, und zwar sofort! Eltern, die solchen Forderungen standhalten, sei zur Ermutigung gesagt: Nur die zur richtigen Zeit stattfindenden Rituale wirken sich positiv auf die Entwicklung ihres Jungen aus. Nur wer die Reife besitzt, verantwortlich mit der Freiheit umzugehen, die ihm zugesprochen wird, der kann auch auf Dauer persönlichen Nutzen daraus ziehen. Sex, Alkohol und Nikotin mit zwölf kann nicht gut sein!

Rituale schaffen Vertrauen, wenn sie von verantwortungsvollen, verlässlichen Menschen eingesetzt werden, die es gut mit Jungen meinen. Rituale helfen, sich weiterzuentwickeln, Geduld aufzubringen und Vertrauen in die Zukunft zu setzen.

Regeln, Rhythmen und Rituale sind miteinander verwoben. Regelmäßig, rhythmisch wiederkehrende Rituale oder ritualisierte Regeln; das Zusammenspiel der drei R in der Erziehung von Jungen ist besonders erfolgversprechend.[107] Aber auch einzeln haben sie ihre Bedeutung, um Jungen vor größeren Krisen und Katastrophen zu bewahren. Es gibt unzählige Erziehungsratgeber, viele psychologische Erkenntnisse und Tipps von Experten, doch letztlich hängt aller Erfolg davon ab, wie ernsthaft und konsequent das veröffentlichte Wissen in die Tat umgesetzt wird. Neues kommt selten hinzu. Seit Urzeiten wachsen Jungen auf, manchmal nur *irgendwie*. Seither wurden viele Erziehungsmetho-

---

107 Ein viertes «R» wäre denkbar, wenn man einen «Raum» für Jungen einfordern würde. Jungen brauchen Räume: Erfahrungs-, Bewegungs- und Lebensräume.

den ausprobiert. Das Pendel schlägt oft in die entgegengesetzte Richtung, wenn es längere Zeit in einem bestimmten Bereich einen Mangel gegeben hat. Dann wird krampfhaft versucht, diesen Mangel zu kompensieren. Rechtzeitiges Vorbeugen kommt in den seltensten Fällen vor. Erst muss die Katastrophe, die Krise als Motor da sein. Muss das so sein?

Es kommt also nicht nur darauf an, den Jungen etwas Gutes zu tun, sich ihnen zuzuwenden und sich um sie zu kümmern, sondern es muss auch das sein, was sie brauchen – und das dann auch noch im rechten Maß.

Derzeit mangelt es, wie bereits gezeigt, generell in drei wesentlichen Bereichen:
1. der Beziehung zu Männern in ihrem Leben
2. der «richtigen» Schule für Jungen
3. der Einbindung in ein positives soziales Miteinander

## Was noch zu tun bliebe – drei Utopien

Eine Utopie gilt als ein Plan, der noch keine Grundlage in der Wirklichkeit hat. In diesem Sinn lassen sich die folgenden Überlegungen als utopische verstehen. Sie klingen zunächst unerfüllbar, müssen es aber nicht sein. Utopien sind dazu da, einen Blick hinter den Horizont zu riskieren. Und allein diese Perspektive, die Ausrichtung auf ein als utopisch geltendes Ziel, bewirkt oft schon etwas Neues. Und, wer weiß, manchmal werden aus Träumen auch Realitäten.

*1. Forderung: Den Männermangel im Leben von Jungen mit Paten, die Zeit und ein Herz für Jungen haben, beheben*

Es gibt viele junge und ältere Männer, die Jungen etwas zu sagen und zu geben hätten. Viele haben aber leider nicht die Möglichkeit dazu, oder sie haben sie verloren. Doch es gibt vereinzelt Männer, die arbeiten aus Freude und Überzeugung mit Jungen zum Teil nach ihrer Arbeit, in Vereinen oder selbst organisiert als Trainer. Sie stellen z. B. gemischt-ethnische Fußballmannschaften zusammen oder engagieren sich in anderer Form für die Interessen von Jungen. Diese Möglichkeiten müssten noch viel mehr genutzt werden, diese Arbeit noch viel mehr anerkannt und gefördert werden.

Besonders wirksam wäre es, wenn jedem Jungen, der unter «Männermangel» leidet, ein «Pate» zur Seite stehen könnte. So wie es in den christlichen Kirchen einen Taufpaten gibt, der dem Täufling in seinem Leben stützend und hilfreich zur Seite steht und im Falle des Todes der Eltern die Erziehung und die Fürsorge übernimmt. Vereinzelt gibt es Sozialarbeiter, die Jungen gelegentlich auch zu Hause aufsuchen und mit ihnen über ihre Sorgen und Probleme sprechen, die sich im Rahmen ihrer Arbeit um die Belange der Jungen kümmern. Doch solche Stellen in der Jugendarbeit gibt es viel zu wenige, trotz der Erfolge durch das Engagement dieser Männer. Es gibt viele Männer, die sich um Jungen kümmern könnten. Männer, die entweder nicht ausgelastet sind oder die es sich neben ihren sonstigen Verpflichtungen zutrauen. Bei über fünf Millionen Arbeitslosen und unzähligen Jungen ohne männliche Bezugsperson liegt der Gedanke nahe, hier eine Verbindung herzustellen, und sei es nur für ein paar geregelte Stunden in der Woche. Die Männer können ihre Person einbringen, ihr Fachwissen, ihr Können, ihre Zeit. Für die Jungen, die sich darauf einlassen, würde das einen – vielleicht den entscheidenden – Kontakt mehr in ihrem Leben bedeuten. Dass es möglich ist, habe ich während meines Studiums erfahren können. Damals habe ich mich um einen vaterlosen Jungen gekümmert. Kochen, Sport, Freizeitgestaltung, Schularbeiten und die Suche nach einer Ausbildungsstelle gehörten dazu. Am Ende hatte der Junge eine Lehrstelle und ich, neben dem Schein für mein Sozialpraktikum, entscheidende Erfahrungen mit einem schwierigen Jungen. Angehende Lehrer und Lehrerinnen machen viel zu wenig praktische pädagogische und vor allem sozialpädagogische Erfahrungen in der immer noch stark verkopften Lehrerausbildung. Unter bestimmten Voraussetzungen wäre die verpflichtende Arbeit mit Jungen eine gute Möglichkeit, angehende Lehrer (und Lehrerin-

nen) mit «bedürftigen» Jungen zusammenzubringen.[108] Aber auch
ältere Männer, Großväter, könnten sich eines Jungen annehmen,
könnten nach bestimmten Absprachen die Rolle eines Paten oder
Mentors für die Jungen übernehmen. Es gibt sicherlich Rentner,
die an den Schulen Gruppen übernehmen könnten, in denen sie
die Jungen zu praktischen Tätigkeiten anleiten. Allerdings ist das
Bewusstsein, dass auch diese Generation Männer etwas zu bieten
hat, bei vielen so gut wie nicht vorhanden. Diese Paten könnten
Jungen zum Beispiel das ein wenig aus der Mode gekommene
Modellbauen beibringen oder andere Dinge, die ältere Männer
gerne an die Jugend weitergeben würden.

Ideen gäbe es genug, und es gäbe wohl auch ältere Menschen,
die sich über eine sinnvolle Betätigung freuen würden. Ob eine
solche «Utopie» Wirklichkeit werden kann, hängt einzig und
allein vom Willen ab. Es mag Bedenken geben, vielleicht auch
zu Recht. *Doch die weitaus größeren Bedenken habe ich, wenn
nichts geschieht und die Jungen weiterhin sich selbst überlassen
bleiben.*

## 2. Forderung: Eine Schule für Jungen – die Schulzeit den Bedürf-nissen des männlichen Geschlechts gemäß gestalten

Wie wichtig das «*Lernen mit Kopf, Herz und Hand*» ist, wusste schon der Schweizer Pädagoge und Philosoph Johann Heinrich Pestalozzi. Seine Erneuerung der Pädagogik veränderte die
Erziehung in ganz Europa. Doch inzwischen scheint unter dem
Druck der «Wissensgesellschaft» der ganzheitliche Ansatz in der
Pädagogik verdrängt zu werden. Zeit ist kostbar geworden, mehr
denn je. Auch die Schulzeit, und die Konkurrenz im Ausland
schläft nicht. So soll mit der Verkürzung der Schulzeit erreicht
werden, dass Schulabgänger bereits nach zwölf Jahren ihr Abitur machen, um früher in einen wissenschaftlich-wirtschaftlichen

---

108 Im «Unternehmen – Zündfunke»(.de) werden Lehramtsstudenten mit
vernachlässigten Jugendlichen zusammengebracht.

Wettstreit treten zu können. Zeit, um für das Leben zu lernen und charakterprägende Erfahrungen zu machen, wird wohl als unnötig angesehen, jedenfalls ist sie nicht eingeplant. Besonders negativ wirkt sich das auf Jungen aus. Dabei wäre eine ganz andere Lern- und auch Lebensform für viele Jungen angebrachter, gerade in dem besonders kritischen Alter zwischen zwölf und sechzehn. Jungen müssten die Möglichkeit haben, während dieser Zeit aus der Schule herauszugehen, um ganz intensive Erfahrungen zu machen, mit sich, mit anderen, ihren Fähigkeiten und der Umwelt, möglichst in einer Gruppe mit männlichen Menschen. Als 16-Jähriger arbeitete ich in fast allen Ferien in einer Tiefbaufirma. Ich erlebte dabei einen Alltag, der so ganz anders war als in der Schule. Ich «malochte» mit plattdeutsch sprechenden Männern und verbrachte die Pausen im Bauwagen bei ganz anderen Gesprächsthemen, als ich es gewohnt war. Abends kam ich «groggy» nach Hause und fühlte mich wie ein Mann, der etwas Großes geschafft hat. Ich konnte meinen Eltern zeigen, an welchen Bauwerken ich mitgearbeitet hatte. Ich hinterließ Spuren und schuf etwas. Ich war stolz auf mich. Ich lernte, wie schwer Arbeit ist, wie viel Mühe es macht, sein Geld zu verdienen. Und wie privilegiert ich bin, dass ich weiter zur Schule gehen konnte.

Die italienische Ärztin und Pädagogin Maria Montessori forderte schon in der ersten Hälfte des letzten Jahrhunderts, dass Kinder und Jugendliche ihre Sinne und ihre Selbständigkeit schulen sollten, indem sie praktisch in ihrer unmittelbaren Umgebung, ihrer erleb- und erfahrbaren Umwelt, tätig werden. Ihre Vorstellung, eine Zeit lang von der Schule weg auf einem Bauernhof zu leben und zu lernen, sagt mir sehr zu. Als Lehrer stelle ich immer wieder fest, dass gerade in der 8. Klassenstufe viele Jungen nur geringe Lernfortschritte machen. Diese kritische Zeit während ihrer Pubertät stören einige von ihnen die anderen mehr, als dass sie die Zeit sinnvoll für sich nutzen könnten.[109] Wiederholt man

109 In den internatsähnlichen «Efterskolen» in Dänemark können sich Jugendliche, die es in einer regulären staatlichen Schule nicht mehr

ein Unterrichtsthema zu einem späteren Zeitpunkt noch einmal, so behaupten besonders die Jungen vehement, sie hätten noch nie etwas davon gehört, geschweige denn, es gelernt. Was wäre, wenn sie in dieser prägenden Zeit Dinge lernen könnten, die sie nie wieder vergessen würden? Erfahrungen machen, die sie positiv prägen, ihr Leben lang, die ihnen Vertrauen in ihre Fähigkeiten vermitteln und sie zu selbständigeren jungen Männern machen würden? Zu jungen Männern, die stolz auf sich sind, die sich besser annehmen können und die gelernt haben, mit anderen besser umzugehen. Jungen, die in dieser oftmals verlorenen Zeit gelernt haben, dass sie für das Leben und nicht für die Schule lernen, die erfahren haben, dass eigene Leistung die Selbstachtung fördert. Wenn sie später wieder in die Schule zurückkehren, würden sie sicherlich mit einer veränderten Haltung und einem reiferen Bewusstsein in der Schule weiterlernen können. Sie würden vielleicht eher die Chance zum Lernen ergreifen und sich im Rahmen ihrer Möglichkeiten mehr engagieren.

### 3. Forderung: Jungen für die Gemeinschaft verpflichten – die Verpflichtung zu einem sozialen, dem Gemeinwohl dienenden Einsatz für junge Männer

Junge Männer sollten wichtige Lebenszeit nicht mit der Vorbereitung auf kriegerische Auseinandersetzungen verbringen müssen und in Kasernen diese Zeit mit Warten und Langeweile totschlagen. In der Hoffnung, dass Kriege aus Vernunftgründen aussterben, sollten sie aktiv etwas gegen die Not in der Welt tun und nicht dazu beitragen. Die Welt rückt näher zusammen, der Globus wird «kleiner», und die Menschen sind mehr aufeinander angewiesen. Wenn es keiner Armee von einberufenen Männern

«aushalten», die keinen Antrieb und keine Leistung mehr zeigen, ab Jahrgang 8 zu «Spezialisten» entwickeln: Handwerk, Sport oder «Husflids»/Hausarbeit etc. stehen zur Auswahl. Der Staat zahlt (ca. 2500 Kronen pro Monat).

mehr bedarf, um sich vor ihnen schützen zu müssen, dann könnten junge Männer ihre reichlich vorhandene Lebens-Energie nicht im «Feld» lassen, sondern sie auf sozialen, ökologischen oder pädagogischen Feldern einsetzen. Die beste Prävention gegen den Krieg ist soziales Engagement, das auch über nationale Grenzen hinausgeht. Das erklärte Ziel einer friedliebenden Gesellschaft muss sein, Beziehungen zwischen den Menschen zu schaffen, den anderen, den noch Fremden, als Menschen zu erkennen und zu achten. Jungen und junge Männer müssen Situationen erleben, in denen sie die nachsichtige Sicht auf den Nächsten entwickeln können. Von den virtuellen Tötungs-Trainings am Computer, die zu Unrecht als «Spiel» bezeichnet werden, müssen sie fern gehalten werden, denn durch die dabei deutlich absinkende Tötungshemmung und die damit verbundene ansteigende «Kill-Rate» betrachten sie den Nächsten nicht mehr als Menschen, sondern als zu liquidierendes Objekt in einem für unreal gehaltenen Szenario. Bewahren hat bei vielen männlichen Menschen nicht dieselbe Bedeutung im Leben wie Zerstören. Ein kollektiver Wille aber müsste genau das fordern und fördern. Wenn junge Männer zu Anfang ihrer beruflichen Laufbahn für einen befristeten Zeitraum in sozialen oder ökologischen Tätigkeitsfeldern arbeiten würden, könnten sie dabei erleben, wie viel Kraft «Mann» aus der Arbeit mit Menschen für den Menschen beziehen kann. Anstatt z.B. den Zivildienst abzubauen, sollte er als ziviler, gemeinnütziger Dienst eher ausgebaut werden und weiterhin *die* Alternative für einen Dienst an der Waffe sein. Die unzähligen jungen Männer, die in den vergangenen Jahrzehnten im Zivildienst positive soziale Erfahrungen machen konnten, werden dem zustimmen. Doch meist sind es gerade diese jungen Männer, die schon vor ihrer Entscheidung für den Dienst am Menschen oder an der Umwelt über besondere soziale Kompetenzen verfügen. Sie entscheiden sich gerade wegen ihres Menschen- und Weltbildes dazu. Die anderen aber, die in ihrem Sozialverhalten ein Defizit aufweisen, suchen sich diese Herausforderungen viel seltener. Gerade ihnen müsste dieser Weg erschlossen und zugänglich gemacht werden,

gerade ihnen würden diese Erfahrungen für ihr weiteres Leben
nutzen. Am Beispiel eines jungen Mannes, der an meiner Schule
seinen Zivildienst ableistete, möchte ich aufzeigen, wie wichtig
solch eine Utopie für die Veränderung und die mögliche Prägung
von Jungen und jungen Männern ist. Dadurch könnte jungenbe-
zogenem Problemverhalten erfolgreich begegnet werden.

### Der Zivildienst

«Seitdem ich in dem Alter war, in welchem ich vom Wehrdienst,
der Pflicht eines jeden tauglichen deutschen Mannes, erfuhr,
stand für mich die Entscheidung fest: Ich würde den Dienst an
der Waffe verweigern und stattdessen meine Arbeitskraft sozialen
Zwecken im Rahmen des Zivildienstes zur Verfügung stellen – so
dachte ich, zunächst sicherlich auch durch die Eltern beeinflusst,
später jedoch mehr und mehr aus eigener Überzeugung. Noch
immer, auch nach nunmehr fünf Monaten Zivildienst, bin ich der
Ansicht, dass man während der neun Monate Wehrpflicht im Zivildienst mehr für das Allgemeinwohl und letztendlich auch für
sich selbst erreichen kann. So gibt es doch im Zivildienst beim
Umgang mit hilfebedürftigen Menschen viele einprägsame und
lehrreiche Momente, welche einen dauerhaft mit anderen Augen
in die Welt blicken und die eigenen Prioritäten überdenken lassen. Es werden viele wichtige Aspekte des Lebens während der
Zivildienstzeit grundlegend anders beleuchtet.

Ich selbst leiste meinen Zivildienst in der Gesamtschule Bergstedt in einer Integrationsklasse, Jahrgangsstufe fünf. Ich be-
treue dort einen Jungen, welcher durch Sauerstoffmangel bei
der Geburt halbseitig spastisch gelähmt ist und sich auch geistig
nicht auf dem Entwicklungsstand seiner Mitschüler befindet.

Zunächst war ich zugegebenermaßen unsicher, ob mir die tägliche Arbeit mit den Kindern gefallen würde, ob ich überhaupt
gut mit dem Jungen und seinen Klassenkameraden umgehen
könnte. Ich stellte mir vor, die Kinder würden mich nerven, mich
nicht verstehen. Gerade in meinem Alter, ich war 19 Jahre alt,
dachte ich noch nicht an Kindererziehung, sie stand vielmehr

noch in weiter Ferne. So empfand ich meine Sorgen berechtigt, als ich mich an meinem ersten Tag zur Gesamtschule Bergstedt begab. Es schien sich jedoch keiner meiner Gedanken zu bewahrheiten, nach wenigen Tagen fand ich guten Kontakt zu dem von mir betreuten Jungen wie auch zu vielen anderen seiner Mitschüler. Schon bald sprachen wir über unsere Wohnorte, über Autos und natürlich auch meine alte Schule. Die Schüler verstanden, dass ich bis vor kurzem auch noch einer von ihnen war, so war es einfacher, den «Draht» zu ihnen zu finden.

Anfangs noch sehr zurückhaltend, fiel es mir auch immer leichter, die Kinder zurechtzuweisen und auch «meinen» Jungen zum Arbeiten zu bewegen. Inzwischen habe ich mich gut in die Rolle zwischen «Freund» und «Lehrer» eingefunden. Auf der einen Seite kann ich mich ungezwungen mit den Kindern unterhalten, «Ticken» spielen oder auch zusammen mit dem von mir betreuten Kind auf das Klettergerüst klettern, andererseits habe ich aber auch das Gefühl, eine gewisse Autorität zu haben und Respekt zu genießen. Insbesondere diese Erfahrungen geben mir selbst viel mehr Sicherheit im Umgang mit Kindern als auch in vielen anderen Situationen des Lebens.

Viele meiner männlichen Freunde können sich einen solchen Umgang mit Kindern nicht vorstellen, wohl auch aus mangelnder Erfahrung. Leider bleibt der Umgang mit Kindern vielen Männern fremd, da sie auch in der eigenen Familie aus beruflichen Gründen wenig Gelegenheiten finden, sich mit den Kindern zu beschäftigen. Ihnen bleibt diese, meiner Auffassung nach, wichtige und prägende Erfahrung vorenthalten.

Mein Aufenthalt in einer Integrationsklasse mit behinderten und nicht behinderten Kindern in einer Klassengemeinschaft hat mir geholfen, die Situation behinderter Menschen besser zu verstehen und auch selbst besser mit den Betroffenen umgehen zu können. Bemerkenswert finde ich vor allem, wie respektvoll und «normal» die meisten Klassenkameraden mit ihren behinderten Mitschülern umgehen, sich oft liebevoll um sie kümmern. Natürlich kommt es im Alltag auch zu Situationen, in welchen der beträchtliche Lärmpegel einer fünften Klasse schwer auszuhalten ist oder einem einfach unklar ist, wie man sich nun am besten verhalten sollte. Aber da es ja nur so möglich ist, selbst hinzuzulernen und mit diesen Situationen umzugehen, empfinde ich Probleme oft als sehr lehrreich.

Zusammenfassend kann ich sagen, dass ich die Erfahrung, neun Monate in einer fünften Klasse meinen Zivildienst geleistet zu haben, auf keinen Fall missen werden möchte.

Ich finde es bedauernswert, dass in der heutigen Diskussion über die Abschaffung der Wehrpflicht der Aspekt des Zivildienstes zumeist nur nebensächlich behandelt wird, obwohl doch mit einem Fall der Wehrpflicht auch dem Zivildienst ein unwiederbringliches Ende gesetzt würde. Ich empfinde die oben beschriebenen Erfahrungen, welche zweifelsfrei während des Zivildienstes gemacht werden können, sehr wichtig. Hierbei ist es irrelevant, ob für den Lehrling zwischen Schule und Beruf oder für den Studenten nach dem Abitur auf dem Weg nach «oben». Insbesondere der Leistungselite scheint es ja in unserem Land manchmal etwas an dem Blick auf alle Aspekte des Lebens, an sozialen Erfahrungen, zu fehlen.

Für mich selbst kam die Zeit des Zivildienstes offenkundig günstig: Nach meinem Abitur im Sommer 2004 war ich, meine weitere Ausbildungsbahn betreffend, noch sehr unsicher und wenig entscheidungsfreudig, eine Phase der «Selbstfindung» und des «Absteckens» der eigenen Ziele kam also gerade recht. Ich denke, nun während meines Zivildienstes eine Entscheidung über meine eigene Zukunft treffen zu können – vielleicht sind es ja gerade die Momente neuer Aspekte und Erfahrungen im Leben, welche einem hierbei zusätzlich behilflich sein können.»[110]

110 Ich danke Helge Kniep, Zivildienstleistender an der Gesamtschule Bergstedt in Hamburg für die Niederschrift seiner Gedanken. Wer das Leben in einer Integrationsklasse einmal näher kennen lernen möchte, dem sei der Film «Klassen-Leben» (2005) vom dem Regisseur Hubertus Siegert empfohlen.

## Alles ist machbar ...

Die Jungen bedürfen einer stärkeren Lobby, sie müssen stärker in den Mittelpunkt des Interesses rücken. Und zwar *nicht* durch ihr immer auffälligeres Verhalten, sondern durch die Einsicht der Verantwortlichen, der Erwachsenengeneration. In der Vergangenheit hat das Krisenmanagement für Jungen mit Schwierigkeiten nicht wirkungsvoll genug funktioniert.

Nach all den Bemühungen um eine demokratische, humane und emanzipatorische Erziehung in den sechzig Jahren nach dem Ende des deutschen Faschismus muss es doch bestürzen, dass es eine wachsende Zahl von unkritischen, leseunfähigen, bildungsfernen jungen Menschen gibt, die auf die Flötentöne von Verführern reagieren wie die Ratten auf den Fänger von Hameln. Scheinbar willenlos folgen sie der Gesinnungs-Marsch-Musik, die lautesten vorneweg. Auch der Einfluss der Medien auf die dramatische Misere von immer mehr Jungen darf nicht unterschätzt werden. Bilder einer entfesselten Männlichkeit sowie das Fehlen von zu bewältigenden Herausforderungen können zur Gefahr für Jungen werden und die Stabilität der Gemeinschaft gefährden. Langeweile und das Gefühl der Nutzlosigkeit sind Ursachen für viel Leid.

Die Jungenkatastrophe ist hausgemacht, sie ist das Ergebnis einer vernachlässigten Förderung des männlichen Geschlechts im Kindes- und Jugendalter. Die Förderung von Mädchen hat zu sichtbaren Veränderungen geführt. Mädchen haben heute zunehmend mehr Erfolg in den verschiedensten Feldern des Lebens. Die Frauen haben sich selbst in den Blick genommen und sich aus ihrer gesellschaftlichen Sackgasse befreit. Sie haben sich stark gemacht für ihre Nachkommenschaft und das weibliche Geschlecht insgesamt. Mädchen zu fördern war notwendig, und nun ist es an der Zeit, Jungen das zukommen zu lassen, wessen sie dringend bedürfen: leistbare Aufgaben und Annahme, sinnvolle Beschäftigung und eine hoffnungsvolle Lebensperspektive, eine klare Identität und ein positives Wertesystem und vor allem tragfähige Beziehungen. Dazu brauchen Jungen Unterstützer, Streiter und

Tröster. Jungen brauchen Männer *und* Frauen, die sich für sie stark machen und sie stärken! Jungen sollen wieder stark werden, stark genug, um ihr Leben meistern zu können.

# Anhang

## Auswahl von Anlaufstellen zur Arbeit mit Jungen

### Baden-Württemberg

Heidelberg
**JederMann e. V. –
Männer- und Jungenarbeit**
Kaiserstr. 6
69115 Heidelberg
Tel. 06221/60 01 01 (AB)

Stuttgart
**JunGs / Jungengesundheitsprojekt
e. V.**
Wilhelmstr. 3
70182 Stuttgart
Tel./Fax 0711/234 97 47

Tübingen
**PfunzKerle e. V.**
Schlachthausstr. 9
72074 Tübingen
Tel. 07071/36 09 89
Fax -/252-604
E-Mail info@pfunzkerle.de
www.pfunzkerle.de

**LAG Jungenarbeit Baden-
Württemberg**
Schlachthausstr. 9
72074 Tübingen
Tel. 07071/252-603, Fax -604
E-Mail info@lag-jungenarbeit.de
www.lag-jungenarbeit.de

### Bayern

München
**Beratung und angeleit.
Männergruppen**
Landwehrstr. 85/1
80336 München
Tel. 089/543-9556, Fax -9662
E-Mail info@maenner-zentrum.de
www.maennerzentrum.de

Rosenheim
**Männer- und Jungenzentrale
Hilfen und Vermittlung von Hilfen**
Tel./Fax 0700/62 58 13 33
www.majuze.de

Würzburg
**Männerbüro Mainfranken e. V. –
Menschen gegen
Männergewalt**
Friedenstraße 57
97072 Würzburg
Tel. 09728/90 74 02
E-Mail fachzentrum@-
maennerbuero-mainfranken.de
www.maennerbuero-mainfran-
ken.de

## Berlin

**Vaterschaft & Familie**
Information/Beratung bei
Kinderland e. V.
Beratungstermin vereinbaren unter
Tel. 030/485 46 37
E-Mail info@kind-vater.de
www.kind-vater.de

## Brandenburg

Potsdam
**MANNE e. V.**
Tel. 0331/748 08 97
E-Mail info@mannepotsdam.de
www.mannepotsdam.de

## Bremen

**Männer gegen Männer-Gewalt®
Bremen**
Tel. Sprechzeiten unter der
Nummer 0421/303 94 22
E-Mail kontakt@gewaltberatung-
bremen.de
www.gewaltberatung-bremen.de

**Fachstelle für Gewaltprävention**
Tel. 0421/794 25 67
E-Mail info@fgp-bremen.de
www.fgp-bremen.de

## Hamburg

**Männer gegen Männer-Gewalt®
Hamburg**
Tel. 040/220 12 77
E-Mail
hamburg@gewaltberatung.org
www.gewaltberatung-hamburg.
org

**Väterzentrum Hamburg e. V.**
Info: Volker Baisch
Tel. 040/39 90 85 39
E-Mail info@vaeter.de
www.vaeter.de

**VÄTER e. V.**
Ralf Specht
Tel. 040/39 90 85 39
E-Mail info@vaeter.de
www.vaeter.de

**Dokumentationsstelle
Jungenarbeit**
c/o Stadtteilverein
«Im Tarpenwinkel»
Tel. 040/527 82 98
(donnerstags 14.00–17.00 Uhr),
ansonsten 0173/916 50 30
E-Mail
Heitmann@jungenarbeit.info
www.jungenarbeit.info

**Landesinstitut in Hamburg**
LI-Förderung von Jungen an
Schulen
Lehrerfortbildung
Tel. 040/42 88 42-743
E-Mail
marcus.thieme@li-hamburg.de
www.li-hamburg.de

**Paten-t für Jungen e. V.**
Jungen-Männer-Patenschafts-
projekte an Schulen
Tel. 040/18 05 85 09
E-Mail
kontakt@patent-fuer-jungen.de
www.patent-fuer-jungen.de

## Hessen

Frankfurt
**Unterstützung bei Konflikt –
Krise – Gewalt**
Männerzentrum
Termin nach tel. Vereinbarung
unter
069/495 04 46
E-Mail
infozentrum@maennerfragen.de
www.maennerfragen.de

Friedberg
**Fachberatung/Fortbildung für
Männer**
(und Frauen), die mit Jungen/
Männern arbeiten
Pro Familia, Johannes Strohmeyer
Tel. 06031/23 36

## Mecklenburg-Vorpommern

Greifswald
**Männer gegen Männer-Gewalt®
Greifswald**
Tel. 03834/82 99 65

## Niedersachsen

Hannover
**Fachkreis Jungenarbeit**
Tel. 0511/215 29-66

**mannigfaltig**
Institut und Verein für Jungen-
und Männerarbeit
Tel. 0511/458 21 62

**MEDIUM e. V.**
Schwerpunkt: interkulturelle
Jungenarbeit
Tel. 0511/215 15 55
www.medium-ev.de

Wolfsburg
**Männer gegen Männer-Gewalt®
Wolfsburg**
Tel. 05361/89 06 16
E-Mail
wolfsburg@gewaltberatung.org
www.gewaltberatung.org

## Nordrhein-Westfalen

### Bielefeld
«man-o-mann» männerberatung
Tel. 0521/686 76
E-Mail maennerberatung@web.de
www.man-o-mann.de

### Dortmund
**LAG Jungenarbeit NRW**
Fachstelle Jungenarbeit NRW/
Landesarbeitsgemeinschaft Jun-
genarbeit in NRW e. V.
Tel. 0231/534 21 74
E-Mail info@lagjungenarbeit.de
www.lagjungenarbeit.de

### Duisburg
**Jungs e. V. Duisburger Jungenbüro**
Tel. 0203/44 99 95 56
E-Mail info@jungsev.de
www.jungsev.de

### Herne
**Männer gegen Männer-Gewalt®
Ruhrgebiet**
Tel. 0172/537 24 04
E-Mail
ruhrgebiet@gewaltberatung.org

### Köln
**Männer gegen Männer-Gewalt®**
Tel. 0221/980 83 70
E-Mail koeln@gewaltberatung.org

**Kääls e. V. Kölner Männerforum**
Tel. 0221/732 73 00
E-Mail kaels@gmx.de

**Netzwerk: Männer als Fachkräfte
in Tageseinrichtungen für Kinder**
SPI NRW/FH KÖLN
Tel. 0221/160 52-21
E-Mail verlinden@spi.nrw.de

### Minden/Lübbecke
**mannigfaltig Minden-Lübbecke
e. V.**
Tel. in Lübbecke 05741/90 99 31
Tel. in Minden 0571/889 26 84
E-Mail info@mannigfaltig-
minden-luebbecke.de
www.mannigfaltig-minden-
luebbecke.de

### Mönchengladbach
**AK Jungen- und Männerarbeit**
Pädagogen aus 19 Einrichtungen
treffen sich 1-mal/Monat
Kontakt wegen Ort/Termin:
Tel. 02161/98 06 33

### Neuss
**Vater-Kind-Gruppe:**
«Papa hat Zeit für mich»
Selbsterfahrungs- und Aktions-
gruppe für Väter und ihre Kinder
Tel. 02131/85 91 62
E-Mail h-j.luepertz@freenet.de
www.maenner-vaeter-soehne.net

**Rheinland-Pfalz**

Mainz
**Männerseelsorge**
des Bistums Mainz
Tel. 06131/253-257
E-Mail
maennerseelsorge@bistum-mainz.
de

**Saarland**

Saarbrücken
**Fachstelle Jungenarbeit**
Rheinland-Pfalz/Saarland
Tel. 0681/926 60-22
E-Mail
info@jungenarbeit-online.de
www.jungenarbeit-online.de

**Sachsen**

Dresden
**Jungen- und Männerprojekt
J.u.M.P.**
Tel. 0351/446 66 71
(donnerstags 14.00–16.00 Uhr)
E-Mail jump@kinderschutzbund-
dresden.de

**Sachsen-Anhalt**

Halle
**UN-art-IG e. V.**
FZGG
Beratungen für Männer und
Jungen
Darunter auch Anti-Gewalt-
Arbeit
Tel. 0345/678 67 70
oder 0172/365 20 51
E-Mail fzgg-halle@web.de
www.fzgg.de

**Schleswig-Holstein**

Elmshorn
**Landesarbeitsgemeinschaft
Jungen**
Schleswig-Holstein
Wendepunkt e. V.
Tel. 04121/475 73-0
E-Mail info@wendepunkt-ev.de
www.wendepunkt-ev.de

Flensburg
**AK Jungen im Kreis Schleswig-
Flensburg**
Tel. 04621/216 22
E-Mail anlaufstelle@schleswig-
flensburg.de

Kiel
**Männer gegen Männer-Gewalt®**
Gewaltberatung und Täter-
therapie (EuGeT) für Männer
Tel. 0431/537 74 53
E-Mail kiel@gewaltberatung.org

Lübeck
**Gewaltberatung für Männer und
Jungen**
Tel. 0451/607 27 95
E-Mail mail@institutmatzen.de
www.institutmatzen.de

## Österreich

Feldkirch
**MÄNNERBÜRO der Katho-
lischen Kirche Vorarlberg**
Tel. 05522/34 85-200
E-Mail maennerbuero@kath-
kirche-vorarlberg.at
www.maennerbuero.info

Linz
**Männerberatung des Landes OÖ**
Tel. 0732/60 38 00
E-Mail maennerberatung.ftz.
post@ooe.gv.at
www.maennerberatung-ooe.at

Salzburg
**Männer gegen Männer-Gewalt®**
Tel. 0662/88 34-64
E-Mail gewalt-beratung@aon.at

Wien
**Männerberatung**
Tel. 01/603 28 28
E-Mail info@maenner.at
www.maenner.at

## Schweiz

Biel/Bienne
**Männer gegen Männer-Gewalt®**
Ev.-reformierte Kirchgemeinde
Biel-Stadt
Tel. 032/322 50 30
E-Mail biel@gewaltberatung.org

St. Gallen
**Treffs der «Verantwortungsvoll
erziehenden Männer in der Ost-
schweiz» (VeV)**
Jeden 3. Montag im Monat,
20.00 Uhr, Hotel Friedburg
Tel. 01/241 53 93

## Weiterführende Link-Liste zum Thema «Jungenerziehung»

In ungeordneter Reihenfolge

www.patent-fuer-jungen.de (Nachahmenswertes Praxisbeispiel zur Förderung von Jungen an Schulen durch Paten-Männer)

www.vaeter-zeit.de (Tipps und Gedanken rund um das verantwortungsvolle «Amt» des Vaters. «*Vater werden, aber Mann bleiben!*»)

www.koordination-maennerinkitas.de (Ehrliches Bemühen, die Zahl der Männer in Kitas zu erhöhen!)

www.kraftprotz.net (Engagierter Einsatz zur Verbesserung der Wahrnehmungsfähigkeit von Jungen. Gute Fortbildungen zum Thema «Ringen und Raufen».)

www.bundesforum-maenner.de (Vernetzungsplattform für Jungen-, Männer-, Väter-Themen)

www.bag-jungenarbeit.de (Bundesarbeitsgemeinschaft für Jungenarbeit, Dachverband der Landesarbeitsgemeinschaften in der Jungenarbeit)

www.vaeterfuerkinder.de

www.pappa.com

www.vaeter.de (Netzwerk zur Berufswahl und Lebensplanung)

www.neue-wege-fuer-jungs.de

www.jungenarbeit-online.de

www.ak-jungenarbeit.de (Arbeitskreis Jungenarbeit, viele regionale Treffen)

www.triplep.de (Positive Parenting Program, Elternkurse zum besseren Umgang mit Jungen und Mädchen)

www.starke-eltern.de (Internetportal zu Erziehungsfragen und zur Suchtproblematik bei Kindern und Jugendlichen)

www.unternehmen-zuendfunke.de (Ein Haus der Begegnung: Als schwierig geltende Kinder und Jugendliche werden von angehenden Lehrkräften betreut.)

www.durchboxen.de (Das «Trainingscamp Lothar Kannenberg» auf Gut Kragenhof bei Kassel ist ein Angebot des Vereins «Durchboxen im Leben».)

www.kinderschutzbund.de

www.maennerzeitung.de/www.switchboard-online.de (Engagierte Zeitungsarbeit zu allen Themen rund um Jungen und Männer. Umfangreiche Stichwort-Artikelsammlung und gute Zusammenstellung von Anlaufstellen für Jungen und Männer. Letztere diente als Quelle für die obige Kontaktliste.)

www.lions-quest.de («Erwachsen werden» – das Förderprogramm der deutschen Lions zur Persönlicheitkeitsentwicklung von Jugendlichen im Alter von 10 bis 15 Jahren. Gut für die Schule.)

www.hvhs-frille.de (Heimvolkshochschule «Alte Molkerei Frille», Qualifizierung im Bereich Jungenpädagogik, Anstoßgeber in der Jungenarbeit)

Ich möchte all den Menschen meinen Dank aussprechen, die mich bei der Verwirklichung dieses Buches unterstützt haben.

Dazu gehören in besonderer Weise meine beiden Söhne, Fabian und Benedikt. Durch sie habe ich viel über das gegenwärtige Jungensein erfahren. Sie haben mir freizügig von sich und ihren «Themen» erzählt. Haben mich immer wieder an meinem Schreibtisch aufgesucht, um sich als Berater anzubieten oder mich anders zu unterstützen.

Meiner Frau, die über einen langen Zeitraum mit einem Mann zusammenleben musste, der oft etwas »Wichtiges» zu tun hatte und sich um die «alltäglichen» Dinge eben nicht mehr so gekümmert hat, danke ich für ihre Art der Unterstützung.

Ohne den direkten, intensiven und manchmal auch schmerzlichen Umgang mit vielen Jungen wäre dieses Buch längst nicht so ausgefallen, wie es nun vorliegt.

All den Jungen, ob aus privaten oder schulischen Bezügen, die ohne Namen bleiben, möchte ich sagen, dass ich ohne sie und die wichtigen Erfahrungen mit ihnen nicht dieses Buch hätte schreiben können. Sie gehören zu meinen Lehrern.

Aus den Begegnungen im Zusammenhang mit der Universität Hamburg gehört mein Dank den Studierenden (meistens waren es ja weibliche Menschen) meiner»Jungenseminare». Ihre engagierte Arbeit, ihr großes Interesse an dem Thema «Jungen» hat mich erst bewogen, die Inhalte einem größeren Publikum nahe zu bringen.

Dank sage ich auch den Kollegen an der Gesamtschule Bergstedt im Norden Hamburgs, die Teile des Manuskriptes kritisch durchgesehen haben. Auch «meiner» Schulsekretärin danke ich für ihren eifrigen Einsatz.

Sehr gut hat es mir getan, wie mich meine Freunde, weibliche wie männliche, in dieser langen Zeit des Entstehungsprozesses dieses Buches begleitet haben. Sei es durch Aufmunterungspostkarten im richtigen Moment oder durch die vielen Gespräche mit meinen Kerlen.

Namentlich hervorheben möchte ich meinen Freund und Kollegen Stephan Wollweber, dem ich für seine wohltuende und liebevolle Art, seine vielen guten Gedanken und seine kompetente Hilfe, besonders bei Strukturfragen, herzlich danke.

Einen wichtigen Impuls für meine Arbeit und mein Verständnis für Jungen habe ich dem Buch «Kleine Helden in Not» von Günter Schnack und Rainer Neutzling zu verdanken. Das war bahnbrechend!

Dank meinem Vater! Den ich liebe für das, was er mir gegeben hat.

Adler, Alfred; Der Sinn des Lebens, Frankfurt am Main 1984

Ders.; Das Leben gestalten. Vom Umgang mit Sorgenkindern, Frankfurt am Main 1979

Anthony, Clare; Männer haben keine Zukunft, Bern, München, Wien 2002

Alt, Franz; Jesus – der erste neue Mann, München, Zürich 1989

Arlt, Marianne; Pubertät ist, wenn die Eltern schwierig werden. Tagebuch einer betroffenen Mutter, Freiburg im Breisgau 1992

Ayres, Jean A.; Bausteine der kindlichen Entwicklung, Berlin, Heidelberg, New York, Tokio 1984

Barth, Amon; Breit. Mein Leben als Kiffer, Reinbek bei Hamburg 2005

Baumeister/Smart/Boden; in Zeitschrift «Psychologie Heute», Weinheim, Ausgabe 8/1996

Becker, Wilhard und Kristin; Füreinander begabt, Stuttgart 1986

Bentheim, A./Murphy-Witt, M.; Was Jungen brauchen. Das Kleine-Kerle-Coaching, 5. Auflage, München 2011

Berger, Klaus; Evolution und Aggression, Berneck (CH) 1981

Beuster, Frank (Hg.); Jungen in der Grundschule, Beiträge aus dem «Jungenseminar» vom Sommersemester 2001 der Universität Hamburg (Uni-Drucksache)

Ders.; Jungen und Schule. Sind Jungen für die Schule nicht geeignet?, in Zeitschrift «Standpunkt: Sozial», Männer, Väter, Jungen – kontrovers, Hamburger Forum für Soziale Arbeit (Hg.), Heft 2/2003, Seiten 59–64

Biddulph, Steve; Jungen! Wie sie glücklich heranwachsen, München 2002

Birkenbihl, Vera F.; Stroh im Kopf, Gebrauchsanleitung fürs Gehirn, Landsberg am Lech 1995

Bly, Robert; Die kindliche Gesellschaft. Über die Weigerung, erwachsen zu werden, München 1997

Ders.; Eisenhans. Ein Buch über Männer, München 1991

Bock, Irmgard; Kommunikation und Erziehung: Grundzüge ihrer Beziehungen, Darmstadt 1978

Boldt, Uli; Jungen stärken – Materialien zur Lebensplanung (nicht nur) von Jungen, Hohengehren, Baltmannsweiler 2005

Ders.; «Ich bin froh, dass ich ein Junge bin». Materialien zur Jungenarbeit in der Schule, Hohengehren, Baltmannsweiler 2004

Braun, Joachim/Niemann, Bernd; Coole Kerle, viel Gefühl, Reinbek bei Hamburg 1998

Brezinka, Wolfgang; Erziehung in einer wertunsicheren Gesellschaft, München 1986

Brockhaus, Leipzig 2003

Broschüre «Männer gegen Männergewalt», Hamburg, 2. Auflage

Bründel, Heidrun/Hurrelmann, Klaus; Gewalt macht Schule. Wie gehen wir mit aggressiven Kindern um?, München 1994

Chesler, Phyllis; Frauen – Das verrückte Geschlecht, Reinbek bei Hamburg 1977

Connell, Robert W.; Der gemachte Mann. Konstruktion und Krise von Männlichkeit, Opladen 1999

Denkschrift der Kommission «Zukunft der Bildung – Schule der Zukunft» beim Ministerpräsidenten des Landes Nordrhein-Westfalen, Neuwied, Kriftel, Berlin 1995

Döbler, Hannsferdinand; Kleine Kulturgeschichte. Magie Mythos Religion, München 2000

Dobson, James; Jungs erziehen – Zukunft gestalten, Holzgerlingen 2003

Dreikurs, Rudolf; Selbstbewußt. Die Psychologie eines Lebensgefühls, München 1995

Eccles, John C./Robinson, Daniel N.; Das Wunder des Menschseins – Gehirn und Geist, München 1986

Faulstich-Wieland, Hannelore/Weber, Martina/Willems, Katharina; Doing Gender im heutigen Schulalltag. Empirische Studien zur sozialen Konstruktion von Geschlecht in schulischen Interaktionen. In: Veröffentlichungen der Max-Traeger-Stiftung Bd. 39, Weinheim, München 2004

Frank, Leonhard; Die Räuberbande, München 1975

Fromm, Erich; Die Kunst des Liebens, Berlin 1998

Ders.; Haben oder Sein. Die seelischen Grundlagen einer neuen Gesellschaft, München 1983

Ders.; Die Furcht vor der Freiheit, Frankfurt am Main 1982

Gaschke, Susanne; Die Erziehungskatastrophe. Kinder brauchen starke Eltern, München 2001

Goethe, Johann Wolfgang von; Aus meinem Leben. Dichtung und Wahrheit. Erster Teil, 2. Buch, München 1962

Goleman, Daniel; Emotionale Intelligenz, München 1997

Gray, John; Männer sind anders. Frauen auch. Männer sind vom Mars und Frauen von der Venus, München 1998

Greenberg, Martin; Ein Vater wird geboren. Die Entfaltung der Vater-Kind-Beziehung, Stuttgart 1990

Gruner, Paul-Hermann; Frauen und Kinder zuerst, Reinbek bei Hamburg 2000

Guggenbühl, Allan; Die unheimliche Faszination der Gewalt, München 1995

Haindorff, Götz; Die Jungs von nebenan. Das magische Land der jungen männlichen Psyche, Göttingen 2003

Hainmüller, Hiltrud; Eine Persönlichkeit sein. Ethik für Jugendliche, Mülheim an der Ruhr 1998

Harris, Thomas A.; Ich bin o.k. Du bist o.k., Reinbek bei Hamburg 1994

Hentig, Hartmut von; Ach, die Werte! Über eine Erziehung für das 21. Jahrhundert, Weinheim, Basel 2001

Høeg, Peter; Der Plan von der Abschaffung des Dunkels, Reinbek bei Hamburg 1998

Hofmiller, Josef (wählte aus); Goethes Lebensweisheiten, München 1940

Hollstein, Walter; Nicht Herrscher, aber kräftig, Reinbek bei Hamburg 1991

Holtappels, Heinz Günter/Heitmeyer, Wilhelm/Melzer, Wolfgang/Tillmann, Klaus-Jürgen (Hg.); Forschung über Gewalt an Schulen, Weinheim, München 1999

Kafka, Franz; Brief an den Vater, Prag 1997

Kästner, Erich; Das fliegende Klassenzimmer, Hamburg, Zürich 2002

Kiley, Dan; Das Peter-Pan-Syndrom. Männer, die nie erwachsen werden, München, Hamburg 1994

Krakauer, Jon; In die Wildnis – Allein nach Alaska, München, Zürich 2002

Lämmle, Birgit/Wünsch, Gabriele; Familienbande. Ein Bund fürs Leben. Wie man es schafft, zusammen stark zu sein, München 1995

Lersch, Paul (Hg.); Die verkannte Gefahr. Rechtsradikalismus in der Bundesrepublik, Hamburg 1981

Liebsch, Katharina/Malz-Teske, Regina; Schulentwicklung konkret: Beispiel Reflexive Koedukation, Gesamtschule Bergedorf und das Institut für Lehrerfortbildung in Hamburg 1999

Lindenberg, Christoph; Die Lebensbedingungen des Erziehens. Von Waldorfschulen lernen, Reinbek bei Hamburg 1985

Mähler, Bettina/Rogge, Jan-Uwe; Lauter starke Jungen, Reinbek bei Hamburg 2003

Mallet, Carl-Heinz; Untertan Kind. Nachforschungen über Erziehung, Frankfurt am Main, Berlin 1990

McCourt, Frank; Die Asche meiner Mutter, München 1996

Meves, Christa; Kinderschicksal in unserer Hand, Freiburg im Breisgau 1981

Miller, Alice; Am Anfang war Erziehung, Frankfurt am Main 1983

Mitscherlich, Alexander; Auf dem Weg zur vaterlosen Gesellschaft. Ideen zur Sozialpsychologie, München 1963

Molyneaux, Brian Leigh; Heilige Plätze, magische Orte. Erde und Schöpfung. Spirituelle Wege und Landschaften: Die Quelle der Weisheit, Köln 2002

Morris, Desmond; Mars und Venus, München 1997

Pease, Allan und Barbara; Warum Männer nicht zuhören und Frauen schlecht einparken, München 2002

Phillips, Angela; Warum Jungen nicht weinen. Von der Schwierigkeit, Jungen zu erziehen, München 1995

Pollack, William F.; Jungen. Was sie vermissen, was sie brauchen, Weinheim, Basel 2001

Poschard, Ulf; Cool, Hamburg 2000

Possemeyer, Ines; Psychologie: Aggressive Kinder, in: Zeitschrift «Geo», Hamburg, Heft 3/2004

Postman, Neil; Das Verschwinden der Kindheit, Frankfurt am Main 1983

Prekop, Jirina; Der kleine Tyrann. Welchen Halt brauchen Kinder?, München 1999

Preuschoff, Gisela; Arme Jungs. Was Eltern, die Söhne haben, wissen sollten, Köln 2004

Reble, Albert; Geschichte der Pädagogik, Frankfurt am Main, Berlin, Wien 1981

Reis, Olaf; Resilienz in der Risikogesellschaft, in: Jahresheft «Schüler», Seelze 2004

Rennert, Monika; Co-Abhängigkeit. Was Sucht für die Familie bedeutet, Freiburg im Breisgau 1990

Riegel, Enja; Schule kann gelingen!, Frankfurt am Main 2004

Robischon, Rolf; Lernen ist wie Atmen, Lichtenau 2000

Rogge, Jan-Uwe; Kinder brauchen Grenzen, Reinbek bei Hamburg 1995

Rohrmann, Tim; Junge, Junge – Mann, o Mann. Die Entwicklung zur Männlichkeit, Reinbek 1994

Rosenberg, Marshall B.; Gewaltfreie Kommunikation. Aufrichtig und einfühlsam miteinander sprechen, Paderborn 2002

Schnack, Dieter/Neutzling, Rainer; Kleine Helden in Not. Jungen auf der Suche nach Männlichkeit, Reinbek bei Hamburg 1994

Dies.; Der Alte kann mich mal gern haben! Über männliche Sehnsüchte, Gewalt und Liebe, Reinbek bei Hamburg 1997

Schulz von Thun, Friedemann; Miteinander reden (Bd. 1). Störungen und Klärungen, Reinbek bei Hamburg 1991

Schwanitz, Dietrich; Männer. Eine Spezies wird besichtigt, München 2003

Sendak, Maurice; Wo die wilden Kerle wohnen, Zürich 1963

Steffahn, Harald; Albert Schweitzer, Reihe Bildmonographien, Reinbek bei Hamburg 1979

Steinbeck, John; Von Mäusen und Menschen, München 2003

Tannen, Deborah; Du kannst mich einfach nicht verstehen, Hamburg 1991

Twain, Mark; Huckleberry Finn, Wiesbaden, ohne Jahresangabe

Valtin, Renate/Portmann, Rosemarie (Hg.); Gewalt und Aggression: Herausforderungen für die Grundschule, Frankfurt am Main 1995

Vetter, Sabine und Ekkehart; Warum sagst du nichts? Wie bringt frau ihn zum Reden, Lahr 1997

Walker, Jamie; Gewaltfreier Umgang mit Konflikten in der Grundschule, Frankfurt am Main 1995

Walter, Dagmar C.; Kinder vor Gewalt schützen, Zürich 1998

Weiner-Davis, Michele; Jetzt ändere ich meinen Mann. Wie Sie ihn umkrempeln, ohne dass er es merkt, München, Zürich 2003

Weißer Ring (Hg.); Gewalt in der Schule. Am Beispiel von Bochum, Mainz 1995

Zorn, Fritz; Mars, München 1977

# Anhang

↗ 05

# Nachwort: Viel Spaß beim Erfolg!

Sie haben auf den zurückliegenden Seiten viel Arbeit geleistet. Und wenn Sie genau hinschauen, werden Sie bemerken, dass Sie schon jetzt dafür vom Erfolg belohnt werden. Es kostet etwas Arbeit, eine exzellente Führungskraft zu werden. Dieser Einsatz führt zu mehr Sicherheit und Souveränität im Umgang mit Mitarbeitern, Kollegen und Vorgesetzten. Etwas, das sich sicher für Ihre Karriere auszahlen wird.

Wir wünschen Ihnen viel Erfolg und Freude auf diesem Weg. Wenn wir Sie mit einem Führungstraining oder einem Executive Coaching unterstützen können, tun wir das gerne.

# Literatur – Buchtipps

Allen, David, So kriege ich alles in den Griff, Selbstmanagement im Alltag, Piper 2011.

Cobaugh, Heike/Schwerdtfeger, Susanne, Work-Life-Balance – So bringen Sie Ihr Leben (wieder) ins Gleichgewicht, mvg 2005.

Corvey, Stephen R., Die 7 Wege zur Effektivität. Prinzipien für persönlichen und beruflichen Erfolg, Gabal 2011.

Groß, Oliver, Jetzt mach ich es, BusinessVillage 2009.

Haller, Reinhold, Mitarbeiterführung kompakt: Grundlagen, Praxistipps, Werkzeuge, Midas 2009.

Hofbauer, Helmut/Kauer, Alois, Einstieg in die Führungsrolle: Praxisbuch für die ersten 100 Tage, 4. Aufl., Hanser 2012.

Hoffmann, Erwin, Manage dich selbst und nutze deine Zeit, W3L 2007.

König, Eckard/Volmer, Gerda, Systemisches Coaching: Handbuch für Führungskräfte, Berater und Trainer, 2. Aufl., Beltz 2003.

Neuberger, Oswald, Führen und führen lassen: Ansätze, Ergebnisse und Kritik der Führungsforschung, 6. Aufl., Lucius & Lucius 2002.

O'Connor, Joseph/McDermott, Ian, Die Lösung lauert überall: Systemisches Denken verstehen & nutzen, VAK 1998.

Lippmann, Walter, Public Opinion, Harcourt 1922.

Schirmer, Uwe/Walter, Volker/Woydt, Sabine, Mitarbeiterführung, 2. Aufl., Springer Gabler 2013.

Wehrle, Martin, Die 500 besten Coaching-Fragen, managerSeminare 2012.

Weick, Günter/Wagner, Susanne, Management by E-Mail, Stark 2011.